W0074515

Eine Arbeitsgemeinschaft der Verlage

Wilhelm Fink Verlag München
A. Francke Verlag Tübingen und Basel
Paul Haupt Verlag Bern · Stuttgart · Wien
Hüthig Fachverlage Heidelberg
Verlag Leske + Budrich GmbH Opladen
Lucius & Lucius Verlagsgesellschaft Stuttgart
Mohr Siebeck Tübingen
Quelle & Meyer Verlag Wiebelsheim
Ernst Reinhardt Verlag München und Basel
Schäffer-Poeschel Verlag Stuttgart
Ferdinand Schöningh Verlag Paderborn · München · Wien · Zürich
Eugen Ulmer Verlag Stuttgart
Vandenhoeck & Ruprecht in Göttingen und Zürich
WUV Wien

Gerfried W. Hunold / Thomas Laubach /
Andreas Greis (Hrsg.)

Theologische Ethik
Ein Werkbuch

A. Francke Verlag Tübingen und Basel

Die Deutsche Bibliothek – CIP-Einheitsaufnahme

Theologische Ethik : ein Werkbuch /
Gerfried W. Hunold ... (Hrsg.). – Tübingen ; Basel : Francke, 2000
  (UTB für Wissenschaft : Uni-Taschenbücher ; 1966)
  ISBN 3-8252-1966-6 (UTB)
  ISBN 3-7720-2252-9 (Francke)

© 2000 · A. Francke Verlag Tübingen und Basel
Dischingerweg 5 · D-72070 Tübingen
ISBN 3-7720-2252-9

Einbandgestaltung: Alfred Krugmann, Stuttgart
Satz: Fotosatz Hack, Dußlingen
Druck und Bindung: Presse-Druck, Augsburg
Printed in Germany

ISBN 3-8252-1966-6 (UTB-Bestellnummer)

Inhalt

Absichten. Anstelle eines Vorworts

Der Mensch stand und steht zu allen Zeiten vor dem Problem nach dem richtigen, guten, sinnvollen und angemessenen Handeln und Urteilen. Kurz: Er steht vor der ethischen Frage und sucht nach verantwortbaren Lösungen. Diese Frage und die mit ihr einhergehenden Probleme sind das Thema der Ethik. Auch die Theologische Ethik steht vor diesem Problemhorizont und läßt sich somit als ein möglicher Zugang zur Lösung der Frage nach dem sittlichen Handeln verstehen. Theologische Ethik reflektiert somit als Theorie über Praxis für Praxis auf die Grundfrage des Menschen nach dem ethisch gerechtfertigten Handeln. Ihr Anspruch: Innerhalb des gesellschaftlichen Lebens die Lösungssuche mitzutragen. Von daher ist die Theologische Ethik auch keine Instanz, an die sich die Grundfrage nach dem menschlich verantwortbaren Handeln delegieren ließe. Sie versteht sich vielmehr als eine den Menschen begleitende Wissenschaft, auf seiner Suche nach dem konkret zu Vollziehenden wie auch auf seiner Suche nach sittlicher Kompetenz überhaupt.

Theologische Ethik ist somit kein Sonderfall ethischer Reflexion. Sie setzt beim Handeln des Menschen an und bemüht sich um Antworten auf damit einhergehende Fragen aus christlicher Perspektive. Die Vernünftigkeit und Nachvollziehbarkeit dieser Auseinandersetzung »im Licht des Evangeliums« will dieses Werkbuch verdeutlichen. Es lotet die Möglichkeiten und Grenzen der Theologischen Ethik aus – in theoretischer und praktischer Absicht. Als Werkbuch führt es nicht nur in die zentralen Begriffe und Themen Theologischer Ethik ein, sondern möchte darüber hinaus helfen, die sittliche Kompetenz des moralischen Subjekts zu stärken. Diesem doppelten Interesse trägt das Werkbuch Rechnung, indem es inhaltlich

- den Charakter der Theologische Ethik vorstellt,
- zentrale Themen und Begriffe der theologisch-ethischen Reflexion analysiert und ihre Beziehung untereinander erläutert,
- den christlichen Glauben als Horizont ethischer Reflexion verdeutlicht,
- die Struktur sittlichen Entscheidens herausarbeitet,

- vom Menschen als Subjekt sittlichen Handelns in Sozialität ausgeht,
- sich in Darstellung und Beispielen an der Lebenswelt von heute, ihren Problemen und Situationen orientiert, sowie
- konkrete ethische Probleme aus den Bereichen der Bioethik, der Beziehungsethik, der Medienethik, der Institutionenethik und der Politischen Ethik vorstellt und Anregungen zu ihrer Bearbeitung gibt.

Aufgrund seines Charakters als Werkbuch kann und will diese Einführung keine vollständige Darstellung der Theologischen Ethik sein. Sie gibt vielmehr einen Überblick über zentrale Themen und Probleme dieser Disziplin. Vor dem Horizont der Fragen nach dem sittlich Guten, dem Richtigen und menschlich Sinnvollen bietet das Werkbuch darüber hinaus die Möglichkeiten,

- das Erarbeitete anhand kurzer, mit Leitfragen versehener Diskussionstexte zu vertiefen und kritisch zu hinterfragen,
- den Zusammenhang zwischen Grundbegriffen und konkreten Problemen der Angewandten Ethik zu erschließen,
- weitere wichtige Begrifflichkeiten der Ethik über das Glossar zu erschließen und
- einen Überblick über die Geschichte der Theologischen Ethik zu gewinnen.

Das doppelte Ziel dieser Einführung liegt auf der Hand: Sie will die Theologische Ethik als theoretische Wissenschaft in praktischer Absicht vorstellen und zugleich die Leitfunktion des Glaubens für das sittliche Urteilen und Handeln der Christen von heute auch für Nichtchristen vermitteln, transparent und nachvollziehbar machen.

Es gibt unterschiedliche Arbeitsweisen für den Umgang mit diesem Werkbuch. Die einzelnen Kapitel können nacheinander gelesen werden, wodurch sich eine erste Einführung in die Theologische Ethik ergibt. Jedes einzelne Kapitel kann aber auch für sich bearbeitet werden sowie zur Weiterarbeit anregen.

Das »Werkbuch Theologische Ethik« ist für Studienanfänger der Theologie aber auch anderer Studienfächer zum Seminargebrauch und zum Selbststudium gedacht. Als Orientierungshilfe über die Grundthemen sittlicher Kompetenz ist es aber auch offen für andere Bildungsbereiche über den universitären Horizont hinaus. Hier kann es nicht nur einen Einstieg in unbekanntes Terrain ermöglichen, sondern eignet sich auch Bekanntes zu wiederholen und zu ergänzen sowie Seminare, Kurse und Schulungsveranstaltungen zu begleiten.

Das leitende Anliegen des Werkbuches, eine Grundorientierung der Theologische Ethik zu bieten, verbindet sich mit einem Dank an die Studierenden der Katholischen Theologie an der Universität Tübingen, die in den vergangenen zehn Jahren dieses Werkbuch in dem Grundkurs »Grundfragen der Theologischen Ethik« mitentwickeln halfen, manche Anregungen gaben, mit Kritik nicht sparten aber auch seine Praxistauglichkeit ermöglichten. Ein besonderer Dank gebührt dabei den Mitarbeiterinnen und Mitarbeitern am Lehrstuhl für Theologische Ethik an der Katholisch-Theologischen Fakultät der Universität Tübingen, Hildegard Mattes, Kirsten Deselaers, Anne Trinkl, Gerald Rauscher, Andreas Weber und all denen, die kritisch-konstruktiv das Entstehen dieses Werkbuches mitgetragen haben.

Die Herausgeber

Hilfestellung zur Bearbeitung der Texte

In diesem Werkbuch finden sich neben einleitenden Artikeln zu den einzelnen Themen auch Primärtexte vorwiegend aus den Bereichen der Philosophie und der Theologie, Texte von Literaten sowie Texte, in denen konkrete sittliche Probleme geschildert werden. Wie lassen sich solche Texte bearbeiten? Im folgenden einige Hinweise.

I. Rekonstruktion des Informationsgehaltes

Vor jeder Interpretation steht das Verstehen eines Textes. Wer über einen Text spricht, muß ihn erst einmal so gut wie möglich verstehen, das heißt: den Informationsgehalt eines Textes erheben.

1. Das *Was* des Textes: Was will der Text sagen?
   - Auf welche Frage(n) antwortet der Text?
   - Welche Fragen muß ich stellen, um die Textinformation als Antwort zu erhalten?
2. Das *Wie* des Textes: Wie wird etwas im Text gesagt?
   - Wie ist die Argumentation aufgebaut?
   - Kann ich den Text in Argumentationsabschnitte gliedern?
3. Die *zentralen Begriffe* des Textes: Um welche Begriffe kreist der Gedankengang des Autors?
   - Welches sind die Zentralbegriffe des Textes?
   - Wie kann ich diese knapp und präzise erläutern?
4. Das *Ziel* des Textes: Worauf zielt der Text?
   - Kann ich die Sinnspitze des Textes in kurzen Thesen formulieren?

II. Einordnung des Textes in seinen Kontext

In einem zweiten Schritt geht es um die Einordnung des Textes in seinen Kontext. Jeder Text formuliert Thesen, Positionen, Argumente, in Auseinandersetzung mit seiner Zeit, mit anderen Texten oder anderen Autoren. Verstehe ich diese Bezüge, kann ich auch einen Text oft besser verstehen.

1. Die *Position* des Autors und seines Textes.
   - Kann ich die Position des Autors kennzeichnen?
   - Sagt mir der Name des Autors etwas?
   - Was läßt sich über theoretische und ideologische Hintergründe herausfinden?
2. Das *Thema* eines Textes.
   - Welches Thema behandelt der Text?
   - Kann ich den Text auch anderen Themenbereichen zuordnen? Wie kann ich das begründen?

III. Bewertung, Kritik, Interpretation

Schließlich ist die eigene Meinung des Lesers zu einem Text, zu einer Position, zu einer These gefragt.

1. Die *Argumentation* des Textes.
   - Bin ich mit der Argumentation des Textes einverstanden?
   - Was gefällt mir, was mißfällt mir? Warum?
2. Die *Aussagen* des Textes.
   - Halte ich die Aussage(n) des Textes für ausreichend klar und differenziert?
   - Gibt es Problemkreise, die wichtig sind, im Text aber keine Berücksichtigung finden?
   - Weist der Text Widersprüche auf?
3. Allgemeine *Schlußstellungnahme*: Welche Position beziehe ich dem Text gegenüber?

Annäherungen. Zum Selbstverständnis Theologischer Ethik

Gerfried W. Hunold / Thomas Laubach / Andreas Greis

Der Anspruch Theologischer Ethik in der gesellschaftlichen Öffentlichkeit ist nicht selbstverständlich. In der multikulturellen, pluralistischen Welt der Gegenwart ist es nicht mehr unbesehen nachvollziehbar, daß der christliche Glaube ein elementarer Bestandteil ethischer Reflexion sein soll. Die folgende Auseinandersetzung stellt sich dieser Infragestellung. In systematischer Absicht wird der Standort Theologischer Ethik bestimmt (1), ihr wissenschaftliches Profil skizziert (2) und ihr konkreter Aufbau vorgestellt (3). Ein abschließender Gedankengang verdeutlicht die Struktur dieses Werkbuches als Einführung in die Theologische Ethik (4).

1 Der Standort der Theologischen Ethik

Die Theologische Ethik hat als wissenschaftliche Disziplin über ihr Selbstverständnis Auskunft zu geben. Sie geht grundsätzlich davon aus, daß auch am Ende des 20. Jahrhunderts der christliche Glaube rational vertretbar ist und als Grundlage theologisch-ethischer Reflexion begründet werden kann (Schmid-Leukel: Hoffnung; Hausmanninger: Ethik). Zwar verleugnet dieser Ansatz nicht, daß die Glaubenspraxis der christlichen Religion häufig durch Abgrenzung und Verurteilung, Fanatismus und Intoleranz gekennzeichnet war und auch heute stets in dieser Gefahr steht. Diese Handlungsweisen widersprechen allerdings fundamental der christlichen Botschaft: die Menschwerdung des Menschen zu unterstützen und zu fördern (Lob-Hüdepohl: Handeln).

Die Theologische Ethik versteht sich als Ethik im Horizont christlichen Glaubens. Sie ist, wie jede Ethik, eine wissenschaftliche Disziplin, die den Regeln gehorcht, die für alle Wissenschaften gelten (Artikel »Zugänge«); die Stichworte der Rationalität, der Plausibilität, der Diskursivität und der Argumentativität stehen für dieses wissenschaftliche Selbstverständnis, an dem die Theologische Ethik gemessen werden kann. Vor diesem Hintergrund

wird die theologisch-ethische Reflexion durch drei zentrale Aus-
gangsüberlegungen bestimmt:

- Der christliche Glaube steht für eine bestimmte Sicht von
  Mensch und Welt. Dieser Glaube liefert kein empirisches Wissen, sondern eröffnet eine Grundvorstellung davon, daß und
  unter welchen Voraussetzungen menschliches Leben glücken
  kann (Schwartz: Ethik; Schrödter: Erfahrung). Die Theologische Ethik verweist darauf, daß sich jedes sittliche Urteilen und
  Handeln auf einen umgreifenden Sinnhorizont, eine bestimmte Vorstellung vom Ziel des Menschseins und von den Möglichkeiten seiner Durchsetzung bezieht. Sie stellt den christlichen
  Glauben als eine Quelle moralischer Intuitionen vor und bietet
  so eine Basis für die Antwort auf die Frage »Warum soll ich moralisch handeln?« (Artikel »Glaube«). Den Glauben versteht
  die Theologische Ethik zudem als Lebensvollzug, der individuelle Handlungskritik oder Strukturkritik an bestehenden gesellschaftlichen Zuständen ermöglicht, den Blick auf konkrete moralische Probleme orientiert und zum kritischen Urteilen und
  Handeln motiviert (Artikel »Handeln«).
- Der christliche Glaube ist keine instrumentalisierbare Instanz,
  die Gebote und Verbote unhinterfragbar macht und zur Befolgung von bestimmten Regeln zwingt (Auer: Christentum). Das
  christliche Menschenbild macht es gerade umgekehrt für eine
  Theologische Ethik zwingend erforderlich, sittliches Urteilen
  und Handeln in der Autonomie des Menschen (Artikel »Freiheit«), seiner Vernunft (Artikel »Vernunft – Natur – Erfahrung«), seinem Gewissen (Artikel »Gewissen«) und seiner Verantwortung (Artikel »Verantwortung«) zu verankern. Diese
  Realität des Sittlichen verpflichtet die Theologische Ethik dazu,
  ihre Prinzipien, Normen und Handlungsüberzeugungen argumentativ gegenüber anderen Einstellungen zu vertreten und ihre Handlungsgründe transparent zu machen (Artikel »Normen«).
- Die Theologische Ethik ist als theologische Disziplin nicht nur
  im Raum der Wissenschaften, sondern auch im kirchlichen
  Raum beheimatet. Als Wissenschaft (Artikel »Zugänge«; »Handeln«) tritt sie allerdings der Moralverkündigung der Institution Kirche als eigenständige Größe entgegen. Theologische
  Ethik bezieht sich zwar auf die Kirchen, in denen sich christliche Glaubenspraxis artikuliert, entschlüsselt aber zugleich den

Glauben in Hinblick auf die autonome Sittlichkeit des Menschen (Artikel »Gesellschaftliche Handlungsorientierungen«; »Individuelle Handlungsorientierungen«) und auf seine handlungspraktische Bedeutung (Artikel »Entscheidungen«). Von dort aus verhält sich die Theologische Ethik gegenüber der kirchlich verkündeten Moral wie gegenüber jeder anderen Moral: sie nimmt diese wahr, beschreibt, kritisiert und beurteilt sie (Artikel »Kirchliche Weisungen«).

Die Theologische Ethik verknüpft
- die Sinnfrage des Handelns,
- den sittlichen Anspruch und
- die Grundbedingungen wissenschaftlicher Reflexion
  mit dem Horizont christlichen Glaubens und Lebens.

Von dieser Grundüberlegung ausgehend stellt das Werkbuch die Theologische Ethik als eine Ethik unter einem bestimmten Vorzeichen, nämlich dem theologischen, dar. In eine Kurzdefinition gefaßt: Theologische Ethik ist die wissenschaftliche Reflexion auf das moralisch-sittliche Urteilen und Handeln des Menschen im Horizont des christlichen Glaubens.

Definition. Theologische Ethik ist die wissenschaftliche Reflexion auf das moralisch-sittliche Urteilen und Handeln des Menschen im Horizont des christlichen Glaubens.

2 Der wissenschaftliche Charakter der Theologischen Ethik

Die Theologische Ethik versteht sich als Ethik im Gesamtkontext der Theologie und ihrer Disziplinen. Als Ethik ist sie eine moralbeschreibende, -kritisierende, -sensibilisierende und -begründende Wissenschaft, als theologische Disziplin ist sie dagegen als Offenbarungs-, Glaubens- und Kirchliche Wissenschaft zu charakterisieren.

Ethik ist, um mit Aristoteles zu sprechen, eine theoretische Wissenschaft in praktischer Absicht. Sie kann den Menschen nicht aus sich heraus bessern, wohl aber seine sittliche Kompetenz fördern, unterscheidungs- und urteilsfähiger machen und somit vor dem Horizont ethischer Reflexion auch eine gerechtfertigte Praxis ermöglichen (Martens: Ethik 9). Für diese Aufgabe schafft sie als moralbeschreibende Wissenschaft die Voraussetzungen. Denn in

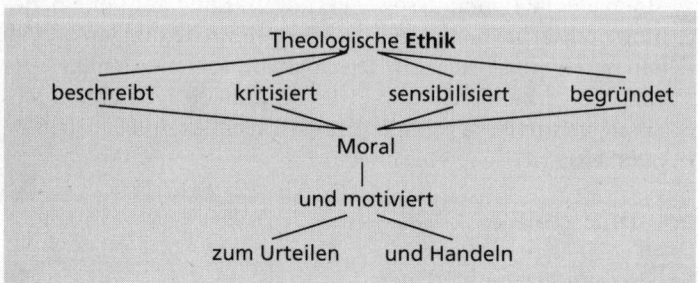

ethisch relevanten Konfliktfällen ist es wichtig, die jeweils geltenden Normen und Prinzipien konkreter Gruppen und Gesellschaften sowie das ihnen zugrundeliegende Selbstverständnis des Menschen zu kennen. Auf dieser Grundlage hinterfragt sie die geltenden moralischen Standards, reflektiert ihre Reichweite, die Überzeugungskraft ihrer Begründungen und macht deren Probleme deutlich. Moralbeschreibung und Moralkritik dienen wesentlich dazu, überhaupt für Fragen der Moral zu sensibilisieren. Der Ethik kommt somit die Aufgabe zu, auf moralisch-sittliche Probleme aufmerksam zu machen – selbst dort, wo eine stillschweigende Übereinkunft über das besteht, was zu tun ist. Zum eigentlichen Kern der ethischen Reflexion stößt man schließlich vor, wo es um die begründete Rechtfertigung sittlichen Handelns und Urteilens überhaupt geht. Die theoretische Begründung des Sittlichen und die praktische Suche nach dem richtigen, dem guten, dem menschlich sinnvollen Handeln und Urteilen gehen dabei Hand in Hand.

Als theologische Disziplin kann die Theologische Ethik näherhin als Offenbarungswissenschaft, als Glaubenswissenschaft und als kirchliche Wissenschaft bestimmt werden (Saup: Freiheit 19-21).

• Nach dem christlichen Glaubensverständnis teilt sich Gott dem Menschen mit, er offenbart sich als ein menschenfreundlicher Gott, der das Gelingen des Menschen will. Das heißt allerdings nicht, daß Gott bestimmte handlungsleitende Aussagen den Menschen in schriftlicher oder mündlicher Form übergibt (Seckler: Begriff). Vielmehr entschlüsselt die Theologie diese

Selbstmitteilung als Aussage, die über alle Ziele des Menschen hinaus auf seinen letzten Sinngrund verweisen. Diese Grundaussage umfaßt das Gottesbild, Anfang, Ende und Zukunft von Mensch und Welt (Schöpfung, Ziel und Vollendung des Menschen), die Heilzusage Gottes in Jesus Christus (Erlösung, Versöhnung) sowie anthropologische Grundbestimmungen (Geschöpflichkeit, Gottesebenbildlichkeit, Personalität).

- Mit dem Begriff der Offenbarung hängt der Begriff und die Praxis des christlichen Glaubens eng zusammen. Während sich aber der Offenbarungsbegriff auf Glaubensinhalte (fides quae) bezieht, zielt das Moment des Glaubens stärker auf den subjektiven Glaubenssinn (fides qua) von Menschen. Damit verbinden sich in ethischer Hinsicht keine bestimmten Inhalte oder konkrete Normen, Verbote und Gebote, sondern vor allem die Sicht des Menschen auf sich selbst und auf andere. Dem christlichen Glauben kommt unter diesem Blickwinkel eine das Handeln und den Lebensvollzug von Menschen orientierende Funktion zu. Er eröffnet somit in erster Linie Sinnhorizonte und Möglichkeiten des Handelns, indem er stimulierend, kritisierend und integrierend wirkt (Auer: Moral 189-197) und benennt mit dem Gebot der Gottes-, Nächsten- und Selbstliebe ein zentrales, normativ-universales Prinzip.

- Theologische Ethik ist zugleich auch als kirchliche Wissenschaft zu bestimmen, weil die theologisch-ethische Reflexion auf das sinnerschließende und richtige Handeln und Urteilen an die Erfahrungs- und Solidargemeinschaft der christlichen Kirchen gebunden ist (Böckle: Kirche). Denn die Kirchen sind der wesentliche Wahrnehmungsraum der Botschaft Jesu, wie auch der konkrete Erfahrungs-, Handlungs- und Lebensraum von Christen, kurz: der Ort ihrer Glaubenspraxis.

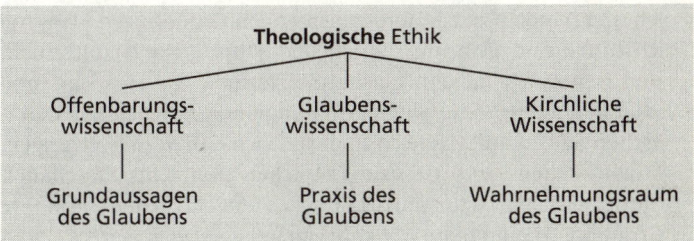

Als ethische wie theologische Wissenschaft bezieht sich die Reflexion der Theologischen Ethik auf die konkrete Lebens- und Alltagswelt aller Menschen und geht von ihren Erfahrungen und ihren Lebensgefühlen aus. Indem sie so auf das konkrete Leben einerseits und das Moment des Glaubens andererseits blickt, gilt ihr Interesse ganz grundlegend der Vermittlung von Glauben und Vernunft, der Vermittlung zwischen der Gemeinschaft der Gläubigen (consensus fidelium) und der Gemeinschaft aller Menschen (consensus universalis). Von diesem Grundanliegen her kann die Theologische Ethik als eine Brückendisziplin verstanden werden, die Glauben und Vernunft, Religion und Welt in der Frage nach dem humanen Handeln und Urteilen miteinander zu versöhnen sucht.

3 Der Gegenstand theologisch-ethischer Reflexion

Ethik richtet sich als wissenschaftliche Reflexion des richtigen und guten Handelns auf zwei wesentliche Bereiche: Als Allgemeine Ethik (Fundamentalethik) klärt sie die Grundlagen ethischen

Ethik Reflexion auf das moralisch-sittliche Urteilen und Handeln	
Allgemeine Ethik *Grundfragen:* Was soll ich tun? Wie kann mein Leben gelingen? *Selbstverständnis:* Klärung theoretischer Grundfragen sittlichen Handelns.	**Spezielle Ethik** *Grundfrage:* Wie soll ich in einem konkreten Fall handeln? *Selbstverständnis:* Anwendungsbezogene Erläuterungen des sittlichen Handelns.

Sprechens und Reflektierens, als Spezielle Ethik (Angewandte Ethik, applied ethics) richtet sich ihr Interesse auf die Lösung praktisch-sittlicher Probleme des Menschen.

• Die Allgemeine Ethik steht für das Bemühen, moralisches Urteilen und Handeln zu begründen. Unter den Grundfragen »Was soll ich tun?« und »Warum soll ich überhaupt etwas?« untersucht und hinterfragt die Ethik geltende Normen des Handelns und stellt Bedingungen für die Begründung und Gültigkeit von moralischen Sätzen auf. Zugleich fragt sie nach den Voraussetzungen, Möglichkeiten und Grenzen sittlichen Handelns überhaupt, nimmt also den Menschen als sittliches Subjekt in den Blick. Ihre Grundfrage lautet hier: Wie kann mein Leben gelingen?

- Im Unterschied zu den Prinzipienfragen der Allgemeinen Ethik geht es der Speziellen Ethik um konkrete sittliche Handlungen und Urteile. Ihre strukturelle Grundfrage lautet so folgerichtig: Wie soll ich in einem konkreten Fall, in einer konkreten Situation entscheiden und handeln? Dennoch ist die Angewandte Ethik keineswegs als Anwendungsfall der Allgemeinen Ethik und ihrer Prinzipien zu verstehen. Sie überträgt vielmehr die Strukturen der ethischen Reflexion auf das konkrete Handlungsfeld und dessen praktische Probleme. Die Spezielle Ethik erläutert also im Hinblick auf bestimmte Lebensbereiche des Menschen die Grundüberlegungen der Allgemeinen Ethik und sucht eine Antwort auf die Frage, was es heißt, in konkreten Situationen menschlich und sittlich verantwortlich zu handeln. Damit gilt ihr Interesse der Frage, welche Handlungen Aussicht haben, ethisch gerechtfertigt werden zu können. Auch in der Speziellen Ethik bleibt damit die Grundfrage aller Ethik präsent: Wie kann ich mein Leben im Angesicht der Gegenwart sinnvoll gestalten?

Ausgehend von dieser grundlegenden Unterscheidung kann das Arbeitsfeld der Ethik weiter ausdifferenziert werden. Die Allgemeine Ethik umfaßt als philosophisch-theologische Klärung der Grundlagen der Ethik, die Auseinandersetzung mit der Begründung des Ethischen und mit geschichtlichen Modellen der Ethik sowie die logisch-linguistische Analyse der Moralsprache (Metaethik) und rückt zentrale Themen wie Freiheit, Schuld, Handlung, Norm, Gewissen und Verantwortung in den Vordergrund.

Die Spezielle Ethik gliedert sich in zwei große Sachbereiche: Individualethik und Sozialethik. In der Individualethik stehen Themen im Mittelpunkt, die das moralische Subjekt als solches betreffen: seine Beziehung zu sich (Körper, Geist, Sinne, Seele) und zum anderen Menschen (Du, Nächster, Fremder), beziehungsethische Fragestellungen (wie Sexualität, Partnerschaft, Ehe, Familie) und bioethische Probleme aus den Bereichen der Medizin (wie Organtransplantation, Schwangerschaft, Intensivmedizin), der Biotechnologie (wie gentechnische Veränderung von Lebensmitteln, Gentherapie, Genomanalyse), der Humanökologie (wie Angst, Armut, Streß, Sucht) und der Umwelt (wie Tierversuche, Naturschutz). Die Sozialethik wendet sich hingegen den ethischen Bedingungen und Problemen des Lebens in seinen überindividuellen Verflechtungen zu (Politik, Wirtschaft, Kultur). Diese Differenzierung darf allerdings nicht darüber hinweg täuschen, daß sich Fragen der Individualethik mit Problemen der Sozialethik mischen und umgekehrt. Beide Arbeitsbereiche der Speziellen Ethik überlappen sich und lassen sich nur in systematischer Sicht in die beiden angedeuteten Sektionen unterscheiden.

Spezielle Ethik

Individualethik	**Sozialethik**
Konkrete ethische Probleme des individuellen Handelns	Konkrete ethische Probleme der Grundordnungen sozialer Gebilde

4 Zur Struktur des Werkbuchs

Theologische Ethik wurde definiert als die wissenschaftliche Reflexion auf das moralisch-sittliche Urteilen und Handeln des Menschen im Horizont des christlichen Glaubens. Dieses Selbstverständnis gibt auch das Strukturprinzip des Werkbuches unter der leitenden Frage nach der sittlichen Kompetenz des Handlungssubjekts vor.

- Abschnitt I. klärt das ›ethische‹ Moment der Theologischen Ethik. Er fragt nach den Gründen für die gegenwärtige Dringlichkeit ethischer Reflexion (Artikel »Verortung«) und erläutert deren Grundbegriffe als »Handwerkszeug« des »Unternehmens Ethik« (Artikel »Zugänge«).
- Abschnitt II. entfaltet das ›theologische‹ Moment der Theologischen Ethik. Er bestimmt die Relevanz des Glaubens für die Sittlichkeit (Artikel »Glaube«) und untersucht seine Bedeutung für das Handeln des Menschen (Artikel »Handeln«).
- Abschnitt III. nimmt den Menschen als Handlungssubjekt explizit in den Blick. Er fragt nach der Reichweite und der Bedeutung alltäglicher Handlungsorientierungen aus sozialer (Artikel Gesellschaftliche Handlungsorientierungen«) und individuell-biographischer Sicht (Artikel »Individuelle Handlungsorientierungen«).
- Abschnitt IV. diskutiert die Grundbedingungen der ethischen Reflexion. Er bestimmt die Freiheit des Subjekts als Grundlage zurechenbaren Handelns (Artikel »Freiheit«) und erläutert die

Strukturmerkmale ethischer Reflexion (Artikel »Vernunft – Natur – Erfahrung«). Von dort aus wird die Verantwortung als Grundbestimmung sittlicher Kompetenz vorgestellt (Artikel »Verantwortung«).

- Abschnitt V. thematisiert die Vermittlungsweisen moralischer Überzeugungen. Er klärt die Bedeutung von Normen (Artikel »Normen«), beleuchtet das Verhältnis von Recht und Ethik (Artikel »Öffentliche Moral«) und illustriert am Beispiel kirchlicher Weisungen den Stellenwert von Institutionen für die Sittlichkeit des Menschen (Artikel »Kirchliche Weisungen«).

- Abschnitt VI. lenkt den Blick auf die Praxis sittlicher Kompetenz. Er diskutiert das Gewissen als entscheidende Instanz praktischen Urteilens und Handelns (Artikel »Gewissen«), thematisiert die konkreten Anwendungsweisen sittlicher Kompetenz (Artikel »Entscheidungen«) und schließt mit einer Reflexion auf das Scheitern des Menschen im Angesicht sittlicher Herausforderungen (Artikel »Schuld«).

Die folgende grafische Darstellung des Aufbaus des Werkbuches verdeutlicht noch einmal die Verknüpfung der Definition der Theologischen Ethik mit der Gliederung des Stoffes.

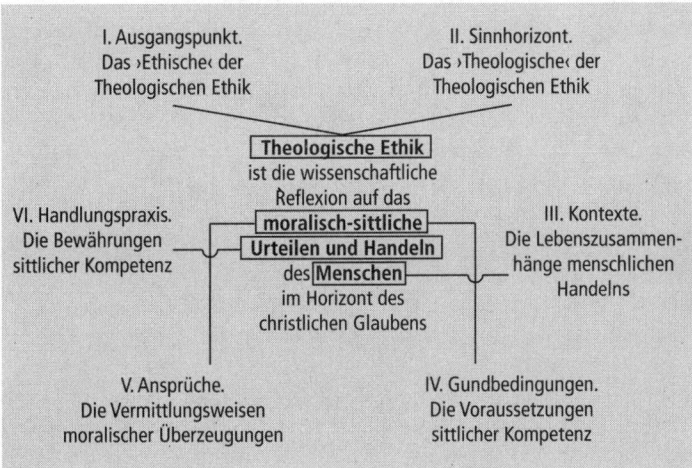

I. Ausgangspunkt.
Das ›Ethische‹ der Theologischen Ethik

Ethische Reflexion erscheint heute dringlicher denn je. Sie tritt vor allem da in den Mittelpunkt, wo Menschen in bestimmten Situationen nicht wissen, was getan werden soll, und unsicher darüber sind, wie gehandelt werden soll. Fragen wie »Ist es legitim, bei der Steuererklärung zu täuschen?«, »Ist es zu verantworten, nur zum Spaß mit dem Auto durch die Gegend zu fahren, obwohl ich weiß, daß dies die Umwelt belastet?« oder »Darf ich mein Kind angesichts großer sozialer Belastungen abtreiben?« spiegeln solche Situationen wider.

Auch da, wo sich Menschen mit gesellschaftlichen Vorgaben und Handlungsvorschriften kritisch auseinandersetzen sind diese moralischen Konflikte greifbar. Hier treten Fragen in den Vordergrund, die die Gemeinschaft insgesamt betreffen: »Ist es zu rechtfertigen, Atomtests im Pazifik durchzuführen?« oder »Welchen Sinn hat es, sich an bestimmte Umgangsformen zu halten?« Diese und ähnliche Fragen nach dem richtigen und guten Handeln stellen den Kontext her, innerhalb dessen ethische Fragen thematisiert werden.

Der erste Abschnitt dieses Werkbuches geht in zwei Artikeln den Rahmenbedingungen des gegenwärtigen Interesses an ethischer Reflexion nach. Dabei werden im Artikel »Verortung« (12-28) die Gründe für die gegenwärtige Dringlichkeit des Ethischen selbst benannt. Der Artikel »Zugänge« (29-47) hingegen zielt auf eine begriffliche und inhaltliche Differenzierung des Ethischen, indem es die Fülle von umgangssprachlichen und wissenschaftlichen Begriffen im Umfeld der ethischen Diskussion abklärt sowie Möglichkeiten und Grenzen der Ethik als wissenschaftlicher Disziplin bestimmt. In diesen beiden Kapiteln verdeutlicht das Werkbuch, daß das ›Ethische‹ der Theologischen Ethik die Rahmenbedingungen, Voraussetzungen und Kontexte jeder ethischen Reflexion benennt.

Verortung. Zur Dringlichkeit ethischer Reflexion

Wolfgang Göbel

Ethische Fragen stehen heute wie kaum zuvor im Zentrum des allgemeinen Interesses. Organspende, Sterbehilfe oder Leihmutterschaft, Genomanalyse oder gentechnisch veränderte Lebensmittel, nachhaltiges Wirtschaften oder die Erlaubtheit von Tiertransporten, alle diese Probleme sind nicht nur Gegenstand wissenschaftlicher Diskussionen, sondern beschäftigen die gesamte Öffentlichkeit. Das gilt auch für Probleme der Politischen Ethik wie Fundamentalismus oder Fremdenfeindlichkeit, die wirtschaftsethischen Auseinandersetzungen um das Mißverhältnis von Arbeitslosigkeit und Unternehmensgewinnen sowie die medienethische Kontroverse um den schrankenlosen Zugang, den das Internet auch zu solchen Inhalten wie etwa der Kinderpornographie ermöglicht. Das heißt: Zu Fragen wie »Gibt es Bedingungen, unter denen aktive Euthanasie erlaubt sein sollte?« oder auch »Werden Anwendungen der Genomanalyse zum besseren Gelingen menschlichen Lebens oder zur Gefährdung menschlicher Würde beitragen?« finden sich Stellungnahmen unterschiedlicher Bereiche. Hierzu kommen Wissenschaftler verschiedener Fachrichtungen zusammen, entwerfen, beraten und beschließen Politiker rechtliche Regelungen, bezieht die Öffentlichkeit engagiert Stellung. Wir sind sensibilisiert für ethische Fragen. Das ist eine relativ junge Erscheinung in unserer Gesellschaft (1). Sie legt die Suche nach ihren Voraussetzungen und Ursachen nahe (2). Mit deren Aufweis läßt sich die aktuelle ethische Aufgabe heute präzise bestimmen (3).

1 Die gegenwärtige Aufmerksamkeit für ethische Fragen

Die sensible Aufmerksamkeit für ethische Fragen ist keine selbstverständliche Gegebenheit in unserer Gesellschaft. Sie hat sich vielmehr erst in den letzten dreißig Jahren vermehrt ausgebildet. Die Spuren ihrer Genese zeigen sich in den philosophischen, theologischen, gesellschaftswissenschaftlichen und politischen Diskussionen dieser Zeit.

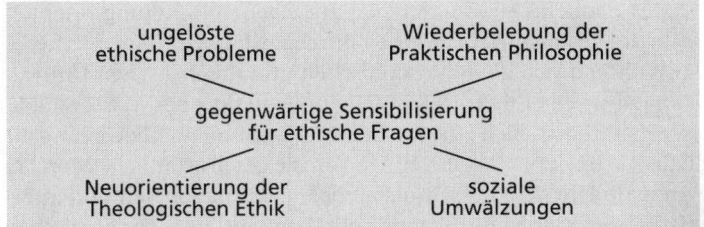

In der Philosophie kamen seit Beginn der sechziger Jahre Errungenschaften und Erkenntnisse der Praktischen Philosophie neu zur Geltung, die lange neben der Theoretischen Philosophie ein Schattendasein in der akademischen Diskussion führten (Ritter: Grundlegung; Riedel: Rehabilitierung; Baruzzi: Philosophie). Vor allem die Probleme um die Analyse und die Begründung sittlichen Handelns, die sich in jenen Jahren in der Öffentlichkeit in den Vordergrund spielten, provozierten diese Wiederentdeckung Praktischer Philosophie. Das neu erwachte Engagement für ethische Fragestellungen innerhalb der Philosophie fand seinen wohl repräsentativsten Ausdruck in der Kommunikativen Ethik und der Diskursethik Karl-Otto Apels (*1922) und Jürgen Habermas' (*1929). Ihre Konzepte trugen viel dazu bei, den ethischen Fragen in der philosophischen Diskussion einen neuen Stellenwert zu geben (Apel: Apriori; Habermas: Moralbewußtsein).

Gleichzeitig mit dieser Rehabilitierung der praktischen Vernunft kam es zu einer Neuorientierung der Theologischen Ethik. Moraltheologen entwickelten neue Modelle der Begründung normativer Ethik, wie das Modell einer autonomen Moral im christlichen Kontext, und entfachten damit eine moraltheologische Grundsatzdiskussion (Auer: Moral 205-239; Mieth: Moral). Diese neue Art ethischen Denkens in der Theologie wollte eine Antwort geben auf die immer stärkere Kritik an den traditionellen Methoden, Begriffen und Normierungen der Moraltheologie; sie wollte ihre zunehmende Isolation im Diskurs der Wissenschaften aufbrechen (Böckle: Fundamentalmoral; Hunold: Moraltheologie). So bemühten sich Theologen um eine neue Begründung der Theologischen Ethik, die von den Fragen, Problemen und dem Wissenszuwachs der Gegenwart ausging, offen war für die neuen philosophisch-ethischen Konzepte und den Menschen als Subjekt seines Handelns ernst nahm, das zur eigenen Handlungsorientierung im Dialog mit Autoritäten durchaus fähig ist.

Während sich die philosophischen und theologischen Umwälzungen in der Ethik größtenteils unbemerkt vom Massenpublikum vollzogen, hielt zur gleichen Zeit die Studentenbewegung die Öffentlichkeit mit ihren Anfragen an die gesellschaftliche Moral in Atem, indem sie einerseits das Problem der nationalen und internationalen Gerechtigkeit mit politökonomischen, soziologischen und sozialpsychologischen Erklärungsmustern traktierte und andererseits die Legitimation bestehender Zustände sowie alte Traditionen und Wertordnungen in Frage stellte und neue Werte, Normen und Handlungsmaßstäbe propagierte oder einforderte.

Durch dieses Engagement der philosophischen, theologischen und gesellschaftswissenschaftlichen Disziplinen und das einer agierenden und argumentierenden Öffentlichkeit erwachten die ethischen Fragen zu neuem Leben. Sie haben seitdem einen wachsenden Anteil wissenschaftlicher Bemühungen an sich gebunden. Auch ist ihnen das allgemeine Interesse treu geblieben. Fragen der Ethik sind heute Punkte, an denen das Expertentum der professionellen Ethiker, wie die Kompetenz der im Alltag handelnden Menschen zur Kooperation zusammenfinden. Neue Sachbereichsethiken wie Bio-, Medien-, Wirtschafts-, Wissenschafts- und Umweltethik haben sich ausgebildet.

2 Hintergründe und Gründe der Aufmerksamkeit für ethische Fragen

Das gegenwärtige Interesse an der Ethik läßt sich auf mehrere Gründe zurückführen. Die wichtigsten von ihnen sollen hier besprochen werden. Sie erklären nicht nur das Faktum der gegenwärtigen Aufmerksamkeit für Ethik, sie kennzeichnen auch die Problematik, auf die diese Aufmerksamkeit reagiert und sie machen schließlich deutlich, daß ethisches Fragen heute alles andere als eine Modeerscheinung ist. Die Gegenwart selbst, so die These, zwingt aufgrund ihrer Verfaßtheit geradezu zum ethischen Nachdenken.

Gründe ethischer Reflexion
- Die Dringlichkeit der Frage nach Gut und Böse
- Die begrenzte Tragfähigkeit kollektiver Handlungsordnungen
- Der Mensch als Verantwortungssubjekt sittlichen Handelns
- Die Probleme der Individualisierung
- Die technologische Gefährdung alles Lebendigen

2.1 Das ›Ethische‹ als menschliche Disposition

Die heutige Aufmerksamkeit für ethische Fragen setzt zunächst einmal die grundsätzliche Offenheit des Menschen für die Kriterien voraus, die mit diesen Fragen leitend werden: die Kriterien von Gut und Böse. Das Gute erscheint dabei in der Qualität von Haltungen, Handlungen, Mitteln und Zielen, die den Menschen auf dem Weg zu seinem je eigenem Menschsein unterstützen – im Gegensatz zum Bösen, das ihn davon wegführt. Das Gute gibt also die grundlegende Orientierung für das Gelingen menschlichen Handelns und Lebens. Das fundamentale Interesse an den Kriterien von Gut und Böse gehört zu den zentralen Kennzeichen der ›conditio humana‹, der Grundbedingung menschlichen Lebens.

Die Grundverfassung des Menschen ist nach Aussagen der frühen modernen philosophischen Anthropologen – Max Scheler (1874-1928), Helmut Plessner (1892-1985) und Arnold Gehlen (1904-1976) – dadurch gekennzeichnet, daß der Mensch nicht eingepaßt ist in eine begrenzte und feststrukturierte Umwelt: Es ist ihm möglich, sich selbst gegenüberzustehen, sich in Frage zu stellen und seinen Ort in der Welt zu finden. Statt auf begrenzte Perspektiven und feste Lebensstrukturen durchgängig fixiert zu sein, wie zum Beispiel eine Zecke, deren wahrnehmbare Wirklichkeit, deren Umwelt nur aus dem Geruch von Buttersäure besteht, lebt der Mensch in einem Rundumhorizont, von dem her sich seine Perspektiven und Lebensstrukturen immer wieder relativieren. Kurz: »Der Mensch ist das X, das sich in unbegrenztem Maße weltoffen verhalten kann.« (Scheler: Stellung 37).

Dieses fundamentale Kennzeichen prägt den gesamten Vollzug menschlichen Lebens und so auch den praktischen, handlungsorientierten Bezug des Menschen zur Wirklichkeit, der im Mittelpunkt ethischer Aufmerksamkeit steht. Weltoffenheit, das bedeutet für das praktische Handeln und Verhalten des Menschen, daß es nicht wie die Dinge (unbelebte Natur) und Pflanzen durchgängig bestimmt ist durch Naturgesetze oder wie das Verhalten der Tiere durch Instinkte und Reflexmechanismen. Über diese hinaus bleibt das Handeln und Verhalten von Menschen immer begleitet von alternativen Sichtweisen und kann vor dem allgemeinen Horizont des Guten wahrgenommen und kritisch reflektiert werden. Mehr noch: In diesem Horizont erfahren sich Menschen auf das Gute im allgemeinen und auf die Wahl des konkreten Guten verpflichtet, das auf das Humane und dem Menschen Angemessene zielt. Die ethische Frage ist also keine künstliche Frage, sondern gehört zum Menschen aufgrund seiner Weltoffenheit hinzu. Diese Grundverfassung des Menschen im Praktischen, seine Offenheit für die allgemeine Sicht des Guten, muß als Basis für jede Aktualität ethischer Fragen verstanden werden.

2.2 Die Infragestellung kollektiver Regelungen menschlichen Handelns in der Antike

Daß die ethische Grundverfassung des Menschen die heutige Konjunktur ethischen Fragens allein nicht verständlich macht, zeigt sich schon darin, daß aus ihr die Ausbildung von Ethik als Wissenschaft nicht zwingend folgt. Ein Blick in die Geschichte macht das deutlich. Fast durchgängig fanden die mit der ethischen Grundverfassung des Menschen gestellten Fragen ihre Antwort in kollektiven Regelungen, in Sitten, Gebräuchen und Gesetzen, deren Geltung mit religiöser und politischer Autorität direkt verbunden war. Diese Geltung durch Autorität erübrigte zunächst eine methodische Reflexion des Handelns unter der Perspektive von Gut und Böse. Erst wo überkommene kollektive Handlungsregelungen und die mit ihnen verbundenen Institutionen ihre selbstverständliche Geltung verloren, wurde Platz für die methodische Suche nach dem Guten. Nun wurde Ethik möglich und gefragt.

Eine solche Situation findet sich, soweit wir wissen, zuerst in den griechischen Stadtstaaten des 5. Jahrhunderts vor Christus. Die Überlegungen und Einsichten der Sophisten (etwa des Protagoras 480-410 v.Chr.) und des Sokrates (469-399 v.Chr.), von Platon (427-347 v.Chr.) und Aristoteles (384-322 v.Chr.) lassen den Geltungsschwund der überkommenen Kollektivregelungen erkennen und deuten zugleich auf das Bemühen um eine Neuori-

entierung des Handelns hin. Fragen wie »Was legitimiert eigentlich moralische Normen?«, »Wieso soll ich moralisch handeln?«
und »Wer sagt mir mit welchen Gründen, warum ich etwas tun
und etwas anderes lassen soll?« stehen für diesen Reflexionsprozeß. Bei Aristoteles erscheint als ein Resultat dieser Bemühungen
zum ersten Mal in der Geschichte Ethik als eine eigene philosophische Disziplin. Die ethische Grundverfassung des Menschen
führt aufgrund methodischer Reflexion zu einem ersten Entwurf
einer Ethik. Erst jetzt gilt Ethik als etwas, das zum Leben des Menschen notwendig dazugehört.

2.3 Die abendländische Einsetzung des Menschen als Subjekt des Handelns

Indem überkommene kollektive Regelungen des Verhaltens fraglich werden, ergibt sich die Möglichkeit, daß der Mensch, der bisher in ›mechanischer Solidarität‹ (E. Durkheim: Arbeitsteilung) in
diese Regelungen eingebunden war, als einzelner mit dem Anspruch konfrontiert wird, die verbindlichen Bestimmungen des
Guten selbst zu finden und daß er sich auch als kompetent für diese Aufgabe erfährt. Diese Möglichkeit findet in der griechischen
Antike eine frühe Realisierung. Sokrates ist geradezu zur großen
Symbolfigur sittlicher Selbstbestimmung geworden. Der eigenen
sittlichen Einsicht und den Warnungen einer inneren ›göttlichen‹
Stimme folgend, gerät er in Konflikt mit den Autoritäten der athe-
nischen Polis, wird der Einführung neuer Götter und der Verfüh-
rung der Jugend angeklagt und nimmt, seiner sittlichen Selbstverpflichtung treu, das Todesurteil und seine Vollstreckung auf sich.
Sokrates kann so als Archetyp sittlicher Autonomie erscheinen.

Diese sittliche Selbstbestimmung des Menschen wird in der
Neuzeit zum programmatischen Normalfall. Auch diesem Ent-
wicklungsschritt geht die Infragestellung kollektiver Handlungsregelungen voraus. In den auf die Reformation folgenden Konfes-
sionskriegen wird nämlich die Religion, die bis dahin die Einheit
des politischen Lebens sicherte und die von ihrem Selbstverständnis her die gemeinsame Grundorientierung des Zusammenlebens
sein sollte, zum Grund für den drohenden Untergang der westlichen Staatenwelt und der Vernichtung der Menschen in ihr. Die
christliche Religion, getrennt in unterschiedliche, sich bekämp-
fende Konfessionen, begründet nun die Verschiedenheit unter

den politischen Einheiten und darüber hinaus die Verschiedenheit zwischen diesen Einheiten und Menschen, die in ihnen leben, wie die Verschiedenheit der Menschen untereinander. Die christliche Religion wird so zum Grund für die tödliche Zerrissenheit der westlichen Welt.

Damit wird die Frage drängend, ob es nicht eine Basis menschlichen Zusammenlebens gibt, die absieht von speziellen religiösen Voraussetzungen. Dieses Fundament finden die Theorien vom Gesellschaftsvertrag, die mit dem modernen Naturrecht des 17. und 18. Jahrhunderts entwickelt werden (Pufendorf: Pflicht), nicht mehr in Gott oder den Kirchen, sondern im menschlichen Subjekt mit den vorstaatlichen, natürlichen Rechten, die ihm als Mensch zukommen. Als Träger von Menschenrechten bzw. Grundrechten wird jeder Mensch nun immer entschiedener als freies Subjekt seines Handelns vorausgesetzt, als ein Subjekt, das kompetent ist, sittlich zu bestimmen, was zu tun ist und das Gewählte auch einzulösen. Von dieser Grundüberlegung aus setzt sich das Programm der auf Menschenrechte gegründeten Verfassungen zwar nur langsam durch, doch die Idee der Subjektgeltung des Menschen im Praktischen wird geschichtsmächtig und erlangt allgemeine innovatorische Bedeutung (Göbel: Wille 161-166; Ders.: Zeit 106-109).

In dieser geschichtlichen Situation bekommt Ethik eine neue Relevanz. Nach der verschärften Infragestellung kollektiver Handlungsregelungen mit der Konsequenz, daß religiöse und politische Autorität die Geltung von Handlungsregeln nicht endgültig sichern können und daß die Sittlichkeit aller Regeln allein davon abhängt, ob sie der praktischen Vernunft des einzelnen einleuchten und ob sie vor seinem Gewissen bestehen können, sieht sich der einzelne von einer Fülle neuer Fragen in Anspruch genommen, für die er nun als kompetent gilt. Ethik als die von der Idee des Guten geleitete methodische Reflexion des Handelns wird das Forum, in dem die gesuchten Handlungsnormen auf ihre Gültigkeit und deren Möglichkeit zur Verallgemeinerung hin überprüft werden. Dieser neuen Bedeutung entsprechen die heute als klassisch geltenden ethischen Systeme jener Zeit: Die praktischen Philosophien Immanuel Kants (1724-1804), Johann Gottlieb Fichtes (1762-1814) und Georg Wilhelm Friedrich Hegels (1770-1831). Von Thomas Hobbes (1588-1654) bis Karl Marx

(1818-1883) gilt die Ethik neben der Politik wie selbstverständlich als die oberste Wissenschaft.

Auch dieser Bedeutungszuwachs der Ethik mit der okzidentalen, abendländischen Einsetzung des Menschen zum Subjekt des Handelns ist eine Voraussetzung der Aktualität ethischer Fragen heute. Aber eine zureichende Erklärung findet diese Aktualität damit noch nicht. Zumindest zwei weitere Gründe gibt es für die gegenwärtige Dringlichkeit ethischer Problemstellungen.

2.4 Individualisierung als Folge des gesellschaftlichen Modernisierungsprozesses

Der Auflösung der traditionellen, religiös vorgegebenen und gesicherten Handlungsordnung entspricht nach dem okzidentalen Konzept die ethische Selbstbestimmung des einzelnen als des moralischen Subjekts. Anstelle mechanischer Solidarität soll sich eine ›organische Solidarität‹ (Durkheim: Arbeitsteilung) bilden; neben die ›Gehorsamsverantwortung‹ vor Normen tritt die ›Gestaltungsverantwortung‹ für Normen (Gogarten: Politische Ethik; Ders.: Gott und Welt; Korff: Ethik). Möglich ist jetzt aber auch, daß der einzelne versucht, eine neue sittliche Bindung zu vermeiden, daß die Eigenart, ja, das Programm sich ausbreitet, handelnd auf Kosten der anderen allein den eigenen Vorteil zu verfolgen. Dieser Orientierung gilt heute eine vielbesorgte Aufmerksamkeit. Unter dem Titel Individualisierung ist sie Gegenstand scharfer Kritik von innen und von außen der modernen Gesellschaft.

Von außen gibt es z.B. die manchmal schon verächtliche asiatische Kritik, vor allem von Seiten ostasiatischer Staaten wie zum Beispiel Malaysia und Singapur. Hier ist es bisweilen selbstverständliche Voraussetzung, daß sich heute die Vormachtstellung zwischen den Kulturen von West nach Ost verlagert. Die westlichen Gesellschaften, so heißt es, zelebrieren das Chaos, sind unregierbar geworden, lösen sich auf. Der Grund dafür ist aus dieser Sicht der Werteverfall in diesen Gesellschaften, die Bedeutung, die sie dem Individuum auf Kosten der Gemeinschaft zuschreiben, kurz der Individualismus.

Diese Kritik stimmt nicht nur überein mit dem Urteil des islamischen Fundamentalismus, sondern ihr entsprechen auch weitgehend die Bedenken, die innerhalb der westlichen Gesellschaften immer lauter werden. Politiker stellen fest, daß die Fälle von

Steuerhinterziehung und Subventionsbetrug, von Bereicherung im Amt, Schwarzarbeit und Mißbrauch staatlicher Sozialsysteme von Jahr zu Jahr zunehmen. Soziologen ermitteln, daß statt eines gelingenden Familienlebens die ichbezogene Selbstverwirklichung zum Lebensziel wird. Psychologen beobachten, daß während des letzten Jahrzehnts Durchsetzungsfähigkeit die Sozialorientierung als leitendes Muster gesellschaftlichen Handelns verdrängt hat. ›Ego-Trip‹, ›Tanz ums goldene Selbst‹ sind die entsprechenden feuilletonistischen Kennzeichnungen dieses Handelns heute. Ihnen korreliert die düstere theologische Zuordnung dieser kulturellen, wirtschaftlichen und politischen Strömungen in der westlichen Gesellschaft zur »Kultur des Todes« (Johannes Paul II.: Evangelium vitae).

Die ungenierte Hinwendung zur Bedürfnisbefriedigung um fast jeden Preis ist eine Verhaltensorientierung, die, wie schon angesprochen, als Eigenart und Programm möglich wurde mit der okzidentalen Zuweisung ethischer Verantwortung an den einzelnen. Diese Möglichkeit wird noch etwas verständlicher im Blick auf eine in der Soziologie geläufige Darstellung des gesellschaftlichen Modernisierungsprozesses. Danach läßt sich dieser Prozeß fassen als funktionale Differenzierung. Gemeint ist damit, daß sich in der Moderne die einheitliche Welt gesellschaftlichen Handelns aufteilt in weitgehend unabhängige Subsysteme, die sich nach der ihnen eigenen Logik entwickeln und so auch je autonome Handlungssphären bilden. Man unterscheidet als solche autonomisierten Subsysteme zum Beispiel Politik, Wirtschaft, Verwandtschaft und Religion (Luckmann: Identität), oder man spricht vom politischen System, ökonomischem System, Gemeinschaftssystem und sozialkulturellem System (Münch: Struktur).

Diese funktionale Differenzierung hat unter anderem die gravierende Folge, daß für die Mitglieder moderner Gesellschaften die Handlungsorientierung zu einem allgemeinen Problem wird. In archaischen Gesellschaften gab es dagegen keine separaten Subsysteme, sondern nur eine einheitliche Handlungswelt. In ihr war den Gesellschaftsmitgliedern für die einzelnen Handlungen ein deutlicher Handlungssinn vorgegeben und zur Verpflichtung gemacht, in dem die Ansprüche der verschiedenen gesellschaftlichen Dimensionen aufeinander abgestimmt waren. Dagegen ist der einzelne in der modernen Gesellschaft ständig mit einer Fülle aus verschiedenen Subsystemen stammender, heterogener und nicht aufeinander abgestimmter Anforderungen konfrontiert. Herr X sollte vielleicht als Staatsbürger (Politik) eine Wahlveranstaltung besuchen, als Lehrer (Wirtschaft) Aufsätze korrigieren, als Vater (Verwandtschaft) seiner kleinen Tochter vorlesen und zugleich trifft sich der Bibelkreis, an dem er in der Fastenzeit teilnehmen wollte (Religion). Herausgesetzt aus einer umfassenden Sinneinheit, ist der einzelne vorausgesetzt als einer, der aus verschiedenen Handlungsmöglichkeiten eine eigene Synthese, ein persönliches Handlungskonzept bilden kann, darf und muß. Als »Optionserweiterung« (Kaufmann: Zukunft 96) kann man diese vielschichtige Freiheit des Bürgers der modernen Gesellschaft kennzeichnen (Luckmann: Identität; Münch: Struktur; Kaufmann: Zukunft).

Es ist deutlich, daß sich der moderne Sinn dieser Optionserweiterung in dem besprochenen okzidentalen Konzept findet, in der ethischen Selbstbestimmung des einzelnen als des sittlichen Subjekts. Deutlich ist aber auch, wie hier die Möglichkeit eröffnet ist, Individualisierung als übersteigerten, hedonistischen Individualismus zu gestalten. Als allgemeiner Trend oder gar als gängiges Programm wäre das die pathologische Wende der okzidentalen Entwicklung. Nicht wenige fühlen sich von ihr bedroht und sehen in der Besinnung auf Ethik das einzige Gegenmittel. Der Mangel an ethischer Orientierung wird so zum wichtigen Faktor für die Aktualität der Ethik heute.

2.5 Die moderne Entwicklung von Wissenschaft und Technik

Man kann mit einigem Recht verwundert, ja befremdet sein, wenn in der Reihe der Gründe für den gegenwärtigen Ethikboom hier abschließend die moderne Entwicklung von Wissenschaft und Technik genannt wird. Denn eben die technisch-naturwissenschaftliche Entwicklung war es, die in der Zeit nach Hegel und Marx die Periode höchster Anerkennung der Ethik beendete. Seit der Mitte des vorigen Jahrhunderts gewinnen die Naturwissenschaften und ihr Korrelat, die Technik, zunehmend an Geltung. Mit ihnen entfaltet sich der philosophische Positivismus, der von einem Denken geleitet wird, das allein auf empirisch-theoretische Gültigkeit setzt und keinen Sinn mehr hat für die eigene Verbindlichkeit praktischer Vernunft. Unter der Herrschaft der theoretischen Vernunft, die allein nach dem fragt, was empirisch feststellbar ist, verlieren die Bemühungen der praktischen Vernunft, die Fragen nach dem Guten als dem, was sein soll, den Wissenschaftsstatus. Jetzt gelten die praktischen Fragen der Ethik nicht mehr als wahrheitsfähig. Das heißt: Die theoretische, kenntnisnehmende und die praktische, stellungnehmende Vernunft treten auseinander und werden nicht mehr als zusammengehörig betrachtet. Der kenntnisnehmenden Vernunft kommt nun in der Wissenschaft der Primat zu.

Auch wenn es immer wieder Versuche gegeben hat, der Ethik gegen diese technisch-wissenschaftliche Übermacht wieder Geltung zu verschaffen – wie die existentiell orientierten Ethiken Martin Bubers (1878-1965), Ferdinand Ebners (1882-1931) und Eberhard Griesebachs (1880-1945) oder die Materialen Wertethiken Max Schelers und Nikolai Hartmanns (1882-1950) – entwickelte sich erst in den sechziger Jahren unseres Jahrhunderts das oben schon skizzierte umfassende Interesse für Ethik (Hunold: Sozialontologie 16-25). Worin liegt nun der Beitrag, den Wissenschaft und Technik nach der hier vertretenen These zu dieser Wende geleistet haben, wenn ihr Aufkommen doch gerade die Wirkung hat, daß das Ansehen der Ethik verblaßte?

Dieser Beitrag liegt darin, daß die wissenschaftlich-technischen Innovationen und Erkenntnisse das Leben des Menschen bis ins Elementare bedrohen. Neben den zu befürchtenden und teilweise schon eingetretenen ökologischen Katastrophen sind es vor allem die Fortschritte im Bereich der Mikrobiologie, der Genetik und der Kernphysik, die ein ungeheures Gefahrenpotential in sich bergen, für das die traditionellen Problemlösungsstrategien nicht mehr ausreichen. Das heißt: Die moderne Entwicklung von Wissenschaft und Technik seit der Mitte des 19. Jahrhunderts verlangt mit ihren Möglichkeiten und Risiken nach Ethik als einer notwendigen Korrekturinstanz. Aufgrund des alltags- und wissenschaftsweltlichen Könnens drängen sich somit ethische Fragen in den Vordergrund, Fragen nach dem Wollen des Menschen, dem Sinn der Technik und den Grenzen des Handelns.

3   Die aktuelle ethische Aufgabe heute

Das ›Ethische‹ als menschliche Disposition, die Infragestellung kollektiver Handlungsregelungen in der Antike, die Einsetzung des Menschen als Handlungssubjekt, die Individualisierung als Folge des gesellschaftlichen Modernisierungsprozesses, die moderne Entwicklung von Wissenschaft und Technik, das sind die wichtigsten Gründe und Hintergründe der großen gegenwärtigen Aufmerksamkeit für ethische Fragen. Sie zeigen zugleich, daß diese Aufmerksamkeit keine Modeerscheinung ist, sondern die angemessene Reaktion auf eine dringliche Problematik.

Mit ihnen bekommt die aktuelle Aufgabe der Ethik zudem Profil. Im Rückblick auf die bisherigen Überlegungen läßt sich sagen: Der Mensch, der aufgrund seiner anthropologischen Grundverfassung vor der ethischen Frage steht, für sie keine umfassenden kollektiven Lösungen zur Verfügung hat und sie der geschichtlichen Entwicklung nach als Subjekt und Individuum, das heißt frei, selbständig und im Ausgang von ganz spezifischen Bedingungen zu beantworten hat, steht heute vor der Aufgabe, die Bedrohung menschlichen Lebens abzuwenden, die mit der Entfaltung der modernen Gesellschaft wie mit der Entfaltung von Wissenschaft und Technik für seine vitale und soziale Existenz herangewachsen ist.

Diese Bedrohung ist fundamental und zugleich universell. Sie ist fundamental, weil sie an die Grundlagen menschlichen Lebens geht, an die Grundlagen des Zusammenlebens und des Überlebens. Sie ist universell, weil die möglichen negativen Folgen der technischen wie der sozialen Entwicklung globale Wirkung hätten.

Damit steht die Ethik als Wissenschaft heute vor einer in ihrer Geschichte qualitativ und quantitativ einzigartigen Problematik. Im Blick auf den Stand der Technologie hat das Hans Jonas (1903-1993) eindrücklich formuliert: »Das Neuland kollektiver Praxis, das wir mit der Hochtechnologie betreten haben, ist für die ethische Theorie noch ein Niemandsland.« (Jonas: Prinzip 7). Das Entsprechende gilt für den Stand der gesellschaftlichen Evolution. Elementare Verbindlichkeiten und öffentliche Verpflichtungen, vor deren Übermacht der einzelne geschützt werden mußte, sind nun selbst vom Menschen bedroht. Elementare Formen von Solidarität stoßen auf weitverbreitetes Unverständnis, müssen geschützt, neu entwickelt und gegen dieses Unverständnis zur Geltung gebracht werden. Auch hier eröffnet sich »ein Neuland kollektiver Praxis« und ein »Niemandsland für die ethische Theorie«.

ZUSAMMENFASSUNG

(1) Ethische Fragen werden nicht zufällig gestellt oder künstlich hervorgerufen. Die gegenwärtige Aufmerksamkeit für ethische Fragen verdankt sich den gegebenen gesellschaftlichen Entwicklungen, dem naturwissenschaftlich-technischen Fortschritt und den philosophisch-theologischen Reflexionen.

(2) Das grundsätzliche Interesse an der Ethik wurzelt in der Verfassung des Menschen als einem am Guten interessierten Wesen und der Infragestellung kollektiver Regelungen menschlichen Handelns. Das heutige Interesse an der Ethik bezieht sich darüber hinaus auf die Einsetzung des Menschen als Subjekt des Handelns und reagiert auf die modernen Tendenzen der Individualisierung sowie die Erkenntnisse und Innovationen von Wissenschaft und Technik.

(3) Die ethische Aufgabe besteht in der Suche nach einem Orientierungswissen, das auf Fragen »Was wollen wir?« und »Was ist gut, menschlich sinnvoll, angemessen und verantwortbar?« Antworten geben kann. Diese Aufgabe erscheint heute dringlicher denn je.

TEXTARBEIT

Philosophischer Text

Einführung   Mit dem vorliegenden Text leitete Hans Jonas (1903-1993) eines der wegweisenden ethischen Werke des 20. Jahrhunderts ein: »Das Prinzip Verantwortung«. Hierin entwirft Jonas eine ›Heuristik der Furcht‹, eine Aufforderung, die Angst vor ökologischer Zerstörung und technologischem Fortschritt positiv zu wenden und als ersten Schritt hin zu einer angezielten Ethik der Verantwortung zu verstehen.

Arbeitstext   *Der endgültige entfesselte Prometheus, dem die Wissenschaft nie geahnte Kräfte und die Wirtschaft den rastlosen Antrieb gibt, ruft nach einer Ethik, die durch freiwillige Zügel seine Macht davor zurückhält, dem Menschen zum Unheil zu werden. Daß die Verheißung der modernen Technik in Drohung umgeschlagen ist oder diese sich mit jener unlösbar verbunden hat, bildet die Ausgangsthese des Buches.*

*Die dem Menschenglück zugedachte Unterwerfung der Natur hat
im Übermaß ihres Erfolges, der sich nun auch auf die Natur des Menschen selbst erstreckt, zur größten Herausforderung geführt, die je dem
menschlichen Sein aus eigenem Tun erwachsen ist. Alles daran ist
neuartig, dem Bisherigen unähnlich, der Art wie der Größenordnung
nach: Was der Mensch heute tun kann und dann in der unwidersteh-
lichen Ausübung dieses Könnens weiterhin zu tun gezwungen ist, das
hat nicht seines gleichen in vergangener Erfahrung. Auf sie war alle
bisherige Weisheit über rechtes Verhalten zugeschnitten. Keine überlieferte Ethik belehrt uns daher über die Normen von Gut und Böse,
denen die ganz neuen Modalitäten der Macht und ihrer möglichen
Schöpfungen zu unterstellen sind.*

Quelle Hans Jonas: Das Prinzip Verantwortung. Versuch einer
Ethik für das technologische Zeitalter, Frankfurt a.M. [7]1988, 7.

Leitfragen Welche Ängste und Herausforderungen sehen Sie
heute als besonders dringlich an? Welche möglichen Auswege sehen Sie aus der Situation des moralischen Unwissens? Welche
Rolle könnte hier die Ethik als problembezogene Wissenschaft
spielen?

Theologischer Text

Einführung In seiner Enzyklika »Evangelium vitae«, einem
päpstlichen Rundschreiben, wandte sich Johannes Paul II.
(*1920) in ausführlicher Weise aktuellen bioethischen Fragestellungen (Euthanasie, Abtreibung u.a.) zu. Diesem Schreiben stellte er allgemeine Betrachtungen über den Wert der menschlichen
Person und »die neuen Bedrohungen des menschlichen Lebens«
voran.

Arbeitstext (3) *Jeder Mensch ist auf Grund des Geheimnisses vom
fleischgewordenen Wort Gottes (vgl. Joh 1,14) der mütterlichen Sorge
der Kirche anvertraut. Darum muß jede Bedrohung der Würde und
des Lebens des Menschen eine Reaktion im Herzen der Kirche auslösen, (...) sie muß sie miteinbeziehen in ihren Auftrag, in der ganzen
Welt und allen Geschöpfen das Evangelium vom Leben zu verkünden
(vgl. Mk 16,15).*

*Heute erweist sich diese Verkündigung als besonders dringend an-
gesichts der erschütternden Vermehrung und Verschärfung der Bedrohungen des Lebens von Personen und Völkern, vor allem dann, wenn*

es schwach und wehrlos ist. Zu den alten schmerzlichen Plagen von Elend, Hunger, endemischen Krankheiten, Gewalt und Krieg gesellen sich andere unbekannter Art und von beunruhigenden Ausmaßen. (...)

(4) Weit davon entfernt, sich einschränken zu lassen, ist dieses beunruhigende Panorama statt dessen leider in Ausdehnung begriffen: mit den neuen, vom wissenschaftlich-technologischen Fortschritt eröffneten Perspektiven entstehen neue Formen von Anschlägen auf die Würde des Menschen, während sich eine neue kulturelle Situation abzeichnet und verfestigt, die den Verbrechen gegen das Leben einen bisher unbekannten und womöglich noch widerwärtigeren Aspekt verleiht und neue ernste Sorgen auslöst: breite Schichten der öffentlichen Meinung rechtfertigen manche Verbrechen gegen das Leben im Namen der Rechte der individuellen Freiheit und beanspruchen unter diesem Vorwand nicht nur Straffreiheit für derartige Verbrechen, sondern sogar die Genehmigung des Staates, sie in absoluter Freiheit und unter kostenloser Beteiligung des staatlichen Gesundheitswesens durchzuführen.

Das alles bewirkt einen tiefgreifenden Wandel in der Betrachtungsweise des Lebens und der zwischenmenschlichen Beziehungen. Der Umstand, daß die Gesetzgebung vieler Länder sogar in Abweichung von den Grundprinzipien ihrer Verfassungen zugestimmt hat, solche gegen das Leben gerichtete Praktiken nicht zu bestrafen oder ihnen gar volle Rechtmäßigkeit zuzuerkennen, ist zugleich besorgniserregendes Symptom und keineswegs nebensächliche Ursache für einen schweren moralischen Verfall: Entscheidungen, die einst einstimmig als verbrecherisch angesehen und vom allgemeinen sittlichen Empfinden abgelehnt wurden, werden nach und nach gesellschaftlich als achtbar betrachtet. (...)

Quelle Johannes Paul II.: Enzyklika »Evangelium vitae«, hg.v. der Deutschen Bischofskonferenz, Bonn [3]1995, Nr. 3-4.

Leitfragen Welche praktischen Bedrohungen werden in dem Textabschnitt behandelt? Welche Bedrohungen sehen Sie heute vorwiegend für das menschliche Leben aber auch für das Leben schlechthin? Wie interpretieren Sie den kulturkritischen Tenor des Textes? Wie stehen Sie zu dem moralpessimistischen Ton des Textes, der einen Moralzerfall suggeriert? Welche Funktion kommt dem religiösen Moment im Text zu? Wie stehen Sie dazu?

Literarischer Text

Einführung Der amerikanische Regisseur, Schauspieler und Schriftsteller Woody Allen (*1935) erfand für seinen Film »Hannah und ihre Schwestern« die Figur eines Künstlers, der mit Lee, eine der Schwestern Hannahs zusammenlebt. Als diese eines Tages von einem heimlichen Rendezvous mit einem anderen Mann zurückkehrt, empfängt er sie mit einem ungewöhnlichen Monolog.

Arbeitstext *Der Künstler: »Du hast eine überaus dumme Sendung über Auschwitz versäumt. Viele grausige Filmausschnitte und noch mehr verwirrte Intellektuelle, die ihr Unverständnis gegenüber diesem systematischen Mord an Millionen zum Ausdruck brachten. Der Grund, warum sie die Frage nicht beantworten können »Wie konnte das je passieren?« ist, daß die Frage falsch ist. Nachdem wie die Menschen sind, müßte die Frage lauten: »Warum passiert so etwas nicht öfter?« Das geschieht auch. Nur in subtileren Formen.«*

Quelle Transkription aus dem Film »Hannah und ihre Schwestern« (1986).

Leitfragen Welche Argumente können Sie für die Stimmigkeit der Umkehrung der Fragestellung anführen, welche dagegen? Welche Reflexionen über das Gut-sein oder Böse-sein des Menschen könnten hier im Hintergrund stehen? Worauf macht der Monolog in ethischer Hinsicht aufmerksam? Wie stellt sich die Dringlichkeit des Ethischen auf dem Hintergrund des Filmausschnittes dar?

Praktisches Problem. Xenotransplantation

Einführung In einer Zeit sich rasant fortentwickelnder medizinischer Technik könnten immer mehr Patienten Organe transplantiert werden. An Organspendern herrscht allerdings ein großer Mangel. Einen Ausweg aus dieser Misere scheint die Xenotransplantation zu bieten: tierische Organe, vorzugsweise von Schweinen, könnten dem Menschen implantiert werden. Intensive Forschungen auf diesem Gebiet sind weltweit im Gange.

Arbeitstext *Tony Johnson ist sehr froh darüber, Zellen vom Schwein in seinem Gehirn zu haben. Ohne das Nervengewebe von einem Ferkel säße er immer noch im Rollstuhl. Er könnte sich nur stammelnd artikulieren und seine Frau müßte ihn versorgen. Der 60jährige Ingeni-*

eur leidet seit 27 Jahren an Parkinson, einer bislang unheilbaren Gehirnerkrankung. Vor drei Jahren wurden ihm als einem von 25 Teilnehmern einer bahnbrechenden klinischen Studie Zellen eines Schweineembryos in den Bereich der Basalganglien gespritzt. Seitdem geht es wieder aufwärts.

Sensationeller Erfolg: Johnson versorgt sich selbst, er fischt, er verbessert sein Golfspiel. Und über die Frage, wie es sich anfühlt, mit Schwein im Kopf, denkt er wie ein Cowboy: »Zum Teufel damit. Ich esse jeden morgen Speck. Warum soll ich es nicht auch da oben haben?« Nicht jeder sieht die Sache so eindeutig. Die Xenotransplantation, die Übertragung tierischer Zellen, Gewebe oder ganzer Organe auf den Menschen, »ist eine einzigartige medizinische Herausforderung«, umschreibt es Fritz Bach, Immunologe an der Medical School der Harvard University in Boston. Weltweit schleusen Forscher Gene in das Erbgut von Schweinen ein, um die Abwehr des menschlichen Immunsystems gegen fremde Organe zu überlisten. Die Herzen, Lungen, Lebern oder Nieren von Schweinen könnten eines Tages den chronischen Mangel an menschlichen Spenderorganen beheben. In Deutschland stirbt jeder zwölfte schwer Leberkranke, während er auf ein passendes Organ wartet. Auf eine Niere hoffen weit über 10 000 Dialysepatienten.

Quelle Werner Siefer: Ersatzteillager Schwein, in: FOCUS 11 (1998) 174-181, hier: 174.

Leitfragen Der Münchner Transplantationsmediziner Claus Hammer ist der Meinung, daß die Verwendung von Schweinen für die Organtransplantation vor allem ein großer Vorteil innewohnt: »Ethische und ebenso religiöse Probleme oder Widerstände wären unwahrscheinlich oder unbedeutend« (Hammer: Xenografting 515). Welche ethischen Probleme lassen sich, im Gegensatz zu dieser Meinung, bei der Verwendung von Tieren als Organspender für Menschen entdecken? Worin sehen Sie die besondere ethische Dringlichkeit der Xenotransplantation? Wenn Sie in einer Situation wären, auf ein Organ warten zu müssen, würden Sie sich ein tierisches Organ einpflanzen lassen? Warum beziehungsweise warum nicht?

Zugänge. Grundaspekte der ethischen Reflexion

Thomas Laubach

Die Dringlichkeit ethischen Fragens läßt sich alltagspraktisch und wissenschaftlich ausweisen. Was allerdings unter Ethik, unter Moral oder unter Sittlichkeit zu verstehen ist, sorgt immer wieder für Unklarheit. Eine nähere Klärung dieser und anderer zentraler Begriffe der ethischen Reflexion ist deshalb notwendig (1). Daran schließt sich die inhaltliche Bestimmung der Aufgaben, Methoden, Voraussetzungen und Ziele der Ethik als wissenschaftlicher Disziplin an (2).

1 Begriffe und Begriffsgeschichte

Ein wesentliches Problem der Ethik stellt ihr Begriffsinstrumentarium dar. So verfügt die Umgangs- und Alltagssprache über eine Vielzahl von Begriffen, die mit den Fragen der Ethik zu tun haben. Substantive wie Ethik, Ethos, Sitte oder Moral, Adjektive wie moralisch, sittlich oder ethisch, sowie Bezeichnungen wie Moralphilosophie, Sittenlehre oder Theologische Ethik schaffen einen scheinbar undurchdringlichen ›Begriffsdschungel‹. Noch problematischer wird diese Situation, weil auch der wissenschaftliche Sprachgebrauch der Ethik keinen einheitlichen Begriffsdefinitionen gehorcht.

Eine erste Klärung kann über die Bedeutungsgeschichte der Begriffe erfolgen. Alle Ausdrücke mit dem Wortstamm ›eth-‹ (έθ-) stammen aus dem griechischen Sprachgebrauch. Auf das lateinische ›mos‹ stützt sich eine zweite Begriffsgruppe. Und schließlich können davon die deutschen Termini abgegrenzt werden, die sich mit dem Wort ›Sitte‹ verbinden. Trotzdem bleibt zu bedenken, daß diese Begriffe im Laufe der Sprachgeschichte eine zum Teil sehr enge Verbindung miteinander eingegangen sind. Sie lassen sich deshalb nicht ohne weiteres völlig auseinanderdifferenzieren.

Der zentrale Begriff der Ethik geht auf den Philosophen Aristoteles zurück. Er stützt sich auf zwei Worte des griechischen Sprachgebrauchs: auf ›ethos‹ (gr.: έθος) und auf ›äthos‹ (gr.: ἦθος).

›Ethos‹ läßt sich mit Gewohnheit, Anpassung, Übung oder Brauch übersetzen und steht für kollektive Überzeugungen und Handlungsweisen einer Gruppe oder Gesellschaft. ›Äthos‹ dagegen verweist in seiner Bedeutung auf den Wohnort, die gewohnte Art zu handeln und kennzeichnet damit die individuelle Grundhaltung eines Menschen, seine sittliche Einstellung, aus der heraus er versucht, sein Leben bewußt zu führen. In den Begriff der Ethik fließen beide Aspekte mit ein. Sie ist eine wissenschaftliche Disziplin, die das Grundproblem des Handelns aufzuklären sucht, indem sie auf das gesellschaftliche Verhalten und das individuelle Handeln und Urteilen von Menschen unter der Perspektive des Richtigen und Guten reflektiert.

Ethik. Wissenschaftliche Reflexion auf das moralische Verhalten und das sittliche Handeln und Urteilen unter der Perspektive von Richtig und Gut.

Auch der im Deutschen gebräuchliche Begriff des ›Ethos‹ ist durch dieses Miteinander von individuellen und gesellschaftlichen Momenten gekennzeichnet. Er steht für die Gesamtheit des moralischen Verhaltens und Handelns von Menschen in Gesellschaften und umfaßt Sitten, Bräuche, Traditionen, Gewohnheiten und Überzeugungen. Alltagssprachlich wird daneben auch vom Ethos einer Berufsgruppe gesprochen, etwa dem Ethos des Arztes. Dieses Ethos ist zwar gruppenbezogen, umfaßt aber zugleich das innere Überzeugtsein der Menschen in diesen Berufsständen. Der hippokratische Eid, den Mediziner ablegen, ist ein Beispiel für ein solches Standesethos: Er verpflichtet den Arzt nach bestem Wissen und Gewissen für das körperliche Wohl und die Gesundheit seiner Patienten zu sorgen.

Ethos. Lebensformen eines Individuums oder einer (Berufs)gruppe, die von bestimmten Grundhaltungen und einer gewissen Rationalität geprägt sind.

Von seinem inhaltlichen Verständnis her steht der Begriff ›Moral‹ dem griechischen ›ethos‹ nahe. Moral leitet sich vom lateinischen ›mos‹ und seinem Plural ›mores‹ ab, das ursprünglich nur das griechische ›ethos‹ übersetzte. Allerdings differenzierte sich der lateinische Begriff immer mehr aus. ›Mos‹ umfaßte jetzt mehr das traditionelle Verhalten der Vorfahren, während ›mores‹ für die Sitten und Unsitten der Zeit, für die gesellschaftlich geltenden Handlungsmuster stand. Als Ordnungsbegriff umfaßt ›Moral‹ somit die Gesamtheit von Geboten, Verboten, Bräuchen, Traditionen, Sitten, Konventionen und Moden einer Gesellschaft, anders gesagt: ihre geschichtlich überlieferten, sozial orientierten, konventionell geprägten und allgemein anerkannten Verhaltensweisen und Normen (Savater: Tu 50). Diese Gesamtheit kollektiver Normarten ist nicht als ein statisches Gebilde zu denken. Moral verändert sich im Laufe der Geschichte. Ihr Anspruch aber bleibt gleich: Sie will die Praxis von Menschen generell und überschaubar regeln. Dies sei an einem Beispiel verdeutlicht: Ging bis in die Gegenwart hinein die Hochzeit dem Zusammenleben von Mann und Frau voraus, so akzeptiert heute ein großer Teil der Gesellschaft, daß Paare – auch gleichgeschlechtliche – ohne Trauschein zusammenleben. Beide Lebensformen sind Ausdruck einer bestimmten öffentlichen Moral.

> **Moral – Sitte.** Das Regelsystem einer Gesellschaft, das Übereinkünfte in Normen formuliert.

Ethos und Moral treten mit dem Anspruch auf, daß ihren Vorgaben Folge geleistet wird. Dem stellt sich der individuelle Anspruch zur Seite, daß diese Vorgaben den eigenen Überzeugungen genügen sollen. Die Ethik faßt diesen individuellen Anspruch in den Begriffen ›Moralität‹ und ›Sittlichkeit‹. Mit Immanuel Kant wird unter Moralität die Übereinstimmung einer Handlung mit allgemein verbindlichen, weil rational begründbaren und frei anerkannten Normen verstanden (Kant: GMS).[1] Moralität bezeichnet damit den Sachverhalt, daß das Handeln des Menschen nicht beliebig ist, sondern sich einem unbedingten Anspruch verpflichtet weiß. Diesem Anspruch kommt nach Kant universale Geltung zu. Er muß begründet und vermittelbar sein, er ist rational, und er muß in Freiheit angenommen werden. Ein solcher universaler Anspruch findet sich in gängigen Kurzformeln wieder: dem ober-

---

1 Im folgenden werden Sittlichkeit und Moralität in eins gesetzt. Im Gegensatz dazu faßt Hegel unter dem Begriff der Sittlichkeit das, was hier mit den Begriffen Moral und Sitte auf den Punkt gebracht wurde.

sten Prinzip (Prima Principia) »Das Gute ist zu tun, das Böse zu lassen«, der Goldenen Regel in ihrer positiven Fassung »Alles, was ihr von anderen erwartet, das tut auch ihnen« (Mt 7,12; Lk 6,31) und ihrer negativen Formulierung »Was du nicht willst, daß man dir tu', das füg' auch keinem and'ren zu« (Tobit 4,16) oder dem Kategorischen Imperativ (Kant: GMS 421). Sittlichkeit oder Moralität sind keineswegs mit Moral identisch. Vielmehr erfährt jede Moral ihre Rechtfertigung oder Ablehnung vor diesem unbedingten Anspruch der Moralität oder Sittlichkeit.

> **Sittlichkeit – Moralität.** Die individuelle Einstellung und Verantwortung, die sich einem unbedingten sittlichen Anspruch verpflichtet weiß.

Vom Begriff der Moral ausgehend läßt sich das moralische Verhalten als ein Tun oder Lassen bestimmen, das sich an gesellschaftlich geltenden Normen orientiert. Sittliches Handeln hingegen heißt das reflektierte, vom Individuum gewollte und frei gewählte Handeln. Die ethische Reflexion bezieht sich auf beides.

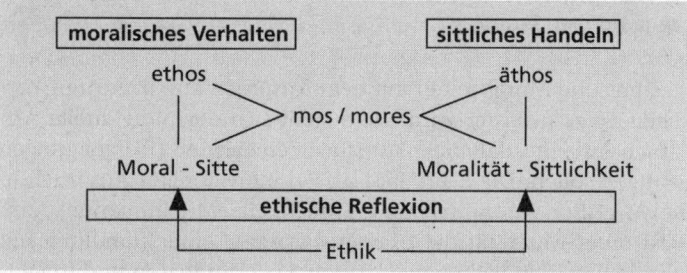

Diese Begriffsklärungen helfen, den Gegenstand der Ethik genauer zu bestimmen. Die Ethik

- reflektiert das Handeln und Verhalten von Menschen.
- beschäftigt sich mit den Überzeugungen und Vorstellungen der Handlungssubjekte und fragt so nach der Sittlichkeit von Menschen in ihrer konkreten Lebensgestaltung.
- richtet ihren Blick auf überindividuelle Ansprüche und reflektiert auf die gesellschaftlichen Systeme und Institutionen.

Zusammenfassend läßt sich festhalten: Ethik ist die wissenschaftliche Reflexion des guten und richtigen Urteilens und Handelns von Menschen, der sittlichen Qualität von Personen und der inneren Vernünftigkeit von Institutionen des menschlichen Zusammenlebens (Mieth: Begründungsversuche 37).

Dieser doppelte Bezugspunkt verweist auf das zentrale Spannungsfeld alles Ethischen: individuelles Handeln und Urteilen in gesellschaftlichen Zusammenhängen. Dieses Spannungsfeld ordnet die Ethik der konkreten Situation zu, in der gehandelt wird und in der die moralisch-sittlichen Konflikte angesiedelt sind.

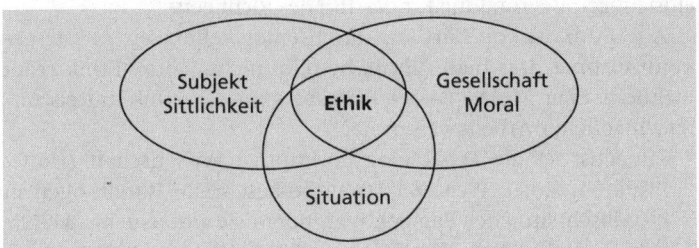

Für die Auseinandersetzung mit den moralisch-sittlichen Problemen dieses Spannungsfeldes zieht die ethische Reflexion vor allem Prinzipien und Kriterien heran. Im Begriff ›Prinzip‹ entschlüsselt die Ethik allgemeine, abstrakte Vorgaben und letzte praktische Grundsätze des Handelns, die sich nicht mehr weiter ableiten lassen. Prinzipien verweisen somit auf die Sinnebene des Handelns und benennen seine jeweilige unbeliebige, universale Zielperspektive wie Gott, die Natur oder die Würde des Menschen. Mittels Handlungskriterien hingegen nimmt Ethik Maß an der konkreten Wirklichkeit, legt also die abstrakten Prinzipien auf die Situation hin aus, gibt Entscheidungshilfen oder entwirft Normen für einen bestimmten Fall. In den Handlungskriterien vernetzen sich die konkrete Situation und ihre Problemfelder (Situationsgerechtigkeit), die moralisch-sittlichen Erfahrungen und das praktische und theoretische Wissen der Beteiligten, der Wert der betroffenen Güter (Güterabwägung) und die Abschätzung der Handlungsfolgen.

2 Aufgaben der Ethik

Der griechische Philosoph Aristoteles hinterließ mit der »Nikomachischen Ethik« den ersten systematischen Entwurf einer Ethik.

Seine Fragen und Überlegungen prägen auch heute noch das Aufgabenfeld der Ethik. Ausgangspunkt ist für ihn die Frage: Wodurch legitimieren sich Sitten und Bräuche, Traditionen und Normen? Aristoteles beantwortet diese Begründungsfrage, indem er das höchste Gut bedenkt, auf das sich das Handeln des Menschen ausrichtet. Hierbei bezieht sich der griechische Philosoph nicht wie andere vor und nach ihm auf das Numinose, die Welt der Götter. Er sucht vielmehr nach einer vernünftigen, dem Menschen einsichtigen Begründung für das Tun des Richtigen.

Alle Ethik ist von dort aus durch einen reflexiven Ansatz gekennzeichnet. Das heißt: Ethik betreibt nicht Moral, Ethik redet vielmehr über Moral. Dieser Aufgabe geht die Ethik mittels unterschiedlicher Arbeitsweisen nach.

- Zunächst ist die Ethik eine deskriptive Wissenschaft (Höffe: Ethik 54; Korff: Wege 83-107). Sie beschreibt Handlungen in moralisch-sittlicher Perspektive, indem sie untersucht, welche Wertvorstellungen, Prinzipien und Normen hinter ihnen stehen und klärt, ob und warum diese verbindlich sind.
- Ethik ist zudem eine kritische Wissenschaft (Schulz: Grundprobleme 45-48). Sie weist auf Probleme und Risiken konkreter Handlungen hin, hinterfragt ihre Vernünftigkeit und entschlüsselt, ob sie einer ideologischen Verkürzung gehorchen. Neben die Handlungskritik tritt die Normkritik. Sie zielt darauf ab, vorhandene Normen auf ihre Prinzipien zu hinterfragen und Kriterien bereitzustellen, die eine argumentative Beurteilung des moralischen und sittlichen Handelns ermöglichen.
- Ethik ist zugleich eine präskriptive Wissenschaft (Pieper: Einführung 13). Sie stellt verbindliche Maßstäbe für das Handeln auf. Unter Berücksichtigung der Beurteilungskriterien und vor dem Horizont von Wertvorstellungen sowie einer bestimmten Sicht auf den Menschen und seine Welt kommt sie deshalb zu Urteilen, mit denen sie die Betroffenen konfrontiert.
- Ethik ist darüber hinaus eine beratende Wissenschaft (Krämer: Ethik 323-325). Ihr geht es darum, Menschen eine Entscheidung in ihrer konkreten Lebens- und Handlungssituation zu ermöglichen. In der Beratung stellt sie Informationen zur Verfügung, die zu alternativlosen Direktiven oder zu gleichwertigen Handlungsalternativen führen.
- Schließlich ist Ethik sinnauslegende Wissenschaft, indem sie

nach den Grundperspektiven und Zielen des Urteilens und Handelns fragt (Hunold: Ethik II 6-7). Dadurch will sie das sittliche Verantwortungsbewußtsein des einzelnen stärken und hilft ihm damit, individuelle sittliche Kompetenz zu gewinnen.

Aufgaben der ethischen Reflexion	
Beschreibung:	Was wird getan oder gefordert?
Kritik:	Welche Probleme ergeben sich?
Bewertung:	Was soll sein?
Beratung:	Was ist der Situation angemessen?
Sinnauslegung:	Was ist die Perspektive?

3 Methoden der Ethik

In der öffentlichen Diskussion um ethische Probleme scheint es zuweilen so, als würden persönliche Betroffenheit, gesellschaftliche Ideologie oder religiöse Weltanschauung zur Begründung sittlicher Urteile ausreichen. Ethische Reflexion stützt sich demgegenüber, wie jede andere wissenschaftliche Reflexion auch, auf Methoden, mit denen sie die Ergebnisse ihrer Reflexion in ihrer Vernünftigkeit diskursfähig und nachvollziehbar machen kann (Lesch: Methoden). Im wesentlichen verwendet die Ethik die deskriptive-analytische und die kritisch-normative Methode.

Mit der deskriptiv-analytischen Methode bestimmt die Ethik die Herkunft oder Geltungskraft bestimmter Normen, Gesetze, Bräuche oder Sitten. Auf diesem Hintergrund fragt sie nach den Begründungen von Normen, nach Kriterien für den Prozeß der Normfindung oder nach den Sprachformen, in denen sittliche Einsichten und Urteile ausgedrückt werden. Diese Methode findet sich besonders ausgeprägt in den empirisch orientierten Ethiken (Marx, Freud, Skinner), dem phänomenologischen Ansatz der Wertethik (Scheler, Hartmann), der evolutionären Ethik (Williams, Spencer) und den sprachanalytischen Ethiken (Moore, Hare).

Mit der kritisch-normativen Methode bemüht sich die Ethik um eine ethische Beurteilung von Handlungen und weist Verhaltensvorschriften oder sittliche Verpflichtungen für Entscheidungen argumentativ aus und rechtfertigt sie. Mit ihr wird der Prozeß der Normgebung und Normfestlegung hinterfragt. Diese Methode findet sich ausgeprägt in den transzendentalen Ansätzen der Ethik (Kant, Hegel, Fichte), den eudämonistischen (Aristoteles, Epikur), existentialistischen (Kierkegaard, Heidegger, Sartre) und utilitaristischen Ethiken (Bentham, Mill), der Verantwortungsethik (Weber, Jonas), den kommunikativen und diskursiven ethischen Argumentationsformen (Habermas, Apel) sowie der formalen Gerechtigkeitsethik (Rawls).[2]

4 Die Grundmomente der Ethik

Mit Hilfe der angesprochenen Methoden verfolgt die Ethik ihr primäres Ziel: Die Bestimmung des sittlich Richtigen und Guten der menschlichen Praxis. Die unbedingte Voraussetzung dieser Anstrengung ist der gute Wille (Kant: GMS AA 393). Die ethische Reflexion bleibt sinnlos, wenn Menschen nicht den guten Willen zeigen, sich auf das sittlich Richtige in der jeweiligen Situation einzulassen. Der gute Wille geht über die bloße Aufnahme von Argumenten hinaus. Er umfaßt vielmehr auch die Bereitschaft, das als gut und richtig Erkannte zum Prinzip des eigenen Handelns zu machen. Insofern fordert Ethik den Menschen auf, selbstverantwortet und freiheitlich zu handeln. Um das zu ermöglichen, nimmt die ethische Reflexion Moral kritisch in den Blick und löst den Menschen aus den überkommenen Handlungsorientierungen heraus. Damit schafft Ethik die Voraussetzung für die Einübung eines selbstbewußt-verantwortlichen sittlichen Handelns unter der kritischen Beurteilung der Praxis und geltender Ansprüche. Das sittliche Handeln und Urteilen bildet also den Gegenstand der Ethik.

Grundmomente der ethischen Reflexion	
Ziel:	Begründung und Ermöglichung des sittlich Richtigen; Aufklärung über und Hinführung zur eigenverantworteten sittlichen Praxis
Voraussetzung:	Guter Wille; Bereitschaft zum Diskurs über das sittlich Richtige

---

[2]   Vgl. zu diesen Ethiktypen die näheren Erläuterungen im Glossar.

Dieses Interesse der Ethik richtet sich auf verschiedene Sachbereiche: Es zielt auf Handlungen, auf Handlungssubjekte und auf Lebensordnungen (Institutionen):

Sachbereiche der ethischen Reflexion

	Handeln	*Person*	*Institution*
Interesse	sittliches Urteilen und Handeln	sittliches Sein und sittliche Kompetenz	sittliche Vernünftigkeit von Lebensordnungen
Fragen	Was soll ich tun? Wie handle ich richtig?	Wie kann mein Leben gelingen?	Was ist zu erhalten, entfalten, verändern?
Bezug	Sollen	Können	Dürfen

- Die ethische Reflexion auf das Verhalten und Handeln von Menschen bemüht sich um eine Findung und Begründung des jeweils Richtigen. Die Ethik sucht so nach Argumenten und Kriterien, die ein bestimmtes Handeln als sittlich richtiges Handeln auszeichnen. Die Grundfragen dieser Reflexion lauten: Was soll ich tun? Und: Warum soll ich es tun?

- Die ethische Reflexion nimmt zudem die konkreten Handlungssubjekte, die handelnden Personen in den Blick und schaut auf ihre sittliche Qualität und Kompetenz. Hierbei zeigt sich: Menschen erkennen zwar häufig was gut und richtig ist, aber sie sind oftmals nicht in der Lage, das Erkannte auch zu tun. Für das sittliche Handeln ist somit neben der Begründung des Richtigen auch das individuelle Können und Wollen wichtig (Maurer: Homo 131). Die Ethik unterstützt den Prozeß, ein sittlicher Mensch zu werden. Das heißt: Sie fördert die individuelle Einsicht und das Verantwortungsbewußtsein von Menschen. Die Grundfragen dieser Reflexion lauten: Wie kann Leben gelingen? Wie kann ich sein, der ich verantwortet leben und handeln möchte?

- Darüber hinaus reflektiert die Ethik auf Lebensordnungen menschlichen Handelns. Sie fragt nach der sittlichen Vernunft gesellschaftlicher Einrichtungen, fragt also, inwieweit Institutionen Bedingungen schaffen, die sittliches Handeln ermöglichen, nahelegen oder verhindern, kurz: das Dürfen des Menschen vorschreiben. Die Ethik beschäftigt sich daher mit der Aufdeckung und Beschreibung der Strukturen und Prozesse, in denen sittliches Handeln vollzogen wird (Mieth: Begründungsversuche). Ihre Grundfragen lauten: Was wird durch institutionelle Vorgaben ermöglicht? Und: Was ist an diesen Vorgaben zu erhalten, zu entfalten oder zu verändern?

5 Grenzen der ethischen Reflexion

In diesen Erörterungen deuten sich nicht nur Möglichkeiten, sondern auch die Grenzen der Ethik an. Fünf solcher Grenzen lassen sich bestimmen.

- Ethik ist keine Praxis, sondern deren Reflexion. Zwar richtet ethisches Nachdenken den Blick auf das Leben von Menschen, auf ihre Sittlichkeit und Moral sowie ihr konkretes Handeln, dennoch steht es in Distanz zu diesem Leben (Schulz: Grundprobleme 423-426). Denn das konkrete Handeln und Urteilen kann sie keinem Menschen abnehmen. Ethik ist die Theorie über Praxis und liefert so allein die theoretische Kompetenz, die wiederum zur praktischen Kompetenz anleitet.
- Ethik macht nicht aus sich heraus sittlich, aber ethische Reflexion kann sittliche Handlungen begründen oder erörtern. Am freien Willen des Menschen, seinem mangelndem Können und an psychischen oder sozialen Einschränkungen findet sie allerdings ihre Grenze (Lesch: Transformation 17). Die Ethik muß berücksichtigen, daß das Wissen um das Sittliche nicht aus sich heraus zum Tun des Richtigen führt.
- Ethik hält nicht für jede Situation das passende Handlungskonzept bereit. Zwar versetzt die ethische Reflexion in die Lage, in einer Situation zu vernünftigen Urteilen und Handlungen zu kommen. Sie weiß aber nicht schon im voraus, was in einem bestimmten Fall zu tun ist. Sie hält keinen Handlungskatalog für alle Lagen des Lebens bereit, sondern muß immer wieder neu in der Auseinandersetzung mit der jeweiligen Situation oder Problemlage zu richtigen Urteilen und Entscheidungen kommen (Pieper: Einführung 151).
- Ethik hat Teil an der Begrenztheit des Menschen. Ethische Reflexion darf deshalb nicht aus dem Auge verlieren, daß sich eine Vielzahl von Lebenssituationen dem menschlichen Handeln

entziehen. So widerfahren jedem Menschen Geburt und Tod, Krankheiten, Schicksalsschläge oder Unfälle. Auch die jeweilige Abstammung, die Volkszugehörigkeit, das Geschlecht oder die genetischen Dispositionen liegen außerhalb des menschlichen Verfügungsbereiches. Diese schicksalshaften Widerfahrnisse und Dispositionen setzen dem menschlichen Handeln Grenzen.

- Ethik liefert keine geschichtslos gültigen Urteile oder Entscheidungshilfen. Alle ethische Reflexion bleibt stets in einem bestimmten historischen und gesellschaftlichen Kontext verhaftet. Mehr noch: Sie ist an das Wissen und die Möglichkeiten dieses Kontextes gebunden. Gerade weil sich diese Kontexte stets im Wandel befinden, weil sich Wissen und Problemlagen verändern, muß sich auch ethische Reflexion immer wieder neu hinterfragen und die Gültigkeit ihrer Aussagen selbstkritisch überprüfen.

ZUSAMMENFASSUNG

(1) Ethik ist die wissenschaftliche Reflexion auf Verhalten, Handeln und Urteilen von Menschen unter der Perspektive des Guten und Richtigen.

(2) Die ethische Reflexion vollzieht sich im Spannungsfeld von Eigenverantwortung, sozialer und situativer Gebundenheit. Darauf weisen die Grundbegriffe Moral/Sitte, Moralität/Sittlichkeit und Ethik selbst hin.

(3) Die ethische Reflexion auf das Handeln von Menschen konkretisiert sich als Beschreibung, als Kritik, Bewertung und Beratung sowie als Suche nach dem Sinn des Handelns.

(4) Die ethische Reflexion folgt, je nach Ausrichtung und Fragehorizont, vornehmlich der deskriptisch-analytischen oder der kritisch-normativen Methode.

(5) Die ethische Reflexion richtet sich, in ihren Grenzen, auf das sittliche Urteilen und Handeln von Menschen und auf die Sittlichkeit von Personen und Institutionen.

TEXTARBEIT

Philosophischer Text

Einführung Die »Metaphysik der Sitten« von Immanuel Kant (1724-1804) stellt neben der Nikomachischen Ethik von Aristoteles (384-322 v.Chr) den wohl bedeutendsten Entwurf einer philosophischen Ethik dar. In ihr entwickelt Kant eine ethische Pflichtenlehre, die von dem Grundgedanken ausgeht, daß es bestimmte sittliche Pflichten gebe, die immer zu befolgen seien, da ihr Sollen unbedingt gilt.

Arbeitstext *Ethik bedeutete in den alten Zeiten die Sittenlehre (philosophia moralis) überhaupt, welche man auch die Lehre von den Pflichten benannte. (...) Der Pflichtbegriff ist an sich schon der Begriff von einer Nötigung (Zwang) der freien Willkür durchs Gesetz; dieser Zwang mag nun ein äußerer oder ein Selbstzwang sein. (...)*

Da aber der Mensch doch ein freies (moralisches) Wesen ist, so kann der Pflichtbegriff keinen anderen als den Selbstzwang (durch die Vorstellung des Gesetzes allein) enthalten, wenn es auf die innere Willensbestimmung (die Triebfeder) angesehen ist, denn dadurch allein wird es möglich, jene Nötigung (selbst wenn sie eine äußere wäre) mit der Freiheit der Willkür zu vereinigen, wobei aber alsdann der Pflichtbegriff ein ethischer sein wird. (...)

Die größte moralische Vollkommenheit des Menschen ist: seine Pflicht zu tun und zwar aus Pflicht (daß das Gesetz nicht bloß die Regel, sondern auch die Triebfeder der Handlungen sei). Nun scheint dieses zwar beim ersten Anblick eine enge Verbindlichkeit zu sein, und das Pflichtprinzip zu jeder Handlung nicht bloß die Legalität, sondern auch die Moralität, d.i. Gesinnung, mit der Pünktlichkeit und Strenge eines Gesetzes zu gebieten; aber in der Tat gebietet das Gesetz auch hier nur, die Maxime der Handlung, nämlich den Grund der Verpflichtung nicht in den sinnlichen Antrieben (Vorteil oder Nachteil), sondern ganz und gar im Gesetz zu suchen – mithin nicht die Handlung selbst. – Denn es ist dem Menschen nicht möglich, so in die Tiefe seines eigenen Herzens einzuschauen, daß er jemals von der Reinigkeit seiner moralischen Absicht und der Lauterkeit seiner Gesinnung auch nur in einer Handlung völlig gewiß sein könnte; wenn er gleich über die Legalität derselben gar nicht zweifelhaft ist. Vielmals wird Schwäche, welche das Wagstück eines Verbrechens abrät, von demsel-

*ben Menschen für Tugend (die den Begriff von Stärke gibt) gehalten,
und wie viele mögen ein langes schuldloses Leben geführt haben, die
nur Glückliche sind, so vielen Versuchungen entgangen zu sein; wieviel reiner moralischer Gehalt bei jeder Tat in der Gesinnung gelegen
habe, das bleibt ihnen selbst verborgen.*

*Also ist auch diese Pflicht, den Wert seiner Handlungen nicht bloß
nach der Legalität, sondern auch der Moralität (Gesinnung) zu schät-
zen, nur von weiter Verbindlichkeit; das Gesetz gebietet nicht diese innere Handlung im menschlichen Gemüt selbst, sondern bloß die Maxime der Handlung, darauf nach allem Vermögen auszugehen: daß
zu allen pflichtmäßigen Handlungen der Gedanke der Pflicht für sich
selbst hinreichende Triebfeder sei.*

Quelle Immanuel Kant: Methaphysik der Sitten. Zweiter Teil.
Metaphysische Anfangsgründe der Tugendlehre, hrsg. v. Bernd
Ludwig, Hamburg 1990, 11-12.22-23.26-27.

Leitfragen Wie versteht Kant den Begriff der Pflicht? Wie verankert er ihn? Welche Stärken und welche Probleme gehen mit dem
Programm einer Pflichtenethik einher? Welcher Stellenwert kann
der Moralität in einer gegenwärtigen Ethik zukommen?

Philosophischer Text

Einführung Die zeitgenössische Frage nach der Begründung von
Ethik wird häufig auf die Formel »Moralität oder Sittlichkeit« gebracht, die mit den Namen Kant und Hegel beziehungsweise Aristoteles verknüpft wird. Trotz dieser zu schematischen Gegenüberstellung ist es richtig, daß Georg Wilhelm Friedrich Hegel
(1770-1831) in seinem Werk, im Gegensatz zu Kant, den Blick vor
allem auf die gesellschaftliche Seite der Moral, die Sittlichkeit der
Gemeinschaft richtet.

Arbeitstext *§150 Das Sittliche, insofern es sich an dem individuellen
durch die Natur bestimmten Charakter als solchem reflektiert, ist die
Tugend, die, insofern sie nichts zeigt als die einfache Angemessenheit
des Individuums an die Pflichten der Verhältnisse, denen es angehört,
Rechtschaffenheit ist. Was der Mensch tun müsse, welches die Pflichten sind, die er zu erfüllen hat, um tugendhaft zu sein, ist in einem sittlichen Gemeinwesen leicht zu sagen, – es ist nichts anderes von ihm zu
tun, als was ihm in seinen Verhältnissen vorgezeichnet, ausgesprochen
und bekannt ist. Die Rechtschaffenheit ist das Allgemeine, was an ihn*

teils rechtlich, teils sittlich gefordert werden kann. Sie erscheint aber für den moralischen Standpunkt leicht als etwas Untergeordneteres, über das man an sich und andere noch mehr fordern müsse; denn die Sucht, etwas Besonderes zu sein, genügt sich nicht mit dem, was das Anundfürsichseiende und Allgemeine ist; sie findet erst in einer Ausnahme das Bewußtsein der Eigentümlichkeit. – Die verschiedenen Seiten der Rechtschaffenheit können ebensogut auch Tugenden genannt werden, weil sie ebensosehr Eigentum – obwohl in der Vergleichung mit anderen nicht besonderes – des Individuums sind. Das Reden aber von der Tugend grenzt leicht an leere Deklamation, weil damit nur von einem Abstrakten und Unbestimmten gesprochen wird, so wie auch solche Rede mit ihren Gründen und Darstellungen sich an das Individuum als an eine Willkür und subjektives Belieben wendet. Unter einem vorhandenen sittlichen Zustande, dessen Verhältnisse vollständig entwickelt und verwirklicht sind, hat die eigentliche Tugend nur in außerordentlichen Umständen und Kollisionen jener Verhältnisse ihre Stelle und Wirklichkeit; – in wahrhaften Kollisionen, denn die moralische Reflexion kann sich allenthalben Kollisionen erschaffen und sich das Bewußtsein von etwas Besonderem und von gebrachten Opfern geben. (...) Wenn ein Mensch dieses oder jenes Sittliche tut, so ist er nicht gerade tugendhaft, aber wohl dann, wenn diese Weise des Benehmens eine Stetigkeit seines Charakters ist. Die Tugend ist mehr die sittliche Virtuosität, und wenn man heutzutage nicht so viel von Tugend spricht als sonst, so hat dies seinen Grund darin, daß die Sittlichkeit nicht mehr sosehr die Form eines besonderen Individuums ist. (...)

§ 153 Auf die Frage eines Vaters nach der besten Weise, seinen Sohn sittlich zu erziehen, gab ein Pythagoreer (auch anderen wird sie in den Mund gelegt) die Antwort: wenn du ihn zum Bürger eines Staats von guten Gesetzen machst. (...) Darin, daß er Bürger eines guten Staates ist, kommt erst das Individuum zu seinem Recht.

§ 154 Das Recht der Individuen an ihre Besonderheit ist ebenso in der sittlichen Substantialität enthalten, denn die Besonderheit ist die äußerlich erscheinende Weise, in welcher das Sittliche existiert.

§155 In dieser Identität des allgemeinen und besonderen Willens fällt somit Pflicht und Recht in Eins, und der Mensch hat durch das Sittliche insofern Rechte, als er Pflichten, und Pflichten, insofern er Rechte hat.

Quelle Georg Wilhelm Friedrich Hegel: Grundlinien der Philosophie des Rechts (Sämtliche Werke 7), Stuttgart 1928, 230-236.

Leitfragen Wie versteht Hegel das Sittliche? Was sind die Unterschiede zur Ethikkonzeption Kants? Was sind die Stärken, was die Schwächen der Hegelschen Überlegungen? Welche Bedeutung kann dem Sittlichen in einer gegenwärtigen Ethik zukommen?

Theologischer Text

Einführung Acht Briefe umfaßt der Gedankenaustausch zwischen Umberto Eco (*1932), dem Semiotiker und Romancier, und Kardinal Carlo Maria Martini (*1927), Jesuit und Erzbischof von Mailand, über aktuelle theologische Fragen. Auch der Frage nach der Begründung der Ethik widmen sich Martini und Eco in einem ihrer Briefwechsel.

Arbeitstext *Lieber Umberto Eco, (...) Worauf beruht die Gewißheit und der imperative Charakter Ihres moralischen Handelns, wenn Sie für die Grundlegung der Absolutheit einer Ethik sich weder auf metaphysische Prinzipien oder jedenfalls transzendente Werte noch auf einen universal gültigen kategorischen Imperativ berufen wollen? (...) Noch einmal anders gefragt: Wie komme ich – ohne Berufung auf ein Absolutes – zu der Aussage, bestimmte Handlungen seien unter allen Umständen zu unterlassen und andere seien, koste es, was es wolle, gefordert? (...)*

Ich bin überzeugt, daß es viele Menschen gibt, die, zumindest im alltäglichen Leben, richtig handeln, ohne sich auf eine religiöse Begründung des menschlichen Lebens zu beziehen. (...) Aber ich kann nicht nachvollziehen, welche letzte Rechtfertigung sie ihrem Handeln geben. (...) Ich anerkenne gerne, daß es viele Menschen gibt, die ethisch korrekt und manchmal sogar in hochherzigem Altruismus handeln, ohne daß sie dafür einen transzendentalen Grund hätten oder sich eines solchen Grundes bewußt wären. (...) Es sind dies die Heilstatsachen, aus denen ich Kraft schöpfe für die ethischen Überzeugungen, von denen ich in meiner Schwachheit wünsche, daß sie immer Licht und Kraftquelle für mein Handeln sind. Wenn aber jemand sich nicht auf solche oder vergleichbare Prinzipien beruft, wo findet der dann das Licht und die Kraft, das Gute zu tun, und zwar nicht nur dann, wenn es leicht fällt, sondern auch in solchen Situationen, die die Kräfte des Menschen bis an die letzten Grenzen auf die Probe stellen, und vor allem dann, wenn sie ihn mit dem Tod konfrontieren?

Lieber Carlo Maria Martini, (...) Wir sind Tiere, die aufrecht gehen, weshalb es für uns anstrengend ist, längere Zeit mit dem Kopf nach unten zu verharren; darum haben wir eine gemeinsame Vorstellung von dem, was oben und was unten ist, wobei wir das erste dem zweiten vorziehen. (...) Und gewiß hat jeder Mensch Vorstellungen über das, was wahrnehmen, erinnern, wünschen, Angst haben, traurig oder erleichtert sein, Vergnügen oder Schmerz empfinden heißt; und was es heißt, Laute hervorzubringen, die diese Gefühle ausdrücken. Darum haben wir (...) universelle Begriffsvorstellungen über den Zwang: Wir wünschen nicht, daß jemand uns hindert zu reden, zu sehen, (...). Wir leiden, wenn jemand uns fesselt oder einsperrt, uns schlägt, verwundet oder tötet, uns körperlichen Foltern unterzieht oder psychischen (...).

(... In) dieser Phase ist diese Semantik, zumindest für uns (...), die Grundlage einer Ethik geworden: Wir müssen in erster Linie die Rechte der Körperlichkeit anderer respektieren, zu denen auch das Recht zu reden und zu denken gehört. (...) Aber wie lernt das noch ganz aus Staunen und Wildheit bestehende Adam- (oder Eva-) Tier (...) zu begreifen, daß es bestimmte Dinge will und von anderen nicht möchte, daß sie ihm angetan werden, sondern auch, daß es den anderen nicht antun darf, was es sich selbst nicht angetan haben möchte? Dadurch, daß sich der Garten Eden zum Glück rasch bevölkert. Die ethische Dimension beginnt, wenn der andere ins Spiel kommt. Jedes Gesetz, ob moralischer oder juridischer Art, regelt interpersonale Beziehungen einschließlich derjenigen zu einem Großen Anderen, der es auferlegt. (...)

Sie werden mich fragen, ob dieses Bewußtsein von der Bedeutung des anderen genügt, um mir eine absolute Basis, eine unverrückbare Grundlage für ein etisches Verhalten zu geben. Ich könnte Ihnen darauf antworten, daß auch jene Grundlagen, die Sie als »absolut« definieren, viele Gläubige nicht daran hindern, zu sündigen im Wissen, daß sie sündigen, und damit wäre unser Gespräch zu Ende. Die Versuchung des Bösen ist auch in denen gegenwärtig, die einen transzendentalen Begriff des Guten haben. (...)

Ich habe versucht, die Prinzipien einer weltlichen Ethik auf das natürliche Faktum unserer Körperlichkeit zu gründen (das ja als natürliches Faktum auch für Sie Ergebnis eines göttlichen Planes ist) und auf den Gedanken, daß wir instinktiv wissen, daß wir nur durch die Gegenwart anderer eine Seele haben (oder etwas, das an ihrer Stelle steht). Woraus hervorgeht, daß das, was ich eine »weltliche

Ethik« genannt habe, im Grunde eine natürliche Ethik ist, die auch der Gläubige nicht verkennen kann. Ist der natürliche Instinkt, zur richtigen Reifung und Bewußtsein seiner selbst gebracht, nicht ein Fundament, das genügend Garantien gibt?

Quelle Carlo Maria Martini/ Umberto Eco: Woran glaubt, wer nicht glaubt?, Wien 1998, 74-90.

Leitfragen Wie stehen Sie zu den beiden Positionen? Gelingt es den Autoren, eine »letzte Rechtfertigung des Handelns« und damit der Ethik zu entwickeln? Was leistet die ›natürliche Ethik‹ Ecos, was der religiöse Standpunkt Martinis? Wo sehen Sie Schwächen in den beiden Argumentationsgängen? Wie sehen Sie das Verhältnis zwischen der Begründung von Ethik und der sittlichen Praxis?

Literarischer Text

Einführung Die Wochenzeitung DIE ZEIT stellte 1993 in der Interviewserie »Die Einflußreichen« wichtige Persönlichkeiten weltweiter Organisationen vor. Eine der Frage hieß: »Wie würden sie das Wort ›Ethik‹ definieren?« Und die Antworten fielen sehr unterschiedlich aus.

Arbeitstext (1) *Ethik bedeutet zu halten, was man verspricht, und niemanden etwas anzutun, das man sich selber nicht zugefügt haben möchte. (Dr. Xy Subroto (*1928), Generalsekretär der OPEC, Organisation Erdöl exportierender Länder)*

(2) *Die Erkenntnis, daß jedes Leben seine Existenzberechtigung hat und daß dieses Recht nicht mißbraucht werden sollte zum Wohle einer einzelnen Person oder einer Gruppe. (Charles de Haes (*1938), Generaldirektor des WWF, World Wide Found for Nature)*

(3) *Ehrlich sein. (Arthur Dunkel (*1932), Generalsekretär des GATT, Allgemeines Zoll- und Handelsabkommen)*

(4) *Eine Verhaltensregel, nach der jeder den anderen respektiert und andere dich respektieren. (Jean-Marie Luton (*1942), Leiter der europäischen Weltraumorganisation ESA, European Space Agency)*

(5) *Moralisches Handeln beruht auf Prinzipien, aber ein praktisches Beispiel ist soviel wert wie Dutzende von Reden. (Frederico Mayor Zaragoza (*1934), Leiter der Unesco, Organisation der UN für Erziehung, Wissenschaft und Kultur)*

(6) *Ethik ist ein Verhaltenskodex, der die Interessen der Gesellschaft*

als Ganzes berücksichtigt, besonders die der Schwächsten. (Cornelio Sommaruga (*1932), Präsident des IKRK, Internationales Komitee vom Roten Kreuz).

(7) Ich würde sagen, Ethik ist eine Sammlung von persönlichen Werten und von Verhaltensregeln, die die allgemeinen moralischen Prinzipien der menschlichen Gesellschaft respektiert. (Juan Samaranch Torello (*1920), Präsident des IOC, Internationales Olympisches Komitee)

Quelle aus: DIE ZEIT. Zeitmagazin (1993) Hefte 42 (15.10.93) bis 48 (26.11.93)

Leitfragen Definieren die Befragten den Begriff ›Ethik‹ oder lassen sich die einzelnen Antworten anderen Begriffen im Umfeld der Ethik zuordnen? Wie erklären Sie sich die Verschiedenheit der Antworten? Welche Aspekte innerhalb einer Definition des Begriffs ›Ethik‹ würden Sie hervorheben, wenn Sie in einem Gespräch danach gefragt würden?

Praktisches Problem. Fundamentalismus

Einführung Der religiöse und säkulare Fundamentalismus in seinen vielen Schattierungen wird gegenwärtig als eine große Bedrohung vor allem demokratischer Staaten verstanden. Mit ihm sind ethische Fragen gesellschaftlicher und individueller Natur verknüpft.

Arbeitstext *Gerecht ist unsere Empörung und zugleich selbstgerecht. Über den Terror der islamischen Fundamentalisten, der sich sowohl gegen Salman Rushdie richtet als auch gegen alle, die an der Verbreitung seines Romans »Satanische Verse« beteiligt sind, zudem gegen alle aufgeklärten Intellektuellen der arabischen Welt (...), müssen wir uns empören. Aber selbstgerecht ist diese Empörung, weil wir leicht vergessen, daß die Meinungsfreiheit nicht allein von fanatischen Muslimen bedroht wird, sondern auch von scheinbar harmlosen und gutwilligen deutschen Zeitgenossen.*

In der vergangenen Woche wurde der Historiker Ernst Nolte von einer sogenannten antifaschistischen Initiative mit Gewalt daran gehindert, in Berlin einen Vortrag zu halten. Einer der Demonstranten griff ihn mit Reizgas an, und Nolte wurde ins Krankenhaus gebracht, um dort ärztlich versorgt zu werden. Einige Tage zuvor konnte eine Tagung in den Räumen der Berliner Technischen Fachhochschule zum Thema »Sexueller Mißbrauch – Evaluation der Praxis und Forschung« nur unter Polizeischutz stattfinden. Die Schriftstellerin Katharina Rutschky, die einen Vortrag halten sollte, wurde von einer Hundertschaft militanter Frauen tätlich angegriffen. Aufführungen des Dokumentarfilms »Beruf Neonazi« von Winfried Bonengel werden von linken und »autonomen« Kommandos bedroht. Der französische Publizist Alain de Benoist wurde im vergangenen Jahr bei einer Diskussionsveranstaltung zusammengeschlagen. Der australische Philosoph Peter Singer wird wegen angedrohter Attacken kaum mehr nach Deutschland eingeladen.

Allen Beispielen (und sie sind nur eine Auswahl) ist gemein, daß gute Menschen, die sich in den Dienst einer guten Sache stellen, die Diskussion strittiger Themen und Thesen mit Gewalt verhindern. Antifaschisten und Umweltschützer, radikale Vegetarier und Feministen, Tierschützer und Autonome: Einige prügeln, sabotieren, werfen Brandsätze. Nur eins können und wollen sie nicht: zuhören, nachdenken, diskutieren.

Es ist leicht zu verstehen: Wer die Wahrheit in seinem Besitz wähnt, kann sich mit Debatten nicht aufhalten. Und wer außerdem die Wurzel gegenwärtiger Übelstände erkannt zu haben glaubt (wahlweise Sexismus oder Faschismus oder Kapitalismus) – hat der nicht im Sinne eines übergeordneten Notstands das Recht, ja die Pflicht, den Anfängen zu wehren, und sei es mit Gewalt? (...) Wenn es »fünf Minuten vor zwölf« ist, fehlt einfach die Zeit für Diskussion. (...)

Die Meinungsfreiheit ist eine immerzu und überall gefährdete Errungenschaft. Im islamischen Fundamentalismus erblicken wir nichts anderes als das Schreckensbild der eigenen Kultur.

Quelle Ulrich Greiner: Tugendterror, in: DIE ZEIT (11.2.1993) 53.

Leitfragen Worauf macht der Fundamentalismus in ethischer Hinsicht aufmerksam? Welche Probleme wirft er innerhalb der ethischen Reflexion auf? Kann man dem Fundamentalismus überhaupt ethisch begegnen? Welche grundlegenden Regeln ethischer Auseinandersetzung mißachtet jeder Fundamentalismus?

II. Sinnhorizont.
Das ›Theologische‹ der Theologischen Ethik

Bereits Platon hat darauf hingewiesen, wie fragwürdig es ist, gutes Handeln und Leben mit bloßem Überzeugtsein, mit Gott oder einem bestimmten Glauben zu begründen. Diese Einsicht war auch der frühen christlichen Theologie nicht fremd. So ging schon Paulus davon aus, daß auch diejenigen, die nicht unter dem Anspruch des jüdischen Gesetzes, der Thora, stehen, »von Natur aus die Vorschriften des Gesetzes erfüllen« können. Sie seien, so argumentiert Paulus, »sich selbst Gesetz« (Röm 2,14). An diese Einsicht anknüpfend ist es notwendig im Rahmen der christlichen Theologie zu fragen, welchen spezifischen Beitrag der Glaube wie auch jeder andere Sinnhorizont zur ethischen Reflexion leisten kann.

Ganz allgemein gesprochen kommt dem Glauben eine wichtige Rolle in der Bewältigung der Frage nach dem richtigen und guten Handeln zu. Diese Rolle läßt sich nicht durch eine appellative Verkündigung dessen ausfüllen, was zu tun oder zu lassen sei. Vielmehr muß der Glaube in theologischer wie ethischer Hinsicht als ein grundlegendes kritisches, motivierendes und sinnstiftendes Element der ethischen Reflexion wie des konkreten sittlichen Handelns bestimmt werden. Dabei steht der Glaube in einem wechselseitigen Verhältnis zu anderen zentralen Momenten des ethischen Diskurses, wie zur Freiheit, zur Vernunft, zur Verantwortung oder zur Erfahrung.

Der zweite Abschnitt entfaltet das ›theologische‹ Moment der Theologischen Ethik unter dem Begriff und dem Anspruch des Glaubens. Im Artikel »Glaube« (51-72) wird diese Leitfunktion des Glaubens für die Sittlichkeit bestimmt. Hier zeigt sich, daß Glaube nicht von außen an die Ethik herantritt, um sie zu ersetzen, sondern daß er selbst integraler Bestandteil ihres Bemühens um die sittliche Kompetenz des Handlungssubjektes ist. Der Artikel »Handeln« (73-91) erörtert die Bedeutung des Glaubens für die Praxis des Menschen. Er verdeutlicht, daß sich der christliche Glaube auch immer unter dem kritischen Blick ethischer Reflexion bewähren und sich daraufhin befragen lassen muß, was er zum Gelingen des Menschseins beiträgt. Auf dem Hintergrund der Abschnitte I. und II. lassen sich die Konturen der Theologischen Ethik als einer Handlungswissenschaft nachzeichnen.

Glaube. Leitperspektive theologisch-ethischer Reflexion

Michael Pindl

In der ethischen Reflexion geht es wesentlich um die Offenlegung der Sinngehalte menschlicher Handlungsweisen. Allerdings kann Ethik Sinn nicht selbst produzieren. Bei der Suche nach sinnvollen Handlungsweisen ist der Mensch vielmehr auf leitende Grundüberzeugungen angewiesen, die den Sinn der Wirklichkeit widerzuspiegeln suchen. Alle Ethik bezieht sich deshalb zumindest implizit auf das, was Menschen glauben und hoffen. Zwei Voraussetzungen gilt es allerdings zu beachten. Zum einen lassen sich sinnvolle Handlungsanweisungen nicht unmittelbar aus Glaubensüberzeugungen ableiten. Zum anderen können diese Glaubensüberzeugungen widersprüchlich sein. Somit bedarf der Glaube der Prüfung durch die kritische Vernunft und insofern ist der gläubige Mensch auf seiner Suche nach sinnvollem Handeln auch auf die ethische Reflexion verwiesen. Ethik und Glaube sind also grundsätzlich aufeinander bezogen.

Im folgenden wird das Übereinstimmende und das Unterscheidende im Verhältnis zwischen ethischer Reflexion und Glauben unter besonderer Beachtung seiner Eigenart ermittelt. Dazu soll zunächst der Glaube in seinen wesentlichen Grundgestalten beschrieben (1) und deren Verhältnis zur Ethik erläutert werden (2). Unter Glaube wird ganz allgemein ein Lebensvollzug verstanden, der für das menschliche Leben existentielle Bedeutung hat. Die Beschreibung der Inhalte des Glaubens (fides quae) tritt deshalb gegenüber der Beschreibung verschiedener Glaubensformen (fides qua) zurück. In einem weiteren Schritt soll die Frage nach dem spezifisch christlichen Glaubensverständnis gestellt werden, das sich am Wirken Jesu von Nazareth orientiert. Dieses Glaubensverständnis hat für das persönliche Handeln und die ethische Reflexion Konsequenzen, die abschließend aufgezeigt werden (3).

1 Grundgestalten des Glaubens

Glaube äußert sich in drei Grundgestalten: als gläubiges Vertrauen, als Glaubenswissen und als Glaubenserfahrung. Diese Grundgestalten können gegen jede eilfertige Polemik über den Glauben verdeutlichen, daß er verschiedene Gesichtspunkte umfaßt, die für die Lebensführung jedes Menschen von Bedeutung sind.

1.1 Glaube als gläubiges Vertrauen

Zunächst kann Glaube anthropologisch im Sinne von Vertrauen gedeutet werden. Schon in der frühen Kindheit spielt das Erleben von Ur-Vertrauen eine bedeutende Rolle für die Entwicklung eines Menschen (Erikson: Identität 62-75). Wesentlich für die Ausbildung dieses Vertrauens ist die Erfahrung von Halt und Geborgenheit und somit die Erfahrung von Glaubwürdigkeit. Diese Erfahrung ist eine wesentliche Voraussetzung für die Identitätsentwicklung eines Menschen, für seine Fähigkeit, sich vertrauensvoll in Beziehungen einzulassen, und schließlich für das Erleben eines grundsätzlichen Gehalten-Seins im Dasein. Das Vertrauen der Menschen zueinander und das Vertrauen in die Sinnhaftigkeit des Daseins ist eine Grundbedingung menschlichen Handelns und somit eines sinnvollen Zusammenlebens.

> **Gläubiges Vertrauen**
> * personaler Glaubensvollzug
> * Ur-Vertrauen als anthropologischer Anknüpfungspunkt
> * Vertrauen in die Sinnhaftigkeit des Daseins

Die Grundgestalt des Glaubens im Sinne des Vertrauens ist wesentlich personal geprägt: Glaubwürdige Menschen begründen bei Menschen, die ihnen vertrauen, ihrerseits Selbstvertrauen und somit ein Vertrauen in andere Menschen und ins Dasein. Beziehungen, die Menschen im Vertrauen aufeinander eingehen, sind also für diese Grundgestalt des Glaubens konstitutiv. Dies gilt auch im religiösen Kontext. So ist beispielsweise der christliche Glaube ohne die besondere emotionale und identitätsstiftende Beziehung, die Christen persönlich zu Jesus von Nazareth entwickeln, schwer vorstellbar. Allerdings zeigt sich im religiösen Kontext besonders deutlich, daß es Glaube im Sinne des Vertrauens nicht nur im Hinblick auf einzelne Personen, sondern wesentlich auch im Hinblick auf die Einstellung zur gesamten Lebenswirklichkeit gibt. So umfaßt für Christen der Glaube nicht nur den Glauben an Jesus Christus, sondern auch das gläubige Vertrauen in Gott, der sich nach christlichem Verständnis den Menschen selbst mitteilt (Seckler: Begriff). Dieses gläubige Gottvertrauen beinhaltet wiederum das Vertrauen in eine letzte Sinnhaftigkeit des Daseins.

1.2 Glaube als Glaubenswissen

Mit der anthropologischen Grundgestalt des Glaubens im Sinne des Vertrauens hängt der Glaube im Sinne von Glaubenswissen zusammen. Diese theologische Grundgestalt faßt Glaubensinhalte, die aus Glaubenserfahrungen abgeleitet und durch vernünftige Reflexion erschlossen werden. Ein Beispiel für diese Inhalte ist in den christlichen Konfessionen das Glaubensbekenntnis. Dieses Wissen wird von einzelnen Personen bezeugt und in Glaubensgemeinschaften tradiert. Zum persönlichen Glaubensgut werden diese Inhalte, wenn sie der einzelne Gläubigen ›für-wahr-hält‹. Diese Grundgestalt des Glaubens bleibt zum Teil an das gläubige Vertrauen rückgebunden. Denn die Glaubwürdigkeit von Aussagen und Sätzen wird häufig von der Glaubwürdigkeit von Personen abhängig gemacht. Zum Großteil löst sich das Glaubenswissen aber aus dieser personalen Verankerung, insofern es der Glaubende entweder mehr oder weniger unreflektiert übernimmt oder es ihm vernünftig erschlossen wird.

Glaubenswissen
- theologisch reflektierte Inhalte des Glaubens
- gemeinschaftliche Glaubensgestalt
- tradierte Glaubensüberzeugungen

Mit dem auf den ersten Blick paradox erscheinenden Begriff ›Glaubenswissen‹ soll auf eine besondere Art von Wirklichkeitserkenntnis hingedeutet werden. Aus der Sicht des Glaubens ist das im Glauben erkannte menschliche Wissen nämlich nie absolut. Das, was Menschen als wahr in der Wirklichkeit erkennen, ist immer vom geschichtlichem Standort, von unterschiedlichen Erkenntnissituationen abhängig. Dies gilt auch für die Wahrheit, die religiöse Menschen in ihrem Glaubensbekenntnis bezeugen. Angesichts der absoluten Wirklichkeit Gottes kann menschliche Er-

kenntnis immer nur relativ sein. Diese im Glaubenwissen zum
Ausdruck gebrachte Relativiät allen Wissens im Sinne der Wirklichkeitserkenntnis wird heute auch aus naturwissenschaftlicher
Sicht, insbesondere durch die Quantenphysik und die Neurobio-
logie gestützt (Dürr: Wissenschaft; Maturana/Varela: Baum). Diese Disziplinen betonen, daß jede menschliche Wirklichkeitserkenntnis von dem Standpunkt und der Selbstorganisation des
Betrachters abhängt.

Vor diesem Hintergrund entzieht sich auch der Glaube nicht der
kritischen Infragestellung durch das Wissen im Sinne von empirischer Forschung oder vernünftiger Reflexion. Gerade weil im
Glauben die Offenheit der eigenen Erkenntnis erkannt wird und
da der Anspruch des sittlichen Handelns für den Menschen un-
ausweichlich ist, bedarf der Glaube der Kommunikation mit diesen Formen des Wissens. Ein Beispiel für diese Art von Kommunikation kann der Umgang mit der Schöpfungsgeschichte sein.
Evolutionstheoretische und physikalische Erkenntnisse widerle-
gen zwar eine Schöpfung der Welt in sieben Tagen. Der tiefere
Sinn der Schöpfungserzählung, nämlich der Glaube an das Ge-
schaffensein von Mensch und Welt durch Gott, wird durch diese
naturwissenschaftliche Widerlegung aber nicht berührt.

1.3 Glaube als Glaubenserfahrung

Gläubiges Vertrauen und Glaubenswissen werden von einer dritten Grundgestalt des Glaubens umgriffen, nämlich dem Glauben
im Sinne der existentiellen Glaubenserfahrung. Mit diesem Begriff werden individuell bedeutungsvolle Widerfahrnisse gefaßt,
die ein unmittelbares und ganzheitliches Begreifen von Mensch,
Welt und Gott implizieren. Glaubenserfahrungen sind ebenso
glaubwürdig wie andere Erfahrungen auch. So lange keine neuen
Erfahrungen oder Einsichten gegen sie sprechen, ist es vernünftig,
ihnen zu trauen und von ihnen Überzeugungen abzuleiten (Loichinger: Glaube 47-48).

Glaubenserfahrung
* existentielles Glaubenserlebnis
* ganzheitliche Sinnerfahrung

Glaubenserfahrungen sind der Form und der psychischen Dynamik nach so vielfältig wie die Menschen, die sie machen (Hick:

Erfahrung 89). Sie können verknüpft sein mit dem ganz alltäglichen Leben, mit bedeutsamen Situationen, mit heiligen Orten, die als religiös oder weltanschaulich bedeutsam erfahren werden oder mit Gegenständen, wie Ikonen oder Idolen. Glaubenserfahrungen können allen Menschen zuteil werden und werden von vielen Menschen bewußt oder unbewußt gesucht. Schließlich geht es in diesen Erfahrungen auch um die Stillung der menschlichen Sehnsucht, sein eigenes Dasein zu übersteigen, die Grenzen des eigenen Ich zu sprengen. Solche Entgrenzungssehnsucht begegnet alltäglich dort, wo Menschen versuchen, sich zum Beispiel durch Drogenkonsum oder Bungee-Jumping in eine andere Welt zu ›katapultieren‹. Die religiöse Suche nach einer »Erfahrung von Ganzheit« unterscheidet sich von diesen alltäglichen Versuchen oft nur darin, daß der religiöse Mensch sieht, daß eine Daseinsentgrenzung nicht allein aus eigener Kraft geschieht, sondern im letzten ein Geschenk der göttlichen Wirklichkeit ist. Allerdings bestätigen spirituelle Traditionen verschiedener Religionen, daß für eine intensive Glaubenserfahrung auch die eigene Praxis, die eigene Anstrengung oder die eigene methodische Übung[1] von Bedeutung sind.

Die Deutung von Glaubenserfahrungen verbleibt in der Regel im Rahmen des individuellen Lebenskontextes. Glaubenserfahrungen können somit das Geglaubte symbolisieren, es aber auch korrigieren oder aufheben. Diese Korrektur geschieht oftmals in einem Prozeß allmählichen Hineinwachsens in neue Glaubensüberzeugungen, oder aber durch eher außergewöhnliche Erfahrungen. Ein Beispiel dafür aus der Christentumsgeschichte ist die Berufung des Paulus (1 Kor 15,8-10). Aus einem Menschen, der zutiefst davon überzeugt war, daß das Heil allein durch die penible Einhaltung des jüdischen Gesetzes zu erreichen ist, wurde offensichtlich durch eine überwältigende Erfahrung ein Mensch, der erkannte, daß alles erlösende, befreiende Heil von Gott selbst zugesprochen ist und nicht aufgrund irgendeiner Leistung des Menschen verwirklicht werden kann.

Vor diesem Hintergrund stellt sich die Frage nach der Glaubwürdigkeit der Erfahrungen. Als allgemeines Kriterium für die

---

1 So gehört es zu vielen Meditationsformen (Zen-Meditation, ignatianische Exerzitien), daß diese eingeübt werden müssen.

Authentizität gelten die Früchte, die eine Glaubenserfahrung hervorbringt (Mt 7,16). Das heißt: Die konkrete Lebenspraxis der Menschen spielt eine bedeutende Rolle bei der Beurteilung der Glaubwürdigkeit ihrer Erfahrungen.

1.4 Das wechselseitige Verhältnis der Grundgestalten des Glaubens

Die drei Grundgestalten des Glaubens stehen in einer inneren Kommunikation:

* Das vertiefte gläubige Vertrauen kann die Frucht einer alltäglichen oder außergewöhnlichen Glaubenserfahrung sein. Dieses Vertrauen selbst ist jedoch meistens der entscheidende Antrieb, sich auf Wege einzulassen, die ›erfahrene‹ Menschen gegangen sind; aus dem Vorbild wächst die Nachfolge. Das Vertrauen trägt also häufig die Wurzel der Glaubenserfahrung bereits in sich.
* Das Glaubenswissen bleibt ohne das gläubige Vertrauen in die darin ausgesagte Interpretation der Wirklichkeit sinn- und ortlos. Das gläubige Vertrauen muß sich umgekehrt immer wieder dem prüfenden Blick des Glaubenswissens stellen, um nicht in Beliebigkeit zu verfallen.
* Die Frage nach der Authentizität von Glaubenserfahrungen ruft das Glaubenswissen auf den Plan. Mit seiner Hilfe können diese in eine kommunikable und nachvollziehbare Aussagegestalt gebracht werden. Zudem können Glaubenserfahrungen anhand des Glaubenswissens kritisch hinterfragt werden, wie sie umgekehrt das Glaubenswissen bereichern oder korrigieren können.

2 Das Zuordnungsverhältnis von Glaube und Ethik

Den drei Grundgestalten des Glaubens kommt grundsätzlich Bedeutung für das menschliche Handeln zu. Sie leisten einen je spezifischen Beitrag zur sittlichen Kompetenz des Handlungssubjekts und nehmen von daher eine wichtige Position im ethischen Reflexionsprozeß ein.

2.1 Gläubiges Vertrauen als Motivation zur ethischen Reflexion

Das gläubige Vertrauen spielt in der ethischen Reflexion zunächst als existentielle Betroffenheit angesichts persönlicher, zwi-

schenmenschlicher oder gesellschaftlicher sittlicher Konflikte eine
zentrale Rolle. Die Stärke dieser Betroffenheit hängt freilich davon ab, wie intensiv sich Menschen mit Überzeugungen und denen, die diese vertreten, identifizieren. Wer beispielsweise überzeugt ist, daß allen Menschen die gleiche Würde zukommt, wird
sich möglicherweise im Konfliktfall für Benachteiligte stärker als
andere engagieren. Das emotional gefärbte gläubige Vertrauen
stellt also gewissermaßen eine Antriebsfeder dar. Dieser Grundgestalt des Glaubens kommt somit im Hinblick auf die ethische Reflexion wesentlich motivationale Funktion zu.

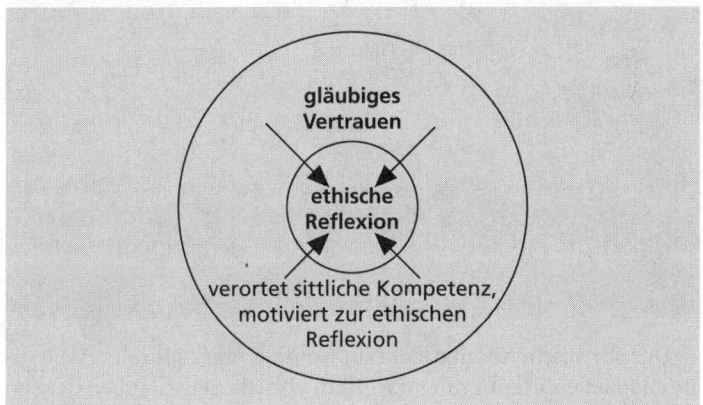

Die Stärke des gläubigen Vertrauens ist häufig auch seine
Schwäche. Denn einerseits ist die emotionale Betroffenheit und
die damit verbundene Identifikation mit einer subjektiv als gerecht empfundenen Sache oft ausschlaggebend dafür, daß Miß-
stände benannt und Veränderungen gewagt werden. Betroffenheit und Identifikation können aber andererseits auch den
Blickwinkel für andere Überzeugungen und Lebenserfahrungen
verengen. Der Nachdruck, mit dem beispielsweise radikale politische oder kirchliche Gruppierungen ihre Überzeugungen häufig
vertreten, steht insbesondere einer ethischen Konsensfindung
eher im Wege, als daß sie dieser dient. Angesichts dieser Problematik zeigt sich die Notwendigkeit, die anderen Grundgestalten
des Glaubens und andere Instanzen der Normfindung, insbesondere die kritische Vernunft, zu berücksichtigen.

2.2 Glaubenswissen als Grundmoment der ethischen Reflexion

Das Glaubenswissen fließt als Orientierungswissen in die ethische Reflexion ein. Zu diesem Wissen gehören beispielsweise die Prinzipien der Freiheit und Würde des Menschen oder der Schutz des Lebens. Gleichzeitig ist das Glaubenswissen auch schon Ergebnis von in ethischer Reflexion erschlossenem Sinnwissen, da es Einsichten über den Menschen in seinen anthropologischen, psychosozialen und transzendenten Zusammenhängen tradiert.

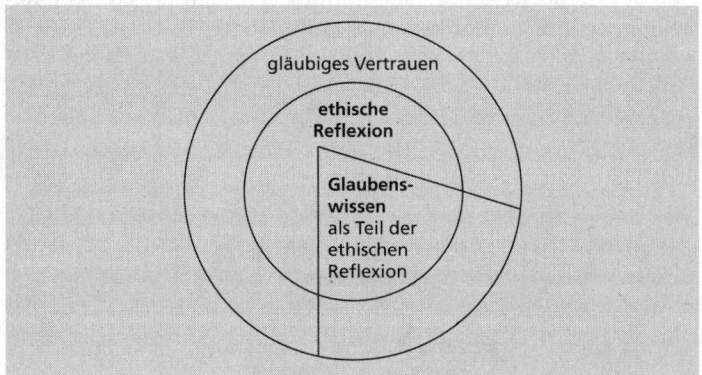

Der christliche Glaube stellt im Kontext einer pluralen Welt eine mögliche Orientierung dar. Dem christlichen Glaubenswissen kommen nun im Rahmen der ethischen Reflexion drei wesentliche Funktionen zu: Integration, Kritik und Stimulation (Auer: Moral 189-197). Integration heißt, daß alle Einsichten, die »hilfreiche Modelle für die Bewährung der christlichen Existenz in der Welt vorstellen« (ebd. 191), in die eigene Überzeugung eingebunden werden können und sollen. Diese Funktion ist theologisch geboten, da die ganze Schöpfung aus christlicher Sicht ein Werk Gottes ist. Kritisch muß aber allen Einsichten und Überzeugungen auch innerhalb des Christentums begegnet werden, die einer humanen Gestaltung des Zusammenlebens zuwiderlaufen. Die stimulierende Funktion geht schließlich über die integrierende und kritisierende Funktion hinaus. Sie ermuntert zum rechten Handeln, indem hoffnungsvolle Impulse für die Lebensgestaltung gegeben werden. Zudem verweist sie auf den offenen Horizont menschlicher Vollendung, innerhalb dessen sich die Suche nach

Sinn und dem rechten, angemessenen Handeln erstreckt. Diese drei Funktionen gelten nicht nur für das christliche Glaubenswissen. Jedes Orientierungswissen, sei es religiös oder nicht, steht in der integrativen, kritisierenden und stimulierenden Auseinandersetzung mit der Welt.

2.3 Glaubenserfahrung als Vertiefung der ethischen Reflexion

Glaubenserfahrungen vertiefen den ethischen Reflexionsprozeß in existentieller Hinsicht. Sie können Überzeugungen, mit denen sich gläubige Menschen identifiziert haben, verändern, indem sie beispielsweise einen Horizont erschließen, der für diese Menschen bisher unbekannt war. Und sie können richtige, falsche oder neue Einsichten unmittelbar bewußt machen. Kurz: Glaubenserfahrungen verändern und erweitern nicht nur persönliche Identifikationen und allgemeine Überzeugungen, sondern auch die sittliche Kompetenz. In der Regel handelt es sich um einen lebenslangen Prozeß, der auch als Reifung verstanden werden kann. Wie eine Spirale[2] durchdringt dieser Reifungsprozeß das gläubige Vertrauen und das Glaubenswissen und somit auch die ethische Reflexion.

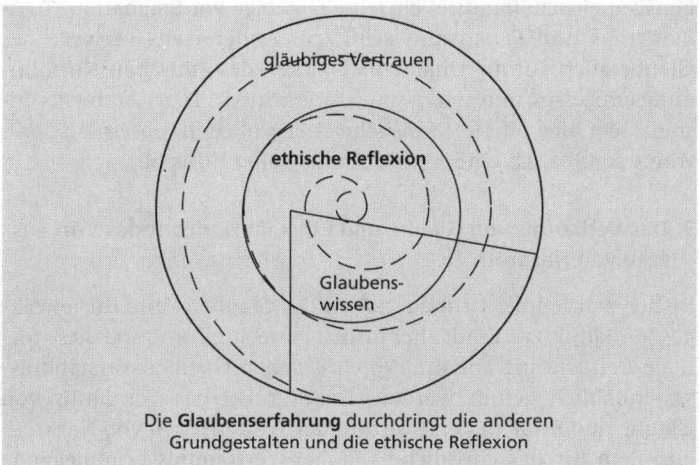

Die **Glaubenserfahrung** durchdringt die anderen
Grundgestalten und die ethische Reflexion

2   Die Spirale gilt in vielen Kulturen und Religionen als ein Symbol für das menschliche Streben und Wachsen hin zur jeweils unterschiedlich bezeichneten Ganzheit. Die Spiralwindungen sind um eine absolute Mitte, einem unbewegten Punkt,

2.4 Das Zusammenwirken von Glaube und ethischer Reflexion

Der Glaube kann auf vielfältige Weise in die ethische Reflexion einfließen: Als gläubiges Vertrauen motiviert er zu sittlichem Handeln, als Glaubenswissen trägt er Orientierungen für Entscheidungen und die Beurteilungen von Handlungen bei, als Glaubenserfahrung vertieft und formt er die sittliche Kompetenz des Menschen. Ethik als wissenschaftliche Reflexion auf das sittliche Urteilen und Handeln von Menschen muß jede der beschriebenen Glaubensgestalten und deren gegenseitige Durchdringung ernst nehmen. Sie wird die verschiedenen Einflüsse durch den Glauben vernünftig reflektieren und in die Suche nach dem sittlich sinnvollen Handeln integrieren. Diese Integration des Glaubens in den ethischen Reflexionsprozeß ist auch aus der Sicht des Glaubens unabdingbar. Denn Glaubensüberzeugungen können in ethischer Hinsicht keine absolute Geltung beanspruchen. Beispielsweise bedarf es zur Lösung konkreter Probleme immer auch empirisch ermittelter Sachanalysen, der kritischen Vernunft und des ethischen Diskurses für die Vermittlung widerstreitender Positionen. Ein solches Zusammenwirken von ethischer Reflexion und Glaubensüberzeugungen wirkt ideologiekritisch und kann so Glaubensgemeinschaften und einzelne Gläubige vor Stagnation, Totalitarismus und Fanatismus schützen. Andererseits verweist der Glaube auch auf die Unabschließbarkeit des ethischen Normfindungsprozesses und wirkt somit sinnkritisch. Der Glaube als Instanz, der die offene Sinnsuche menschlichen Daseins betont, wehrt somit auch eine Absolutsetzung aller Ethik ab.

3 Das Verhältnis von Glaube und Ethik im Horizont des Wirkens Jesu von Nazareth

Bisher wurden die Grundgestalten des Glaubens und ihr jeweiliges Verhältnis zur Ethik eher formal betrachtet. Nun soll diese formale Betrachtung anhand des christlichen Glaubensverständnisses inhaltlich gefüllt werden. Damit rückt das Verhältnis von Glaube und Ethik in den Horizont des Wirkens Jesu von Nazareth ein, dem für das christliche Glaubensverständnis grundlegende

---

angeordnet und umkreisen diese Mitte in zyklischem Werden und Vergehen. Abgeschlossenheit und Offenheit spiegeln sich im Bild der Spirale und verweisen auf den Prozeß des persönlichen Reifens (Purce: Spirale).

Bedeutung zukommt. Diese Konkretisierung verdeutlicht, was eine bestimmte inhaltliche Füllung der Grundgestalten des Glaubens für die Normfindung und für das Handeln einzelner Menschen bedeuten kann.

3.1 Die Grundgestalten des Glaubens im Wirken Jesu

Ein ausgeprägtes Gottvertrauen durchzieht wie ein roter Faden die Botschaft und Praxis Jesu. Das belegen Jesu Anrede Gottes mit »Abba«, Vater, und einige seiner Gleichnisse (Jeremias: Gleichnisse 190; Werbick: Soteriologie 95). Jesus verkündet Gott als einen barmherzigen, auf das Heil der Menschen bedachten Gott[3]. Die Verbundenheit Gottes mit den Menschen ist von nicht zerbrechender Treue getragen, seine Liebe ist ungeteilt.

Es kann davon ausgegangen werden, daß Jesu tiefes Gottvertrauen in einer intensiven Erfahrung der Nähe Gottes gründete und daß Jesus sein Wirken im Lichte dieser Erfahrung deutete. Die biblischen Texte vermitteln diese Einsicht allerdings nur unvollkommen, was im Charakter subjektiver Glaubenserfahrungen begründet liegt.

Jesus besaß darüber hinaus auch ein ausgesprochen geistreiches Wissen vom Glauben. So spiegeln seine Gleichnisse nicht nur ein Gottesbild, sondern machen darauf aufmerksam, daß Jesus in seiner Verkündigung menschliche und theologische Zusammenhänge für seine Zuhörer plausibel erschließen konnte. Dies zeigen beispielsweise die Konflikte mit religiösen Autoritäten um den Stellenwert des Sabbats. Mit äußerster Genauigkeit verstand es Jesus, den eigentlichen Sinn des Sabbats zu erschließen und dieses Wissen auf die konkrete Situation anzuwenden. Am Sabbat geht es nicht in erster Linie um die Erfüllung von religiösen Gesetzen, sondern darum, daß die Güte Gottes in besonderer Weise zur Geltung kommt: »Der Sabbat ist um des Menschen willen da und nicht der Mensch um des Sabbats willen« (Mk 2,27).

---

3 Vgl. hierzu beispielsweise die Gleichnisse vom unbarmherzigen Knecht (Mt 18,23-35), von den Arbeitern im Weinfeld (Mt 20,1-15) oder vom gottlosen Richter und der Witwe (Lk 18, 2-8).

3.2 Jesu Botschaft vom Reich Gottes als Maßstab für christliches Handeln

Jesu Gottvertrauen und die Erfahrung der Nähe Gottes prägten seine Rede von der »frohen Botschaft Gottes« (Mk 1,14). Das Erfüllt-Sein von dieser Nähe Gottes drängte Jesus, alle seine Zeitgenossen an der Erfahrung eines menschenfreundlichen Gottes Anteil nehmen zu lassen.

Gleich zu Beginn des Markusevangeliums wird diese frohe Botschaft Jesu prägnant zusammengefaßt: »Die Zeit ist erfüllt. Das Reich Gottes ist nahe herbeigekommen. Kehrt um und glaubt an das Evangelium.« (Mk 1,15) Hier werden geläufige Begriffe und Denkmuster aufgegriffen, um sie dabei in entscheidender Weise inhaltlich neu zu füllen (Marxsen: Ethik 69-74). Die ersten beiden Sätze machen klar: Das Reich Gottes bricht nicht, wie es die damals gängige Auffassung war, am Ende der Zeit an, sondern ist bereits jetzt gegenwärtig. Der Satz »Kehrt um und glaubt an das Evangelium!« verdeutlicht die menschliche Aktivität, die angesichts dieser Nähe Gottes ›angesagt‹ ist. Jesus geht mit dieser Umkehrforderung über die oberflächliche Gebotsmoral vieler seiner Zeitgenossen hinaus. Er fordert Menschen dazu auf, mit ganzer Kraft das angesagte Reich Gottes in ihrem Leben wirklich werden zu lassen (Lk 12,31; 13,24; Mt 7,13) und ermuntert sie, sich mit ihrer ganzen Existenz auf Gott einzulassen.

Dieses wagende ›Sich-Einlassen‹ steht nicht nur für ein neues Verhältnis zu Gott, sondern auch für ein neues Verhalten zum anderen. Jesus verkündet also keineswegs ein moralisch beliebiges Handeln. So hat er seine Zeitgenossen nicht nur zur Nächsten-, sondern sogar zur Feindesliebe angehalten und diese vorgelebt (Mt 5,46-48). Wird die Liebe allerdings als Gebot verstanden, das es gehorsam einzuhalten gilt, so verfehlt das ihren Sinn, zumal sie so auch eine Überforderung für den Menschen darstellt. Jesus wollte in dieser Forderung vielmehr andeuten, daß der an sich utopische Anspruch der Feindesliebe im Horizont des Reich Gottes zu einer realen Möglichkeit wird.

Jesus entwarf aber auch kein moralisches Regelwerk für das Verhalten im Einzelfall. Dies belegt beispielsweise die Gleichnisrede vom barmherzigen Samariter (Lk 10,29-37). Die Frage des Gesetzeslehrers »Wer ist mein Nächster?« beantwortet Jesus mit dem Handeln des Samariters, das diese Frage umkehrt und nun wissen will: Wem kann ich Nächster sein? »Mit der Aufforderung, hinzugehen und ebenso zu handeln, wird also nicht aufgefordert, Nächstenliebe zu üben, sondern zunächst selbst Nächster zu sein und als einer, der selbst Nächster ist, zu handeln.« (Marxsen: Ethik 95). Jesus von Nazareth enttäuscht so all diejenigen, die sich von seinem Wirken eindeutige inhaltliche Weisungen für die Lösungen konkreter ethischer Probleme erwarten. Ihm ging es wesentlich darum, daß sich Menschen von Gott ergreifen lassen und aus dieser existentiellen Ergriffenheit heraus handeln.

3.3 Die Bedeutung des Wirkens Jesu für das sittliche Handeln und die ethische Reflexion

Drei Aspekte lassen sich aus der Praxis und Botschaft Jesu ableiten, die für das sittliche Handeln leitend sind und die gleichzeitig die Chancen und Grenzen der christlichen Glaubensüberzeugung innerhalb der ethischen Reflexion umschreiben.

- Jesus selbst ging es weniger um die einzelne Handlung und ihre Folgen, sondern um die handelnde Person. Er wollte nicht neue oder gar überzeitliche Gesetze formulieren, sondern vielmehr Menschen zur Umkehr ermutigen, so daß sie aus neugeschenktem Gottvertrauen heraus gut und richtig handeln können. Jesus ging es also weniger um ein einforderndes Sollen, als um ein ermöglichendes Können. Für den einzelnen Menschen bedeutet dies zunächst, sich auf das Wagnis des Glaubens einzulassen. Für die ethische Reflexion heißt dies, daß Normen immer wieder an die Könnensbedingungen menschlichen Handelns zu binden sind.
- Jesu eigene Lebenspraxis ist ein Modell gelungenen Menschseins. Seine Praxis selbst wieder zum handlungsleitenden Gesetz zu erheben, würde ihr allerdings widersprechen. Sie bietet vielmehr eine wertvolle Orientierungshilfe für Menschen, die sich glaubend auf ihn einlassen. In die ethische Reflexion kann Jesu Praxis als Modell sittlichen Handelns einfließen, indem sie Anstöße oder Hilfen für die Lösung konkreter Probleme anbietet.
- Mit der Reich-Gottes-Verkündigung eröffnet Jesus eine Sinnperspektive. Das Ringen um dieses Reich und seine bruchstückhafte Verwirklichung kann zum tragenden, sinngebenden Lebensinhalt für gläubige Menschen werden. Jede ethische Re-

flexion wird vor diesem Hintergrund auf ihre Sinnperspektive hin zu befragen sein. Sie hat offenzulegen, welche Ziele und Leitlinien sie entwickelt und welchen Prinzipien und Maßstäben sie gehorcht.

ZUSAMMENFASSUNG

(1) Glaube läßt sich als gläubiges Vertrauen, als Glaubenswissen und als Glaubenserfahrung charakterisieren und gibt so eine anthropologische, theologische und existentielle Dimension zu erkennen.

(2) Gläubiges Vertrauen motiviert zur ethischen Reflexion, Glaubenswissen fließt als Orientierungswissen in die ethische Reflexion ein, Glaubenserfahrungen vertiefen und korrigieren die beiden anderen Glaubensgestalten und beeinflussen somit indirekt die ethische Reflexion. Alle drei Grundgestalten des Glaubens haben darüber hinaus auch praktische Bedeutung: Sie können das sittliche Handeln motivieren, orientieren und korrigieren.

(3) Für das christliche Glaubensverständnis ist die Reich-Gottes-Botschaft Jesu zentral. Diese Botschaft ermuntert Gläubige dazu, sich vertrauend auf Gott einzulassen, um so das Reich Gottes in ihrem Leben und Handeln wirklich werden zu lassen.

(4) Die Bedeutung der Botschaft und Praxis Jesu für die ethische Reflexion läßt sich als Verknüpfung von Sollen und Können, modellhaftes Handeln und Eröffnung einer Sinnperspektive bündeln.

TEXTARBEIT

Philosophischer Text

Einführung Von dem griechischen Philosophen Platon (427-347 v.Chr.) stammt der klassische Text zum Rechtfertigungsproblem religiöser Moralbegründung schlechthin: Der subtile Dialog zwischen Sokrates und dem Theologen Euthyphron, der mit dem

Grundproblem traditioneller religiöser Moralbegründung konfrontiert.

Arbeitstext Euthyphron: *Ich möchte allerdings behaupten, das Fromme (bei Platon steht fromm für gut, d. Hg.) sei das, was alle Götter lieben, und das Gegenteil davon, das, was alle Götter hassen, sei das Unfromme. Sokrates: Wollen wir nun noch prüfen, Euthyphron, ob das richtig formuliert ist? (...) Überlege dir folgendes: Wird das Fromme von den Göttern geliebt, weil es fromm ist, oder ist es fromm, weil es geliebt wird? Euthyphron: Ich verstehe nicht, was du meinst, Sokrates. (...) Sokrates: Was sagen wir (...) über das Fromme, Euthyphron? Doch eben, daß es von allen Göttern geliebt wird, wie du behauptest hast? Euthyphron: Ja. Sokrates: Und zwar, weil es fromm ist – oder aus einem anderen Grunde? Euthyphron: Nein, sondern deswegen.* Sokrates: *Weil es also fromm ist, wird es geliebt, und nicht weil es geliebt wird, ist es fromm? Euthyphron: Es scheint so. Sokrates: Andererseits aber ist es darum geliebt und gottgefällig, weil es von den Göttern geliebt wird. Euthyphron: Wie könnte es anders sein?* Sokrates: *Also ist nicht das Gottgefällige fromm, Euthyphron, und auch das Fromme nicht gottgefällig, wie du behauptest, sondern das eine ist vom anderen verschieden. Euthyphron: Wieso denn, Sokrates?* Sokrates: *Weil wir uns darüber einig geworden sind, daß das Fromme deshalb geliebt wird, weil es fromm ist, und daß es nicht fromm ist, weil es geliebt wird, nicht wahr? Euthyphron: Ja. Sokrates: Das Gottgefällige ist also dadurch gottgefällig, daß es von den Göttern geliebt wird, eben durch dieses Geliebtwerden. Es ist nicht deshalb geliebt, weil es gottgefällig ist. Euthyphron: Es ist so, wie du sagst.* Sokrates: *Wenn dagegen, mein lieber Euthyphron, das Gottgefällige und das Fromme dasselbe wären, so müßte ja, falls das Fromme wegen des Frommseins geliebt würde, auch das Gottgefällige wegen des Gottgefälligseins geliebt werden. Und andererseits: falls das Gottgefällige deshalb gottgefällig wäre, weil es von den Göttern geliebt wird, müßte auch das Fromme fromm sein, weil es geliebt wird. Nun siehst du aber, daß es sich mit beiden Begiffen gerade anders verhält, indem sie eben völlig voneinander verschieden sind. Das eine nämlich ist, weil es geliebt wird, so beschaffen, daß man es liebt; das andere aber wird deshalb geliebt, weil es so beschaffen ist, daß man es liebt. Nachdem du nun gefragt wurdest, Euthyphron, was das Fromme sei, scheint es beinahe, als ob du mir sein eigentliches Wesen nicht aufzeigen, sondern mir bloß einen diesem Wesen eigentümlichen Zustand* *angeben wolltest, welcher diesem Frommen zukommt: daß es nämlich von allen Göttern geliebt wird.*

Quelle Platon: Euthyphron, in: Jubiläumsausgabe sämtlicher Werke 2, Zürich 1974, 3e-11b.

Leitfragen Wie lautete die Grundfrage religiöser Moralbegründung für Platon? Kann dies auch heute noch die Grundfrage Theologischer Ethik sein? Kann der Wille Gottes überhaupt ein Kriterium des Sittlichen sein? Warum? Macht es überhaupt Sinn, Gott als Begründungsinstanz des Sittlichen heranzuziehen? Welche Bedeutung würden Sie Gott für das alltägliche Handeln zuschreiben?

Philosophischer Text

Einführung Die Überlegungen des Philosophen Ernst Tugendhat (*1930) zielen mitten in ein Grundthema heutiger Ethik: Die Begründung der Ethik. Tugendhat setzt sich hier unter anderem auch mit den religiösen Begründungsmustern von Ethik und Moral auseinander.

Arbeitstext *Wie man sich das (die Begründung der Moral, d. Hg.) zu denken hat, läßt sich zunächst bei religiösen und überhaupt traditionalistischen Moralkonzepten leicht zeigen: »Traditionalistisch« soll immer besagen: wo die Tradition bzw. die innerhalb dieser maßgebende Autorität als letzte Begründung dient. Denken wir an den uns am nächsten liegenden Fall, die christliche Moral! Nehmen wir an, das Kind, das in diese Moral einsozialisiert wird, ist besonders hell und fragt seine Eltern: »warum reagiert ihr, immer wenn man das und das tut, mit diesem scharfen negativen Affekt?« (gemeint ist die noch nicht verstandene Entrüstung). Die Eltern werden antworten: »weil wir Kinder Gottes sind und Gott uns verboten hat, so zu handeln.« Daß wir Kinder Gottes sind, macht (verkürzt gesprochen) die Identität der christlichen Gemeinschaft aus. So wird das Gute hier verstanden. Schlecht ist, was Gott nicht gefällt. »Deswegen«, so könnte also fortgefahren werden, »verlangen alle von allen – alle Christen –, daß sie so sind, und wir empören uns, wenn man sich Gottes Willen zuwider verhält.«*

Angenommen, das Kind fährt fort: »Und wieso wißt ihr, daß wir Kinder Gottes sind, und gibt es Gott überhaupt usw.?«, dann wird ihm bedeutet, daß das Blasphemie ist. Damit ist genau bezeichnet, wie weit die Begründungsressourcen bei der traditionalistischen Moral reichen. Die Tradition selbst, das Wort Gottes ist der letzte Grund, der nicht mehr hinterfragbar ist.

Eine religiöse Moral ist daher auch prinzipiell unfähig, mit anderen Moralkonzepten zu diskutieren; sie kann nur glaubensmäßig und also dogmatisch ihre eigene Überlegenheit behaupten oder sich von den anderen abschließen.

Darin liegt nicht nur eine Begrenzung des Begründungscharakters, sondern auch eine Begrenzung im Verständnis der objektiven Vorzüglichkeit, also im Konzept des Guten. Inwiefern können die moralischen Urteile innerhalb einer solchen Tradition bzw. Gemeinschaft überhaupt den Allgemeingültigkeitsanspruch, den sie als Urteile haben, erfüllen, wenn das, was gut ist, nur im Rekurs auf die bestimmte Identität dieser Gemeinschaft begründbar ist (»weil wir Kinder Gottes sind«)? Gut ist dann nicht, wie zu sein aus der Perspektive aller Menschen, sondern nur, wie zu sein z.B. aus der Perspektive des Glaubens aller Christen vorzüglich ist. In traditionalistischen Moralen ist auf das Problem, das sich hier anzeigt, verschieden reagiert worden. Das Beispiel des Christentums gehört aus der Perspektive des vom Begriff des Guten selbst nahegelegten Universalismus noch zu den günstigsten. Aus christlicher Sicht ist das, was im Rekurs auf die Gotteskindschaft als gut erscheint, gut für alle Menschen, aber darin ist impliziert, daß alle an Gott glauben müssen.

Quelle Ernst Tugendhat: Vorlesungen über Ethik, Frankfurt a.M. ³1995, 65-67.

Leitfragen Was wirft Tugendhat religiösen Moralkonzepten vor? Ist der vorgestellte Dialog zwischen Eltern und Kind überhaupt typisch? Auf welche Probleme macht er aufmerksam? Welche Stellung würden Sie der Tradition bzw. der Autorität in Fragen der Letztbegründung der Moral zumessen? Warum stimmt die These Tugendhats nicht, religiöse Moral wäre zur Diskussion mit anderen Moralkonzepten prinzipiell unfähig? Kann im Raum des Christentums eine universelle Moral begründet werden? Ist das, was Christen als gut erkennen, nur aus der Perspektive des Glaubens nachvollziehbar?

Theologischer Text

Einführung Der holländische Theologe Edward Schillebeeckx (*1914) gehört zu den bedeutendsten katholischen Theologen des 20. Jahrhunderts, der die Zeitgemäßheit und Gegenwärtigkeit des christlichen Glaubens und der Rede von Gott auch im Hinblick auf eine religiöse Moral zu entschlüsseln suchte.

Arbeitstext *Moderne Menschen brauchen Gott nicht zur Erklärung des Kosmos; sie brauchen ihn ebensowenig zur Ausbildung einer stimmigen Ethik oder Anthropologie. Aber gerade im westlichen gesellschaftlichen Klima der Säkularisierung und religiösen Gleichgültigkeit, der Verwissenschaftlichung und Technisierung, des instrumentellen Mittel-Zweck-Denkens wird die Frage nach Gott zur freiesten und grundlosesten Frage, die sich der Mensch stellen kann, wird auch der Weg zu Gott zum freiesten Lebensweg. Wenn wir in diesem Kontext in der menschlichen Erfahrung nach Erwartungen, Echos, Spuren oder sogar nach unterdrückten Geräuschen suchen, die Gottes grundlose Anwesenheit bei uns verraten oder vermuten lassen, könnten wir vielleicht in unserer Zeit am ehesten bei der Fähigkeit des Menschen fündig werden, ohne »um willen« zu lieben; dann sollten wir vielleicht auf der Ebene unserer menschlichen Kreativität, der Feste und Feiern, des freigebigen Sichverschenkens und der Selbsttranszendenz suchen, allerdings in der Gestalt nicht entfremdeter Selbstenteignung zugunsten des »anderen«. In einem solchen Lebenskontext wird Gott von den Gläubigen als grundloses Geschenk erfahren, nur so, als reine Freiheit; jeden Tag aufs neue; ohne Warum. Gott ist nicht »Erklärung«, sondern Gabe. Die in der Moderne so hochgeschätzte Idee von »Gott als Bedingung der Möglichkeit« der menschlichen Subjektivität hat allen Gottesglauben und alle Theologie nicht nur um das Herz, sondern auch um den »Logos« gebracht! Das »postmoderne« Nichtbrauchen ist demgegenüber gerade die größte Wohltat für jedes menschliche Leben. (...)*

Manchmal wird gefragt, ob wir Gott überhaupt für die Ethik und damit für die menschliche Aufgabe des Friedens, der Humanisierung und Befreiung brauchen. Tun, so lautet das Argument, beispielsweise Agnostiker, »Ungläubige«, nicht dasselbe, handeln sie nicht sogar besser?

Das ist eine ernst zu nehmende Frage. Aber man kann die Gegenfrage stellen: Welchen Gott braucht man? Und was bedeutet überhaupt »brauchen«? Man braucht doch keinen Gott als Lückenbüßer!

Man braucht doch keinen Gott, der als tyrannischer Potentat willkürlich den Menschen seinen Willen und sein Gesetz auferlegt, als ob (auch für Gott) nicht das »Menschenwürdige«, sondern »Gott« unmittelbares Fundament des ethischen Anspruchs wäre. Wir brauchen doch keinen Gott, auf den Menschen zurückgreifen, wenn sie mit ihrer ethischen Argumentation nicht mehr weiterkommen und sich zur Deckung dieser Lücke dann auf den »Willen Gottes« berufen. So läßt sich Gott nicht mißbrauchen!

Quelle Edward Schillebeeckx: Weil Politik nicht alles ist. Von Gott reden in einer gefährdeten Welt, Freiburg i.Br. 1987, 16.77-78.

Leitfragen Wie antwortet der Text auf das »Brauchen Gottes«? Gegen welche Fehldeutungen setzt er sich zur Wehr? Wieso? Gott wird in diesem Text unterschwellig als Chiffre für die Gabe, für den Sinn vorgestellt. Welche Bedeutung kommt dem Sinn im Bezug auf das Sollen zu? Welche der drei Grundgestalten des Glaubens macht Schillebeeckx stark? Warum hebt er sie hervor? Welche Bedeutung kommt Gott für die Moral in diesem Text zu?

Literarischer Text

Einführung Der französische Autor Jacques Lusseyran (1924-1971), mit acht Jahren erblindet, überlebte das Konzentrationslager Buchenwald. Hier trifft er auch auf Jérémie Regard.

Arbeitstext *Jérémie ging mit gutem Beispiel voran: Mitten im Block 57 fand er Freude. Er fand sie zu den Zeiten des Tages, in denen wir nur Angst empfanden. Und er fand sie in so reichem Maße, daß wir sie, wenn er anwesend war, in uns aufsteigen spürten. Und daß Freude uns erfüllte, das war in unserer Lage ein unerklärliches, ja unglaubhaftes Gefühl. (...)*

Es war die Freude, zu entdecken, daß die Freude existiert, daß sie, genau wie das Leben, in uns ist, daß sie keine Bedingungen stellt und daß sie deshalb auch durch keine Bedingung – nicht einmal die schlimmste – zerstört werden kann. Jérémie vermochte all das, wird man sagen, weil er einen hellen Kopf hatte. Meine Meinung ist das nicht. Denn dieses Attribut gehört in den Bereich der Intelligenz, und in ihrer Welt war Jérémie nicht zu Hause. Ich sagte, daß er sah. Ich habe von ihm gesprochen, wie von einem lebendigen Gebet.

Die Spitzfindigen werden behaupten, Jérémies Glaube sei undifferenziert gewesen. Kommt es darauf an? Für ihn und – durch ihn –

auch für uns wurde die Welt jeden Augenblick errettet. Die Gnade war grenzenlos. (...) Was ich an ihm ›übernatürlich‹ nenne, war der vollständige Bruch mit den Gewohnheiten, den er vollzogen hatte. (...) Er war dem Netz der zwangsläufigen Reflexe entschlüpft, und allein dieser Umstand – niemals eine gute Gesundheit, nicht einmal eine vollkommene Gesundheit, wenn sie überhaupt existiert – kann seine Person erklären.

Er war in sein Innerstes vorgestoßen und hatte dort das Übernatürliche oder – wenn jemand dieses Wort stört – das Wesentliche freigelegt, das von keinen Umständen abhängt, das zu jeder Zeit und an jedem Ort, im Schmerz wie in der Freude existieren kann. Er hatte die Quelle des Lebens gefunden. Und zugleich umgab ihn ein Mantel der Transparenz und der Reinheit. Ich habe das Wort ›übernatürlich‹ gebraucht, weil mir Jérémies Handeln geradezu ein religiöser Akt zu sein schien: die Entdeckung, daß Gott da ist, und daß eine Rückkehr zu ihm möglich ist. Das war die ›Gute Nachricht‹, die Jérémie auf seine sehr schlichte Weise verkündete.

Quelle Jacques Lusseyran: Das Leben beginnt heute, München [3]1994, 24-28.

Leitfragen Wie kann Jérémies Zugang zur Wirklichkeit charakterisiert werden? Inwiefern spielt Glaube in seinem Auftreten eine Rolle? Wie wirkt Jérémie auf seine Leidensgefährten? Ist es vorstellbar, Jérémies Lebensphilosophie in einen ethischen Diskurs z.B. zum Thema ›Gewaltfreiheit‹ einzubringen? Was erschwert dieses ›Einbringen‹? Warum ist seine Lebensphilosophie gleichzeitig unverzichtbar?

Praktisches Problem. Bluttransfusion

Einführung Die Zeugen Jehovas verstehen sich als christliche Gemeinschaft, die Zeugnis gibt über Gott (Jehova) und seine Pläne, die er mit der Menschheit hat. Zu ihren wohl bekanntesten moralischen Positionen gehört das Verbot von Bluttransfusionen.

Arbeitstext *Schon lange bevor William Harvey 1628 den Blutkreislauf erkannte, wurde Leben mit Blut in Verbindung gebracht. Die wichtigsten Grundsätze bedeutender Religionsorganisationen drehen sich um einen Lebensgeber, der sich über das Leben und das Blut äußerte. (...) Menschen, die an solch einen Lebensgeber glauben, vertrauen darauf, daß seine Anweisungen zu ihrem ewigen Wohl sind. Ein he-*

bräischer Prophet beschrieb ihn als denjenigen, »der dir zum Nutzen dich lehrt, der dich auf den Weg treten läßt, auf dem du wandeln solltest«. Diese Zusicherung aus Jesaja 48,17 steht in der Bibel, einem Buch, das für seine ethischen Wertmaßstäbe bekannt ist, die uns allen von Nutzen sein können. Was sagt sie darüber, wie Menschen Blut verwenden sollten? Zeigt sie, wie durch Blut Leben gerettet werden kann? (...)

Ziemlich zu Beginn erklärte der Schöpfer: »Alles, was sich regt und lebt, sei eure Speise (...) Doch ihr sollt kein Fleisch essen, in dem noch das Leben, das Blut ist.« Er fügte hinzu: »Besonders aber von eurem Leben, vom Blut der Menschen, will ich Rechenschaft fordern«, und dann verurteilte er Mord (1 Mose 9,3-6, Stuttgarter Erklärungsbibel). Er sagte das zu Noah, einem hoch geachteten gemeinsamen Vorfahren der Juden, Muslime und Christen. Die ganze Menschheit wurde auf diese Weise davon in Kenntnis gesetzt, daß gemäß der Ansicht des Schöpfers Blut für Leben steht. Das war mehr als eine Ernährungsvorschrift. Es ging zweifellos um einen sittlichen Grundsatz. Menschenblut hat eine große Bedeutung und sollte nicht mißbraucht werden. (Als weitere Belegstellen werden 3 Mose 17,10-14; 5 Mose 12,23-25, 15,23; 3 Mose 7,26-27; Ez 33,25 und 1 Sam 14,31-35 angeführt. Anm. d. Hg.)

Erstreckt sich das biblische Blutverbot auch auf medizinische Anwendungen, wie z.B. Bluttransfusionen, die zur Zeit Noahs, Mose und der Apostel natürlich nicht bekannt waren?

Zu Anfang des 16. Jahrhunderts begann man, damit zu experimentieren. Thomas Bartholin (1616-1680), Professor für Anatomie an der Universität von Kopenhagen, machte folgende Einwendung: »Diejenigen, die den Gebrauch von Menschenblut als inneres Heilmittel für Krankheiten einführen, scheinen es zu mißbrauchen und scheinen schwer zu sündigen. Kannibalen verurteilt man. Warum verabscheuen wir nicht diejenigen, die ihren Schlund mit Menschenblut besudeln? Ähnlich verhält es sich mit der Aufnahme von Fremdblut aus einer aufgeschnittenen Vene, sei es nun durch den Mund oder durch Transfusionsinstrumente. Die Urheber dieser Operation haben das göttliche Gesetz gegen sich, das das Essen von Blut verbietet.« Folglich haben denkende Menschen vergangener Jahrhunderte erkannt, daß sich das biblische Gesetz nicht nur auf die Aufnahme von Blut durch den Mund bezieht, sondern auch auf die Blutaufnahme über die Venen.

Dieser Überblick trägt vielleicht dazu bei, den unveräußerlichen religiösen Standpunkt der Zeugen Jehovas zu verstehen. Für sie ist das Leben von großem Wert, und sie sind an einer guten ärztlichen Behandlung interessiert. Aber sie sind fest entschlossen, dem unveränderlichen Maßstab Gottes nicht zuwiderzuhandeln: Wer das Leben als Gabe des Schöpfers respektiert, versucht nicht, es durch die Aufnahme von Blut zu erhalten.

Quelle Aus: http://www.watchtower.org (Januar 1998).

Leitfragen Wie bewerten Sie diese vorgestellte Position? Wie nachvollziehbar halten Sie die moralische Argumentation? Welche Rolle kann der Glaube Ihrer Meinung nach in solchen und ähnlichen Problemen spielen? Vergleichen Sie dazu auch die nachfolgende Karikatur. Auf welche Probleme macht sie aufmerksam?

aus: Deutsches Allgemeines Sonntagsblatt, 25.9.1992, 3.

Handeln. Auslegungsperspektive theologisch-ethischer Reflexion

Andreas Greis / Thomas Laubach

Theologische Ethik ist, wie jede andere Ethik auch, eine systematische Wissenschaft in praktischer Absicht. In der Konsequenz dieser Ausrichtung ist Ethik als Handlungswissenschaft zu bestimmen (Riedel: Handlungstheorie), als Wissenschaft, die das alltägliche Handeln des Menschen in den Blick nimmt.

Um das ›theologische Moment‹ einer handlungswissenschaftlich charakterisierten Theologischen Ethik näher bestimmen zu können, werden zunächst die humanwissenschaftlichen Erkenntnisse über das Handeln als Grundlage aller Ethik dargestellt (1). In einem zweiten Schritt wird die Theologische Ethik nach ihrem handlungstheoretischen Ansatzpunkt befragt (2). Dies ermöglicht, ihren Horizont und ihr Proprium aufzuzeigen und die Bedeutung des Glaubens für das Handeln zu illustrieren (3).

1 Handlungstheoretische Grundlagen in ethischer Absicht

Jede Handlungstheorie differenziert zunächst die Begriffe ›Handeln‹ (actus humanus) und ›Verhalten‹ (actus hominis). Menschliches Handeln zeichnet sich gegenüber dem Verhalten durch ein intentionales Moment aus; d.h. das Handlungssubjekt wählt bewußt seine Ziele. Handeln ist somit ein wissentlich-willentliches Tun (Höffe: Handeln 618), während mit Verhalten reflexhaftes, unterbewußtes Tun gemeint ist, das mehr oder weniger automatisch abläuft und damit von keiner zusätzlichen Motivation oder Willensanstrengung gesteuert wird. Gegenüber der Automatik des Verhaltens unterliegt das Erreichen von Handlungszielen einem gewissen Risikovorbehalt.

1.1 Zur Anthropologie des Handelns

Das Handeln des Menschen steht, den Einsichten der philosophischen Anthropologie zufolge (Gehlen: Mensch, Plessner: Stufen, Scheler: Stellung), zwischen Handlungsnotwendigkeit und Handlungsfähigkeit. Der Mensch muß handeln, weil er instinktarm und weltoffen ist, er kann handeln, weil es ihm möglich ist, seine Zukunft zu entwerfen und seine Vergangenheit zu vergegenwärtigen. Der Mensch ist deshalb in seinem Handeln immer unsicher, was den Erfolg angeht. Diese äußere Unsicherheit sucht er zu kompensieren, indem er individuelle Handlungsmuster aufbaut beziehungsweise tradierte Handlungsmuster anwendet. Allerdings hat jede Handlung einen je eigenen Kontext, der auf nicht vorhersehbare Weise auf diese Einfluß nimmt (Tenbruck: Anthropologie 91). Handlungsmuster überwinden die äußere Unsicherheit des Handelns nicht vollständig, sie reduzieren sie nur. Die Komplexität der Welt und die Vielzahl möglicher Einflüsse erschweren somit den Erfolg einer Handlung und stellen damit die Handlungskompetenz des Menschen in Frage. Die äußere Unsicherheit des Handelns begründet so zugleich eine innere. Die Frage nach der Kompetenz, dem subjektiven Können, ist damit ein elementarer Aspekt allen Handelns (ebd. 93).

> **Anthropologie des Handelns**
> * Zwang zum Handeln
> * Fähigkeit zum Handeln
> * Bedürfnis nach Handlungssicherheit

Handlungsnotwendigkeit und Handlungsfähigkeit verfolgen zunächst eine elementare Bedürfnisbefriedigung. Diese Bedürfnisbefriedigung hat zwei Komponenten. Zum einen wird durch das Erreichen des Handlungsziels das handlungsauslösende Bedürfnis gestillt, zum anderen demonstriert das Erreichen der Ziele auch die individuelle Handlungskompetenz. Die Übernahme tradierter Handlungsmuster erhöht nun die Wahrscheinlichkeit der Bedürfnisbefriedigung, bestätigt aber nicht den Handelnden in seiner Kompetenz. Umgekehrt befriedigt das Vertrauen auf die eigene Kompetenz mehr als das konventionelle Handeln, stellt aber die individuelle Bedürfnisbefriedigung in Frage (ebd. 109). Damit steht der Mensch vor dem Problem, ob er die Ermittlung seiner Bedürfnisse an kulturelle Vorgaben delegieren soll oder sich selbst dieser Last unterzieht. Dies macht die ambivalente Gestalt seines Handelns aus.

1.2 Zur Psychologie des Handelns

Psychologische Handlungstheorien richten ihren Blick nicht nur auf das Handlungssubjekt und seine Dispositionen, sondern ebenso auf die Kontexte, in denen der einzelne lebt und handelt (Boesch: Kultur; Kaminski: Überlegungen). Der Ertrag dieser unterschiedlichen psychologischen Ansätze läßt sich in drei wesentlichen Punkten zusammenfassen:

• Handlungen sind zeitlich strukturiert. Sie gliedern sich in Anfangs-, Verlaufs- und Endphase (Boesch: Psychopathologie 20ff.). In der Anfangsphase wird das Handlungsziel antizipiert und Handlungsenergie mobilisiert. In der Verlaufsphase finden Steuerungs- und Regulierungsprozesse statt, um das Handlungsziel auch dann zu erreichen, wenn unvorhergesehene Handlungswiderstände auftauchen. Die Endphase, die stets in neue Handlungen übergeht, ist durch die Nutzung der Handlungsergebnisse oder durch Beendigungsverhalten gekennzeichnet. Handlungen folgen zudem linear aufeinander und sind hierarchisch aufgebaut. Keine Handlung wird vom Handlungssubjekt isoliert vollzogen, sondern sie steht in einer Abfolge von Handlungen und ist eingebettet in Handlungsketten (Boesch: Kultur 183). Zudem besteht jede Handlung immer aus »Mehrfachhandeln«, das hierarchisch organisiert ist (Kaminski: Überlegungen 105). Mit einem Beispiel läßt sich diese Struktur verdeutlichen. Ein Journalist kann vor der Veröffentlichung eines Artikels vor einem Wertkonflikt stehen: Wiegt das Persönlichkeitsrecht dessen, der im Artikel angegriffen wird, schwerer als das Recht der Öffentlichkeit auf umfassende Information? In der Anfangsphase dieser Abwägung wird der Konflikt als solcher überhaupt erst wahrgenommen, in der Verlaufsphase wird das Für und Wider der Argumente gegeneinander abgewägt, in der Endphase wird die Entscheidung vollzogen, das fertige Manuskript ausgedruckt oder die Datei gelöscht. Die Handlungskette, in der diese Abwägung steht, ist das Verfassen des Artikels und seine mögliche spätere Publikation in einer Zeitschrift. Die Handlungseinheiten, aus denen dieses Mehrfachhandeln im Zuge der Abwägung besteht, sind etwa Diskussionen mit Kollegen, Telefonanrufe, Suche nach ähnlich gelagerten Fällen. Diese Handlungseinheiten sind dem Abwägungsprozeß hierarchisch untergeordnet.

- Die Motivation zum Handeln erfolgt durch die Beurteilung der Wertigkeit eines Zieles und der Anstrengungen der zu vollziehenden Handlungsschritte. Die Handlungsmotivation folgt damit einer ›Kosten-Nutzen-Abwägung‹. Ist der Nutzen einer Handlung höher als der Aufwand, der zur Überwindung der Handlungshindernisse betrieben werden muß, so wird die Handlung vollzogen (Boesch: Psychopathologie 20f.).
- Die Handlungssituation wiederum stellt eine objektive Anforderungsstruktur an den Handelnden dar (Kaminski: Probleme 47). So können die tatsächlichen Handlungshindernisse von den vorher angenommenen abweichen und eine Regulation erfordern. Dann muß die Handlungsenergie erhöht werden, um an das mögliche Ziel zu gelangen, oder man begnügt sich mit einem leichter zu erreichenden Ziel oder die Handlung wird abgebrochen, weil der Aufwand aufgrund der Situation als zu hoch in bezug zum Nutzen betrachtet wird.

Psychologie des Handelns
- Struktur: zeitlich, linear, hierarchisch
- Motivation: Abwägung zwischen Handlungsnutzen und Handlungsanstrengung
- Situation: Forderung der Handlungsregulation

Dem Handlungssubjekt kommt somit innerhalb des konkreten Handlungsablaufs eine dreifache Rolle zu: Es wählt Handlungsziele aus (Selektion), aktiviert Handlungsenergien (Motivation) und greift steuernd in den Handlungsverlauf ein (Regulation). Die Selektion erfolgt aufgrund persönlicher Vorlieben, gesellschaftlicher Vorgaben oder kultureller Wertmuster. Die Motivation hängt stark von der Persönlichkeitsstruktur des jeweiligen Handelnden ab. Aber auch soziale Phänomene wie die Einladung zum Mitmachen oder der Gruppenzwang haben eine motivierende Wirkung. Die Regulation wiederum erfolgt durch Wahrnehmung der gesamten Bedingungen der Handlungssituation. Diese Wahrnehmung selber ist durch biologische, soziale und kulturelle Momente geprägt.

1.3 Zur Soziologie des Handelns

Soziologische Handlungstheorien erfassen vorwiegend Handlungskontexte. Diese Handlungstheorien werden meist zwei Gruppen zugeordnet. Je nach Standpunkt wird von einer objektorientierten oder subjektorientierten Herangehensweise gesprochen oder von einem normativen und einem interpretativen Paradigma (Miebach: Handlungstheorie 12-28). Markiert wird dadurch der jeweilige Ansatzpunkt der Analyse. Entweder wird das objektive, normative Umfeld des Handelnden primär in den Blick genommen oder der Handelnde selbst in seinen subjektiven Voraussetzungen.

Die normative Analyse der Handlungskontexte ist vorrangig systemtheoretisch geprägt. Als Beispiel sei hier der Ansatz des amerikanischen Soziologen Talcott Parsons (1902-1979) angeführt. Nach Parsons heißt ›handeln‹, daß unter bestimmten Bedingungen vorhandene Mittel unter Berücksichtigung gegebener Normen auf ein gewähltes Ziel hin organisiert werden (Parsons: Structure 732).

Handlungen wiederum können durch vier Systeme[1] beschrieben werden: Verhaltens-, Persönlichkeits-, soziales und kulturelles System. Mit dem Verhaltenssystem werden die leitenden Grundelemente menschlichen Handelns beschrieben: Sprachkompetenz, Einfühlungsvermögen und Fähigkeit zur Rollenübernahme (Miebach: Handlungstheorie 226). Das Persönlichkeitssystem dagegen schafft und erhält den Zusammenhang zwischen den einzelnen Aktionen eines Handlungssubjektes. Es ist gekennzeichnet durch Bedürfnisdispositionen des Handelnden, die dessen Zielauswahl bestimmen (Parsons/Shils: Values 114). Im sozialen System werden wechselseitige Rollenerwartungen der Interaktionspartner formuliert (ebd. 55), die in die Handlungsbedingungen eingehen. Normen wiederum werden durch das übergreifende kulturelle System bereitgestellt. Dieses konstituiert sich in Ansprüchen, Werten und Symbolen, die die Orientierung des Akteurs in seinem Handeln leiten (ebd.). Die vier Systeme stehen nicht isoliert nebeneinander, sondern durchdringen und bedin-

---

1   Mit dem Analysebegriff ›System‹ werden die Wechselwirkungen aufeinander bezogener Handlungen unterschiedlicher Akteure, Individuen, Gruppen oder Institutionen beschrieben. Systeme zeichnen sich durch Geschlossenheit und Kontinuität, sowie durch Abgrenzung zu und Vernetzung mit anderen Systemen aus.

gen sich wechselseitig. Der Handelnde ist somit stets dreierlei Ansprüchen ausgesetzt: den eigenen, den gesellschaftlichen und den kulturellen.

Für den subjektorientiert-interpretativen Forschungsansatz lassen sich die Überlegungen des Frankfurter Sozialphilosophen Jürgen Habermas (*1929) heranziehen[2]. Habermas unterscheidet drei Handlungstypen: teleologisch-zielgerichtetes, normreguliertes und dramaturgisch-selbstdarstellendes Handeln (Habermas: Theorie I 126ff.). Teleologisches Handeln hebt darauf ab, ein bestimmtes Handlungsziel möglichst effektiv zu erreichen. Mit normreguliertem Handeln wird die Ausrichtung an bestimmten Vorgaben von außen gefaßt und dramaturgisches Handeln dient der Darstellung der eigenen Person. Diesen drei Handlungstypen ordnet Habermas je einen Geltungsanspruch zu: dem teleologischen Handeln den Wahrheitsanspruch, dem normregulierten Handeln den Richtigkeitsanspruch und dem dramaturgischen Handeln den Wahrhaftigkeitsanspruch. Alle drei Geltungsansprüche sind rational, weil sie kritisierbar und argumentativ begründbar sind (ebd. 27.35).

Diesen drei Typen stellt Habermas nun das kommunikative Handeln gegenüber (ebd. 128). Dieses ist von vorneherein interaktionistisch-dialogisch angelegt und integriert Anteile der drei vorgestellten Handlungstypen. Kommunikativ handeln heißt, einen anderen anzusprechen, mit dem Ziel verstanden zu werden (teleogisch). Um dieses Ziel zu erreichen, bedarf es der Beachtung von Kommunikationsregeln (normreguliert). Gleichzeitig offenbart das Handlungssubjekt in der Kommunikation etwas über sich selbst (dramaturgisch). Das kommunikative Handeln ist zudem grundsätzlich egalitär, weil der jeweilige Gesprächspartner als gleichwertig anerkannt wird. Tritt man nämlich in eine Kommunikation ein, so impliziert das die Anerkennung von Argumentationsregeln, ohne die jede Kommunikation sinnlos wäre (ebd. 148). Zu diesen Regeln gehört die Akzeptanz des Gegenüber als gleichrangig, die sich im Anspruch der Verständlichkeit ausdrückt. Mit diesem Anspruch werden gleichzeitig auch die bereits ge-

2 Habermas' »Theorie des Kommunikativen Handelns« ist keine explizit handlungstheoretische Untersuchung, sondern vielmehr der Versuch einer rationalen Begründung einer Gesellschaftstheorie. Dennoch sind in diesem umfangreichen Werk wichtige Gedanken zum Handeln überhaupt enthalten.

nannten Geltungsansprüche erhoben. Denn eine Äußerung ist nur dann verständlich, wenn der Sprecher vom Wahrheitsgehalt und der Richtigkeit des Gesagten überzeugt ist und er diese Einstellung auch wahrhaftig vermitteln kann (ebd. 128).

Soziologie des Handelns
- Handlungssysteme: Zusammenhang von Verhaltenssystem, Persönlichkeit, sozialem und kulturellem System
- Handlungstypen: teleologisch, normreguliert, dramaturgisch und kommunikativ

---

1.4 Ethik als Handlungswissenschaft

Aus den vorgestellten handlungstheoretischen Einsichten lassen sich für eine Bestimmung der Ethik als Handlungswissenschaft folgende Aspekte festhalten:

- Die anthropologische Konstante des Handeln-Müssens ist im Zusammenhang mit anderen Konstanten des Menschen zu sehen. Der Mensch ist ein Wesen, das immer auf der Grundlage seiner Bedürfnisse in gesellschaftlichen Zusammenhängen und in einer bestimmten geschichtlichen Situation handelt. Es liegt auf der Hand, daß hierbei unterschiedliche Ansprüche in Einklang gebracht werden müssen. Unter diesem Gesichtspunkt ist auch die Sittlichkeit als anthropologische Grundkonstante zu betrachten (Riedel: Handlungstheorie 140-141).
- Von den psychologischen Befunden her erhebt sich aus ethischer Sicht die Frage, nach welchen Kriterien ein Individuum seine Handlungsziele auswählt, ihre Wertigkeit bestimmt und die Handlung reguliert. Die ethische Reflexion prüft, ob das Handlungssubjekt eigenen Überzeugungen oder gesellschaftlichen Vorgaben folgt und sich an rationalen Gründen oder allein an Autoritäten orientiert.
- Die soziologischen Handlungstheorien machen darauf aufmerksam, daß Menschen in den Kontexten ihres Handelns mit unterschiedlichen Ansprüchen konfrontiert sind, seien es äußere Geltungsansprüche, innere Bedürfnisdispositionen, soziale Rollenerwartungen oder kulturelle Muster. Mit diesen Ansprüchen ist das Feld der Moral betreten.

2 Handlungstheoretische Erkenntnisse in theologischer Perpektive

Die Reflexion des Handelns aus dem Blickwinkel unterschiedlicher Disziplinen wirft unweigerlich Fragen auf, die eine ethische Dimension haben. Offen bleibt allerdings, welche theologisch-ethische Relevanz ihnen zukommt.

2.1 Die transzendentale Dimension des Handelns

Eine theologische Interpretation des Handelns ist ein möglicher und wichtiger Bestandteil jeder handlungstheoretischen Reflexion, da dem Handeln eine transzendentale Dimension innewohnt. »Neben dem Selbst- und Sozialbezug wird jede Handlung auch durch einen geistigen Bezug geprägt, der erst die Integration des Handelnden in die Außenbezüge des Wirklichen abrundet« (Maurer: Homo 358). Auch aus psychologischer Sicht ist auf den symbolischen Gehalt einer Handlung hinzuweisen. Dieser läßt sich symbolisch-funktional, das Handlungsziel betreffend, symbolisch-situativ, die Handlungssituation betreffend und symbolisch-analog ausdifferenzieren (Boesch: Psychopathologie 41-46; ders.: Kultur 216-233). Die analoge Symbolik läßt sich nicht aus der faktischen Handlung selbst erheben, sondern weist auf den übergreifenden Sinnzusammenhang hin, in dem die Handlung steht (Maurer: Homo 363f.). Solche Symbole können sprachlich repräsentiert (bspw. Glaubensbekenntnisse), zeichenhaft (bspw. liturgische Gesten) oder gegenständlich (bspw. Ikonen) sein. In ihnen wird eine letzte Sinngegenwart vorausgesetzt (Maurer: Homo 377), die anthropologisch als transzendentale Verwiesenheit (Scheler: Stellung 56) und soziologisch als Sinnbedürfnis (Luhmann: Sinn 28) interpretiert werden kann.

> **Transzendentalität des Handelns**
> * Symbolischer Gehalt der Handlung
> * Einordnung der Handlung in einen übergreifenden Sinnzusammenhang
> * Transzendentale Verwiesenheit und Sinnbedürfnis

2.2 Die theologische Interpretation des Handelns

In christlicher Perspektive markiert der Glaube an den Gott Jesu Christi den Sinnzusammenhang und damit die transzendentale

Dimension des Handelns. Eine theologische Interpretation des Handelns kann aber nicht in die gewonnenen Einsichten anderer Handlungswissenschaften übergehen, sondern muß sie in ihr Verständnis des Handelns integrieren, da auch sie ihren Blick auf den Menschen in seinen alltäglichen Handlungs-, Lebens- und Glaubensvollzügen richtet. Im folgenden wird diese geforderte Integration von handlungstheoretischen Erkenntnissen und theologischem Wissen geleistet.

- Die anthropologische Konstante des Handeln-Müssens findet ihr theologisches Korrelat in dem Handlungsauftrag an den Menschen, wie er sich in den biblischen Schöpfungsberichten findet (Gen 1,1-2,25). Sie bezeugen und bekennen, daß der Mensch sich selbst und damit seine Handlungsfähigkeit Gott verdankt, und daß er diese verantwortlich einzulösen hat.

- Die Bedeutung des Handeln-Könnens wird ebenfalls theologisch-biblisch eingeholt. Die neutestamentlichen Texte bezeugen, daß der liebende Zuspruch Gottes an den Menschen allen sittlichen Imperativen vorangeht. Der Mensch muß also nicht sittlich handeln, damit er das Heil erlangt, sondern er ist fähig sittlich zu handeln, weil ihm das Heil schon zugesagt ist. Christliche Ethik läßt sich von daher als Könnensethik verstehen, der es wesentlich um die Handlungsermöglichung geht.

- Die Handlungssituation erfährt eine theologische Zuspitzung, da ihre zentralen Koordinaten Zeit und Raum neu interpretiert werden. So gewinnt der Handlungsraum als Schöpfung Gottes eine eigene Würdehaftigkeit. Zudem ist theologisch interpretiert die Zeit bereits vollendet durch die Offenbarung Gottes in Jesus Christus (Mk 1,15). Gleichzeitig ist menschliche Zeit und damit menschliches Handeln offen und auf diese Vollendung angewiesen. Der Grundmodus christlichen Handelns ist von daher immer die Hoffnung auf die Vollendung in der Gewißheit, daß diese Vollendung der Welt bereits begonnen hat.

- Das angekündigte Reich Gottes motiviert als Zielperspektive christlichen Glaubens zum Handeln. So führten beispielsweise die Unrechtserfahrungen in den Ländern Lateinamerikas, Afrikas und Asiens zu der befreiungstheologischen Überzeugung, daß es einer erlösend-befreienden geschichtlichen Praxis bedarf, um der heilsgeschichtlichen Perspektive gerecht zu werden (Lob-Hüdepohl: Glauben 137).

3 Theologische Ethik als Handlungswissenschaft

Die Theologische Ethik bringt in die ethische Reflexion den Anspruch und die Erfahrungen des christlichen Glaubens ein. Sie setzt damit voraus, daß dem im Glauben Erkannten eine wichtige Bedeutung für das menschliche Handeln zukommt. Theologische Ethik verknüpft also Glaube und Handeln und somit auch theologische Reflexion und handlungswissenschaftliche Erkenntnisse. In dieser Art und Weise als theologische Handlungswissenschaft gekennzeichnet, weist sie darauf hin, daß die religiöse Deutung der Menschen und der Welt einen starken Impuls zum guten und richtigen Handeln enthält. Zudem entschlüsselt Theologische Ethik die Bedeutung der Rede von Gott und des Glaubens für die Handlungsorientierung und macht ihren handlungskritischen Impuls deutlich (Lob-Hüdepohl: Glauben 125f.). Zwar suggeriert der Begriff ›Theologische Ethik‹, daß Ethik durch einen Zusatz theologisch wird, dennoch muß darauf bestanden werden, daß die »Deutung der Welt aus der Perspektive des christlichen Glaubens unmittelbar den Impuls zum richtigen und guten Leben in sich enthält. (...) Die Ethik wird also nicht durch einen Zusatz theologisch, sondern die Theologie ist ethisch; eine andere Theologie gibt es nicht« (Maurer: Homo 32).

3.1 Das Proprium der Theologischen Ethik

Vor diesem Hintergrund einer Bestimmung der Theologischen Ethik drängt sich die Frage auf, worin das Besondere, das Proprium liegt, das die theologische Interpretation in den ethischen Diskurs um das Handeln des Menschen einbringt. Das Entscheidende christlichen Glaubens ist das Bekenntnis und die Überzeugung, daß Gottes Heilszusage allen Menschen gilt und somit das gute und richtige Handeln trägt und ermöglicht. Das zugesagte Heil Gottes, seine erlösend-befreiende Zuwendung zu den Menschen manifestiert sich in seinem heilenden Handeln, das die biblischen Texte erinnernd vergegenwärtigen.

Allerdings lassen sich daraus keine einheitliche biblische Ethik oder gar immer geltende Handlungsanweisungen ableiten. Die biblischen Texte bieten vielmehr eine Vielfalt an Ethosformen und Handlungsorientierungen, an Geboten und Weisungen sowie an Modellen sittlichen Handelns, die auf je eigene Art die Frage nach dem guten und richtigen Handeln angesichts bestimmter Situationen beantworten (Schwienhorst-Schönberger: Ethik, Söding: Ethik). Das Proprium christlicher Ethik ist somit nicht durch das Befolgen biblischer Handlungsanweisungen oder Normen gekennzeichnet, sondern durch die Entscheidung zur Person Jesu Christi und dem damit einhergehenden Verständnis vom Menschen und einem spezifischen Sinnhorizont. Diese beiden Momente unterscheiden die Theologische Ethik von anderen Ethiken.

Entscheidend für das jesuanische und damit christliche Menschenverständnis ist der Glaube, daß die Menschen von Gott geschaffen und geliebt werden und von ihm in die Verantwortung für ihr Handeln gerufen werden. Damit werden zwei wesentliche Charakteristika des Menschen formuliert: Gleichwertigkeit und Einmaligkeit. Jeder Mensch ist für sich besonders und unersetzbar, aber nicht vor den anderen hervorgehoben. Handlungsoptionen, die aus diesem Menschenverständnis und dem zugesagten Heil erwachsen, sind die Solidarität des Menschen mit dem Menschen, die Zuwendung zu den Unterdrückten und Schwachen, die Wahrung der Menschenwürde, der Einsatz für Gerechtigkeit, der Schutz alles Lebendigen und der kritische Widerstand gegen jede ideologische Vereinnahmung des Menschen.

Der Grundtenor dieser Handlungsoptionen wird durch das Gebot der Gottes-, Selbst- und Nächstenliebe formuliert. Es zielt nicht auf die Bevormundung des Menschen, sondern intendiert, das Menschliche möglich zu machen. Die Theologische Ethik bindet diese Deutung des Menschen in eine Gesamtsicht von Mensch, Welt und Gott ein. Die Welt ist von Gott gewollt und mit Sinn erfüllt. Der Mensch wiederum ist in diese Welt verwiesen, sie ist das Gestaltungsfeld seines Lebens und er ist für ihr humanes Gesicht verantwortlich.

Das Proprium Theologischer Ethik
Entscheidung zur Person Jesu Christi als Entscheidung zu
- einem bestimmten Verständnis vom Menschen (Gleichwertigkeit, Einmaligkeit),
- einem bestimmten Sinnhorizont (Gott ruft als Schöpfer den Menschen in die Verantwortung für die Welt).

3.2 Theologische Ethik als Könnensethik

Im Proprium geben sich vier zentrale Aspekte für das Zuordnungsverhältnis von Handeln und Glauben zu erkennen, die für jede Theologische Ethik charakteristisch sind.

- Die Theologische Ethik findet im Glauben ein Sinnziel, auf das hin einzelne Handlungsziele ausgelegt werden können. Gott ist der Garant dafür, daß das individuelle Leben und das Menschsein überhaupt sinnvoll sind. Der Glaube gibt somit der moralisch und sittlich relevanten Praxis eine Perspektive, die sich der Verfügbarkeit des Menschen entzieht und Sinn macht (Anzenbacher: Ethik 90-92).
- Die Theologische Ethik weiß, daß sich durch den christlichen Glauben der Entdeckungszusammenhang des sittlichen Handelns verändert. Denn er sensibilisiert Menschen für das sittlich Richtige, macht sie auf die Bedürfnisse der Randgestalten der Gesellschaft aufmerksam, auf Unterdrückung und Diskriminierung sowie auf falsche Entwicklungen und problematische Entscheidungen. Indem christlicher Glaube so den Blick umfassend auf Menschen, Situationen und Entscheidungen lenkt, motiviert er von der Praxis aus zur ethischen Reflexion. Gleichzeitig motiviert er dazu, Einsichten und Erkenntnisse in die Praxis umzusetzen und ein individuelles Ethos zu entwickeln.
- Die Theologische Ethik weiß darum, daß die Glaubensaussage »Gott will das Heil der Menschen« eine Leerformel bleibt, wenn sie nicht als »existentiell bewegende Wahrheit« (Mieth: Welterfahrung 217) vom Menschen erfahren wird. Sie betont deshalb, daß das heilende Handeln Gottes am Menschen diesen in die Verantwortung ruft und ihn auffordert, das Wohl aller Menschen zu fördern. Wird diese Verantwortung gelebt, läßt sich »Christ-sein« als authentisches ethisches Modell anbieten und glaubhaft machen.
- Die Theologische Ethik betont die Möglichkeit, aus dem christlichen Glauben heraus die Kluft zwischen dem, was Menschen als richtig und gut erkennen und dem, was sie tun, auszuhalten und immer wieder neu zu überwinden. Jeder Mensch macht die Erfahrung, daß individuelle Umstände und gesellschaftliche Strukturen das richtige und gute Handeln verhindern. Diese Erfahrung, die sowohl Paulus (Röm 7,15) wie Immanuel Kant (KpV A 205) in ihrer je eigenen Sprache faßten, zeigt: Nicht

Moralität allein macht ›gut‹ und sichert das gute und richtige Handeln. Ganz im Gegenteil: Immer wieder stoßen Menschen an ihre Grenzen, scheitern, versagen, und handeln nicht gemäß dem von ihnen als gut erkannten. Diesem Scheitern stellt christlicher Glaube das Hoffnungsbild der ›erlösten Freiheit‹ zur Seite: die Annahme des ganzen Menschen durch Gott. Dadurch wird das Mißlingen menschlicher Praxis nicht ausgeblendet, sondern ernst genommen und in einen möglichen Neuanfang integriert.

Hier zeichnet sich ein entscheidender Grundzug Theologischer Ethik ab: Sie räumt dem Könnensaspekt des Handelns den Vorrang vor dem Sollensanspruch ein. Von daher versteht sich Theologische Ethik in erster Linie als eine Wissenschaft, der es darum geht, sittliche Entscheidungen zu ermöglichen und zu fördern, aber auch das daraus folgende Handeln zu realisieren. Ihr geht es somit um eine Reflexion, die zum Handeln anstiftet. Theologische Ethik betont das Handeln-Können des Menschen auch gerade deshalb, weil sie aus der Geschichte des Christentums weiß, daß Appelle und Befehle noch lange kein gutes und richtiges Handeln auslösen. So ist beispielsweise der bloße Appell »Sei ehrlich« häufig wirkungslos. Denn um ehrlich sein zu können, muß der Handelnde die Gründe kennen, warum er ehrlich sein soll, die Situation wahrnehmen, in der Ehrlichkeit gefragt ist und seinen eigenen Möglichkeiten entsprechend überprüfen, wie er ehrlich sein kann. Theologische Ethik als Könnensethik nimmt also das in den Blick, was Menschen zu leisten imstande sind, stärkt den Weg ethischen Nachdenkens und motiviert zum sittlichen Handeln aus der Perspektive des Glaubens heraus.

ZUSAMMENFASSUNG

(1) Handeln ist anthropologisch grundgelegt. Von seiner naturalen Ausstattung her muß und kann der Mensch der Welt handelnd begegnen.

(2) Individuelle Bedingungen und gesellschaftliche Kontexte formen und bestimmen das Handlungssubjekt in all seinen Lebenszusammenhängen.

(3) Die Reflexion auf das menschliche Handeln wirft die Frage nach seiner Sittlichkeit auf. Die ethische Fragestellung ist also nicht

künstlich, sondern anthropologisch, personal und sozial grundgelegt.

(4) Jeder Handlung wohnt eine transzendente, sinnorientierte Dimension inne. Von daher stellt sich die Frage nach dem Verhältnis von Handeln und Glauben.

(5) Theologische Ethik reflektiert auf das Handeln unter dem Anspruch des Glaubens. Dieser konstituiert sich nicht durch spezifische normative Vorgaben, sondern durch die Entscheidung zur Person Jesu Christi.

(6) Von dort aus unterscheidet sich die Theologische Ethik von anderen Ethiken durch ihre Auslegung des Menschseins (Anthropologie) und stellt das Handeln und Leben von Menschen in eine Gesamtsicht von Gott, Welt und Mensch (Sinnhorizont).

(7) Theologische Ethik versteht sich als Könnensethik. Sie nimmt das reale Handeln des Menschen und seine Möglichkeiten in den Blick und versucht sittliches Handeln zu begründen, zu motivieren und zu ermöglichen.

TEXTARBEIT

Philosophischer Text

Einführung Der Philosoph Karl Marx (1818-1883) begründete den historischen Materialismus als philosophisches System. Weltgeschichtliche Bedeutung haben seine Überlegungen dadurch erlangt, daß sie die Grundlage der kommunistischen Ideologie und damit auch der totalitären Regimes in Osteuropa und Ostasien wurden. Basis seines Konzeptes ist die radikale Zuwendung zur Diesseitigkeit, zum sinnlich Wahrnehmbaren und Greifbaren sowie die Ablehnung abstrakter Ideen.

Arbeitstext *Das Fundament der irreligiösen Kritik ist: Der Mensch macht die Religion, die Religion macht nicht den Menschen. Und zwar ist die Religion das Selbstbewußtsein und das Selbstgefühl des Menschen, der sich selbst entweder noch nicht erworben oder schon wieder verloren hat. Aber der Mensch, das ist kein abstraktes, außer der Welt hockendes Wesen. Der Mensch, das ist die Welt des Menschen, Staat,*

Sozietät. Dieser Staat, diese Sozietät produzieren die Religion, ein verkehrtes Weltbewußtsein, weil sie eine verkehrte Welt sind. Die Religion ist die allgemeine Theorie dieser Welt, ihr enzyklopädisches Kompendium, ihre Logik in populärer Form, ihr spiritualistischer Point-d'honneur, ihr Enthusiasmus, ihre moralische Sanktion, ihre feierliche Ergänzung, ihr allgemeiner Trost- und Rechtfertigungsgrund. Sie ist die phantastische Verwirklichung des menschlichen Wesens, weil das menschliche Wesen keine wahre Wirklichkeit besitzt. Der Kampf gegen die Religion ist also mittelbar der Kampf gegen jene Welt, deren geistiges Aroma die Religion ist.

Das religiöse Elend ist in einem der Ausdruck des wirklichen Elends und in einem die Protestaktion gegen das wirkliche Elend. Die Religion ist der Seufzer der bedrängten Kreatur, das Gemüt einer herzlosen Welt, wie sie der Geist zeitloser Zustände ist. Sie ist das Opium des Volkes.

Die Aufhebung der Religion als des illusorischen Glücks des Volkes ist die Forderung seines wirklichen Glücks. Die Forderung, die Illusionen über seinen Zustand aufzugeben, ist die Forderung, einen Zustand aufzugeben, der der Illusionen bedarf. Die Kritik der Religion ist also im Keim die Kritik des Jammertals, dessen Heiligenschein die Religion ist.

Quelle Karl Marx: Kritik der Hegelschen Rechtsphilosophie, in: Karl Marx/ Friedrich Engels: Werke 1, Berlin 1961, 378-379.

Leitfragen Welchen Beitrag leistet der Glaube in der marxschen Perspektive für das Handeln? Welche Funktionen schreibt Marx der Religion zu? Welchen Grundvorwurf erhebt Marx gegenüber Religion? Was kann aus der Perspektive christlichen Glaubensverständnisses zu einer Entkräftung dieses Vorwurfs beitragen?

Philosophischer Text

Einführung In ihrer »Einführung in die Ethik« berührt die Philosophieprofessorin Annemarie Pieper (*1941) alle für eine Philosophische Ethik relevanten Themengebiete und Sachfragen. Auch das Verhältnis von Ethik und Theologie wird von ihr bestimmt.

Arbeitstext *Die Theologie, insbesondere die katholische Moraltheologie, vertritt eine theonome Ethik (von griech. theos – Gott, nomos – Gesetz), d.h. sie führt alle verbindlichen Handlungsnormen letztlich auf den Willen Gottes zurück. (...) Auch der Moraltheologie geht es um die Be-*

gründung von Formen gelungenen Menschseins. Anders jedoch als die Ethik macht eine Glaubensethik nicht die praktische menschliche Vernunft, sondern das christliche Selbstverständnis zum Fundament der Moralität. Der Anspruch der Theologie, moralisches Handeln religiös zu begründen, macht somit eine ethische Begründung solchen Handelns nicht überflüssig, sondern fordert sie geradezu, da moralisches Handeln prinzipiell jedem Menschen abverlangt wird, ganz gleich ob er Christ, Mohammedaner oder Atheist ist. Daher muß die Verbindlichkeit moralischen Handelns grundsätzlich jedem Menschen ohne Rückgriff auf Religion einsichtig gemacht werden können – wobei jedoch unbestritten ist, daß diese Einsicht durchaus religiös vertieft werden kann.

Ethik und Theologie sind somit durch ihr Interesse an einer normativen Begründung moralischen Handelns miteinander verbunden; im Unterschied zur Theologie bezieht sich die Ethik jedoch nicht auf einen göttlichen Willen als den Urheber aller moralischen Normen, sondern auf den vernünftigen Willen des Menschen, der sich in autonomer Selbstverfügung im Verbund mit anderen Menschen frei dazu bestimmt, er selbst zu sein.

Quelle Annemarie Pieper: Einführung in die Ethik, Tübingen [2]1991, 109-111.

Leitfragen Was für einen Unterschied kann die Verfasserin meinen, wenn sie zwischen menschlicher Vernunft und christlichem Selbstverständnis differenziert? Macht diese Unterscheidung einen Sinn? Welche Probleme beinhaltet die Rede von Gott als dem Urheber aller Normen? In welchem Sinn ist es überhaupt verantwortbar, vom christlichen Selbstverständnis als Fundament von Moralität zu sprechen?

Theologischer Text

Einführung Der katholische Moraltheologe Alfons Auer (*1915) ist mit seinen Überlegungen einer der Wegbereiter einer autonomen Moral im christlichen Kontext. Damit wird der menschlichen Vernunft eine zentrale Rolle in ethischen Fragen gerade auch in religiösen Zusammenhängen zugeschrieben

Arbeitstext *Die christliche Botschaft zeigt keine konkreten material-ethischen Weisungen im Hinblick auf das menschliche Weltverhalten;*

deren Findung ist Sache der gesellschaftlich-geschichtlichen Vernunft des Menschen. Der Christ ist zunächst Mensch wie jeder andere auch; es gibt für ihn kein eigenes ethisches Einmaleins, kein eigenes ethisches Alphabet. Das Menschliche ist menschlich für Heiden wie für Christen. Wohl aber stellt die christliche Botschaft den Glaubenden in einen neuen Sinnhorizont. Mit dem ›neuen Sinnhorizont‹ ist jenes neue Gesamtverständnis gemeint, in dem die durch Jesus Christus gegebene fundamentale Neubesinnung der menschlichen und welthaften Wirklichkeit ausgelegt wird. Dieser christliche Sinnhorizont wirkt sich nun in einer doppelten Richtung aus: Für das konkrete sittliche Handeln ergeben sich aus dem Evangelium spezifische Grundhaltungen und Motivationen (Glaube, Hoffnung, Liebe, Dankbarkeit, Wachsamkeit u. a.), für den Prozeß der sittlichen Normfindung erbringt es einen integrierenden, kritisierenden und stimulierenden Effekt, d. h., die christliche Botschaft ordnet alle Bemühungen um besseres Menschsein auf das im Glauben einsichtige letzte Ziel hin, sie deckt die Irrwege dieser Bemühungen auf und drängt über das in den Normen artikulierte ethische Minimum und überhaupt über jede Stufe sittlichen Wachstums zu noch besseren und schließlich zu hochethischen Gestaltungen des Menschseins voran.

Quelle Alfons Auer: Autonome Moral und christlicher Glaube, Düsseldorf ²1984, 212-213.

Leitfragen Worin besteht für Auer das, was allen Menschen im Hinblick auf die Suche nach dem angemessenen sittlichen Handeln gemeinsam ist? Welchen Beitrag kann die christliche Botschaft für das persönliche Handeln und für den Prozeß der sittlichen Normfindung leisten? Präzisieren Sie den Beitrag für das persönliche Handeln.

Literarischer Text

Einführung Der russische Schriftsteller Lev N. Tolstoj (1828-1910) hat sich in seinem Werk immer wieder mit der Frage nach der Umsetzung von Glaubensüberzeugungen im alltäglichen Handeln beschäftigt. Er verfaßte unter anderem mehrere theologische Traktate, in denen er seine Interpretation des Neuen Testaments, insbesondere der Bergpredigt, niederschrieb (z.B. »Worin besteht mein Glaube«, »Das Reich Gottes ist inwendig in uns«). Seine

Aufforderung zu absoluter Gewaltfreiheit enfaltet sich wirkungs-geschichtlich in Mahatma Gandhis Praxis des gewaltfreien Widerstands.

Arbeitstext *Weshalb thun denn die Menschen nicht das, was Christus ihnen gesagt hat und was ihnen das höchste dem Menschen erreichbare Glück verleiht, das Glück, das sie ewig erwünscht und stets wünschen? Und von allen Seiten vernehme ich, in verschiedenen Worten, ein und dieselbe Antwort: Christi Lehre ist sehr schön und es ist wahr, dass bei Erfüllung derselben das Reich Gottes auf Erden hergestellt würde; sie ist aber schwierig und deshalb unausführbar. Christi Lehre davon wie die Menschen leben sollen, ist göttlich schön und bringt dem Menschen Heil; dem Menschen ist sie aber schwer zu befolgen. Wir sagen dies und hören es so oft aussprechen, dass uns der Widerspruch, der in diesen Worten liegt, gar nicht auffällt (...).*

Unsere Lebensweise hat sich bis zu solch einem Grade von der Lehre Christi entfernt, dass gerade diese Entfernung jetzt das Haupthinderniss für ein richtiges Verständnis derselben wird. Wir haben so wenig darauf geachtet, und haben derart vergessen, was er über unser Leben gesagt hat: darüber, dass wir nicht nur nicht tödten, sondern selbst andern Menschen nicht zürnen dürfen, dass wir uns nicht vertheidigen sollen, sondern den andern Backen hinhalten müssen, dass es uns, die wir gewohnt sind, Leute, die ihr Leben dem Todtschlage geweiht haben, ein christlich Kriegsheer zu nennen, die wir gewohnt sind, die an Christus gerichteten Gebete um Besiegung des Feindes anzuhören, unsern Ruhm und unsern Stolz im Todtschlage zu suchen und den Degen, dies Symbol des Todtschlags, zu einer gewissen Art Heiligthum zu erheben, sodass ein Mensch ohne dies Symbol, ohne Messer, ein beschimpfter Mensch ist, – dass es uns jetzt erscheint, Christus habe den Krieg nicht verboten; wenn er ihn verboten hätte, würde er es deutlicher ausgesprochen haben.

Wir vergessen, dass Christus sich gar nicht vorstellen konnte, dass Menschen, die an seine Lehre der Demuth, der Liebe und der allgemeinen Brüderschaft glaubten, ruhig und bewusst das Tödten ihrer Brüder veranstalten könnten.

Christus konnte sich das nicht vorstellen und deshalb konnte er dem Christen den Krieg nicht verbieten, gleichwie ein Vater, der seinen Sohn belehrt wie er redlich leben soll, wie er niemanden Böses zufügen soll, zu ihm nicht das Verbot aussprechen kann den Leuten auf der Landstrasse die Kehle abzuschneiden.

Quelle Lev N. Tolstoj: Worin besteht mein Glaube, Leipzig 1885, 124-125.114-115.

Leitfragen Wie sieht Tolstoj das Verhältnis von Bibel und Alltagspraxis? Was führt Tolstoj als Gründe für die mangelnde Umsetzung biblischer Vorgaben im alltäglichen Leben an? Wie bewerten sie diese Gründe? Wie interpretiert Tolstoj die Bibel und welche Auswirkungen hat das für die ethische Reflexion?

Praktisches Beispiel. Umweltethik

Einführung Auf der Weltentwicklungskonferenz von Rio de Janeiro 1992 wurde mit der Agenda 21 ein Dokument verabschiedet, in dem der Schutz der Umwelt und eine nachhaltige Entwicklung als wichtige, globale Aufgaben für das kommende Jahrhundert festgeschrieben wurden.

Arbeitstext *Die Menschheit steht an einem entscheidenden Punkt ihrer Geschichte. Wir erleben eine zunehmende Ungleichheit zwischen Völkern und innerhalb von Völkern, eine immer größere Armut, immer mehr Hunger, Krankheit und Analphabetentum sowie eine fortschreitende Schädigung der Ökosysteme, von denen unser Wohlergehen abhängt. Durch eine Vereinigung von Umwelt- und Entwicklungsinteressen und ihre stärkere Beachtung kann es uns jedoch gelingen, die Deckung der Grundbedürfnisse, die Verbesserung des Lebensstandards aller Menschen, einen größeren Schutz und eine bessere Bewirtschaftung der Ökosysteme und eine gesicherte, gedeihlichere Zukunft zu gewährleisten. Das vermag keine Nation allein zu erreichen, während es uns gemeinsam gelingen kann: in einer globalen Partnerschaft, die auf eine nachhaltige Entwicklung ausgerichtet ist.*

Quelle Konferenz der Vereinten Nationen für Umwelt und Entwicklung im Juni 1992 in Rio de Janeiro – Dokumente: Agenda 21 (Präambel).

Leitfragen Inwieweit kann das christliche Menschen- und Weltbild eine solche Debatte befruchten und motivieren? Skizzieren Sie den spezifischen christlichen Beitrag.

III. Kontexte.
Die Lebenszusammenhänge menschlichen Handelns

Menschen agieren in Lebenszusammenhängen, die auch von moralischen Ansprüchen geprägt sind. Aufgrund dieser Tatsache sieht sich die Ethik verpflichtet, vor jeder abstrakten Reflexion auf Gutes und Böses, Richtiges und Falsches, den konkreten Menschen mit seinen sittlichen Einsichten wie auch die Moralansprüche seiner Lebenswelt in den Blick zu nehmen. Die Wahrnehmung individueller Selbstansprüche und sozialer Sollensforderungen läßt zwei Strukturmerkmale des Moralischen in den Vordergrund treten: Sittlichkeit und Moral wandeln sich im Laufe der Biographie von Individuen wie im Laufe der Geschichte von Gesellschaften und sie prägen Menschen und sind vom Menschen geprägt. Erst die Einsicht in die damit verbundenen Problemlagen ermöglicht es der Ethik, in die kritische Reflexion auf individuelle Sittlichkeit und gesellschaftliche Moral einzutreten.

Der dritte Abschnitt richtet sich auf den Menschen als Handlungssubjekt in seinen individuellen und sozialen Bezügen. Der Artikel »Gesellschaftliche Handlungsorientierungen« (94-110) klärt die sozialen Handlungsvorgaben, denen sich der Mensch ausgesetzt sieht und erhebt ihre Herkunft und ihre Geltungsansprüche. Der Artikel »Individuelle Handlungsorientierungen« (111-128) fragt nach der individuellen Verankerung sittlicher Kompetenz. Er erläutert auf dem Hintergrund verschiedener humanwissenschaftlicher Konzepte den Ursprung, die Genese, die Möglichkeiten und die Grenzen der individuellen Sittlichkeit.

Gesellschaftliche Handlungsorientierungen. Zum objektiven Moralbewußtsein

Sigrid Müller

Jeder Mensch wird in seinem Leben fortwährend mit Ansprüchen konfrontiert, die auf sein Handeln Einfluß nehmen wollen. Viele von ihnen werden im Laufe der Erziehung verinnerlicht. Man kann nun diesen Verinnerlichungsprozeß analysieren, wie zum Beispiel in der Psychologie, man kann aber auch die Handlungsanforderungen und Handlungsweisen in ihrer äußerlichen Gestalt als überindividuelles, soziales Phänomen betrachten. Das Handeln in der Gesellschaft wird dadurch zum allgemeinen, wissenschaftlich untersuchbaren Gegenstand der Soziologie, die sich um ein möglichst werturteilsfreies Verständnis des Handelns bemüht. Die Gesellschaftswissenschaft beschränkt sich im Blick auf Handlungsansprüche darauf, die faktische Geltung von Regeln und die ihnen zugrundeliegenden Muster zu erklären (Geltung von Normen). Die Ethik wendet sich dagegen vor allem der Frage zu, welche Regeln gelten sollen (Gültigkeit von Normen). Dazu greift sie unter anderem auf die Einsichten der Soziologie zurück.

Dieses Kapitel ist der Analyse gesellschaftlich geprägter Handlungsregeln gewidmet. Ausgehend von grundsätzlichen Bemerkungen zum Phänomen Gesellschaft und zu gesellschaftlichen Handlungsorientierungen (1) werden die Geltungsgründe der Handlungsansprüche untersucht (2) und verschiedene gesellschaftliche Verpflichtungsformen gegeneinander abgegrenzt (3). Daran schließen sich grundsätzliche Überlegungen zur Leistung und zur Problematik gesellschaftlicher Regeln an (4). Vor diesem Hintergrund wird die Rolle der Theologischen Ethik angesichts gesellschaftlicher Handlungsorientierungen bestimmt (5).

1 Grundlagen gesellschaftlicher Handlungsorientierungen

Gesellschaft ist die Organisationsform des Zusammenlebens von Menschen innerhalb eines bestimmten geographisch-politischen

Bereichs (Hillmann: Wörterbuch 285). Jede Gesellschaft hat Grenzen nach außen, die in der Regel mit den Grenzen einzelner Staaten, also geographisch-politischer Einheiten zusammenfallen. Der politisch-rechtliche Rahmen bestimmt die äußere Form der Gesellschaft, während das Miteinander innerhalb einer Gesellschaft als das »Innenleben« des politischen Gebildes gedeutet werden kann. Staat und Gesellschaft stehen in gegenseitiger Abhängigkeit hinsichtlich ihrer Handlungsorientierungen.

Mit der zunehmenden Größe von Gesellschaften wird allerdings auch die Struktur der Handlungsanweisungen komplexer. Nur ein kleiner Teil der Regeln, die eine Gesellschaft funktionsfähig machen, bestimmt den persönlichen Umgang der Menschen miteinander. Der Großteil der Regeln bewirkt, daß Menschen auch ohne persönliche Bezüge gemeinsam in einer Gesellschaft leben können, indem sich alle gleichermaßen an bestimmte kollektive Normen halten, wie zum Beispiel das Tötungsverbot. Deshalb kann man gesellschaftliche Handlungsmuster unterscheiden in interaktive, die das persönliche Miteinander regeln, und strukturelle, die das unpersönliche Miteinander steuern.

Selbst der Ausdruck von persönlichen Gefühlsbewegungen und sogar die scheinbar individuellen Vorstellungen vom Guten und Schönen unterliegen den gesellschaftlichen Rahmenbedingungen und Normierungen. Wenn beispielsweise die Besucher eines Rockkonzerts Feuerzeuge hochhalten und diese im Rhythmus bewegen, ist das nicht Ausdruck eines spontanen Gemeinschaftsgefühls einzelner Individuen, sondern ein bereits bestehendes Handlungsmuster. Der Soziologe Max Weber (1846-1920) hat dafür den Ausdruck des ›sozialen Handelns‹ geprägt. Soziales Handeln bezeichnet im Gegensatz zum gängigen, alltagssprachlichen Gebrauch nicht ein fürsorglich-mitmenschliches Handeln, sondern vielmehr alle Handlungen, die sich an Menschen oder an von Menschen vermittelten Vorstellungen, also an gesellschaftlich geltenden Handlungsanweisungen, orientieren. Soziales Handeln erstreckt sich deshalb auch auf den Umgang mit Tieren, der pflanzlichen und der unbelebten Natur, mit Gegenständen oder mit dem Transzendenten (Bauer: Entstehung 23).

Die ethische Reflexion richtet sich auf alle die normativen Orientierungen, denen das Handeln unterworfen wird, und die Strukturen, die diese Normen hervorbringen. Diese gesellschaftlichen, das Handeln der Menschen unmittelbar betreffenden Normen nennt man auch soziale Normen, um sie von anderen Normarten abzugrenzen, zum Beispiel den technischen Normen, die unter anderem die Maße von Papier (DIN-Größen) festlegen. Solche sozialen Normen sind die in einer Gesellschaft praktizierten, stabilen Muster menschlicher Beziehungen, die als legitim gelten und deren Nachahmung mittels Sanktionen eingefordert werden kann.

Die Bündelung bestimmter sozialer Normen verbindet sich mit dem Begriff der sozialen Rolle. Unter Rollen versteht man Handlungstypen, die mit bestimmten gesellschaftlichen Funktionen verbunden sind. So wird beispielsweise von einer Mutter oder einem Vater erwartet, daß sie ihre Kinder ernähren, erziehen und gut behandeln. Mütter oder Väter haben eine Rolle; sie sind Erwartungsträger, haben aber auch mit der Rolle verbundene Rechte, wie das Recht, das Kind auf eine weiterführende Schule ihrer Wahl zu schicken oder Kindergeld zu beziehen. In den Augen der Gesellschaft sind gute Väter oder Mütter solche, die den Ansprüchen ihrer Rollen gerecht werden.

Einzelne Rollen und soziale Normen bündeln sich wiederum in Institutionen, die normgebenden und normprägenden Charakter besitzen. In einem weiten Sinne faßt man unter dem Institutionenbegriff kleine Organisationsformen gesellschaftlichen Zusammenlebens, wie etwa die Familie. In einem engeren, auch alltagssprachlich gebräuchlichen Sinn verwendet man den Begriff Institution für große gesellschaftliche Organisationssysteme wie die Kirchen oder die Wirtschaft. Bisweilen wird der Begriff Institution auch deckungsgleich mit sozialen Normen verwendet (Bellebaum: Grundbegriffe 46).

Institution →	Rollen →	Normen
Familie	Vater	z.B. Fürsorge
	Mutter	z.B. Aufmerksamkeit
	Kind	z.B. Gehorsam/Respekt

2 Bedeutung gesellschaftlicher Handlungsansprüche

Warum leben nun Menschen in Institutionen, folgen bestimmten Rollen und werden von sozialen Normen geleitet? Anders gefragt:

Warum sind die meisten Handlungen und Verhaltensweisen von Menschen nicht reine Privatsache? Ein innerer und ein äußerer Grund beantworten diese Fragen. Der äußere Grund: Die Gesellschaft und ihre Ansprüche bilden eine Grundbedingung des Lebens; es gibt kein vorsoziales Ich, keinen Menschen, der nicht durch seine Geburt Mitglied einer Gesellschaft wird oder der ohne sie lebensfähig ist (Bellebaum: Grundbegriffe 57). Der innere Grund: Jeder Mensch formt in Auseinandersetzung mit gesellschaftlichen Normen seine Identität; er braucht diese Auseinandersetzung, um er selbst werden zu können. Diese zwei Aspekte werden im folgenden erläutert.

2.1 Gesellschaft als Grundbedingung menschlichen Lebens und Handelns

Jeder Mensch ist durch seine Geburt auf eine Gesellschaft und ihre Regeln verwiesen und wird von klein an so erzogen, daß er sich darin zurechtfindet und regelgemäß handelt. Die Regelsysteme der Gesellschaft stellen die äußere Bedingung des menschlichen Handelns dar. Als instinktarme und in komplexen Gesellschaften lebende Wesen sind Menschen darauf angewiesen, daß es Übereinkünfte, Aufgabenteilungen, Rollenzuweisungen und Selbstverpflichtungen gibt. Gesellschaftliche Regeln gewinnen somit ihre Kraft durch eine grundlegende Abhängigkeit des Einzelnen von der Gesellschaft. Gleichwohl nehmen sich Menschen immer wieder Freiheiten gegenüber bestehenden Regeln heraus. Deshalb schafft die Gesellschaft Sanktionsmechanismen (Ächtung, Verweis, Rechtsspruch), die sicherstellen, daß Verstöße gegen gesellschaftliche Regeln nicht langfristig die Lebensgrundlage für alle Mitglieder der Gesellschaft zerstören oder verschlechtern.

Äußere Bedingungen gesellschaftlicher Ansprüche
- Regelsystem als Handlungsrahmen
- Wahrung der Lebensgrundlage

2.2 Gesellschaftliche Ansprüche als eine Bedingung menschlicher Identität

Jeder Mensch entwickelt seine Identität in Auseinandersetzung mit bestehenden gesellschaftlichen Ansprüchen, Regeln und

Weltsichten. Identitätsbildung findet somit nicht abseits der Gesellschaft statt, sondern ist deren Einflüssen unterworfen. Der französische Soziologe Émile Durkheim (1858-1917) hat diesen Aspekt des Einflusses gesellschaftlicher Ansprüche besonders hervorgehoben. Diese müssen als verfestigte Strukturen – Durkheim spricht auch von Institutionen (institutions) – verstanden werden, als Strukturen, die einfach da sind, soziale Tatsachen (faits sociaux) darstellen und ein Eigenleben führen (Durkheim: Regeln). Durkheim macht das vor allem an Rollen deutlich, die jeder ungefragt übernimmt. Die Rollenerwartungen, die etwa an das Kind, den Studierenden oder die Chefin gestellt werden, sucht man sich nicht aus, sondern man kann sich ihrer nicht erwehren. In diesem Sinne betont Durkheim, daß »die Mehrzahl unserer Gedanken und Bestrebungen nicht unser eigenes Werk sind, sondern uns von außen zuströmen« (Ebd. 107). Er zeigt, daß gesellschaftlich eingefordertes Verhalten als eine überindividuelle Struktur verstanden werden muß, die über den einzelnen Menschen hinaus besteht und bereits ein Resultat von Handlungen ist (Ebd. 111). Diese überindividuelle Struktur wird vom Handlungssubjekt durch Erziehung sowie durch die zunehmende Einbindung in die Gesellschaft und in die sie tragende Kultur übernommen. Dieser Sozialisierungsprozeß geschieht vor allem durch die selbstverständliche Teilnahme an alltäglichen Handlungen, also mehr durch Nachahmung und Gewohnheit als durch bewußte Aneignung. Schon ein einfacher Gesellschaftsvergleich macht dies deutlich. In einer Gesellschaft, die den Individualismus stärker betont, wie etwa die italienische, hält jeder ein Jackett in der ihm gefallenden Farbe für die angemessene Kleidung bei einem besonderen Empfang. In England dagegen wird die Einheitskleidung des Smokings bei eleganten Anlässen als angemessen empfunden.

Die zunächst unbewußt übernommenen Regeln und Einstellungen formen das eigene Weltbild und die eigene Identität. Deshalb wird überall dort, wo etwa Menschen ins Exil gehen oder im Ausland leben, der Zusammenschluß mit Menschen derselben Herkunft und die Pflege des eigenen Kulturguts mitsamt seinen gesellschaftlichen Besonderheiten wichtig. Die Regeln stellen als Teil eigener Identität die innere Bedingung für das Handeln des Individuums dar.

Innere Bedingungen gesellschaftlicher Ansprüche
- Übernahme und Deutung von Rollenerwartungen
- Identitätsformung in einer überindividuellen Struktur

Freilich wurde gegen Durkheim der Einwand erhoben, daß das Individuum durchaus über Handlungsspielräume verfügt. Denn die Einmaligkeit der Person und ihrer Lebensgeschichte zeigt sich in ihrer Spontaneität und aktiven Rolleninterpretation bis hin zur Distanzierung von Rollenerwartungen. Die Wahrnehmung der Verflechtung von persönlichen und sozialen Anteilen an der Identität ist deshalb wichtig, weil sie eine verkürzte Deutung des Menschen als sozial determiniertes Wesen vermeiden hilft (Hunold: Identitätstheorie). Es ist gerade die bewußte, auf Verständnis und Einsicht beruhende Übernahme von Normen sowie die Gestaltung von Rollen, die Identität ermöglicht (Bellebaum: Grundbegriffe 50) und aus der bloßen Befolgung der gängigen Moral das Ethos eines Handelns aus Überzeugung entstehen läßt (Korff: Institutionentheorie 173-176).

3 Formen gesellschaftlicher Handlungsorientierungen

Die überindividuellen Ansprüche, die das Alltagsleben der Menschen ordnen, lassen sich unter dem Begriff der Sitte fassen. Zwar versteht man unter Fragen der Sitte alltagssprachlich oftmals das von der Gesellschaft sanktionierte Sexualverhalten. Dagegen wird hier Sitte verstanden als »die in einer Gesellschaft oder Teilgesellschaft vorhandenen und angewendeten Regeln des Sozialverhaltens, sofern diese nicht durch Gesetze festgelegt, sondern durch alltägliche Anwendung verankert sind, die sich durch den Verweis auf Traditionen, Kultur, Brauch, moralische und religiöse Vorstellungen rechtfertigen« (Brockhaus-Enzyklopädie 335).

Die Sitte besteht zum großen Teil aus einem Repertoire von konkreten Handlungen, die sich gesellschaftlich durchgesetzt haben, tradiert und eingefordert werden. Entsprechend der Herkunft der Regeln, ihrem Wirkungsfeld, ihrem Geltungsbereich und der Art und Weise, wie ihre Mißachtung sanktioniert wird, kann man verschiedene Formen der Sitte unterscheiden: Brauch (Hartinger: Religion; Moser: Volksbräuche; Hausmanninger:

Brauch), Konvention (Hillmann: Wörterbuch 445), Etikette (Winger: Etikette) und Mode (Hunold: Autoritätsanspruch 129; Simmel: Psychologie).

Form	Definition	Anwendungsfall	Beispiel	Frage
Brauch	Gewohnheit, Tradition; Sanktion unterschiedlich stark	Verhalten bei wiederkehrenden Anlässen	Feuerwerk an Sylvester; Blumen zum Muttertag	Was wird wann gefordert?
Konvention	Übereinkunft, die nicht immer gelten muß; oft stark sanktioniert	Verhalten im Alltag	Anrede mit oder ohne Titel; Kleidung am Arbeitsplatz	Was wird wie eingefordert?
Etikette	Regelung des ›feineren‹ Benehmens; unterschiedlich stark sanktioniert	Verhalten bei gesellschaftlichen Anlässen	Ellbogen nicht auf den Tisch stützen, Abspreizen des kleinen Fingers beim Halten einer Tasse	Was ist wie angemessen?
Mode	Schnellebige, saisonabhängige Zeitsitte, Trend; starke, gruppenspezifische Sanktionierung	Verhalten von Gruppen, aktuelle Trends in allen Feldern der Lebensgestaltung	Hosen mit Schlag; Piercing; aktuelle Musik	Wer muß sich wie verhalten?

Sitte läßt sich zusammenfassend als ›Grammatik des Handelns‹ charakterisieren. Sie ist das Repertoire an Wissen über das erwartete Verhalten in bestimmten Situationen, das Gesamt dessen also, was zum objektiven, außerhalb des Individuums bestehenden Moralbewußtsein gehört. Die Gesellschaft fordert nun die Befolgung dieser kollektiven ›Grammatik des Handelns‹ ein, indem sie dem einzelnen Achtung entzieht oder aus bestimmten gesellschaftlichen Räumen ausschließt (Soll-Erwartungen). Darüber hinaus formuliert die Gesellschaft auch Ansprüche, die nicht befolgt werden müssen (Kann-Erwartungen), deren Einhaltung aber mit Wertschätzung belohnt wird (Hillmann: Wörterbuch 743). Eine starke Soll-Erwartung ist sicherlich das Erscheinen in gepflegter Kleidung bei einem Einstellungsgespräch, eine Kann-Erwartung ist es etwa, seinen Sitzplatz in einem vollen Bus einem älteren Menschen anzubieten.

4 Leistung und Problematik gesellschaftlicher Handlungsorientierungen

Alle gesellschaftlichen Handlungsorientierungen sind durch eine Dialektik von Entlastung und Belastung bestimmt.

• Soziale Normen haben eine Entlastungsfunktion für den einzelnen (Gehlen: Mensch 69-77); dies um so stärker, je komplexer eine Gesellschaft strukturiert ist. Denn alles das, was ›man‹ ganz selbstverständlich tut, muß man nicht selbst regeln. Zudem finden sich in allgemein akzeptierten Handlungsansprüchen viele solcher Verhaltensweisen wieder, die sich in der gemeinsamen Erfahrung der Menschen als sinnvoll für das Miteinander bewährt haben. Kollektive Regelsysteme vereinfachen nicht nur das alltägliche Leben und stellen Richtigkeit und Sinn von Handlungen sicher, sondern schaffen auch einen überschaubaren Handlungsrahmen. Insofern dienen sie der Reduktion gesellschaftlicher Komplexität (Luhmann: Systemtheorien 11). Dadurch wird erst ein Leben ermöglicht, das sich nicht im alltäglichen Handeln erschöpft, sondern Ziele entwickeln und Perspektiven erschließen kann.

• Gesellschaftliche Erwartungen können den Einzelnen belasten. Denn immer wieder werden Menschen durch sie zu etwas gezwungen, das sie mit ihren Überzeugungen nicht vereinbaren können. Gesellschaftliche Regeln erschweren darüber hinaus das Umsetzen eigener Lebensentwürfe. Ein Beispiel dafür sind die Schwierigkeiten, denen unverheiratet zusammenlebende Paare ausgesetzt waren und sind.

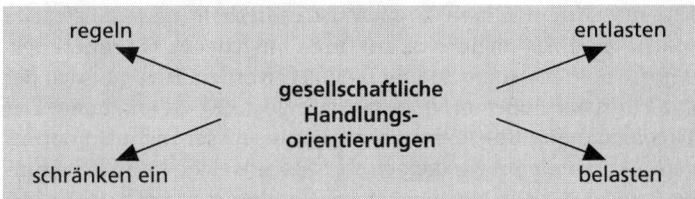

In der Dialektik von entlastender und belastender Wirkung von Normen gibt sich eine Dialektik von sozialer und individueller Handlungsorientierung zu erkennen. Zwar wird die Gesellschaft immer bestimmte Lebensbereiche regeln wollen und müssen, aber wie diese Regeln im einzelnen ausfallen, wird vom Handeln der Menschen beeinflußt. Beispielsweise muß das Problem des Alkohols im Straßenverkehr – aufgrund des Wissens um seine gefährdende Wirkung – geregelt werden. Ein Ausschluß dieser Gefährdung durch eine 0,0%-Grenze stößt allerdings auf starke Widerstände von vielen Menschen. Politisch wird deshalb ein Kompromiß gesucht, der das Risiko des Alkohols durch einen niedrigen Grenzwert minimiert. Die gesellschaftliche Regelung entsteht so in Auseinandersetzung mit sozialen und individuellen Belangen. Gesellschaftliche Ansprüche sind also keine Einbahnstraße.

Das Zusammenspiel von gesellschaftlichem Regelungsbedarf und individuellen Bedürfnissen kann in die Formel ›Verantwortung vor und für Normen‹ gefaßt werden. Man trägt eine Verpflichtung, Normen zu beachten und ebenso, auf ihre Veränderung einzuwirken, wenn sie als falsch erkannt werden.

5 Theologische Ethik angesichts gesellschaftlicher Handlungsorientierungen

Angesichts der Unübersichtlichkeit unserer pluralen Welt können gesellschaftliche Normen immer weniger umfassend orientieren und entlasten. Die Situation, daß man selbstverständlich weiß, was zu tun ist, läßt sich immer seltener antreffen. Eine Vielzahl von Handlungs- und Sinnangeboten konkurrieren miteinander und zwingen den Einzelnen dazu, eine Auswahl zu treffen. Gleichzeitig gewinnen die großen Systeme wie Politik und Wirtschaft eine ungeheure Macht über das Verhalten des Menschen. Um sittlich handeln zu können, ist es deshalb unerläßlich, daß Macht- und Abhängigkeitsstrukturen aufgedeckt, Orientierungsdefizite deutlich gemacht und behoben werden. Hier gibt sich der Ort ethischer Reflexion in seiner Dringlichkeit zu erkennen. Der Theologischen Ethik kommt es angesichts dieser Herausforderungen im besonderen zu, danach zu fragen, welche Sinnvorstellungen und Werte in der jeweiligen Handlungssituation betroffen sind und wie in der Unübersichtlichkeit gesellschaftlicher Ansprüche ein Leben aus der Sinnhaftigkeit des Glaubens möglich ist.

ZUSAMMENFASSUNG

(1) Die Gesellschaft als Organisationsform menschlichen Zusammenlebens bildet soziale Normen, Rollen, Institutionen aus, die Ansprüche an das individuelle Handeln stellen.

(2) Gesellschaftliche Regeln bilden zum einen die Grundbedingungen menschlichen Handelns und bieten zum anderen Raum für
die persönliche Auseinandersetzung und für die Entwicklung
einer eigenen Weltsicht und Identität.

(3) Die in einer Gesellschaft ausgebildeten Anspruchsformen (Sitte,
Brauch, Konvention, Etikette, Mode) haben verschiedene
Geltungsbereiche und gehen mit unterschiedlich starken Sank-
tionen und Sanktionsformen einher.

(4) Regeln und Normen können den Menschen in seinem Handeln
entlasten und belasten. Der Umgang mit diesem Spannungs-
verhältnis kann auf die Formel »Verantwortung vor und für
Normen« gebracht werden.

(5) Die ethische Reflexion hat die Aufgabe, in Distanz zu gesellschaftlichen Orientierungssystemen und Institutionen zu treten,
um verantwortliches sittliches Handeln überhaupt erst zu
ermöglichen.

TEXTARBEIT

Philosophischer Text

Einführung Neben seinem Lehrer Platon ist Aristoteles (384-322)
der einflußreichste Philosoph der Antike. Er hinterließ ein umfassendes Werk, das alle Felder der Philosophie behandelt. In seiner
Lehrschrift zur Politik (Politeia) reflektiert er den Zusammenhang
von Individuum und Gesellschaft.

Arbeitstext *Daß also der Mensch ein staatenbildendes Geschöpf ist, mehr
als die Biene und jedes Herdentier sonst, ist einzusehen. Die Natur
macht ja nach unserer Lehre nichts umsonst. Sprache hat aber von allen Geschöpfen allein der Mensch; die Stimme ist Ausdruck für
Schmerz und Freude und findet sich daher auch bei den andern Geschöpfen, da bis dahin die Natur bei ihnen die Entwicklung getrieben*

hat, daß sie Schmerz und Freude empfinden und sich dies gegenseitig bekunden, aber die Sprache soll das Nützliche und Schädliche ausdrücken, mithin auch Recht und Unrecht. Denn dies hat der Mensch den andern Geschöpfen voraus, daß er allein ein Gefühl für Gut und Böse, Recht und Unrecht und für die andern Werte hat. Und die Gemeinschaft hierin bedingt Hauswesen und Gemeinde. Auch ist von Natur aus die Stadt ranghöher als das Haus und jeder einzelne von uns, da das Ganze von höherem Rang ist als die Glieder. Denn wenn das Ganze zerstört ist, dann gibt es auch keinen Fuß und keine Hand mehr, höchstens dem Namen nach, so wie es auch eine marmorne Hand gibt. Auf solcher Stufe steht auch die Leichenhand. Aber alles ist begrifflich bestimmt durch seine Arbeit und seine Leistung, so daß es nicht mehr dasselbe ist und daher nicht mehr so genannt werden dürfte, wenn es nicht ein bloßes Wort sein soll. Es ist also einzusehen, daß die Stadt naturgewachsen ist und ranghöher als der einzelne Mensch. Wenn er nämlich getrennt von ihr nicht mehr lebensfähig ist, wird er in der Lage der Glieder zum Ganzen sein, und wer keine Gemeinschaft halten kann oder wer nichts braucht, weil er sich selbst genug ist, der ist nicht Glied des Staatswesens, sondern entweder Tier oder Gott. Von Natur aus hat jedenfalls jeder den Trieb zu einer solchen Gemeinschaft, und wer sie zuerst eingerichtet hat, dem verdankt man die größten Güter. Wie nämlich der Mensch in seiner Vollendung das edelste aller Geschöpfe ist, so ist er losgelöst von Sitte und Recht das allerschlechteste.

Quelle Aristoteles: Politik, in: ders.: Die Lehrschriften, hrsg. v. P. Gohlke, Paderborn 1959, 35-36 (1253a).

Leitfragen Was hebt den Menschen über andere Lebewesen heraus? Inwieweit ist er eingebunden in größere Zusammenhänge? Was beschreibt Aristoteles als anthropologisches Grunddatum? Was leistet die Gemeinschaft für den Menschen?

Philosophisch-soziologischer Text

Einführung Émile Durkheim (1860-1917) begründete die Soziologie als eigene Wissenschaft. Er erklärte die in der Gesellschaft herrschenden Strukturen zu ihrem besonderen Gegenstand und verlangte, diese sozialen Tatsachen wie reale Dinge zu behandeln.

Arbeitstext *Wenn ich meine Pflichten als Bruder, Gatte oder Bürger erfülle, oder wenn ich übernommene Verbindlichkeiten einlöse, so ge-*

horche ich damit Pflichten, die außerhalb meiner Person und der Sphäre meines Willens im Recht und in der Sitte begründet sind. Selbst wenn sie mit meinen persönlichen Gefühlen im Einklang stehen und ich ihre Wirklichkeit im Innersten empfinde, so ist dies doch etwas Objektives. Denn nicht ich habe diese Pflichten geschaffen, ich habe sie vielmehr im Wege der Erziehung übernommen. Wie oft kommt es vor, daß über die Einzelheiten der auferlegten Verpflichtungen Unklarheit herrscht und sich, um sie voll zu erfassen, die Notwendigkeit ergibt, das Gesetz und seine berufenen Interpreten zu Rate zu ziehen. Ebenso hat der gläubige Mensch die Bräuche und Glaubenssätze seiner Religion bei seiner Geburt fertig vorgefunden. Daß sie vor ihm da waren, setzt voraus, daß sie außerhalb seiner Person existieren. Das Zeichensystem, dessen ich mich bediene, um meine Gedanken auszudrücken, das Münzsystem, in dem ich meine Schulden zahle, die Kreditpapiere, die ich bei meinen geschäftlichen Beziehungen benütze, die Sitten meines Berufes führen ein von dem Gebrauche, den ich von ihnen mache, unabhängiges Leben. Das eben Gesagte kann für jeden einzelnen Aspekt des gesellschaftlichen Lebens wiederholt werden. Wir finden also besondere Arten des Handelns, Denkens, Fühlens, deren wesentliche Eigentümlichkeit darin besteht, daß sie außerhalb des individuellen Bewußtseins existieren.

Diese Typen des Verhaltens und des Denkens stehen nicht nur außerhalb des Individuums, sie sind auch mit einer gebieterischen Kraft ausgestattet, kraft deren sie sich einem jeden aufdrängen, er mag wollen oder nicht. Freilich, wer sich ihnen willig und gerne fügt, wird ihren zwingenden Charakter wenig oder gar nicht empfinden, da Zwang in diesem Falle überflüssig ist. (...)

Unsere Definition wird also weit genug sein, wenn sie sagt: ein soziologischer Tatbestand ist jede mehr oder minder festgelegte Art des Handelns, die die Fähigkeit besitzt, auf den einzelnen einen Zwang auszuüben; oder auch, die im Bereiche einer gegebenen Gesellschaft allgemein auftritt, wobei sie ein von ihren individuellen Äußerungen unabhängiges Eigenleben besitzt.

Quelle Émile Durkheim: Die Regeln der soziologischen Methode. Soziologische Texte 3, Neuwied – Berlin 1961, 105f.114.

Leitfragen Warum werden in dem Text die Pflichten objektiv genannt? Welche Beispiele für Pflichten gibt es im Text? Welches ist die pflichtengebende Instanz? Welche Eigenschaften hat sie? Welches Fazit kann man für das menschliche Verhalten ziehen?

Theologischer Text

Einführung 1993 wurde von Papst Johannes Paul II. (*1920) der Katechismus der katholischen Kirche (Weltkatechismus) veröffentlicht. Dieser will in seinem dritten Teil Moralvorstellungen für die Glaubensunterweisung verbindlich formulieren. Er wurde von Theologen und Laien sowohl inhaltlich als auch formal kritisiert. Eine Hauptanfrage richtet sich an die Möglichkeit und Angemessenheit, einen Katalog von Glaubensüberzeugungen festzuschreiben, der auf der ganzen Welt ohne Rücksichtnahme auf die jeweiligen kulturellen und religiösen Traditionen vor Ort gelten soll. Die Zahlen in eckigen Klammern geben die Abschnitte im Katechismus an. Die verwendeten Abkürzungen stehen für: LG: Lumen Gentium; GS: Gaudium et spes (Dokumente des II. Vatikanischen Konzils); CA: Centesimus annus; (Päpstliche Enzyklika).

Arbeitstext *[1878] Alle Menschen sind zum gleichen Ziel berufen: zu Gott. Zwischen der Einheit der göttlichen Personen und der brüderlichen Gesinnung, in der die Menschen in Wahrheit und Liebe untereinander leben sollen, besteht eine gewisse Ähnlichkeit. Die Liebe zum Nächsten läßt sich von der Liebe zu Gott nicht trennen.*

[1881] Jede Gemeinschaft ist durch ihr Ziel bestimmt und gehorcht infolgedessen eigenen Regeln, aber »Grund, Träger und Ziel aller gesellschaftlichen Institutionen ist die menschliche Person und muß es sein« (GS 25,1).

[1886] Die Gesellschaft ist notwendig für die Verwirklichung der Berufung des Menschen. Damit dieses Ziel erreicht wird, ist die richtige Ordnung der Werte zu beobachten, welche »die materiellen und triebhaften [Dimensionen] den inneren und geistigen unterordnet« (CA 36).

[1888] Deshalb ist an die geistigen und sittlichen Kräfte des Menschen zu appellieren, und es ist daran zu erinnern, daß sich der Mensch dauernd innerlich erneuern muß, um Gesellschaftsänderungen herbeizuführen, die wirklich im Dienste der Person stehen. Die Bekehrung des Herzens ist an erste Stelle zu setzen. Das enthebt nicht der Pflicht, sondern verstärkt sie vielmehr, Institutionen und Lebensbedingungen, falls sie zur Sünde Anlaß geben, zu verbessern, damit sie den Normen der Gerechtigkeit entsprechen und das Gute fördern, statt es zu behindern (Vgl. LG 36).

Quelle Katechismus der katholischen Kirche, München 1993.
Leitfragen Wie sieht der Katechismus das Verhältnis von Individuum und Gesellschaft? Welcher Maßstab wird an die gesellschaftlichen Institutionen angelegt? Welches Verständnis von Moral wird ausgedrückt? Wie unterscheidet es sich von einem soziologischen Verständnis von Moral, etwa im Vergleich zu Durkheim?

Literarischer Text

Einführung Das Zwiegespräch zwischen dem Vizeersatzhausmeister Salvatore und einem der Bewohner des von ihm betreuten Hauses, Doktor Passalacqua, stammt von dem italienischen Schriftsteller Luciano De Crescenzo (*1929). In seinem Roman »Also sprach Bellavista« geht es um Vor- und Nachteile der nord- und süditalienischen Kultur, die als die Kulturen der Freiheit und der Liebe bezeichnet werden. Die Auseinandersetzung findet anhand von Dialogen und erzählten Beispielen aus dem neapolitanischen Alltag statt.

Arbeitstext *»Professor, ich wollte schon die ganze Zeit etwas fragen: Stimmt das denn wirklich, daß, wenn in London ein armer Teufel zu Boden fällt, weil es ihm schlecht geht, ihm dann niemand hilft?«*
»Ja, das ist tatsächlich wahr, Salvatore. Aber man muß auch verstehen, warum. Ihr müßt einfach einmal kapieren, meine Herren, daß der echte Londoner in einer solchen Lage sich folgendes überlegt: ein Unbekannter liegt vor mir auf dem Gehsteig, vielleicht wurde er von Übelkeit befallen, oder vielleicht will er einfach auf dem Boden schlafen, in beiden Fällen geht mich die Sache nichts an, und daher habe ich weder die Pflicht noch das Recht einzugreifen, sicher hat die Londoner Verwaltung einen für diesen Fall zuständigen Dienst. Daraufhin steigt er über ihn, und der Mann stirbt.«
»Mamma mia, diese Londoner sind doch Schweine!«
»Aber eines ist natürlich ganz klar, der arme Mann wäre auch in Neapel schließlich gestorben, na ja logisch, denn einer hätte erst einmal ›Madonna!‹ geschrien, ›dieser Herr fühlt sich nicht wohl, bringt schnell einen Stuhl, ein Glas Wasser!‹ Und in wenigen Minuten hätte man hundert Stühle und hundert Glas Wasser angebracht, und der arme Mann wäre einfach erstickt, auch wenn er dabei den Trost gehabt hätte, an Liebe zu sterben.«

Quelle Luciano De Crescenzo: Also sprach Bellavista. Neapel, Liebe und Freiheit, Zürich 1986, 70-75.

Leitfragen Von welchen Sitten und Unsitten ist die Rede? Welche Verhaltensunterschiede zwischen Napolitanern und Londonern werden dargestellt? Welche nationalen und kulturellen Grundhaltungen sind als Ursache für die Unterschiede angegeben? Welche Handlungserwartungen bestehen also? Inwiefern tut man das Richtige, wenn man jeweils den gesellschaftlichen Vorgaben folgt? Wie tief verwurzelt sind diese unterschiedlichen Denkweisen?

Praktisches Beispiel. Zivilcourage

Einführung Im Frühjahr 1997 wurde eine junge Frau tagsüber in einer Hamburger S-Bahn vergewaltigt, ohne daß einer der Mitfahrenden eingriff. Der Fall erregte bundesweites Aufsehen. In der Wochenzeitung »DIE ZEIT« begann unter dem Titel »Die Wegschaugesellschaft« eine Debatte. Zwei Positionen werden vorgestellt.

Arbeitstext A *Jede Gesellschaft muß sich im Lauf der Zeit immer wieder darauf verständigen, wie sie und ihre Bürger sich sehen wollen: Egoistisch, solidarisch, mutig – oder verkrochen? Jedenfalls gibt es keinen echten Individualismus ohne Verantwortung für andere – und keine Zivilgesellschaft ohne Zivilcourage. Große Worte? Ihr Wert zeigt sich im kleinen Alltag.*

Zum Beispiel in Hamburg: In der S-Bahn wird ein siebzehnjähriges Mädchen vergewaltigt. Sie schreit nach Hilfe, doch niemand greift ein, niemand holt Beistand. Einige Fahrgäste steigen mit dem weinenden Opfer an der Endstation aus. Der Täter bleibt sitzen und fährt unbehelligt mit demselben Zug zurück in die Innenstadt. Die Siebzehnjährige verkriecht sich zu Hause. Kein Zeuge meldet sich bei der Polizei.

Als der Fall bekannt wird, über einen Monat später, regt sich die Empörung der Zeitgenossen, die bei den Tatgenossen offenbar ausblieb: Wie konnte das passieren? Warum sehen Mitmenschen tatenlos zu? Warum muß der Täter keine Angst davor haben, sein Verbrechen in aller Öffentlichkeit zu begehen? Zugleich aber rasten die Mechanismen der Verharmlosung und des Selbstschutzes ein: Die Mitfahrer hätten die Situation offensichtlich nicht richtig erkannt oder fehlinter-

pretiert, sagt ein Polizeisprecher. Die Geschichte höre sich ungereimt an, denn eigentlich gebe es genug Möglichkeiten, Hilfe zu rufen, ohne selbst involviert zu werden, wiegelt ein Bahnsprecher ab.

Lauter Entlastungsstrategien. Sie sollen die dunkle Furcht vertreiben, daß genau das wahr sein könnte, was die Polizei ermittelte und was das Opfer zu Protokoll gab: daß es vergewaltigt wurde in einem S-Bahn-Wagen der ersten Klasse, wenn schon nicht vor aller Augen, so doch vor aller Ohren. Es habe sich gewehrt, protestiert und um sich getreten, sagt das Mädchen. Doch alle hatten weggehört, weggesehen. Da wurde eine Vergewaltigung, das klassische Wegschau-Verbrechen, zum Symbol für die Maximen einer ichbezogenen Wegschau-Gesellschaft: sich bloß nicht in etwas hineinziehen lassen. Den Blick senken. Das persönliche Risiko vermeiden – und bestünde es nur darin, verspottet zu werden, wenn man tatsächlich eine Situation falsch eingeschätzt, tatsächlich unnötig in einen harmlosen Beziehungsstreit oder eine Rangelei unter Freunden eingegriffen hätte.

Quelle Susanne Gaschke: Und keiner schaut hin! Vergewaltigung in der S-Bahn. Warum hat niemand dem Opfer geholfen? in: DIE ZEIT (18.4.1997) 1.

Arbeitstext B *Die beiden New Yorker Psychologieprofessoren Bibb Latané und John Darley warteten mit folgender zunächst überraschenden Hypothese auf: Wenn mehrere potentielle Helfer da seien, verringere sich das Gefühl der Verantwortlichkeit bei jedem einzelnen. Testreihen bestätigten die Annahme: Einem New Yorker College-Studenten, der einen epileptischen Anfall mimte, halfen beispielsweise 85 Prozent aller Zuschauer, sofern sie allein waren, aber nur 31 Prozent, wenn fünf Menschen dabeistanden. Waren noch mehr Beobachter da, sank die Hilfsbereitschaft auf ein noch beschämenderes Niveau. Die Studien der New Yorker Professoren sind übrigens von dem Politologen Peter Grottian 1993 und 1996 in der Berliner U-Bahn überprüft worden: mit ähnlichen Ergebnissen.*

Als zweiten Grund für die Passivität von Zuschauern nennt der Psychologe Robert B. Caldini Unsicherheit über die Tat: »Hat der Mann, der da auf der Straße liegt, einen Herzanfall, oder ist es bloß ein Betrunkener, der seinen Rausch ausschläft? Handelt es sich bei dem Gepolter und Geschrei nebenan um ein Verbrechen, bei dem man die Polizei einschalten muß, oder um einen heftigen Ehekrach, wo jede Einmischung unangebracht und unerwünscht wäre?« Je unsicherer die Lage, desto unwahrscheinlicher das Eingreifen.

> *Solch diffuse Situationen kommen dem Wunsch entgegen, es möge bit-*
> *te keine Gewalttat sein, die zum Eingreifen zwingt. Und sie verführen*
> *dazu, sich auf andere zu verlassen. Am Ende hilft niemand.*

Quelle Thomas Kleine-Brockhoff: Für's Wegsehen gibt es viele
Gründe. Die Gesellschaft ist nicht so kalt, wie die Tugendwächter
behaupten, in: DIE ZEIT (25.4.1997) 69.

Leitfragen Welche gesellschaftlichen Normen fordert Susanne
Gaschke in ihrem Artikel ein? Welche de-facto-Handlungsorien-
tierungen konstatiert Thomas Kleine-Brockhoff? Was läßt sich
aus diesem Fall über Gültigkeit, Geltung und Grenzen von gesellschaftlichen Handlungsorientierungen ablesen?

Individuelle Handlungsorientierungen. Zum subjektiven Moralbewußtsein

Martina Kreidler-Kos

Von Kindesbeinen an wird der Mensch mit verschiedensten Moralvorstellungen konfrontiert. Dabei zeigt sich, daß er den einen leicht, ja mit Zustimmung folgen kann, die anderen dagegen seinen Widerstand provozieren und daß diese Gewichtungen sich im Laufe seiner Biographie verändern können. Auf dem Hintergrund dieser Erfahrungen drängen sich zwei Fragen auf: Woher bezieht der Mensch sein Wissen, wenn er sagt: »Dies ist gut und richtig«? Und woher nimmt er seine Überzeugung, wenn er sagt: »Dies halte ich für gut und richtig«?

Die Überlegungen zu individuellen Handlungsorientierungen sollen zunächst lebensgeschichtlich verortet werden (1). In einem zweiten Schritt werden ausgewählte humanwissenschaftliche Positionen vorgestellt, die Ursprung und Genese des menschlichen Moralbewußtseins zu erheben suchen (2). Im Anschluß daran wird nach der Bedeutung dieser Forschungen für die Theologische Ethik gefragt. Außerdem soll die Bedeutung der theologisch-ethischen Reflexion für den Umgang mit empirisch gewonnenen Ergebnissen im Bereich der individuellen Handlungsorientierungen herausgestellt werden (3).

1 Handeln zwischen Fremdbestimmung und Selbstbestimmung

Der Begriff Moral enthält umgangssprachlich zwei Komponenten: einen Verhaltensanspruch, der von außen an den Menschen herangetragen wird (Moral), und das Moment der freiwilligen Selbstverpflichtung (Moralität, Sittlichkeit). Doch in welcher Form auch immer Moral Gestalt annimmt, sie steht in einem engen Verhältnis zum jeweiligen Handlungssubjekt. Greifbar wird dieses Verhältnis von Individuum und Moral vor allem dort, wo der Mensch sich Moral zu eigen macht, es also um seine individuellen Handlungsorientierungen geht. Woher aber gewinnt ein Mensch solche persönlichen Orientierungen? Verändert sich ihr Gehalt im Laufe eines Lebens? Können sie in Freiheit gestaltet werden oder erfährt der Mensch sie als unausweichliche Prägungen?

Weil Menschen und ihre jeweiligen Lebensgeschichten verschieden sind, ist auch die Entwicklung hin zu einem selbständigen und subjektiven Moralbewußtsein vielfältig. Dies verdeutlichen die individuellen Antworten auf biographisch orientierte Fragen: Was ist mir als richtiges oder falsches, gutes oder böses beziehungsweise schlechtes Handeln und Verhalten beigebracht worden? Was hat sich an diesen Handlungsorientierungen geändert und warum? Woran richte ich mein Handeln und Verhalten heute aus? Um überhaupt zu seinem Handeln Stellung nehmen zu können, muß der Mensch also zunächst von sich selbst und von den Möglichkeiten, die seine Lebensgeschichte mit sich bringt, Kenntnis nehmen. Diese ist von vielfältigen Faktoren abhängig:

- Der Mensch ist durch biologische Faktoren geprägt. Er wird hilflos geboren, er reift, altert und stirbt. Des weiteren spielt die individuelle körperliche Beschaffenheit, etwa das Geschlecht oder die gesundheitliche Verfassung eine wichtige Rolle. Die Bedingungen des Menschseins an sich sowie der eigene Körper setzen dem Menschen einen Rahmen. Nur innerhalb dieser Gegebenheiten kann gehandelt werden. So stellt sich einer Frau ein Schwangerschaftskonflikt anders dar als einem Mann, weil der Grad der Betroffenheit für die Frau größer ist. Ihr Handeln in einem solchen Konflikt wird sie deshalb anders bedenken müssen als ein Mann das seine.

- Außerdem bestimmen sozial-kulturelle Faktoren das menschliche Handeln. Es spielt eine wesentliche Rolle, in welche Zeit, in welche Kultur und in welchen familiären Zusammenhang ein Mensch geboren wird. So muß eine Ehefrau, die von ihrem Mann mißhandelt wird und in einem Staat lebt, der kein Scheidungsrecht kennt, mit ihrer Situation anders umgehen als eine Frau, der die Möglichkeit einer rechtlichen Trennung offensteht.

- Schließlich prägen individuelle Faktoren den Menschen, wie besondere Widerfahrnisse oder Erfahrungen, die ganz persönlicher Art sind. Hier entscheidet der jeweilige Umgang mit diesen persönlichen Erfahrungen, in welcher Weise sie das eigene Leben beeinflussen. So wirft den einen der Tod eines nahestehenden Angehörigen aus der Bahn, macht ihn menschenscheu oder gar lebensuntauglich, der andere kann mit dem Schmerz besser umgehen oder ihn sogar als Chance begreifen.

Subjektives Moralbewußtsein ist abhängig von:
- biologischen Faktoren (Geschlecht, gesundheitliche Verfassung)
- sozio-kulturellen Faktoren (Ort, Zeit, Kultur)
- individuellen Faktoren (Widerfahrnisse, Erfahrungen)

Moralvorstellungen treffen also immer auf bestimmte Dispositionen, die sich in der Lebenswirklichkeit des Handlungssubjekts widerspiegeln. Die Biographie ist damit zugleich Chance und Grenze allen Handelns.

2 Ursprung und Genese des subjektiven Moralbewußtseins

Humanwissenschaften wie Verhaltensforschung, Psychologie oder Soziologie versuchen auf unterschiedlichste Weise, Bedingungen und Möglichkeiten des subjektiven Moralbewußtseins zu entschlüsseln. Im folgenden werden vier prominente Positionen humanwissenschaftlicher Forschung vorgestellt, deren Vertreter jeweils ihr Fachgebiet, nämlich die Verhaltensforschung (Skinner), die Psychoanalyse (Freud) und die Entwicklungspsychologie (Piaget; Kohlberg) nachhaltig beeinflußt haben. Diese Positionen sind insofern von Interesse, als sie empirische Betrachtungen darüber anstellen, wo der Ursprung moralischen Bewußtseins liegt, wie die moralische Genese des Menschen verläuft und warum sich daraus die verschiedensten Verhaltensweisen ergeben. Die Untersuchung des subjektiven Moralbewußtseins umfaßt verschiedene Aspekte: die Frage nach dem Urteil in fiktiver Entscheidungssituation (Wie würde/will ich handeln?), die Frage nach der Motivation (Was bringt mich dazu, so zu handeln?) und nach dem faktischen Handeln. Je nachdem, welcher dieser drei Aspekte in der Forschung betont wird, fallen die Antworten verschieden aus.

2.1 Handeln zwischen Reiz und Reaktion (B. F. Skinner)

Der Verhaltensforscher Burrhus F. Skinner (1904-1990) definierte Psychologie als Wissenschaft vom beobachtbaren Verhalten (Werner/Butollo: Skinner 189). Sein ursprüngliches Arbeitsfeld war die Grundlagenforschung im Bereich des Verhaltens von Tieren, er übertrug seine Ergebnisse aber auch auf den Bereich menschlichen Verhaltens.

Skinner entwickelte eine neue Lerntheorie, die streng genommen keine Theorie ist, sondern lediglich eine deskriptive, beschreibende Analyse (Skinner: Wissenschaft). Dieser Lerntheorie sollten nur exakt gewonnene, nachprüfbare empirische Daten zugrundeliegen. Hierfür unternahm Skinner zahlreiche Tierexperimente. Um individuelle Variationen in seinen Ergebnissen weitestgehend ausschließen zu können, konstruierte er – in der einfachsten Ausführung – eine Kiste (auch »Skinner-Box« genannt), die ein in ihr befindliches Tier von allen Außenreizen abschirmte. Nur mittels eines Spiegels und einer Kamera wurde dieses Tier beobachtet. In solch einer Box saß beispielsweise eine Taube, die Futter erhielt, wenn sie mit ihrem Schnabel auf eine Scheibe pickte. Die Kiste enthielt also zwei Vorrichtungen: Die eine provozierte ein bestimmtes Verhalten beziehungsweise half es zu registrieren (Picken auf die Scheibe), die andere reagierte auf dieses Verhalten mit Strafe oder Belohnung (Futter).

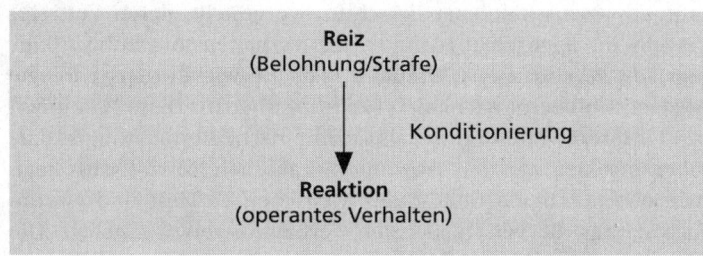

Das Ergebnis von Skinners umfangreichen Untersuchungen kann in dem Prinzip der »operanten Konditionierung« zusammengefaßt werden. Ein spontan auftretendes Verhalten, das zufällig erscheint, weil der Reiz, auf den mit diesem Verhalten reagiert wird, nicht mehr zu rekonstruieren ist (operantes Verhalten), kann verstärkt werden, so daß es eingeübt und beibehalten, also konditioniert wird (operante Konditionierung). Die Verstärkung der Reaktion besteht in Belohnung oder Strafe. So pickte Skinners Taube ein erstes Mal ohne erkennbaren Anlaß auf die Scheibe und bekam daraufhin Futter. Dieses Verhalten wiederholte sie im Laufe der Zeit immer wieder. Dabei ergaben die

Untersuchungen, daß positive Verstärkung (Belohnung) effektiver auf Verhaltensänderung einwirkt als negative (Strafe).

Skinner ging davon aus, daß auch der Mensch dem Prinzip der operanten Konditionierung unterliegt. So lautet seine zentrale These: Alles Verhalten ist umweltbedingt. Soll also Verhalten geändert werden, muß man die dieses Verhalten auslösenden Reize der Umwelt verändern und nicht etwa das Bewußtsein des Menschen. In der Konsequenz heißt das: Wenn es ein moralisches Bewußtsein gibt, ist es über Strafe und Belohnung eingeübt und hat mit Einsicht oder Selbstverpflichtung nichts zu tun. Begriffe wie Freiheit und Würde konnte Skinner deshalb verabschieden, wie schon der programmatische Titel seiner Arbeit »Jenseits von Freiheit und Würde« zu erkennen gibt.

Eine derartige Auffassung kann unterschiedlich interpretiert werden. Im Bereich der Strafjustiz etwa ermöglicht sie einen differenzierten Blick auf den Straftäter, weil die Bedingungen, die zur Tat führten, berücksichtigt werden. Auch in der Pädagogik können diese Ergebnisse produktiv eingesetzt werden. Die Einsicht, daß Lob mehr bewirkt als Strafe, erlaubt humanere Erziehungsmethoden. Im Gegenzug aber weckt eine Theorie, die von der totalen Manipulierbarkeit des Menschen ausgeht, unheilvolle Assoziationen – etwa an einen Staat, wie ihn Aldous Huxley in seinem Roman »Schöne neue Welt« gezeichnet hat. Skinner dagegen meinte, das Prinzip der operanten Konditionierung könnte gerade zum Segen für die Menschheit werden, denn mit Hilfe der Erkenntnisse seiner Verhaltensforschung könnten Menschen dazu veranlaßt werden, sich zum Wohle aller und der ganzen Welt zu verhalten (Werner/Butollo: Skinner 243).

2.2 Moralisches Bewußtsein als Produkt des Über-Ichs (S. Freud)

Während Skinner Verhalten ausschließlich von äußeren Reizen abhängig machte, konzentrierte sich der Begründer der Psychoanalyse Sigmund Freud (1856-1939) gerade auf die inneren Antriebe des Menschen. Da er zwar nicht ein subjektives moralisches Bewußtsein leugnete, aber dessen eigenständige und ernstzunehmende Relevanz in Frage stellte, konzipierte er ein statisches Modell des psychischen Apparats (Freud: Folge).

Der psychische Apparat umfaßt drei Strukturen. Freud nannte diese »Es«, »Ich« und »Über-Ich«. Entwicklungsgeschichtlich stellt das »Es« die älteste seelische Struktur des Menschen dar. Dieses »Es« ist von Geburt an existent und repräsentiert die biologische Vergangenheit. Die menschlichen Triebe sind darin gebündelt, vor allem die Sexual- und Aggressionstriebe stellen seine Energie. Das »Es« ist durch Nichtbewußtsein qualifiziert. Das »Über-Ich« dagegen steht für die kulturelle Vergangenheit des Menschen. In ihm treffen sich die Werte und Normen, die von den Eltern und der Gesellschaft vermittelt werden. Diese Werte und Normen stehen für den kulturellen Versuch, menschliches Zusammenleben zu regeln und das Aggressionspotential des »Es« zu schwächen. Wie einst als Kind von den Eltern, so läßt sich der erwachsene Mensch von seinem »Über-Ich« bestimmen. In dieser psychischen Struktur siedelte Freud das subjektive Moralbewußtsein an. Damit ist es durch Fremdbestimmung charakterisiert. Das »Ich« als Ort des Bewußtseins wiederum ist dem »Es«, den Reizen der Außenwelt und dem »Über-Ich«, als dem nach innen gewendeten Aspekt der Außenwelt ausgeliefert. Zwischen all diesen Faktoren muß sich der Mensch zurechtfinden, muß sein »Ich« vermitteln. Der Ursprung dieses »Ichs« wiederum liegt im Bedürfnis des Menschen nach Selbsterhaltung begründet.

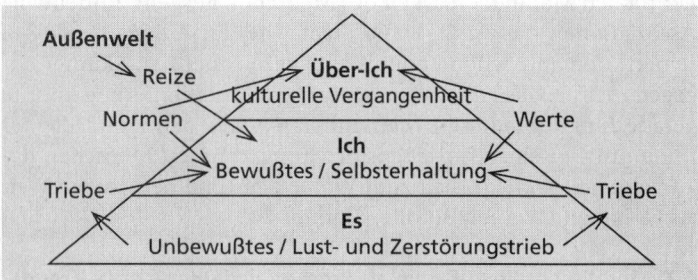

Die Vorstellung vom moralischen Bewußtsein als einer eigenständigen und verantwortlichen Instanz konte Freud auf diesem Hintergrund nur zurückweisen. Er nahm das Bedürfnis des Menschen nach Moral zwar als dessen Eigentümlichkeit wahr, ordnete es aber nicht seiner Natur zu. Nur weil der Mensch in Gemeinschaft leben will, akzeptiert er Moral als ›Überlebenshilfe‹. Das moralische Bewußtsein ist allein Produkt kultureller Erziehung.

2.3 Die Entwicklung des moralischen Urteils beim Kind (J. Piaget)

Der Entwicklungspsychologe Jean Piaget (1896-1980) konnte gegen Freud zeigen, daß der Mensch im Hinblick auf sein moralisches Bewußtsein eine Entwicklung durchläuft, durch die er Selbstbestimmung erlangen kann (Piaget: Urteil). Diese Entwicklung sah er unmittelbar an den Reifungsprozeß des Menschen gekoppelt. Wie ein Kind laufen oder sprechen lernen muß, muß es lernen, Handlungen nach moralischen Gesichtspunkten zu beurteilen. Zwar arbeitete auch Piaget streng empirisch, das heißt, er untersuchte die Gesetzmäßigkeiten, denen diese Entwicklung unterliegt, aber bei ihm rückte die Komponente der Verantwortlichkeit in den Blick, im Gegensatz zu Skinner und Freud.

Piaget machte die Vorstellung von Moral bei Kindern zum Gegenstand seiner Untersuchungen. So konfrontierte er Kinder unterschiedlichen Alters mit Geschichten, die zwei verschiedene Arten von Verhalten erzählen. In einem Fall entsteht jeweils unbeabsichtigt oder in Folge einer guten Absicht ein großer Schaden, im anderen Fall nur ein geringer, allerdings aufgrund einer Handlung in schlechter Absicht (siehe Text). Die Kinder sollten urteilen, welches Verhalten härter bestraft werden müsse.

> Ein kleiner Junge namens Hans ist in seinem Zimmer. Man ruft ihn zum Essen. Er geht ins Speisezimmer. Aber hinter der Tür stand ein Stuhl. Auf dem Stuhl war ein Tablett, und auf dem Tablett standen fünfzehn Tassen. Hans konnte nicht wissen, daß all dies hinter der Tür war. Er tritt ein: die Tür stößt an das Tablett und bums!, die fünfzehn Tassen sind zerbrochen.
>
> Es war einmal ein kleiner Junge, der hieß Heinz. Eines Tages war seine Mama nicht da, und er wollte Marmelade aus dem Schrank nehmen. Er stieg auf einen Stuhl und streckte den Arm aus. Aber die Marmelade war zu hoch, und er konnte nicht drankommen. Als er doch versuchte, daran zu kommen, stieß er an eine Tasse. Die Tasse ist heruntergefallen und zerbrochen. (Piaget: Urteil 134)

Piaget ordnete die Antworten der Kinder unterschiedlichen Stadien zu. In einem ersten Stadium, das er bis zum etwa achten Lebensjahr ansetzte, fordern Kinder die höhere Strafe für denjenigen, der den größeren Schaden angerichtet hat. Das Ausmaß des Schadens, nicht die Motive des Verursachers sind ausschlaggebend für die Strafzuteilung. Den Hintergrund für solches Urteilen vermutete Piaget in der absoluten und einseitigen Beachtung eines Gesetzes beziehungsweise der Autorität, die dieses Gesetz erlassen hat. Zu dieser Fremdbestimmtheit (Heteronomie) kommt verstärkend die Ichbezogenheit des kleinen Kindes hinzu. Es gelingt dem Kind noch nicht, fremde Standpunkte in seine Überlegungen aufzunehmen. Weil die Strafe am real entstandenen Schaden bemessen wird, bezeichnete Piaget dieses erste Stadium als »moralischen Realismus«.

Im Alter bis zum etwa elften Lebensjahr machte Piaget ein Übergangsstadium aus. Hier wird das Befolgen einer Regel langsam abgekoppelt von der Tatsache, daß eine Autorität diese Regel gesetzt hat.

Etwa ab dem elften Lebensjahr stellte Piaget das Stadium der selbstbestimmten, »autonomen Moral« fest. Die Ausprägung eines solchen Bewußtseins, in dem autonom über Regeln reflektiert wird, geht einher mit der Entdeckung der Gleichwertigkeit von Menschen. Die Tatsache, daß das Zusammenleben die Achtung des jeweils anderen fordert, wird wahrgenommen und eingelöst. Piagets Verdienst ist es, wenn auch in einem sehr grobrastrigen System, so doch grundsätzlich, die Bedeutung des Alters für die moralische Einstellung des Menschen herausgearbeitet zu haben. Außerdem hat er auf die Wichtigkeit der zwischenmenschlichen Beziehungen für die moralische Urteilsfähigkeit hingewiesen. Ähnlich wie in den Überlegungen Freuds spielt auch hier die Moral für das Zusammenleben von Menschen eine wichtige Rolle. Während Moral aber bei Freud allein die destruktive Ausrichtung des Menschen schwächen soll, beurteilt Piaget sie positiver, nämlich unter dem Gesichtspunkt der Gegenseitigkeit und Verantwortlichkeit. Kritisch anzumerken bleibt, daß Piaget eine innere Einheit zwischen Urteilen und Handeln annimmt. Seine Untersuchungen lassen aber offen, ob ein Kind in realen Konfliktsituationen, in die es selbst gerät, ebenso urteilt, wie in hypothetischen, und ob es in solchen Situationen ebenso handelt, wie es zuvor geurteilt hat. Außerdem konzentrierte er sich ganz auf die intellektuelle, kognitive Entwicklung des Menschen. Andere Entwicklungsfaktoren, wie etwa kulturelle, soziale oder individuelle Bedingungen und Erfahrungen bleiben unberücksichtigt.

Stadium	Moralisches Bewußtsein
I Moralischer Realismus	• Einseitige Achtung des Willens der Erwachsenen • Heteronomie (Fremdbestimmung)
Übergangs-stadium	• Verallgemeinerung der Regeln • Differenzierung des Bewußtseins
II Autonome Moral	• Gegenseitige Achtung • Autonomie (Selbstbestimmung)

2.4 Die Stufen der Entwicklung moralischen Urteils (L. Kohlberg)

Der amerikanische Psychologe Lawrence Kohlberg (1927-1987) erarbeitete im Anschluß an Piaget eine differenziertere Theorie menschlicher Moralentwicklung (Kohlberg: Entwicklung). Er verfolgte in seiner entscheidenden Studie (ebd.) die Entwicklung von US-amerikanischen Jungen von ihrer Kindheit bis ins Erwachsenenalter, indem er sie in regelmäßigen Abständenmit demselben moralischen Dilemma konfrontierte (siehe Text).

Irgendwo in Europa stand eine krebskranke Frau kurz vor dem Tode. Es gab ein Medikament, das sie hätte retten können, eine Radiumverbindung, die ein Apotheker in jener Stadt vor kurzem entdeckt hatte. Der Apotheker verlangte dafür 2000 Dollar, das Zehnfache dessen, was ihn die Herstellung des Medikaments kostete. Der Mann der kranken Frau, Heinz, bat alle seine Bekannten, ihm Geld zu borgen, aber er konnte nur etwa die Hälfte des Preises zusammenbringen. Er sagte dem Apotheker, daß seine Frau im Sterben liege, und bat ihn, ihm das Medikament billiger zu verkaufen oder ihn später bezahlen zu lassen. Aber der Apotheker sagte: »Nein«. In seiner Verzweiflung brach der Ehemann in die Apotheke ein und stahl das Medikament für seine Frau. (Kohlberg: Entwicklung 66)

Die Befragten sollten ein moralisches Urteil fällen (Soll Heinz das Medikament stehlen?) und dieses begründen (Warum? Warum nicht?). Es ging Kohlberg also nicht um inhaltliche Lösungen des geschilderten Problems, sondern um die Art und Weise, wie die Befragten ihre Entscheidung begründeten. Auf der Grundlage dieser Untersuchung konzipierte er ein Stufenmodell zur Entwicklung der moralischen Urteilsfähigkeit. In Weiterentwicklung des Ansatzes von Piaget nahm Kohlberg sechs Stufen des moralischen Urteils an, die er paarweise auf drei verschiedene Entwicklungsebenen verteilte.

- Auf der »vorkonventionellen Ebene« stehen die Konsequenzen einer Handlung im Vordergrund. Auf der ersten Stufe dieser Ebene orientieren sich Menschen an Strafe und Belohnung, also an den Sanktionen, die an bestimmte Ansprüche gebunden sind: Gut ist, was belohnt wird, schlecht ist, was bestraft wird. Auf der zweiten Stufe orientieren sich Menschen an einem einfachen Nützlichkeitskalkül: Gut ist, was mir selbst und eventuell auch anderen nützt.

- Auf der »konventionellen Ebene« dominieren die gängigen Rollenvorstellungen und Erwartungen der Gesellschaft. Entscheidungen richten sich nach Erwartungen. Auf der dritten Stufe formuliert die eigene Bezugsgruppe solche Erwartungen: Gut ist, was bei denen, die mich unmittelbar angehen, als gut gilt. Auf der vierten Stufe wird die gesamtgesellschaftliche Perspektive mitberücksichtigt, insofern es nicht mehr um Autoritäten des persönlichen Umfeldes, sondern vielmehr um Gesetz und Ordnung an sich geht: Gut ist, was die Gesellschaft als gut bestimmt.

- Auf der »nachkonventionellen Ebene« findet die individuelle, autonome Auseinandersetzung mit Erwartungen statt. Gesetze werden nicht einfach befolgt, weil sie gelten, sondern sie werden auf ihre Gültigkeit hin kritisch befragt. Auf der fünften Stufe orientieren sich Menschen an der rechtlich zugestandenen und garantierten Gleichwertigkeit aller innerhalb eines Gemeinwesens: Gut ist, was alle zu ihrem Recht kommen läßt. Die sechste Stufe des Kohlberg'schen Modells schließlich stellt das Ideal moralischen Urteilens dar. Hier agiert der Mensch nach eigens und sorgfältig gewonnenen ethischen Prinzipien, die sowohl den eigenen als auch alle anderen Standpunkte gleichermaßen berücksichtigen: Gut ist, was die Zustimmung aller erhalten könnte.

Mit diesem Modell beschrieb Kohlberg einen qualitativen, entwicklungslogischen Prozeß. Die Stufen werden durch Erfahrungen und Denkprozesse und nicht zwangsläufig mit einer bestimmten Altersgrenze erreicht. Die jeweils nächste Stufe ist zugleich eine höherwertige, weil sie angemessenere Lösungen für moralische Konflikte ermöglicht.

Ebene	Orientierung	Wesentliche Elemente
Vorkonventionell (Handlungsfolgen)	1. Bestrafung und Gehorsam	Respekt vor Macht; Vermeidung von Sanktionen;
	2. Naiv egoistisches Nützlichkeitskalkül	Bedürfnisbefriedigung des Selbst, der anderen
Konventionell (Rollen, Erwartungen)	3. Ideal des braven Jungen, des netten Mädchens	Billigung durch das persönliche Umfeld
	4. Gesetz und Ordnung, Aufrechterhaltung von Autorität an sich	Pflichtbewußtes Handeln aus Respekt vor Autorität und Ordnung
Nachkonventionell (Gemeinsame Rechte, Prinzipien)	5. Rechtlich zugestandene Gleichwertigkeit	Anerkennung von Rechtsmaßstäben der Gesellschaft
	6. Ethische Prinzipien	Universalisierbarkeit der ethischen Prinzipien

Kohlbergs Modell des moralischen Bewußtseins und vor allem seine von ihm beanspruchte Allgemeingültigkeit hat Kritik erfahren. Seine empirischen Untersuchungen wurden zwar in den verschiedensten Ländern der Erde wiederholt, und sein Modell hat sich dabei offensichtlich bewährt (Nunner-Winkler/ Edelstein: Einleitung 9), doch stellt sich die Frage, ob eine kulturunabhängige Theorie menschlicher Moralentwicklung angemessen sein kann. Es muß bedacht werden, daß Kohlberg die Entwicklungsstufen vom Ideal des autonomen Subjekts her entwickelt, ein Ideal, daß vor allem der abendländischen Tradition verhaftet ist.

Eine weitere, prominent gewordene Kritik soll hier ausführlicher zu Wort kommen. Die Entwicklungspsychologin Carol Gilligan (*1936) wirft Kohlberg vor, sich allein am männlichen Menschen zu orientieren (Androzentrismus). Sie beobachtete, daß Frauen auffallend häufig auf der dritten Stufe des Kohlberg'schen Modells argumentieren, Männer dagegen auf der vierten Stufe. Dies schien zunächst den Schluß zuzulassen, daß Frauen in ihrer moralischen Urteilsfähigkeit weniger entwickelt sind. Inhaltlich deutet diese Beobachtung darauf hin, daß sich Frauen in ihrer moralischen Argumentation eher an zwischenmenschlichen Beziehungen orientieren, Männer dagegen an den von Gesellschaften gesetzten Geboten und Pflichten. Gilligan kritisierte an der

Kohlberg'schen Theorie vor allem die Bewertung der Stufen. Es bleibt unbegründet, warum die legalistische Orientierung höher anzusiedeln sei, als die zwischenmenschliche. Zudem wird unzulänglich begründet, daß nur der moralisch reif sein soll, der sich selbst verpflichtet ist und sich nicht an anderen orientiert. Gilligan entwickelte ihrerseits die These von zwei geschlechtsspezifisch ausgerichteten Moralen, der eher weiblichen Fürsorgemoral (Buse: Macht 28) und der eher männlichen Gerechtigkeitsmoral (Gilligan: Orientierung 80). Diese These wird gegenwärtig kontrovers diskutiert und kann als Auslöser für die Frage nach einer feministischen Ethik gelten (Nunner-Winkler: Moral).

3 Das subjektive Moralbewußtsein als Bestandteil theologisch-ethischer Reflexion

Hinsichtlich der Frage nach dem subjektiven Moralbewußtsein des Menschen entfalten die humanwissenschaftlichen Positionen eine kritische Kraft für ethische Überlegungen. Sie schieben jedem Versuch den Riegel vor, Menschen in ihrem Tun und Lassen als ein Abstraktum zu behandeln, welches unabhängig von seiner moralischen Biographie agiert. Zudem machen sie darauf aufmerksam, daß der Mensch von Natur aus ein ›animal morale‹ ist. Anders gesagt: Moral fällt weder vom Himmel noch wird sie am grünen Tisch konstruiert. Sie ist vielmehr ein unabdingbarer Bestandteil menschlichen Lebens und Zusammenlebens und wird durch dieses geformt.

Die Theologische Ethik bringt – etwa gegenüber der mechanistischen Sicht von der Seele des Menschen bei Freud und seiner Vorstellung von Moral als Fremdherrschaft oder gegenüber der behavioristischen Sicht eines den Umweltreizen gänzlich ausgelieferten Individuums bei Skinner – die anthropologische Optionen Freiheit, Verantwortung oder Glaube ins Spiel. So vermag sie Engführungen aufzuzeigen, zu denen jede Verabsolutierung oder Ideologisierung dieser empirischen Modelle führen muß.

Im Falle der Positionen Piagets und Kohlbergs läßt sich ein gegenseitiger Austausch noch präziser formulieren. Gemeinsam ist diesen Forschungen und der Theologischen Ethik, daß sie vom Menschen als einem vernunftbegabten Wesen ausgehen, dessen moralische Vernunft ernst zu nehmen ist (Auer: Moral). Piaget und Kohlberg bringen für jede ethische Überlegung zur Moral-fähigkeit in Erinnerung, daß der Mensch in seiner individuellen Biographie beachtet werden muß. Diese Erkenntnis hat insbesondere für die Moralpädagogik Konsequenzen (Bucher: Moraltheorie 37-75). Die Einsicht in entwicklungsbedingte Unterschiede vermag darüber hinaus zwischen den verschiedenen individuellen Handlungsorientierungen zu vermitteln und damit einen fundamentalen Beitrag für Toleranz und zwischenmenschliche Verständigung zu leisten.

Erst eine Theologische Ethik, die sich um Kenntnisnahme und Auseinandersetzung mit den Ergebnissen der Humanwissenschaften bemüht, vermag den Menschen, der im Zentrum ihrer Reflexion steht, in seiner Vielfältigkeit, seinen Bedingtheiten und Möglichkeiten deutlicher wahrzunehmen. Damit gewinnt sie in ihrer Beurteilung menschlichen Handelns an Sachlichkeit und Angemessenheit.

ZUSAMMENFASSUNG

(1) Individuelle Handlungsorientierungen entwickeln sich aufgrund der Auseinandersetzung des Menschen mit sich selbst und seiner Umwelt. Damit spielen in das subjektive Moralbewußtsein biologische, soziale und individuelle Faktoren mit hinein.

(2) Ursprung und Genese des subjektiven Moralbewußtseins werden von humanwissenschaftlicher Seite unterschiedlich charakterisiert. Der Verhaltensforscher Skinner beschreibt sie als konditionierten Umgang mit Umweltreizen, der Psychoanalytiker Freud als Anpassungsvorgang an überkommene kulturelle Vorstellungen und die Entwicklungspsychologen Piaget und Kohlberg als einen Entwicklungsprozeß, der an die kognitiven Fähigkeiten des Menschen anknüpft.

(3) Die Theologische Ethik kann auf der Grundlage solcher empirischen Forschungen Bedingungen und Möglichkeiten menschlichen Handelns sachlich besser einschätzen. Gegenüber den empirischen Fakten hält sie allerdings anthropologische Optionen wie Freiheit, Verantwortung und Glaube offen.

TEXTARBEIT

Philosophischer Text

Einführung Michel de Montaigne (1533-1592) gilt als Begründer der französischen Moralistik, die das Verhalten des Menschen umfassend begreifen und normativ bestimmen wollte. Vor allem in der Selbsterfahrung will Montaigne der menschlichen Grundverfassung nahekommen. Von dort aus bestimmt er ein Leben gemäß den Gegebenheiten als wahre Lebenskunst.

Arbeitstext *Ich möchte lieber mich selber recht verstehen als den Cicero. An meiner eignen Erfahrung fände ich genug, um weise zu werden, wäre ich ein guter Schüler. Wer sich ins Gedächtnis ruft, wie er bei einem frühren Wutanfall außer sich geriet und wie weit ihn dieser Fiebertaumel hinriß, wird die Häßlichkeit solch leidenschaftlichen Aufbrausens schärfer sehn als bei der Lektüre des Aristoteles – und so einen berechtigteren Widerwillen dagegen fassen.*

Wer sich der Übel erinnert, die ihn ereilt oder auch nur bedroht haben, und wie geringfügige Anlässe ihn von einer Lebenslage in eine andre versetzten, sucht sich kraft dessen für künftige Wechselfälle zu rüsten und die Bedingtheit seines Daseins zu erkennen. Das Leben Caesars enthält für uns nicht mehr Lehren als das unsre; ob eines Kaisers oder eines einfachen Mannes Leben, stets ist es allem ausgesetzt, was Menschen begegnen kann. Laßt uns nur auf uns selber hören, da erfahrn wir alles, was wir im wesentlichen brauchen! (...)

Alles studiere ich: das, was ich fliehen, wie das, dem ich folgen sollte. So schließe ich auch bei meinen Freunden aus dem, was von ihnen nach außen in Erscheinung tritt, auf ihre innren Neigungen. Hierbei geht es mir aber keineswegs darum, die unendliche Vielfalt unterschiedlicher und getrennter Handlungen in bestimmte Kategorien und Gattungen zu zwängen und diese Aufteilungen wiederum säuberlich in vorgegebne Klassen und Untergruppen zu zergliedern, denn der Arten Zahl ist unbekannt, und keiner hat sie je benannt. (...)

Nichts ist so schön und unsrer Bestimmung gemäß wie ein rechter Mensch sein, und keine Kunst so schwer wie unser Leben recht und natürlich zu leben wissen. Die schrecklichste unserer Krankheiten aber ist die Verachtung unsres Seins. (...)

Kein Teil an diesem Geschenk, das uns Gott gemacht hat, ist unsrer Pflege unwürdig; wir sind ihm vielmehr bis zum kleinsten Härchen

Rechenschaft darüber schuldig. Deshalb ist der dem Menschen gege-
bene Auftrag, seiner menschlichen Beschaffenheit gemäß zu leben, al-
les andere als unverbindlich, sondern bezeichnet ausdrücklich seine
vornehmste und ureigenste Pflicht: Der Schöpfer selbst hat ihn uns
voller Ernst und Strenge erteilt.

Quelle Michel de Montaigne: Über die Erfahrung, in: ders.: Essays. Übers. von Hans Stilett, hrsg. v. Hans Magnus Enzensberger,
Frankfurt a.M. 1998, 537-563.

Leitfragen Was tragen die Überlegungen Montaignes zum subjektiven Moralbewußtsein bei? Woran hat sich für ihn das sittliche
Handeln zu orientieren? Welche Vorzüge zeichnen diesen Ansatz
aus? Welche Probleme bereitet er? Über welche moralischen
Selbsterfahrungen verfügen Sie? Ziehen Sie diese zur Begründung moralischen Handelns heran?

Theologischer Text

Einführung Karl Rahner (1904-1984) hat wie kaum ein zweiter
das Christentum und die Theologie der Gegenwart mitgeprägt.
Sein umfassendes Werk reicht von theoretischen bis hin zu spirituellen Schriften und kreist um die Frage, wie sich der Glaube
nicht nur theoretisch, sondern auch existentiell aussprechen und
vollziehen läßt.

Arbeitstext *Ich nehme mich an. Ich nehme mich an ohne Protest mit all*
den Bedingtheiten und Zufälligkeiten meiner biologischen und ge-
schichtlichen Existenz, auch wenn ich das Recht und die Pflicht habe,
daran zu ändern und zu verbessern, was mir daran belastend zu sein
scheint. Gerade dieser kritische Wille zur Veränderung meiner Exi-
stenz in all ihren Dimensionen ist die Weise und der Beweis dafür, daß
ich im letzten dieses Dasein wirklich annehme. Aber bei aller Erwar-
tung, es lasse sich wirklich etwas ändern, bleibt dieses Dasein (meines
und das der anderen, für das ich mich ebenso verantwortlich weiß)
undurchsichtig, lastend, nicht auflösbar in eine herrschaftsgebende
Durchsichtigkeit, kurz und voller Schmerzen und Ratlosigkeiten, un-
tertan dem Tod... Dieses Dasein nehme ich an, nehme ich an in Hoff-
nung. In der einen Hoffnung, die alles umfaßt und trägt, von der man
nie weiß, ob man sie wirklich hat (oder nur zu haben sich vormacht,
weil es einem im Augenblick leidlich gut zu gehen scheint), in der
Hoffnung, deren inneres Licht ihre einzige Legitimation ist, in der

Hoffnung, daß die Unbegreiflichkeit des Daseins (bei allem nahen Schönen, das darin auch steckt) sich einmal enthüllen wird in ihrem letzten Sinn und dieser endgültig und selig sein wird. Es ist eine totale Hoffnung, die ich nicht ersetzen kann durch ein unentschiedenes Gemisch aus ein wenig Hoffnung und uneingestandener Verzweiflung, die aber in der innersten Mitte ihrer Existenz immer auch dann noch vorhanden sein kann, wenn auf der vorderen Bühne meines Lebens nichts als Sinnlosigkeit und Verzweiflung zu agieren scheinen. Diese umfassende und bedingungslose Hoffnung will ich haben; ich bekenne mich zu ihr; sie ist meine höchste Möglichkeit und das, was ich als meine eigentliche Lebensaufgabe verantworten muß.

Quelle Karl Rahner: Praxis des Glaubens. Geistliches Lesebuch, hg. von Karl Lehmann und Albert Raffelt, Freiburg i. Br. 1982, 21-22.

Leitfragen Welchen Handlungsspielraum sieht Rahner für den Menschen gegeben? Durch welche Haltungen will er ihn geprägt wissen? Welche Funktion kommt dabei der christlichen Hoffnung zu? Ist sie eine von vielen Möglichkeiten, Handlungsorientierung zu geben oder kennzeichnet sie eine umfassendere Aufgabe? Inwiefern kann die von Rahner als total charakterisierte Hoffnung ihrerseits zur Aufgabe werden?

Literarischer Text

Einführung Christine Nöstlinger (*1936) gehört zu den renommiertesten deutschsprachigen Kinderbuchautorinnen der Gegenwart. Ihr Werk zeichnet sich durch eine genaue Beobachtung alltäglicher, oftmals skurriler und komischer Verhaltensweisen von Kinder und Erwachsenen aus.

Arbeitstext *Vor mehr als zehn Jahren schrieb ich ein Gedicht, das begann ungefähr so:* »Man hat versäumt, mir Maßstäbe mitzugeben, an denen ich meine Handlungen messen kann, in moralischer Hinsicht«. *Nach zehn Jahren Kinderbuchschreiben und der damit verbundenen Erinnerungsarbeit weiß ich, daß ich mich damals beim Gedichtschreiben sehr geirrt habe. Jeder Mensch, der mir in meiner Kindheit Bezugsperson war, hat in ›moralischer Hinsicht‹ emsig an mir gewerkt.*

Da war zuerst einmal meine Mutter. (...) Gewöhnliche Kindervergehen nahm sie gelassen hin, handelte ein Kind aber ihren moralischen Grundsätzen zuwider, begannen ihre sanften Rehaugen zu fun-

keln, sie legte die Stirn in empörte Falten und brüllte: »Dir werde ich noch Moritz lernen!« Mein Großvater versuchte ihr zwar beizubringen, daß man statt »Moritz lernen« besser »mores lehren« sagt, aber in ihrer spontanen moralischen Empörung über kindliches Fehlverhalten vergaß meine Mutter diesen Hinweis immer wieder und donnerte Moritz-lernend drauflos.

Da meine Mutter Kindergärtnerin und ich in ihrer Kindergruppe war, hatte ich tagtäglich Gelegenheit, die Moritz-Drohung zu hören. Moritz-lernen mußten die Buben, die sie auf dem Klo beim Kreuzbrunzen ertappte und die Mädchen, die beim Mittagsschlaf mit den Händen unter der Decke herumfummelten. Und Moritz-lernen mußten auch die, die sich aus der Gruppe entfernten und in der Garderobe Jausenäpfel aus fremden Kindergartenkörberln mausten.

Lügen, raufen, streiten, bockig-sein – und was ein Kleinkind sonst noch an Unarten liefern kann – zog Moritz-lernen nicht nach sich. Soweit ich mich erinnere, fielen nur Sittlichkeits- und Eigentumsdelikte in diese Sparte. Moritz-lernen war für mich damals ein sehr gut verständlicher Terminus. Ich kannte Max und Moritz, die bösen Buben, wußte, daß die beiden unmoralischen Kerle letzten Endes, zu winzigen Körnern zermahlen, den Hühnern vorgestreut worden waren. (...)

Was die Knaben-Sexualspiele betraf, teilte ich die Ansicht meiner Mutter bedingungslos. Den Pimmelträgern sollte wirklich Moritz gelernt werden! Für Spiele, an denen ich nicht teilhaben konnte, zeigte ich kein Verständnis. Die Kreuzbrunzer und auch die Pimmelvorzeiger und die Pimmelvergleicher meldete ich regelmäßig und genüßlich, wenn ich sie auf dem Klo traf, meiner Mutter. Wie meine Moritz-Gesinnung damals zu erotischen Spielen, die auch von Mädchen zu spielen waren, war, weiß ich nicht mehr, das habe ich verdrängt. Aber ich weiß genau, daß mir die Sache mit den Eigentumsdelikten zu schaffen machte, weil meine Mutter selber stahl und stolz darauf war. »Hier, mein Haserl«, sagte sie freudig grinsend, wenn sie an der Straßenecke, in sicherer Entfernung zum Gemüsegeschäft, einen Apfel aus dem Mantelsack holte und ihn am Mantelstoff blank rieb. (...) Stehlen, wenn man es nicht für sich selber, sondern für jemand anderen tat, vermutete ich aus ihren Worten, war keine unmoralische, sondern eine sehr moralische Handlung. Mit Elan eiferte ich meiner Mutter nach.

Quelle Christine Nöstlinger: Moralisch unterwegs, in: Kursbuch 60 (Moral), Berlin 1980, 1-2.

Leitfragen Wie geschieht die Vermittlung moralischer Überzeugungen? Wie äußert sich das individuelle Moralbewußtsein des Kindes? Wie bewerten Sie die enge Verknüpfung der Moral mit Fragen der Sexualität? Welche Probleme zeigen sich aus ethischer Sicht?

Praktisches Problem. Zuviel Wechselgeld

Einführung Ende 1996 veröffentlichte »Bild am Sonntag« in acht Folgen die Ergebnisse einer Umfrage des Meinungsforschungsinstituts Forsa über die »Moral der Deutschen«. Alltägliche Verhaltensweisen in Beruf, beim Umgang mit Geld oder in der Partnerschaft wurden abgefragt.

Arbeitstext *Wirklich eine Frage der Moral und des Anstands. Wenn sich der Kellner in einem Restaurant zu seinen Lasten verrechnet oder zuviel Wechselgeld herausgibt – steckt der Gast das Geld ein, oder weist er den Kellner auf den Fehler hin? 62 Prozent der Deutschen würden dem Kellner das Geld auf jeden Fall zurückgeben, 11 Prozent nur dann, wenn sie der Kellner freundlich bedient hat. 15 Prozent würden es auf jeden Fall behalten. Für 8 Prozent hängt es davon ab, wie hoch der Betrag ist. 4 Prozent antworten auf diese Frage, sie wüßten nicht, wie sie reagieren würden. Bei dieser Frage wird die Moral eindeutig vom Alter geprägt. Während von den über 60jährigen 80 Prozent und von den 45- bis 59jährigen auch noch 79 Prozent den Kellner auf jeden Fall auf seinen Irrtum hinweisen würden, wären es bei den unter 30jährigen nur noch 41 Prozent. Bei den 30- bis 44jährigen sind es 52 Prozent.*

Quelle Moral ˜96. Folge 1, in: »Bild am Sonntag« 42 (20.10.1996) 12-13, hier: 12.

Leitfragen Wir würden Sie in der dargestellten Situation reagieren? Wie begründen Sie ihre Reaktion? Handelt es sich hier um eine Frage von Moral und Anstand? Wie beurteilen Sie die These, daß die Moral »vom Alter geprägt« ist, wie es der Text behauptet? Welche Handlungsorientierungen könnten in der Situation eine Rolle spielen? Welche spielen Sie bei Ihnen?

IV. Grundbedingungen.
Die Voraussetzungen sittlicher Kompetenz

Vor dem Hintergrund gesellschaftlicher wie individuell-biographisch verankerter Handlungsorientierungen stellt sich die Frage nach der Eigencharakteristik der sittlichen Kompetenz eines Handlungssubjekts. Um sittlich kompetent handeln zu können, bedarf es der Freiheit, der Möglichkeit, sich und sein Handeln selbstbestimmt vollziehen zu können. Freies Handeln ist allerdings keineswegs aus sich heraus sittliches oder sittlich-kompetentes Handeln. Vielmehr weist sich die sittliche Kompetenz des Handlungssubjekts dadurch aus, daß es in seinem Urteilen und Handeln die Frage nach der Vernünftigkeit stellt und sich auf die Grundvoraussetzungen menschlichen Lebens und auf seine individuellen Erfahrungen bezieht. Mit der Übernahme von Verantwortung für das eigene Handeln und Urteilen wird schließlich sittliche Kompetenz eingelöst.

Der vierte Abschnitt erörtert die Frage nach den Grundmomenten sittlicher Kompetenz in drei Schritten. Er fragt im Artikel »Freiheit« (130-148) nach den Möglichkeiten des Menschen, sich selbst zu bestimmen, erläutert Freiheit unter der Perspektive der Selbstgesetzgebung und bestimmt sie so als Grundbedingung zurechenbaren Handelns. Im Artikel »Vernunft – Natur -Erfahrung« (149-169) stellt er die wesentlichen Elemente des Strukturfelds sittlicher Entscheidungsfindung vor und im Artikel »Verantwortung« (170-186) die Reichweite sittlicher Selbstbeanspruchung.

Freiheit. Die Grundlage konkreter Sittlichkeit

Andreas Greis

Mit dem Begriff der Freiheit und der Bestimmung des Menschen als ein durch Freiheit ausgezeichnetes Wesen steht und fällt die Rede vom verantwortlichen menschlichen Handeln. Zum einen könnte der Mensch ohne Freiheitsbegabung nie selbstbestimmt agieren, sondern immer nur auf äußere Umstände reagieren. Zum anderen könnte der nur fremdbestimmte Mensch für sein Handeln nicht verantwortlich gemacht und zur Rechenschaft gezogen werden.

Nun ist allerdings unübersehbar, daß sich jeder Mensch in seinem Tun und Handeln weitaus häufiger von außen beeinflußt erfährt, als von sich selbst. Aus diesem Sachverhalt ergeben sich für die folgenden Überlegungen drei Perspektiven. Zunächst ist nachzuweisen, daß es vernünftig ist, von der Freiheit des Menschen als anthropologischer Konstante zu sprechen (1). Diesen mehr philosophischen Erörterungen folgen psychologisch und soziologisch orientierte Überlegungen, die das Beziehungsfeld zwischen äußerer Bedingtheit und innerer Handlungsmotivation, das Verhältnis von Determination und Freiheit, beschreiben helfen (2). Daran schließt sich eine Reflexion der Freiheit unter theologischem Blickwinkel an (3).

1 Philosophische Annäherungen an den Begriff der Freiheit

Innerhalb der philosophischen Diskussion hat der Begriff der Freiheit eine lange Tradition, die bis in die Antike zurückreicht. Die gegenwärtige ethische Reflexion bezieht sich allerdings schwerpunktmäßig auf die Erkenntnisse neuzeitlicher Philosophie.

1.1 Negative Freiheit, positive Freiheit und Willensfreiheit

Der neuzeitliche Freiheitsbegriff ist im wesentlichen durch Immanuel Kant geprägt. Der Königsberger Philosoph unterscheidet grundsätzlich zwischen negativer und positiver Freiheit (Kant: MdS A5).

- Negative Freiheit ist die Freiheit von etwas. Kant greift hier die Tatsache auf, daß Menschen grundsätzlich in der Lage sind, ihren Willen und ihre Triebe zu reflektieren und zu kontrollieren. Sie können sich mit Hilfe der Vernunft dem dauernden Zwang instinkthafter Handlungen entziehen. Nicht mehr die menschliche Natur rechtfertigt sein Tun, sondern der Mensch hat jetzt selbst die Möglichkeit zu handeln. Hier setzt das positive Freiheitsvermögen an.
- Positive Freiheit ist die Freiheit zu etwas. Kant versteht darunter die Freiheit, eine Handlung von sich aus beginnen zu können. Der Mensch ist fähig, sich selbst für Handlungen zu motivieren. Damit wird der einzelne Mensch zur Ursache seiner Handlungen und so für sie verantwortlich.

Diese beiden Freiheitsbegriffe sind eng miteinander verknüpft. Negative Freiheit ist die notwendige Voraussetzung für positive Freiheit. Positive Freiheit ist die handlungssetzende Freiheit, die der negativen erst ihren Sinn gibt. Konkret heißt das: Ich mache mich frei von etwas, um frei für etwas zu sein. Dieser Zusammenhang sei an einem Beispiel verdeutlicht. Jeder Mensch hat grundsätzlich ein Schlafbedürfnis. Diesem kann er nachgeben und sich einen Platz zum Schlafen suchen, oder er kann sein Schlafbedürfnis – zumindest zeitweise – unterdrücken und einem ihm vernünftig erscheinenden Rhythmus unterwerfen. Im ersten Fall wäre menschliche Handlung nur die Wirkung des Organismus. Im zweiten Fall wäre der Mensch Ursache seines Handelns. Er würde sich frei machen von seinem inneren Antrieb zu schlafen (negative Freiheit), um beispielsweise trotz Müdigkeit eine anstehende Arbeit zu vollenden (positive Freiheit).

Der Begriff der Freiheit steht also für die Möglichkeit, Handlungen aus sich selbst zu vollziehen, unabhängig von äußeren Einflüssen. Diese Synthese von positiver und negativer Freiheit nennt Kant Willensfreiheit. Vor diesem Hintergrund stellen sich zwei Fragen: Was unterscheidet die Willensfreiheit von einer regellosen Freiheit, einer reinen Beliebigkeit? Und was macht sie zu einer zentralen Kategorie sittlich-moralischen Handelns?

In Alltagsvorstellungen wird Freiheit oftmals als Beliebigkeit interpretiert. Kant macht darauf aufmerksam, daß ein willkürliches Handeln von inneren und äußeren Antrieben, beispielsweise von Gefühlen, Lust oder Gruppenzwang geleitet wird und so letztlich fremdbestimmt (heteronom) ist. Demgegenüber macht er darauf aufmerksam, daß die Freiheit des Menschen nicht durch Beliebigkeit, sondern durch Autonomie, das Konzept der Selbstgesetzgebung, bestimmt werden muß. Richtschnur dieser Autonomie ist der ›Kategorische Imperativ‹: »Handle so, daß die Maxime deines Willens jederzeit zugleich als Prinzip einer allgemeinen Gesetzgebung gelten könne« (Kant: KpV A54). Dieser Imperativ umfaßt zwei Aspekte: Nachvollziehbarkeit und Universalisierbarkeit der Handlungsmaxime. So ist jeder Mensch angehalten, zu überprüfen, ob seine Handlungsgründe auch für alle anderen plausibel gemacht werden können (Nachvollziehbarkeit). Daneben muß er sicherstellen, daß diese Beweggründe allgemeine Handlungsorientierungen sein können (Universalisierbarkeit). Das Individuum muß sein Handeln also danach ausrichten, ob die eigenen Überzeugungen und Motivationen, die zum Handeln führen, auch für alle anderen einleuchtend sind. Die Freiheit setzt sich so in den Aspekten der Nachvollziehbarkeit und der Universalität um ihrer selbst willen eine Begrenzung.

Damit wird deutlich: Der Mensch gibt sich aus Freiheit und um der Freiheit willen ein Gesetz, das nach Kant im Unterschied von Naturgesetzen moralisch heißt (Kant: MdS A6). Die sittliche Qualität des ›Sich-selbst-Gesetz-sein‹ äußert sich in der prinzipiellen Verantwortung des Menschen für sein Handeln und in der Ermöglichung des humanen Zusammenlebens. Dies macht die zentrale Stellung der Freiheit im Kontext moralischen Denkens und Handelns aus. Zwar formuliert der Mensch nicht jedes Handlungsgesetz für sich, sondern orientiert sich an externer Gesetzgebung beispielsweise der des Staates. Dies enthebt den Menschen aber nicht der Verantwortung, diese Vorgaben auf ihre jeweilige Richtigkeit und Vernünftigkeit hin zu hinterfragen.

Willensfreiheit steht damit nicht nur für die Möglichkeit, Handlungen aus sich selbst zu vollziehen, sondern sowohl für die Fähigkeit, das Gute zu wollen, als auch für die Fähigkeit, Handlungsmaximen zu formulieren, um dieses Gute zu verwirklichen. Einer so verstandenen Freiheit, »sofern sie mit jedes anderen Freiheit nach einem allgemeinen Gesetz zusammen bestehen kann« (Kant: MdS A45), schreibt Kant den Rang eines grundlegenden Menschenrechts zu. Diese Zuschreibung unterstreicht die Bedeutung der Freiheit als zentrale anthropologisch-ethische Kategorie. Kant selbst allerdings bezeichnet die Freiheit als »eine reine transzendente Idee, die erstlich nichts von der Erfahrung Entlehntes enthält, zweitens deren Gegenstand auch in keiner Erfahrung bestimmt gegeben werden kann« (Kant: KrV B 834). Was heißt das? Mittels transzendentaler Reflexion wird von Erfahrungen ausgehend auf die Bedingungen der Möglichkeit dieser Erfahrung geschlossen. Mit philosophischen Fachbegriffen formuliert: ›A posteriori‹ (im nachhinein), also nach der gemachten Erfahrung, wird auf das reflektiert, was ›a priori‹ (von vorneherein), vor der Erfahrung, schon gegeben sein muß, um ein ›a posteriori‹ zu ermöglichen. Das ›A posteriori‹ markiert den Standpunkt desjenigen, der die transzendentale Reflexion vollzieht, das ›A priori‹ steht für das Ziel der Reflexion. Willensfreiheit erschließt Kant ausgehend vom sinnlich erfahrbaren Handeln des Menschen als die dem Handeln zugrunde liegende Bedingung. Die Willensfreiheit erweist sich somit als die a priori gegebene Fähigkeit, Handlungen zu vollziehen, das Gute zu wollen und die Handlungsmaximen so zu formulieren, daß sie diesem Ziel dienlich sind.

1.2 Entscheidungsfreiheit und Handlungsfreiheit

Willensfreiheit als transzendente Idee sagt freilich nun nichts darüber aus, wie sich Freiheit im Leben des Menschen konkretisiert. Hier greift die begriffliche Unterscheidung von Entscheidungsfreiheit und Handlungsfreiheit als den Freiheitsmomenten, die der Mensch in seinem Handeln in Anspruch nimmt.

• Der Begriff der Entscheidungsfreiheit steht für den inneren Entscheidungsraum des Menschen. Er bezeichnet die Fähigkeit des Menschen, sich Ziele zu setzen und nach vernunftgemäßen Mitteln und Wegen zu suchen, diese auch zu verwirklichen. Damit konkretisiert dieser Begriff vorwiegend die positive Freiheit. Entscheidungsfreiheit heißt: Ich kann mich für oder gegen etwas entscheiden, beziehungsweise zwischen zwei Alternativen wählen. Voraussetzung für die Entscheidungsfreiheit ist somit das Vorhandensein von Entscheidungsalternativen. Der Mensch erweist sich als autonom in der Wahl einer vernünftigen Handlungsmöglichkeit sowie der Überzeugungen, die er vertreten möchte. Allerdings muß er sich hierbei auch mit Beeinflussungen von außen auseinandersetzen. Die dann in Freiheit getroffene Entscheidung wird zur inneren Motivation für äußeres Handeln.

• Der Begriff der Handlungsfreiheit zielt auf diesen äußeren Handlungsraum. Handlungsfreiheit läßt den Menschen zwischen mehreren sich bietenden Handlungsoptionen wählen. Erst so kann er seine Ziele verwirklichen, die er sich unter Beanspruchung seiner Entscheidungsfreiheit gesetzt hat. Der Begriff der Handlungsfreiheit stellt somit primär eine Konkretion der negativen Freiheit dar. Er steht für die Unabhängigkeit des Handlungssubjekts in der konkreten Situation und macht frei davon, so und nicht anders handeln zu können. Die Handlungsfreiheit ist allerdings durch äußere Gegebenheiten wie etwa ökonomische oder politische Zwänge eingeschränkt.

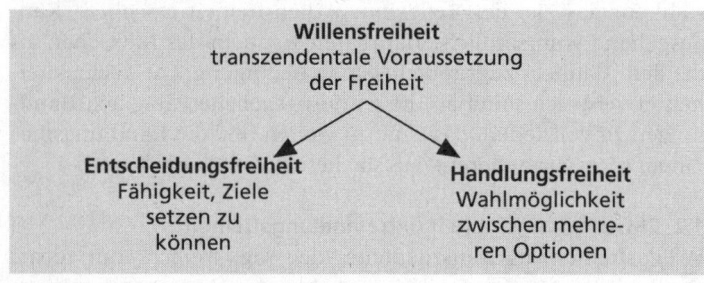

2 Freiheit und Determination

Jede ethische Reflexion, die den Menschen in seinen Lebensvoraussetzungen ernst nimmt und die auf Handlungsermöglichung zielt, hat zu berücksichtigen, welchen Einflüssen und Ansprüchen, welchen Dispositionen ein Mensch in einer konkreten Situation ausgesetzt ist. Für dieses Problem steht das Begriffspaar Freiheit und Determination.

2.1 Zum Verhältnis von Freiheit und Determination
Um den Problemzusammenhang von Freiheit und Determination

zu illustrieren, werden zunächst zwei Positionen vorgestellt, die das Begriffspaar in jeweils eine Richtung auflösen.

- Die Vorstellung von absoluter Freiheit negiert jegliche Determination. Eine solche Freiheit klingt beispielsweise in George Orwells Antiutopie »1984« an, wenn gesagt wird: »There is nothing we could not do. Invisibility, levitation – anything. I could float off this floor like a soap bubble if I wish to … You must get rid of those nineteenth century ideas about the Laws of Nature. We make the Laws of Nature« (Orwell: 1984, 210). Der Mensch setzt sich hier absolut gegenüber der Natur. Es gibt also keine von außen kommenden Einflüsse, nur noch vom Menschen selbst gesetzte Einschränkungen.

- Die Behauptung der Determiniertheit jeglicher Vorgänge der belebten und der unbelebten Natur verneint jegliche Form freien Handelns. Alle Handlungen werden auf logische Folgerungen und auf Naturgesetzlichkeiten zurückgeführt, insbesondere auf das Prinzip der Kausalität, das heißt auf den Grundsatz, daß jedes Geschehen eine exakt bestimmbare Ursache hat. Auch der menschliche Wille wird diesem Kausalgesetz unterworfen. Jegliche scheinbare Freiheit ist über psychische Prozesse und ihre entsprechenden physiologischen Grundlagen bioelektrischer und biochemischer Natur, »durch die universalen gesetzartigen Prinzipien determiniert« (Rensch: Probleme 45).

Beide Positionen überzeugen allerdings nicht. Gegen die erste These spricht schon die Alltagserfahrung. Eigenes Handeln wird tagtäglich durch äußere, nicht beeinflußbare Gegebenheiten eingeschränkt. Gegen die zweite Vorstellung spricht die Tatsache, daß eine Reflexion über Determinationen immer schon die Möglichkeit bietet, sich zu diesen zu verhalten. Freiheit und Determination stehen sich also nicht unversöhnlich gegenüber, sondern bilden ein Ineinander, das für das konkrete Handeln je neu entschlüsselt werden muß.

2.2 Die Dispositionen menschlichen Handelns

Das Ineinander von Freiheit und Determination läßt sich mit Hilfe einer Analyse der Dispositionen des Menschen genauer fassen. Grundsätzlich ist jeder Mensch durch biologische, soziale und transzendente Vorgaben disponiert.

Eine Vielzahl biologisch-genetischer Vorprägungen bestimmen den Menschen in physischer Hinsicht. Geschlecht, körperliche Veranlagungen, Haarfarbe und Augenfarbe beispielsweise sind vom bloßen Willen des Menschen nicht zu beeinflussen. Die heute möglichen medizinisch-technischen Veränderungen dieser Anlagen setzen die grundsätzlichen Prägungen des Menschen nicht außer Kraft. Auch psychische Vorgaben wie Neigungen, Vorlieben und Begabungen entziehen sich weitgehend dem Willen des Menschen. Alle Vorprägungen machen bereits ein Stück weit die Individualität eines Menschen aus. Sie sind das ›Handwerkszeug‹ im Umgang des Menschen mit der Welt, den Mitmenschen und sich selbst.

Deutlich ist: Der Mensch untersteht gewissen Vorausbedingungen in seiner genetischen und psychischen Konstitution. Sie prägen aber nicht sein ganzes Verhalten. Der Mensch ist fähig, diese Voraussetzungen zu erkennen, sich zu ihnen zu verhalten, sie zu verändern oder gar zu verstärken und erweist sich so als in Grenzen frei. Daher greifen alle einseitig-deterministischen Handlungserklärungen zu kurz.

Neben den biologisch-genetischen Vorgaben greifen auch sozial-kulturelle Dispositionen. Bereits Aristoteles bestimmte den Menschen als »zoon politikon« (Aristoteles: Politik 1253 a 24), als Gemeinschaftswesen: Der Mensch lebt nicht einfach isoliert, sondern in einem Bezugssystem mit anderen Menschen. Er wächst in Gemeinschaften, Gruppen oder Familien auf und ist in seinen ersten Lebensjahren nur in solchen Kontexten überhaupt lebens- und überlebensfähig. Dort erfährt der Mensch seine primäre Sozialisation, eignet sich Wertmaßstäbe, typische Verhaltensweisen und Denkkategorien des Weltverständnisses an. In seinem weiteren Leben übernimmt er zusätzliche Wertmaßstäbe, früher erworbene stellt er möglicherweise in Frage. Der Mensch wird also durch sein sozial-kulturelles Umfeld geprägt. Er zeigt milieuspezifische Eigenschaften, kontextgebundene Handlungsweisen und verfügt über typische Sprachspiele oder auch über einen herkunftsabhängigen Dialekt. Zugleich wird sein Handeln und Verhalten durch die Normen der ihn umgebenden Gesellschaft bestimmt und rechtlich oder moralisch sanktioniert.

Aus den jeweiligen gesellschaftlichen Prägungen läßt sich allerdings kein Automatismus für menschliches Handeln ableiten. Gerade weil der Mensch gesellschaftliche Gegebenheiten erkennen kann, ist es ihm möglich, sich auch zu diesen bewußt zu verhalten. Er kann sie ablehnen, kritisieren, annehmen oder verfestigen und erweist sich so wiederum als in Grenzen frei.

Schließlich gibt es auch transzendente, anthropologisch unveränderbare Vorausbedingungen menschlichen Handelns. Der Mensch bewegt sich als kontingentes, endliches Lebewesen innerhalb von Grenzen, die er durch sein eigenes Handeln nicht überschreiten kann. So liegen Geburt und Tod außerhalb seines Verfügungsraumes. Es ist weder seine Entscheidung, daß er auf dieser Welt ist, noch daß er einmal sterben muß. Der russische Schriftsteller Il'ja Ėrenburg schildert diese Begrenzung so: »Was will man machen, nicht Sie haben gewählt! Man stellt Sie einfach vor ein fait accompli. Es ist ein Hotel. Den einen gefällt es, und sie finden es ungemütlich, die einen entrüsten sich und hängen zunächst friedlich die Bilder von der einen Wand an die andere« (Ėrenburg: Abenteuer 14). Doch auch aus der Tatsache seiner grundsätzlichen Sterblichkeit kann der Mensch nicht jegliche Verantwortung für sein Handeln ablehnen. Vielmehr macht gerade das Faktum des Sterbenmüssens die Lebenszeit wertvoll, da das jeweilige Leben individuell, begrenzt und unwiederholbar ist und so erst mit Bedeutung aufgeladen wird (Wils: Erschöpfung 116).

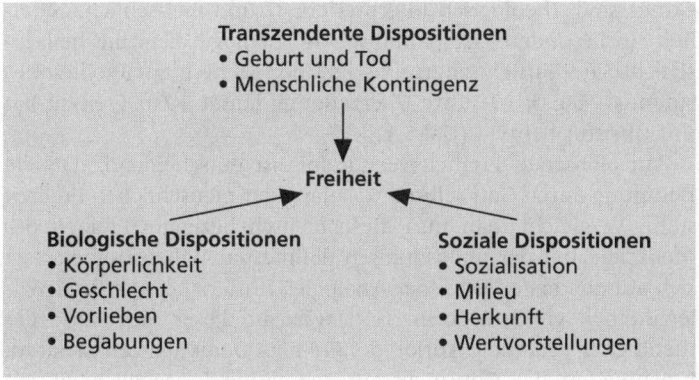

Die vorgestellten Überlegungen differenzieren das Verhältnis von Freiheit und Determination. Der Begriff der Determination umschreibt lediglich den Dispositionsrahmen und damit den Spielraum, innerhalb und aufgrund dessen der Mensch seine Freiheit verwirklichen kann.

3 Freiheit als Prinzip Theologischer Ethik

Freiheit als Grundbegriff jeder ethischen Reflexion spielt auch in der Theologischen Ethik eine zentrale Rolle. Dies mag auf den ersten Blick überraschen, da sich in der öffentlichen Meinung Freiheit und kirchliche Moral auszuschließen scheinen. Denn kirchliche Moral wird meistens mit einem starren Kanon von Regelungen, mit Bevormundung und so mit Fremdbestimmungen gleichgesetzt. Unabhängig davon, daß kirchliche Moral und Theologische Ethik keinesfalls in eins fallen, erscheint es trotzdem notwendig, den grundsätzlichen Stellenwert der Freiheit in der Theologischen Ethik zu bestimmen.

3.1 Die biblische Rede von der Freiheit

Die Geschichte Gottes mit den Menschen wird in den biblischen Texten wesentlich als eine Befreiungsgeschichte bezeugt. Diese beginnt mit dem Auszug aus Ägypten, gipfelt in der Osterbotschaft von der Auferstehung Christi und wird weitergetragen durch die befreiende Zusage seiner Gegenwart im Geist: »Wo der Geist wirkt, da ist Freiheit« (2 Kor 3,17). Diese Befreiungstaten Gottes sind, theologisch interpretiert, Grund menschlicher Freiheit. Insbesondere der paulinischen Theologie liegt die heilsgeschichtliche Einsicht zugrunde, daß der Mensch zur Freiheit berufen ist (Gal 5, 13). Ihre Überzeugung lautet: »Zur Freiheit hat uns Christus befreit« (Gal 5,1).

Am biblischen Freiheitsverständnis ist entscheidend, daß die Befreiung durch Gott selbst am Anfang der menschlichen Freiheit steht. Vergleicht man nun diese biblisch bezeugte Freiheit des Menschen mit der philosophisch definierten Willensfreiheit, legt sich auf den ersten Blick der Analogieschluß nahe, Gott und Willensfreiheit gleichzusetzen. Gott wäre in dieser Sichtweise das theologisch gedeutete Apriori der Freiheit. Dementgegen ist darauf hinzuweisen, daß Gott nicht nur Bedingung der Möglichkeit von Freiheit und als solche transzendent ist, sondern auch geschichtlich greifbare Freiheitserfahrung ist. Diese Immanenz Gottes drückt sich in den biblischen Erzählungen aus, die das befreiende Handeln Gottes als geschichtliche Erfahrungen weitergeben. Die biblische Rede von der Freiheit umfaßt damit nicht nur die Bedingung der Möglichkeit für freiheitliches Handeln, sondern bekennt auch den, der diese Freiheit erst setzt und in Jesus von Nazareth vorlebt. Vor diesem Verstehenshorizont fragt die Theologische Ethik danach, ob Normen Freiheit zulassen oder nicht. Auch hier geht es ihr somit um Handlungsermöglichung. Der biblischen Rede von der Freiheit eignet damit ein normkritisches Moment.

Zugleich enthält die christliche Rede von der Freiheit ein handlungskritisches Potential. Sie weist auf die Differenz von freiheitlichem Handeln und richtigem und gutem Handeln hin. Freiheit steht immer in der Möglichkeit des Scheitern-Könnens. Die Möglichkeit, falsch zu handeln, wird auch durch die Verwiesenheit auf Gott nicht verneint. Doch ist durch das befreiend-erlösende Handeln Gottes in Christus dem Menschen immer ein Neuanfang zugesagt.

Darüber hinaus schafft das Handeln Gottes als Bedingung der Möglichkeit für freiheitliches Handeln nach christlicher Überzeugung einen inneren Entscheidungsraum und äußere Handlungsmöglichkeiten. Diese Freiheitsmomente entsprechen der Entscheidungs- und Handlungsfreiheit.

3.2 Das theologisch-ethische Verständnis menschlicher Autonomie

Unter dem Stichwort »Autonome Moral« hat die neuere Theologische Ethik den Menschen und sein freiheitliches Handeln in den Mittelpunkt ihrer Überlegungen gerückt. Ihm ist es möglich, frei, das heißt im Sinne Kants autonom, zu handeln. Wie bei Kant hat dies auch in der Theologischen Ethik nichts mit Beliebigkeit und Willkür zu tun. Im Gegenteil: »In seiner Freiheit kann und soll der Mensch das Vorgegebene (d.h. die Wirklichkeit, in die der Mensch gestellt ist, d.Verf.) so gestalten, daß er darin die ihm aufgegebene Zukunft zu verantworten vermag« (Auer: Erscheinen 76).

Die Grundthese der »Autonomen Moral« lautet: Nicht ein ›göttlicher Normenkatalog‹, sondern die Vernunft ermöglicht es dem Menschen, das Humane zu erkennen und ihr sein Handeln in Freiheit zu unterwerfen (Auer: Moral). Diese Grundannahme knüpft einerseits an das Pauluswort an: »Wenn die Heiden, die das Gesetz nicht haben, von Natur aus das tun, was im Gesetz gefordert ist, so sind sie, die das Gesetz nicht haben, sich selbst Gesetz« (Röm 2,14). Andererseits kommt die Grundeinsicht Thomas von Aquins zum Tragen:»So ist Gutes das, was die auf das Tun gerichtete Vernunft zuerst erfaßt; denn alles was handelt, handelt eines Zieles wegen, das die Bewandtnis des Guten hat. Deswegen gründet der erste Grundsatz der auf das Tun gerichteten Vernunft auf die Bewandtnis des Guten« (Thomas von Aquin: s.th. I-II, q.94 a.2). Theologisch-ethische Reflexion ist deshalb von der Überzeugung bestimmt, »daß der Mensch von Gott so in Freiheit gesetzt ist, daß er die sittlichen Weisungen in geschichtlicher Erkenntnis in der geschaffenen Wirklichkeit erkennen kann« (Holderegger: Selbstbestimmung 74). Die Bindung des Menschen an das Gute erfolgt »immer nur auf Grund einer Selbstbindung der menschlichen Freiheit, die ihrer Verantwortung gewahr wird« (Merks: Autonomie 265). Religiöse, institutionelle Vorgaben wie etwa Katechismen, Enzykliken, Pastoralschreiben oder Verlautbarungen können die freie Entscheidung und das verantwortliche Handeln nicht ersetzen.

Dennoch bleibt die menschliche Freiheit als geschöpfliche Freiheit zurückgebunden an Gott. Er schafft den Menschen als autonomes Handlungssubjekt und eröffnet ihm Sinnperspektiven für sein freiheitlich-sittliches Handeln. Insofern kann man mit Recht auch von »theonomer Autonomie« sprechen: Die Verwiesenheit auf Gott (Theonomie) und die Freiheit des Menschen (Autonomie) bilden eine innere Einheit und sind so der Grund allen sittlichen Urteilens, Entscheidens und Handelns. Theonomie steht somit nicht für eine Fremdbestimmung des Menschen durch Gott, sondern ermöglicht erst Autonomie und gibt ihre eine Sinnrichtung (Böckle: Fundamentalmoral 48-92).

Dieser Ansatz der »Autonomen Moral« sieht sich in der wissenschaftlichen Diskussion zwei zentralen Anfragen ausgesetzt. Zunächst erscheint die Begründung des Sollensanspruchs sittlichen Handelns im Willen Gottes als eine Antwort auf die Frage, warum jemand überhaupt sittlich handeln soll, in einem nicht-theologischen Diskurs schwer vermittelbar. Denn philosophisch wird der Sollensanspruch im kantschen Sinne im Subjekt grundgelegt, das sich selbst in Freiheit und um der Freiheit willen ein Gesetz gibt (Hirschi: Moral 101).

Die zweite Anfrage richtet sich an das Menschenbild, das die »Autonome Moral« zu erkennen gibt. Kann der Mensch überhaupt seine Lebenswirklichkeit vollständig erfassen? Überfordert nicht die Vielfalt der Facetten des Menschseins und die Komplexität der Welt die Wahrnehmungsfähigkeit des Menschen, so daß es ihm schwerfällt, aus sich heraus das Gute zu erkennen? Vor diesem Hintergrund ist zu fragen, ob der Mensch von Natur aus fähig ist, das Sittliche zu erkennen, oder ob er vielmehr der moralischen Erziehung zur Mündigkeit bedarf, die ihm Freiheit ermöglicht, Verantwortung zumutet und ihn so befähigt, sittlich gut zu handeln und sein Leben zu entwerfen (Pieper: Freiheit 54). Zudem unterstellt die »Autonome Moral« in ihrer Annahme vom erkennbaren Guten, daß es über ›glückendes Menschsein‹ einen minimalen Konsens gibt. Dieser angenommene Konsens erscheint aber angesichts der Pluralität der menschlichen Lebensentwürfe und Überzeugungen in der Moderne mehr als fraglich.

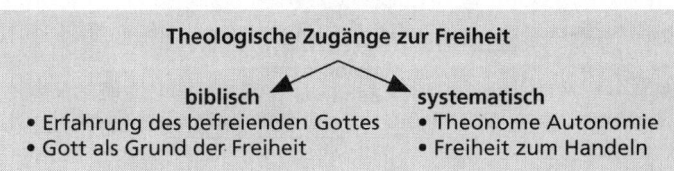

Theologische Zugänge zur Freiheit

biblisch   **systematisch**
• Erfahrung des befreienden Gottes   • Theonome Autonomie
• Gott als Grund der Freiheit   • Freiheit zum Handeln

Aufgrund dieser Anfragen muß das Konzept der »Autonomen Moral« auf einige wesentliche Grundlinien zurückgenommen werden. So hilft das christliche Freiheitsverständnis vorrangig, »den Schritt von der richtigen Einsicht zur Tat zu wagen« (Hirschi: Moral 113). Die Stärke des christlichen Beitrages zur ethischen Diskussion liegt demnach im Anwendungsbereich von Handlungsorientierungen. Dem Glauben kommt eine kritische, Normen hinterfragende, und eine motivierende, zur Normfindung auffordernde Funktion zu. Die gegenwärtige aktuelle Theologische Ethik geht damit über solche christlichen Ethiken hinaus, die eine unkritische Normbefolgung einfordern, weil sie Normen als unwandelbare, göttliche Gebote verstehen.

4 Ausblick

Philosophische und theologische Rede von Freiheit weist in den wesentlichen Punkten deutliche Übereinstimmungen auf. Gleichwohl enthält die theologische Rede mit dem Verweis auf Ursprung und Ziel menschlicher Freiheit spezifische Inhalte, die sie gewinnbringend zur Freiheitsdiskussion beiträgt, insbesondere im Bereich der Normkritik, der Normfindung und der Handlungsmotivation.

Weiter ist zusammenfassend festzuhalten: Freiheit ist als Willensfreiheit eine Grundeigenschaft des Menschen, die ihm in ihren konkreten Erscheinungsweisen als Entscheidungs- und Handlungsfreiheit ein individuell verantwortetes Handeln im Kontext verschiedenster Dispositionen ermöglicht.

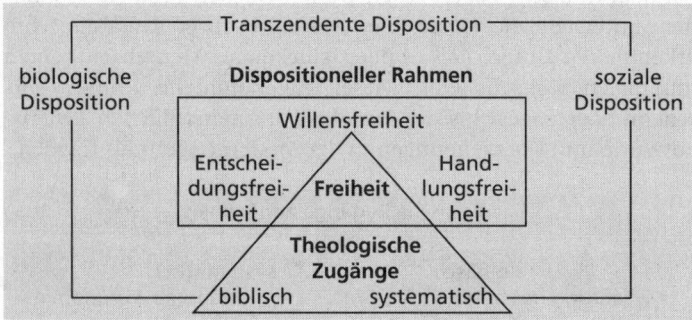

Freiheit vollzieht sich nicht zuletzt in gesellschaftlichen Zusammenhängen. Deshalb bleibt zu fragen, welche Bedingungen von seiten der Gesellschaft garantiert sein müssen, damit freiheitliches Handeln überhaupt stattfinden kann. Die Rede von der Freiheit ist sinnlos, wenn sie nicht konkret umgesetzt wird. Die Freiheit »erfordert Bedingungen wirtschaftlicher, sozialer, politischer und kultureller Art, die ihre volle Ausübung möglich machen« (Instruktion »Libertas conscientia« DH 4750). Neben sozialen Dispositionen muß es also auch institutionelle, soziale Garantien der Freiheit geben. Diese Garantien werden unter anderem durch das Recht auf Meinungsfreiheit, Pressefreiheit und Religionsfreiheit ausgedrückt. Gleichzeitig markieren diese Begriffe den heute gängigen Sprachgebrauch von Freiheit. Für alle institutionell garantierten Freiheiten gilt: Sie sind sowohl Voraussetzungen für Freiheit als auch Realisationen von Freiheit. Der Mensch bedarf der Garantie dieser Freiheiten, um überhaupt erst frei entscheiden und handeln zu können.

ZUSAMMENFASSUNG

(1) Freiheit als grundlegende Bedingung der Möglichkeit verantwortlichen menschlichen Handelns (Willensfreiheit) differenziert sich in Freiheit von etwas (negative Freiheit) und Freiheit zu etwas (positive Freiheit). Sie realisiert sich im Leben des Menschen als Entscheidungs- und Handlungsfreiheit. Der Mensch kann sich frei für ein Ziel entscheiden und unter mehreren Handlungsmöglichkeiten die ihm vernünftig erscheinende Option auswählen. Er handelt also nicht beliebig, sondern ist dazu aufgefordert, sich selbst Gesetz zu sein (Autonomie).

(2) Menschliches Handeln ist stets unterschiedlichen Einflüssen ausgesetzt. Den Menschen bestimmen seine physisch-psychische Konstitution (biologisch-genetische Disposition), sein gesellschaftliches Umfeld in dem er lebt (sozial-kulturelle Disposition) und die Tatsache, daß er als Lebewesen kontingent ist (transzendente Disposition). Diese Dispositionen markieren den Rahmen des Handlungsfeldes des Menschen, in dem er seine Freiheit als Autonomie lebt.

(3) Theologische Ethik deutet den Mensch als von Gott zur Freiheit befreit. Auch die theologische Rede von der Freiheit spricht dem Menschen zu, aus sich selbst heraus sittlich handeln zu können. Dem christlichen Glauben kommt dabei eine besondere Relevanz für die Normkritik, die Normfindung und die Handlungsmotivation zu.

(4) Um Handlungs- und Entscheidungsfreiheit überhaupt wahrnehmen zu können, bedarf es institutioneller Garantien konkreter Freiheiten durch die Gesellschaft. Dazu gehören unter anderem Meinungs-, Presse und Religionsfreiheit.

TEXTARBEIT

Philosophischer Text

Einführung Die Bedeutung des Königsberger Philosophen Immanuel Kant für die wissenschaftliche Ethik wurde bereits herausgestrichen. In verschiedenen seiner Schriften äußert er sich auch zum Begriff der Freiheit und wirkt damit prägend auf spätere ethische Entwürfe.

Arbeitstext *Dieses ist aber nicht anders möglich, als durch die Unterwerfung der Maxime einer jeden Handlung unter die Bedingung der Tauglichkeit der ersteren zum allgemeinen Gesetze. Denn als reine Vernunft (...) kann sie (...) nichts mehr als die Form der Tauglichkeit der Maxime der Willkür zum allgemeinen Gesetze selbst zum obersten Gesetze und Bestimmungsgrunde der Willkür machen und, (...), dieses Gesetz nur schlechthin als Imperativ des Verbots oder Gebots vorschreiben.*

Diese Gesetze der Freiheit heißen zum Unterschiede von Naturgesetzen moralisch. So fern sie nur auf bloße äußere Handlungen und deren Gesetzmäßigkeit gehen, heißen sie juridisch; fordern sie aber auch, daß sie (die Gesetze) selbst die Bestimmungsgründe der Handlungen sein sollen, so sind sie ethisch, und alsdann sagt man; die Übereinstimmung mit den ersteren ist die Legalität, die mit den zweiten die Moralität der Handlung. Die Freiheit, auf die sich die ersteren Gesetze beziehen kann nur die Freiheit im äußeren Gebrauche, diejenige aber, auf die sich die letztere beziehen, die Freiheit sowohl im äußern als innern Gebrauche der Willkür sein, sofern sie durch Vernunftgesetze bestimmt ist.

Quelle Immanuel Kant: Die Metaphysik der Sitten, (Gesamtschriften 6), hrsg v. der königlich preußischen Akademie der Wissenschaften, Berlin 1914, A 6f.

Leitfragen Wie sieht Kant im vorliegenden Text das Verhältnis von Freiheit und Vernunft? Was macht die Gesetze der Freiheit zu moralischen Gesetzen? Wer setzt die Gesetze der Freiheit?

Theologischer Text

Einführung Der Moraltheologe Sebastian Mutschelle (1749-1800) war einer der ersten Theologen, der die Überlegungen Kants zur sittlichen Autonomie des Menschen in die Moraltheologie mit einbezog.

Arbeitstext *Man kann von einem Menschen, der etwa mit sich rathschlagt, ob er insgeheim das für einen dritten zugestellte Geld demselben hinübergeben, oder für sich behalten solle, sagen: Sieht er blos auf das, was seine Vernunft, sein Gewissen und sohin Gottes Wille spricht, so achtet und will er, was recht und gesetzmäßig ist, nämlich er will das Anvertraute hinübergeben: wendet er aber seinen Blick auf das, wozu ihn seine Sinnlichkeit reizt, so liebt und will er, was angenehm* *ist, und will also das Anvertraute für sich behalten. Entschließt er sich nun zu einem dieser beyden, so heißt dieser Enstschluß wieder sein Wille. Das erste kann der reine Wille, das zweite der sinnliche Wille, das dritte die Wahl, und als Vermögen zu wählen, die Willkühr heißen. (...)*

Wenn man fragt, ob der Mensch in seinem Wollen sittlich frey sey, so fragt nicht von jenem noch unvollständigen Wollen, wozu er von seiner reinen Vernunft aufgefordert, oder von seiner Sinnlichkeit aufgeregt wird, nach dem Sittengesetze, oder gegen dasselbe zu handeln; sondern man fragt nur von jenem eigentlichen vollständigen Wollen, das im wirklichen Entschlusse seiner Willkühr, in der wirklich getroffenen Wahl besteht, durch die er entweder sich für das reine oder sinnliche Wollen, für die gebietende Vernunft, oder für die Anregung der Sinnlichkeit entschieden erklärt. Jenes doppelte Begehren dringt sich mit offenbarer unabtreiblicher Nothwendigkeit auf. Freyheit des menschlichen Willens kann also nur Freyheit im endlichen Entschlusse, Freyheit der Willkühr seyn. (...)

Der Mensch als vernünftiges Wesen hat sittliche Freyheit, oder sittlich freye Willkühr. – Er kann sich, ohne den sinnlichen Antrieben zu gehorchen, und also unabhängig von dießen zum gesetzmäßigen Handeln lediglich durch reine Vernunft, durch die Achtung für sie und ihr Sittengesetz bestimmen. Denn seine Vernunft sagt ihm, daß er sich so dem Sittengesetze gemäß, und aus der Achtung dafür bestimmen soll also versichert sie ihn eben dadurch, daß er dieß thun kann; sonst würde sie ihm befehlen etwas wirklich zu machen, was doch nicht möglich wäre, und ihr Gesetz würde dann nicht ein Vernunftgesetz, sondern ein widerspruchsvolles Gesetz der Unvernunft, d. i. kein Gesetz seyn. – Kann sich nun aber der vernünftige Mensch so durch seine Vernunft, und das aus ihr hervorgehende Sittengesetz, ohne daß er anderswoher durch sinnliche Gefühle bestimmt werde, selbst bestimmen, nach dem Sittengesetze zu handeln, so hat er sittliche Freyheit, oder sittliche freye Willkühr. (...)

Die sittliche Freyheit des Menschen, als eines vernünftigen Wesens, ist also ein Vermögen, von jedem andern sinnlichen Antriebe unabhängig, blos aus Achtung für die gebiethende Vernunft und ihr Sittengesetz (das auch Gottes Wille, Gottesgesetz ist) sich selbst zu bestimmen, so zu handeln, wie es diesem Gesetze gemäß ist.

Quelle Sebastian Mutschelle: Moraltheologie oder Theologische Moral. Erster Teil: Allgemeine Moral, München 1801, 108-114.

Leitfragen Welche Willensentscheidungen differenziert Mutschelle? Welche sieht er als für die Frage nach der Freiheit relevant an? Was macht die sittliche Freiheit aus?

Literarischer Text

Einführung Die folgenden Texte sind Auszüge aus dem Roman »Wir« von Evgenij Zamjatin (1884-1937). Dieser Roman gilt als die erste Antiutopie und als Vorläufer der bekannteren Werke »Brave New World« von Aldous Huxley und »1984« von George Orwell. In Tagebuchform beschreibt der Erzähler den »Einen Staat«, in dem er lebt, und die Überzeugungen, nach denen er sein Leben ausrichtet. Alle Bewohner dieses Staates leben unter der totalen Überwachung des »Wohltäters«. Sie leben in gläsernen Häusern und verrichten alle ihre Tätigkeiten im Gleichklang. Statt Namen tragen sie Nummern.

Arbeitstext *»Es ist die alte Legende vom Paradies ... natürlich auf uns, auf die Gegenwart übertragen. Jene beiden im Paradies waren vor die Wahl gestellt: entweder Glück ohne Freiheit – oder Freiheit ohne Glück. Und diese Tölpel wählten die Freiheit – wie konnte es anders sein! Und die natürliche Folge war, daß sie sich jahrhundertelang nach Ketten sehnten. Darin war das Elend der Menschheit beschlossen – sie gierte nach Ketten. Jahrhundertelang! Und wir erst sind dahintergekommen, wie man das Glück wiedergewinnen kann... Unterbrechen sie mich nicht. Der alte Gott und wir sitzen am gleichen Tisch. Jawohl! Wir haben Gott geholfen, endlich den Teufel zu überwinden – denn der Teufel war es ja, der die Menschen dazu trieb, das Verbot zu übertreten und von der verderblichen Frucht zu kosten, er, die höllische Schlange. Wir aber haben ihm den Kopf zertreten und sind in das Paradies zurückgekehrt, sind wieder einfältig und unschuldig wie Adam und Eva. Es gibt kein Gut und Böse mehr. Alles ist unkompliziert und einfach geworden. Der Wohltäter, die Maschine, der Würfel, die Gasglocke, die Beschützer (das sind Einrichtungen des Einzigen Staates. Der Wohltäter ist der Staatsführer, die Maschine und die Gasglocke sind Folter- und Exekutionsinstrumente, die Beschützer sind die Geheimpolizei, die Hg.) – all das ist erhaben und kristallklar. Es erhält unsere Freiheit, und unsere Freiheit ist unser Glück. Die Menschen von einst hätten sich lange den Kopf zerbrochen, ob das eine Ethik sei oder nicht. Aber genug davon. Ist das nicht ein prächtiges Gedicht über das Paradies? Und ein so ernstes dazu!«* (...)

Befreiung? Es ist wirklich erstaunlich, wie stark die verbrecherischen Instinkte im Menschen sind. Ich sage ganz bewußt: verbrecherisch. Denn die Freiheit und das Verbrechen sind eng miteinander verknüpft wie ... nun wie die Bewegung eines Flugzeugs mit seiner Geschwindigkeit: ist die Geschwindigkeit eines Flugzeugs gleich null, bewegt es sich nicht. Ist die Freiheit des Menschen gleich null, begeht er keine Verbrechen. Das ist völlig klar. Das einzige Mittel, den Menschen vor dem Verbrechen zu bewahren, ist, ihn vor der Freiheit zu bewahren. Kaum ist uns das gelungen, da kommen ein paar erbärmliche Narren (...).

Quelle Jewgenij Samjatin: »Wir«, Köln 1984, 61-62. 37.

Leitfragen Welche Probleme verursacht Freiheit im vorliegenden Text nach Ansicht des Erzählers? Freiheit und Glück werden als unvereinbare Gegensätze gegenübergestellt. Nehmen Sie dazu Stellung.

Praktisches Beispiel. Klonen

Einführung Mit dem Begriff des Klonens werden in der modernen Biotechnologie Verfahren zur Herstellung mehrerer genetisch identischer Lebewesen bezeichnet. Nachdem es 1997 erstmals gelang, mit dem Schaf Dolly den Klon eines ausgewachsenen Säugetieres zu ›produzieren‹, verschärfte sich die Debatte um diese Fortpflanzungstechnologie, da es jetzt auch möglich erscheint, von erwachsenen Menschen Klone herzustellen.

Arbeitstext *Der Amerikaner Richard Seed will Nachwuchs für unfruchtbare Menschen klonen. Doch seine Ankündigung ruft Protest hervor. Kollegen schelten sein Vorhaben als unausgereift. Das Weiße Haus in Washington verwarf die Pläne des Fruchtbarkeitsforschers aus Chicago als »unverantwortlich, ethisch und beruflich verwerflich« und droht mit dem gesetzlichen Verbot.*

Professor Mark Sauer von der Columbia Universität in New York beschuldigt Seed der »Sensationsmache«. Das Klonen von Menschen sei medizinisch nicht vonnöten und »der falsche Ausweg aus der Unfruchtbarkeit«. (...)

Seed, nach eigenen Angaben ein gläubiger Methodist, der sich auf den Willen Gottes beruft, will kinderlosen Eltern »identische Zwillinge schenken, die einfach nur eine Generation jünger sind«. Er habe auch schon vier Paare gefunden, die sich klonen lassen wollten, sagte Seeds und nannte für den ersten Menschen dieser Art Kosten von un-

gefähr 2,2 Millionen Dollar. Sollte sein Verfahren dann Routine sein, sänke der Betrag auf 5000 bis 10 000 Dollar.

»Dahinter steckt ein ethisch verwirrter Geist«, kommentierte der deutsche Forschungsminister Jürgen Rütters gestern die Pläne.

Quelle Artikel »Dahinter steckt ein verwirrter Geist. Widerstand gegen Vorhaben des Fruchtbarkeitsforschers aus Chicago«, in: »Schwäbisches Tagblatt« (03. Januar 1998).

Leitfragen Inwiefern kann das Klonen die Freiheit des Menschen gefährden? Sind Zellenspender und Klon mit den Begriffen Original und Kopie adäquat beschrieben? Was sagt eine solche Zuschreibung über den Status eines Klons aus?

Vernunft – Natur – Erfahrung. Das Strukturfeld sittlicher Entscheidungsfindung

Dorothee Beckmann / Andreas Greis

Zur sittlichen Kompetenz gehört ganz elementar die Fähigkeit ethischer Reflexion in Hinsicht auf konkrete Probleme. Diese Fähigkeit schließt den kritischen Umgang mit Handlungen und die Gewichtung alternativer Handlungsoptionen mit ein. Betrachtet wird im folgenden die formale Seite dieser Reflexion (1). Formal heißt, daß die Strukturen, nicht aber die Inhalte der Entscheidungsfindung in den Blick genommen werden. Damit rückt die Frage in den Vordergrund, worauf sich das Individuum beziehen kann, wenn es die eigenen Handlungen und Handlungsentwürfe sowie die vorgegebenen Moralen bewerten, hinterfragen und kritisch überprüfen will. In diesem Kapitel werden Vernunft (2), Natur (3) und Erfahrung (4) als wesentliche Bezugsgrößen der ethischen Reflexion aufgezeigt, in ihren wechselseitigen Abhängigkeiten dargestellt (5) und in ihren Rahmenbedingungen (Geschichte, Kultur, Gesellschaft) verankert (6). In einem abschließenden Schritt werden diese einzelnen Elemente zu einem Strukturfeld ethischer Reflexion verknüpft und in ihrem Beziehungsverhältnis dargestellt (7).

1 Bezugsgrößen ethischer Reflexion

Fragt man in einer ethischen Diskussion danach, warum jemand zu einem bestimmten Urteil kommt, wird eine Vielzahl von Antworten greifbar, wie etwa »das tut man doch nicht«, »das wird von mir erwartet«, »das tut man«, »dazu habe ich gerade Lust«, »das ist nützlich« oder »das steht in der Bibel«. Mit Henry David Aiken (*1912) lassen sich diese Antworten unterschiedlichen Legitimationsebenen zuordnen (Aiken: Reason 65-87). Sie äußern eine spontane Betroffenheit (expressive Ebene) oder richten sich an einer geltenden Moral aus (moralische Ebene). Nimmt man schließlich die spezifisch ethische Ebene in den Blick, auf der Argumente kritisch hinsichtlich ihrer Gültigkeit hinterfragt werden, so lassen sich vor allem drei Begründungstypen ausmachen: Etwas ist gut oder böse, richtig oder falsch, weil es der Bewertende für vernünftig hält, als natürlich ansieht oder weil es seiner Erfahrung entspricht. So kann jemand es beispielsweise für richtig halten, einem älteren Menschen über die Straße zu helfen, weil ihm die Vernunft sagt, daß ältere Menschen im Straßenverkehr besonders gefährdet sind, weil es ganz natürlich ist, älteren Menschen behilflich zu sein oder weil er die Erfahrung gemacht hat, daß diese Menschen Hilfe brauchen.

Vernunft, Natur und Erfahrung sind nicht nur mögliche Bezugsgrößen der ethischen Reflexion, sondern ihre entscheidenden Momente. Sie stehen in einem inneren Zusammenhang: Vernunft als Vermögen der Bewertung gehört zur naturalen Ausstattung des Menschen; was als zu seiner Natur gehörend angesehen wird, ist wiederum zu einem großen Teil Moment der Erfahrung; Erfahrungen schließlich sind mittels der Vernunft gedeutete und bewertete Erlebnisse.

Darüber hinaus gilt zu beachten: Vernunft, Natur und Erfahrung sind jeweils bestimmt durch die individuelle Perspektive des Reflektierenden (subjektives Moment), und müssen gleichzeitig mit der Perspektive anderer beziehungsweise der Gesellschaft vermittelt werden (objektives Moment). Der individuelle Blickwinkel wie auch die überindividuelle Vermittlung sind geschichtlich bedingt und hängen von der jeweiligen Kultur und Gesellschaft ab, in deren Einflußraum reflektiert wird.

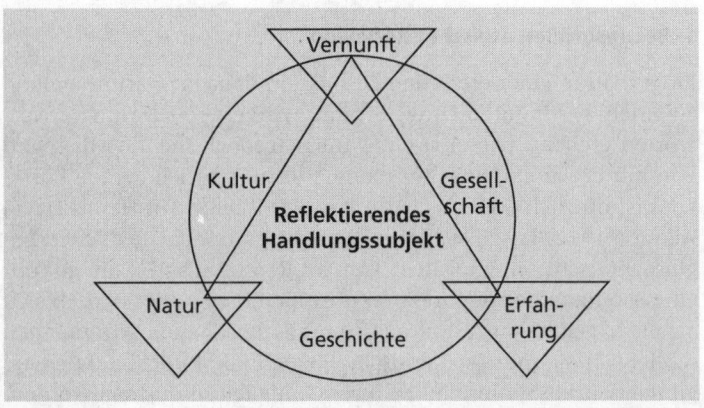

2 Vernunft als Grundvermögen ethischer Reflexion

Die Vernunft ist eine Grundfähigkeit des Menschen, mit deren Hilfe er die wahrgenommenen Gegebenheiten seiner Welt ordnet und bewertet. Das formale Kriterium dieser Ordnungen und Bewertungen der Vernunft ist das Prinzip der Widerspruchslosigkeit. Dieses Prinzip besagt, daß es dem Menschen unmöglich ist, einen Sachverhalt unter Heranziehung derselben Gründe zugleich als wahr und falsch beziehungsweise zugleich als gut oder böse zu halten (Aristoteles: MP 1005b). Die Widerspruchslosigkeit gilt somit sowohl für die faktischen Gegebenheiten des Lebens (Sein) als auch für die Ansprüche, die an den Menschen herangetragen werden (Sollen).

Die Differenzierung der Ebenen von Sein und Sollen bedingen eine Differenzierung der Vernunft selbst. Sie läßt sich, je nachdem ob sie sich auf theoretische oder praktische Erkenntnisse bezieht, auch in theoretische und praktische Vernunft unterscheiden. Nach Kant ist die theoretische Erkenntnis das, »wodurch ich erkenne, was da ist, die praktische aber, dadurch ich mir vorstelle, was da sein soll. Diesem nach ist der theoretische Gebrauch der Vernunft derjenige, durch den ich a priori (als notwendig) erkenne, das etwas sei; der praktische aber, durch den a priori erkannt wird, was geschehen solle« (Kant: KrV A 633).

Der Vernunft kommt also nicht nur eine bewertend-ordnende, sondern auch eine verknüpfende Funktion zu, insofern sie zwischen theoretischen und praktischen Erkenntnissen vermittelt. So leitet die Vernunft auf der Ebene des Seins aus Fakten und Daten allgemeine theoretische Erkenntnisse ab (kenntnisnehmende Vernunft), die etwa als Naturgesetze formuliert werden. Demgegenüber werden auf der Ebene des Sollens die in einer Gesellschaft vorfindbaren Verhaltens- und Handlungsweisen wahrgenommen und bewertet. Daraus werden allgemeine praktische Erkenntnisse, also Prinzipien und zeit- und situationsabhängige Regeln formuliert (stellungnehmende Vernunft), wie etwa die Goldene Regel, der Kategorische Imperativ oder ganz konkrete Normen.

	theoretisch	praktisch
Erkenntnis	was da ist	was da sein soll
Vernunft	a priori erkennen, daß etwas sei	a priori erkennen, was geschehen solle
Kriterien	wahr – falsch	gut/menschlich – böse
Ergebnis	Naturgesetze, individuelle und soziale Gesetzlichkeiten	z.B. Goldene Regel, kategorischer Imperativ
Ebene	Sein	Sollen

Aufgrund ihrer bewertenden Funktion steht die Vernunft im Zentrum der ethischen Reflexion. Als stellungnehmende, praktische Vernunft ermöglicht sie es, die Gültigkeit eines Sollens zu begründen. Darüber hinaus kommt der Vernunft im ethischen Diskurs eine vermittelnde Funktion zwischen theoretischer und praktischer Erkenntnis, zwischen Deskription und Präskription zu. Erst die Vermittlung theoretischer Einsichten über den Menschen (anthropologische Sachverhalte) mit praktischen Erkenntnissen (Sollensforderungen) erlaubt eine kompetente Bewertung menschlichen Handelns. Nur in dieser Vermittlung kann der Mensch umfassend in seinen Grenzen und Möglichkeiten wahrgenommen werden. Sie verhindert zudem naturalistische wie normativistische Fehlschlüsse, die letztendlich durch eine einseitige Auslegung der Vernunft zustande kommen.

Fehlschluß	Sein (deskriptiv)	Sollen (präskriptiv)
Naturalistisch, vom Sein auf ein Sollen	Fakten, empirische Erkenntnisse $\longrightarrow$	Normen, Sollensforderungen
Normativistisch, vom Sollen auf ein Sein	Faktizität einer $\longleftarrow$ konkreten Situation	Prinzipien, Maximen, allgemeine Beurteilungsmaßstäbe

Einen naturalistischen Fehlschluß begeht etwa ein Wissenschaftler, wenn er meint, er sei deshalb verpflichtet, ein bestimmtes Experiment durchzuführen, nur weil dieses möglich ist. Hier schließt er von einem Sein, dem wissenschaftlich Möglichen, auf ein Sollen, nämlich die unbedingte Anwendung des Machbaren. So ist es beispielsweise unzulässig, allein aus der Tatsache, daß man Menschen im Reagenzglas zeugen kann (In-vitro-Fertilisation), zu schließen, daß man dies auch tun soll.

Einen normativistischen Fehlschluß hingegen begeht, wer allein aus einer genauen Vorschrift ableitet, wie etwas zu sein hat. So kann etwa aus dem Dekaloggebot »Du sollst nicht nach dem Haus deines Nächsten verlangen« (Ex 20,17) nicht geschlossen werden, daß nicht doch jemand seinen Nachbarn beneidet.

3 Natur als Leitperspektive ethischer Reflexion

Die Vernunft ist als ein Vermögen des Menschen ihrer Struktur und Verfaßtheit nach nicht beliebig, sondern Vernunft in Natur (Thomas von Aquin: s.th. I-II q.91 a.2). Natur umfaßt als Natur des Menschen seine biologisch-genetischen Grundvoraussetzungen (conditio humana) und die als naturales Vermögen beschriebene Vernunft (Vernunftnatur). Mit dieser Einbettung in die Natur des Menschen steht die Vernunft in einem komplexen Bezugsrahmen von Gesetzlichkeiten. Dazu gehören unter anderem die von Mensch zu Mensch variierenden Grundbedürfnisse, wie Hunger, Schlaf, Zuneigung, Geborgenheit oder Anerkennung, die jenseits aller sozio-kulturellen Überformung elementare Impulsgeber menschlichen Handelns sind. Diese Reflexion auf naturale Gesetzlichkeiten, die das Handeln des einzelnen beeinflussen und die Tätigkeit der Vernunft fördert und begrenzt, geht auf die griechische Sophistik (5. Jhd.v.Chr.), insbesondere auf die Philosophen Hippias und Antiphon zurück. Diese unterschieden zwischen Natur (physis) und Gesetz (nomos) und damit auch zwischen Vorgaben der Natur und Vorgaben des Menschen (Flückiger: Geschichte 105ff.).

Innerhalb seiner Reflexion auf das ›natürliche Gesetz‹ (lex-naturalis-Lehre) zielt auch Thomas von Aquin mit dem Begriff der »inclinationes naturales« auf den natürlichen Bezugsrahmen der Vernunft. Diese Inklinationen bestimmt Thomas als Selbst- und Arterhaltung, als Transzendenz- und Sozialbezogenheit. Die natürlichen Neigungen disponieren als inneres Antriebsfeld des Menschen seine Handlungen und können so als umrißgebende, generelle Aspekte menschlicher Lebenswirklichkeit charakterisiert werden (naturale Unbeliebigkeit). Vor diesem Hintergrund ist zu beachten, daß die inclinationes naturales menschliches Handeln prägen, aber nicht aus sich heraus Normen stiften oder zu erkennen geben. Es ist vielmehr die Aufgabe der praktischen Vernunft, ihre Ziele zu bestimmen. Umgekehrt bildet so die naturale Disposition einen Bezugsrahmen für die praktische Vernunft und entzieht so das menschliche Handeln der Beliebigkeit. Damit sind weder die natürlichen Neigungen bloßes Material der praktischen Vernunft, noch erscheint die praktische Vernunft lediglich als reines Ableseorgan der inclinationes naturales (Thomas von Aquin: s.th. I-II q.90 a.4 ad1).

Während Thomas von Aquin die inclinationes naturales noch mit deren offensichtlichem Vorhandensein begründete, untermauerte die moderne Verhaltensforschung dieses naturale Potential des Menschen auf empirischem Wege (Lorenz: Böse; Eibl-Eibesfeldt: Liebe). Danach zeigt sich menschliches Leben und Handeln von einer grundsätzlichen Ambivalenz bestimmt: Es steht zwischen einem selbstbezogenen Grundinteresse, das sich den anderen zunutze machen und ihn gebrauchen will, und einem selbstlosen Grundinteresse, das für den anderen um seiner selbst willen da sein will. Diese ambivalente Struktur der Natur des Menschen äußert sich in drei interaktionellen Grundeinstellungen menschlichen Verhaltens: sachhaft-gebrauchend (verdinglichend), konkurrierend (aggressionsspezifisch) und fürsorgend. Diese naturalen Strukturmomente bedingen sich gegenseitig und stehen in Konkurrenz zueinander. Auf der Basis dieser Grundeinstellungen ist die Gestaltung menschlicher Lebenswirklichkeit gleichermaßen auf Bedürfniserfüllung, Selbstbehauptung und Fürsorgebereitschaft hin ausgerichtet.

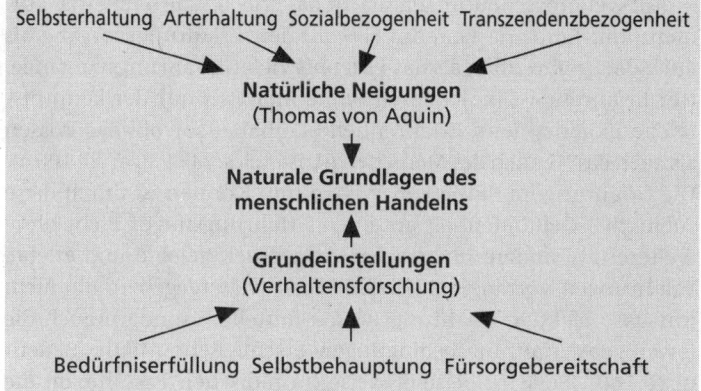

Menschliches Handeln geschieht also nicht voraussetzungslos, sondern auf der Grundlage eines naturalen Potentials, das sich nach dem Modell Thomas von Aquins in den inclinationes naturales und nach dem Modell der Verhaltensforschung in den drei interaktionellen Grundeinstellungen äußert. Sittliche Normen sind vor diesem Hintergrund als Auslegungsresultate der naturalen Vorgaben vermittels der Vernunft zu bestimmen und können nicht direkt aus der Natur abgeleitet werden (Korff: Mensch 268). Das Handeln des Menschen ist darüber hinaus eingebunden in geschichtliche, kulturelle und gesellschaftliche Gegebenheiten, die wiederum sittliche Normen bedingen.

4 Erfahrung als Quelle sittlicher Erkenntnis

Neben Vernunft und Natur bezieht sich die ethische Reflexion auf die menschliche Erfahrung. Erfahren meint ursprünglich »auf einer Fahrt erkunden« und hält damit Widerfahrnisse des Menschen fest. Mit dem Anknüpfen an Widerfahrnisse geht in den Begriff der Erfahrung das Moment der Unmittelbarkeit ein (Gründel: Erfahrung 59-60). Zudem werden diese unmittelbaren Widerfahrnisse reflektierend gedeutet. Nicht zuletzt diese reflektierende Deutung verweist auf den Zusammenhang von Erfahrung und Vernunft, in dem die Vernunft die Deutung übernimmt. Somit enthält Erfahrung sowohl eine prozessuale als auch eine resultative Komponente. Über den Prozeß der Deutung werden Widerfahrnisse Teil des Erfahrungsschatzes des Menschen.

Auf weitere Bedeutungen macht das griechische ›empeiria‹ aufmerksam: Empeiria benennt sowohl den Erfahrungsvorgang als auch die Erfahrenheit als das Ergebnis vieler Erfahrungsvorgänge. Der Erfahrene ist im letzteren Sinne mehr als nur der kenntnisreiche Experte, denn Erfahrenheit beinhaltet sowohl das Wissen als auch das Können des Menschen (Aristoteles: MP 980 a; AP 100 a). Die Erfahrung im Sinne von Wissen und Können ist durch diese subjektive Gebundenheit an einen Erfahrungsträger nicht ohne weiteres auf andere übertragbar. So werden gelebte und erlebte Erfahrungen vorrangig in Erzählungen weitergegeben, die nicht nur das objektive Erfahrungswissen mitteilen, sondern auch die jeweiligen Erfahrungsbedingungen erschließen (Mieth: Bedeutung 160). So wird beispielsweise im jüdischen Passahmahl die Befreiungserfahrung der Israeliten beim Auszug aus Ägypten erinnernd vergegenwärtigt. Eine solche vermittelte, überlieferte Erfahrung wird als Tradition bezeichnet.

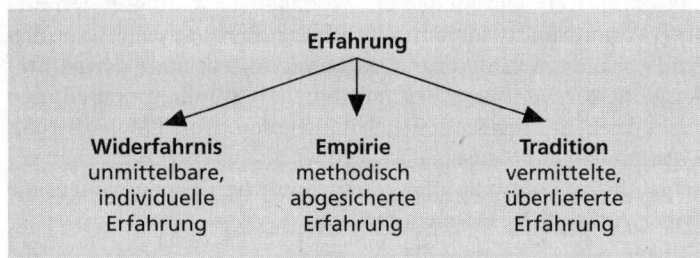

Die getroffene Unterscheidung von Erfahrung als Wissen und Erfahrung als Können läßt sich auch als Differenz zwischen theoretischer und praktischer Erfahrung formulieren. Theoretische Erfahrungen sind methodisch abgesichert und erheben so den Anspruch einer objektiven Einsicht. Sie treffen Sachaussagen und sind deshalb dem Bereich des Wissens und der theoretischen Vernunft zuzuordnen. Solche theoretischen Erfahrungen gehen ganz elementar in die Bewertung von sittlichen Problemen und Handlungen ein. So ermöglicht erst der medizinische Kenntnisstand zum Beispiel über die Entwicklung des Embryos eine Diskussion darüber, wie vorgeburtliches menschliches Leben überhaupt aussieht. Dies hat wiederum Auswirkungen auf die gesellschaftliche Diskussion über den Schwangerschaftsabbruch.

Der praktische Erfahrungsvorgang dagegen betrifft unmittelbar das Handlungssubjekt und seine Lebenswelt. In ihr erfährt es Kontraste, Sinn und Motivation (Mieth: Bedeutung).

- Die Kontrasterfahrung (Schillebeeckx: Tragweite) läßt sich durch die Formel »es geht – es geht nicht« fassen. Eine Kontrasterfahrung wird stets dann gemacht, wenn ein Erlebnis beim Menschen Widerspruch provoziert. Hinter einem solchen Widerspruch stehen miteinander konkurrierende Werte.
- Die Sinnerfahrung läßt sich mit den Formeln »es geht mir auf...«, »es überzeugt mich...« charakterisieren. Eine Sinnerfahrung integriert die Vielzahl der Sinneseindrücke zu einem Gesamtbild (Egenter: Erfahrung 74). Sie beruht vor allem auf der praktischen Bezeugung des Sinnvollen. So werden die Haltungen der Barmherzigkeit, der Gerechtigkeit oder der Versöhnung erst dadurch präsent, daß sie gelebt werden und nachvollziehbar sind (Vorbild-Nachfolge-Schema).
- Die Motivationserfahrung läßt sich mit der Formel »es geht mich an« umschreiben. Sie steht für die Betroffenheit, die durch eine Kontrasterfahrung ausgelöst wird und übersetzt ihren Widerspruch in konkretes Handeln.

Im Schnittpunkt dieser drei Erfahrungen bilden sich sittliche Einsichten. Darüber hinaus muß die Erfahrung in Gestalt des individuellen reflektierten Widerfahrnisses als Quelle sittlicher Erkenntnis wahrgenommen werden. Die Tradition schließlich als vermittelte und gelebte Erfahrung stellt Sinnzusammenhänge her und schreibt konkrete Verhaltensweisen vor. Zu beachten bleibt: Erfahrungen im umfassenden Sinn geben nicht aus sich heraus das richtige und gute Handeln zu erkennen. Sie müssen vielmehr von der praktischen Vernunft hinterfragt und bewertet werden. Andererseits geben neue Erfahrungen Anlaß dazu, geltende Verhaltensweisen immer wieder zu überdenken und zu kritisieren.

5 Der Zusammenhang von Vernunft, Natur und Erfahrung

Vor dem Hintergrund der Analyse von Vernunft, Natur und Erfahrung kann das Zueinander dieser drei Bezugsgrößen der ethischen Reflexion näher charakterisiert werden. Das Handeln und Leben des Menschen führt auf der Grundlage seiner naturalen Potentiale in der Auseinandersetzung mit sich, anderen Menschen und der Welt zu Kontrast-, Sinn- und Motivationserfahrungen, die durch die praktisch-stellungnehmende Vernunft gedeutet werden. Durch diesen Deutungsvorgang können sittliche Einsichten gewonnen werden. Für die Lösung konkreter, sittlich-moralischer Probleme ist die praktisch-stellungnehmende Vernunft allerdings auf den Beitrag der theoretisch-kenntnisnehmenden Vernunft in Form von empirischen Daten und Fakten angewiesen. Das heißt: Sittliche Einsichten und empirisches Wissen fließen gleichermaßen in pragmatische Erkenntnisse zur Bewältigung eines bestimmten Problems ein und schaffen eine konkrete Handlungsnorm.

Der Moraltheologe Bruno Schüller (Schüller: Begründung) unterscheidet in diesem Zusammenhang zwischen einer »gemischten« und einer »reinen Norm«. Während die reine Norm allein ein sittliches Werturteil widerspiegelt, gibt die gemischte Norm zugleich ein Tatsachenurteil zu erkennen. So resultiert eine moralische Verhaltensregel, wie etwa »Ein Arzt darf seinem Patienten kein Zyankali verabreichen«, aus einer sittlichen und einer empirischen Einsicht (Schüller: Bedeutung 277). Die sittliche Einsicht lautet: »Du sollst nicht töten«, die empirische Einsicht lautet: »Zyankali wirkt ab einer gewissen Dosis tödlich«.

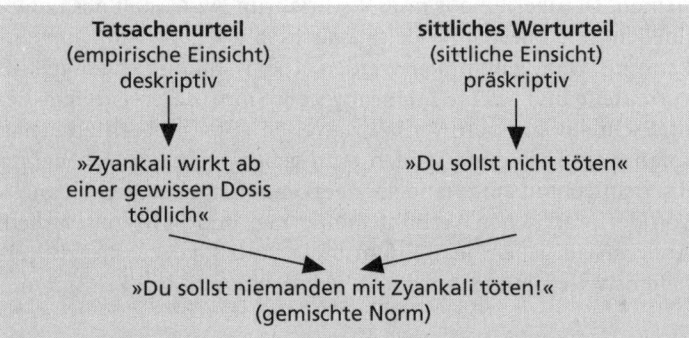

Für die ethische Rechtfertigung oder Kritik behaupteter Normen oder sittlicher Urteile ist es eine der wichtigsten Aufgaben, festzustellen, ob reine oder gemischte Normen und Urteile vorliegen. Im Falle der gemischten Norm muß die Bestätigung oder Widerlegung des Tatsachenurteils empirisch erfolgen und damit getrennt von der spezifisch-ethischen Begründung des sittlichen Werturteils.

6. Geschichte, Kultur und Gesellschaft als Rahmenbedingungen ethischer Reflexion

Ethisches Nachdenken speist sich nicht allein aus Vernunft, Natur und Erfahrung. Jeder Mensch ist vielmehr in seinem Urteilen und Handeln geschichtlichen und sozio-kulturellen Einflüssen unterworfen. Diese gründen in der Verfaßtheit des Menschen als geschichtliches, als kulturelles und als soziales Wesen.

Die Geschichtlichkeit des Menschen bedingt aufgrund neuer und kontrastierender Erfahrungen einen beständigen Wandel sittlicher Einsichten und pragmatischer Erkenntnisse. Handlungsstile und Normen sind nicht zu verstehen ohne die Berücksichtigung der geschichtlichen Situation ihrer Formulierung. Sie sind vom Menschen sich selbst gegebene Sinnorientierungen in konkreter Zeit (geschichtliche Unbeliebigkeit).

Mit dem Begriff der ›Kultur‹ sind alle Leistungen des Menschen auf der Grundlage seines naturalen Potentials gefaßt. Der Mensch ist ein Wesen der Natur-Kultur-Verschränkung: er bringt Kultur auf der Grundlage seiner naturalen Potentiale hervor und entwickelt sie so auch (Morin: Rätsel 105). Aufgrund seiner Natur ist der Mensch zudem auf kulturelle Leistungen angewiesen, um überhaupt existieren zu können (Plessner: Stufen 383ff.). Die ethische Bedeutung der Kultur liegt vor allem darin, daß sie Sittlichkeit und Moral als Leistung von Menschen verstehen läßt, die ihre je eigene Natur in Kultur deuten.

In diesem Sinne ist auch ›Gesellschaft‹ als eine vom Menschen hervorgebrachte Organisationsform eine kulturelle Leistung. Sozialität ist jedoch auch ein grundlegendes anthropologisches Faktum. Das Zusammenspiel von Sozialität und Gesellschaft mitsamt ihren weltanschaulichen Optionen und Ideologien prägt schon im Vorfeld der ethischen Reflexion wesentlich die Art und Weise, wie sich Menschen einem bestimmten, ethisch bedeutsamen Thema nähern. Denn jeder Mensch wird in eine bestimmte Gesellschaft hineingeboren, die er als Lebens- und Handlungskontext vorfindet (sozio-kulturelle Unbeliebigkeit).

Geschichte, Kultur und Gesellschaft sind nicht nur Rahmenbedingungen des Menschen, sondern auch seiner Normen. Sie erweisen sich als kultur- und epochenspezifische Leistungen, die ihren Anspruch auf Allgemeingültigkeit nicht universell, sondern nur in der jeweiligen geschichtlichen und gesellschaftlichen Situation geltend machen können (Lévi-Strauss: Natur 86). Dem widerspricht nicht, daß Normen grundsätzlich eine prinzipielle Grundlage, einen dauerhaften Kern zu erkennen geben, sich aber in ihrer inhaltlichen Ausformung unterscheiden können (Böckle: Bedingtheit 1973). So wurde etwa das Tötungsverbot des Dekalogs in altisraelitischem Kontext nicht auf das Töten im Krieg bezogen. Heute dagegen dient es auch als Begründung für die Kriegsdienstverweigerung.

7 Das Strukturfeld der ethischen Reflexion

Das Strukturfeld der ethischen Reflexion ergibt sich aus dem Zusammenspiel und dem kritischen Miteinander von Vernunft, Natur und Erfahrung in ihrem geschichtlichen, kulturellen und gesellschaftlichen Kontext. Es ist in dreierlei Hinsicht ausdifferenziert. Zum einen ist es hierarchisch aufgebaut und weist der Vernunft den Status einer Leitkategorie zu. Denn die Vernunft ist das Grundvermögen des Menschen zur Bewertung der Stimmigkeit eines Sachverhaltes. Zum zweiten wird innerhalb des Strukturfeldes zwischen einer Ebene des Seins und des Sollens unterschieden. Dadurch wird noch einmal deutlich gemacht, daß sowohl empirische Erkenntnisse als auch sittliche Einsichten gleichermaßen in die ethische Reflexion einfließen. Zum dritten bildet der Handlungskontext, der durch Geschichte, Kultur und Gesellschaft repräsentiert wird, den Hintergrund der ethischen Reflexion.

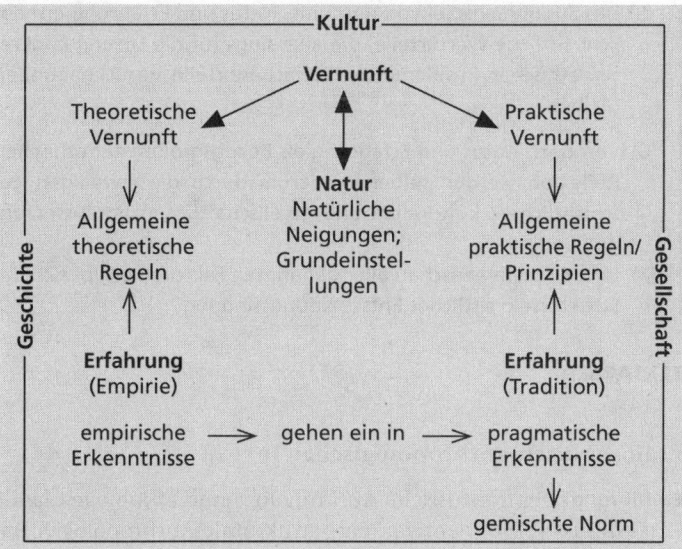

Das Strukturfeld ethischer Reflexion steckt letztlich die Rahmenbedingungen eines kompetenten ethischen Urteils ab. Hierbei bleibt zu beachten, daß jede Überbetonung eines der Faktoren immer zu einem verkürzten Urteil führt.

ZUSAMMENFASSUNG

(1) Die grundlegenden Bezugsgrößen der ethischen Reflexion sind Vernunft, Natur und Erfahrung.

(2) Die Vernunft bewertet und verknüpft Sein und Sollen. Insbesondere die bewertende Funktion weist die Vernunft als zentrales Moment der ethischen Reflexion aus.

(3) Die Vernunft ist in die Natur eingebettet. Zur naturalen Ausstattung des Menschen gehören seine natürlichen Neigungen und seine interaktionellen Grundeinstellungen.

(4) Die Erfahrung tritt als Widerfahrnis, Empirie und Tradition auf. Der wachsende Erfahrungsschatz erweitert sowohl das Wissen als auch das Können des Handlungssubjektes. Erfahrungen vermitteln als Kontrast-, Sinn- und Motivationserfahrungen sittliche Einsichten.

(5) Das Zusammenspiel von Vernunft, Natur und Erfahrung ermöglicht sittliche Werturteile, die allerdings für die Lösung konkreter ethischer Probleme an Tatsachenurteile zurückgebunden bleiben.

(6) Vernunft, Natur und Erfahrung als Bezugsgrößen der ethischen Reflexion werden selber wiederum durch die jeweiligen geschichtlichen, kulturellen und gesellschaftlichen Voraussetzungen bedingt.

(7) In der Zusammenschau aller genannten Faktoren ergibt sich das Strukturfeld sittlicher Entscheidungsfindung.

TEXTARBEIT

Philosophisch-anthropologischer Text

Einführung Der französische Anthropologe und Ethnologe Claude Lévi-Strauss (*1908) entwarf eine strukturale Anthropologie. Dabei verwendete er zur Interpretation ethnologischer Sachverhalte linguistische Verfahren. Ausgangspunkt seiner Überlegungen war die »Annahme eines strukturalen Unbewußten« das allen Kulturleistungen des Menschen zugrunde liegen soll.

Arbeitstext *Der Mensch ist sowohl ein biologisches als auch ein soziales Individuum. Einige von seinen Reaktionen auf äußere und innere Anreize gehen eindeutig auf seine Natur zurück, andere jedoch auf seine sozialen Bedingungen (...). Aber die Unterscheidung ist nicht immer einfach; häufig werden vom physisch-biologischen und vom psychisch-sozialen Anreiz gleichartige Reaktionen hervorgerufen, und man kann sich (...) fragen, ob die Angst des Kindes vor der Dunkelheit sich als Ausdruck seiner animalischen Natur oder als Ergebnis der Erzählungen seiner Amme erklären läßt. Ja, in den meisten Fällen sind die Gründe nicht einmal wirklich getrennt, und der Reaktion des Subjekts ist eine echte Verschmelzung der biologischen und sozialen Ursprünge seines Verhaltens vorausgegangen. (...) Der Übergangspunkt zwischen Fakten der Natur und den Fakten der Kultur sowie der Mechanismus ihrer Gliederung kann also nicht in einer konkreten Analyse festgestellt werden. Aber die vorangehende Diskussion brachte uns nicht nur dieses negative Ergebnis; sie hat uns mit dem Vorhandensein oder Fehlen der Norm im nicht-instinktiven Ver-*

halten das gültige Kriterium der sozialen Haltungen geliefert. Überall da, wo eine Norm auftaucht, befinden wir uns ganz sicher auf der Ebene der Kultur. Parallel dazu erkennt man im Universellen ohne Schwierigkeiten ein Kriterium der Natur. Denn das, was bei allen Menschen konstant ist, gehört zwangsläufig nicht zum Gebiet der Sitten, der Technik und der Institutionen, durch die Gruppen sich unterscheiden. Mangels einer realen Analyse liefert uns das doppelte Kriterium der Norm und der Universalität das Prinzip einer ideellen Analyse, die es – zumindest in gewissen Fällen und gewissen Grenzen – ermöglicht, die natürlichen von den kulturellen Elementen zu trennen, die in den Synthesen komplexerer Art vorkommen. Stellen wir also fest, daß alles Universelle beim Menschen von der Natur abhängt und sich durch Spontaneität auszeichnet und daß alles Normgebundene zur Kultur gehört und die Eigenschaft des Relativen und Besonders besitzt.

Quelle Claude Lévi-Strauss: Natur und Kultur, in: Mühlmann, Wilhelm u.a. (Hg.): Kulturanthropologie, Köln-Berlin 1966, 80-107, hier 80-81.86.

Leitfragen Welche Erklärungsansätze für menschliches Verhalten beschreibt Levi-Strauss? Welche Unterscheidungsmerkmale der Ebenen der Natur und der Kultur führt er an? Was läßt sich als Beitrag dieser beiden Größen zu einem Strukturfeld ethischer Reflexion skizzieren?

Theologisch-philosophischer Text

Einführung Der Dominikaner Thomas von Aquin (1225-1274) gilt als der herausragende Theologe der mittelalterlichen Hochscholastik. Er prägte durch seine Schriften die Theologie sowohl methodisch, durch die Anwendung der scholastischen Methode in Reinform, als auch inhaltlich. Besonderen Stellenwert hat hier der Einbezug aristotelischen Gedankenguts in die christliche Theologie, den Thomas leistete.

Arbeitstext *2. Das natürliche Gesetz folgt der Natur des Menschen. Als Ganzes betrachtet, ist menschliche Natur jedoch nur eine, wenngleich sie mit Blick auf ihre Teile vielfältig ist. Es gibt daher nur ein Gebot des Naturgesetzes wegen der Einheit des Ganzen oder viele Gebote entsprechend den vielen Teilen der menschlichen Natur. Und demzufolge wird auch das, was den Hang des begehrenden Strebevermögens betrifft, zum natürlichen Gesetz gehören müssen.*

3. Das Gesetz ist etwas, was zur Vernunft gehört (90,1). Es gibt aber im Menschen nur eine Vernunft. Also kennt das natürliche Gesetz nur ein Gebot.

ANDERERSEITS verhält es sich im Menschen mit den Geboten des natürlichen Gesetzes hinsichtlich des Tuns so, wie es sich mit den Grundsätzen hinsichtlich der strengen Wissenschaften verhält. Der unbeweisbaren Grundsätze gibt es aber mehrere. Also gibt es auch mehrere Gebote des Naturgesetzes.

ANTWORT: Die Gebote des Naturgesetzes verhalten sich zu der auf das Tun gerichteten Vernunft ebenso, wie die Grundsätze der strengen Beweise sich zu der auf die Schau gerichteten Vernunft verhalten (91,3): beide sind nämlich aus sich einleuchtende Grundsätze. In zweifacher Weise heißt aber etwas aus sich einleuchtend: einmal an sich; sodann für uns. An sich heißt jeder Satz aus sich einleuchtend, dessen Aussage zum Wesen des Satzgegenstandes gehört; es kommt freilich vor, daß ein solcher Satz dem, der das Wesen des Satzgegenstandes nicht kennt, nicht aus sich einleuchtet. So ist der Satz: »Der Mensch ist vernunftbegabt« nach dem Wesenssinn seines Satzgegenstandes aus sich einleuchtend; denn wer ›Mensch‹ sagt, sagt ›vernunftbegabt‹; und trotzdem leuchtet der Satz dem, der nicht weiß, was der Mensch ist, nicht aus sich ein. Es gibt daher gewisse ›Vorrangsätze‹ oder Sätze, die allen insgesamt aus sich einleuchten (Boethius); zu dieser Art gehören Sätze, deren Worte alle kennen, wie der Satz: »Jedes Ganze ist größer als sein Teil«, oder: »Was ein und demselben gleich ist, ist untereinander gleich«. Gewisse Sätze hingegen gibt es, die nur den Weisen aus sich einleuchten, welche verstehen, was die Worte in den Sätzen bedeuten; wer z.B. verstanden hat, daß der Engel nicht körperlich ist, dem leuchtet aus sich ein, daß der Engel nicht in umschränkter Weise am Ort ist; was jedoch den Ungebildeten, die das nicht begreifen, nicht offenkundig ist.

Nun findet sich aber in dem, was alle erfassen, eine gewisse Ordnung. Denn das, was zuallererst erfaßt wird, ist ›Seiendes‹, und die Einsicht: ›Seiendes‹ ist in allem eingeschlossen, was immer jemand erfaßt. Daher lautet der erste, des Beweises nicht bedürftige Satz: »Man kann etwas nicht zugleich bejahen und verneinen«. Dieser Grundsatz gründet in dem, was Sein und Nicht-Sein besagt, und auf diesen Grundsatz stützen sich alle anderen Grundsätze (Aristoteles). Wie jedoch ›Seiendes‹ das schlechthin Ersterfaßte ist, so ist ›Gutes‹ das, das die auf das Tun gerichtete Vernunft zuerst erfaßt; denn alles, was handelt, handelt eines Zieles wegen, das die Bewandtnis des Guten

hat. Deswegen gründet sich der erste Grundsatz der auf das Tun ge-
richteten Vernunft auf die Bewandtnis des Guten, die [in dem Satz
ausgesprochen] ist: »Das Gute ist das, wonach alle streben.« Dies ist
also das erste Gebot des Gesetzes: Das Gute ist zu tun und zu erstreben,
das Böse ist zu meiden. Auf dieses Gebot gründen sich alle anderen Ge-
bote des Naturgesetzes; d.h. alles, was die auf das Tun gerichtete Ver-
nunft auf natürliche Weise als menschliches Gut erfaßt, zählt als zu
tun oder zu lassen zu den Geboten des Naturgesetzes.

Quelle Thomas von Aquin: s.th. I-II q94,2

Leitfragen Skizzieren Sie den Argumentationsgang des Thomas.
Wie kommt er zur prima principia: »Das Gute ist zu tun, das Böse
ist zu lassen«? Überzeugt diese Argumentation?

Theologischer Text

Einführung Der deutsche Theologe Bruno Schüller (*1925) setzte
sich vor allem mit der Begründung sittlicher Urteile auseinander.
Im Rahmen dieses Themas betonte er die Bedeutung der Erfahrung für das sittliche Urteil.

Arbeitstext *(E)in ganz erheblicher Teil dessen, was auf den ersten Blick*
wie ein Wandel in sittlichen Grundanschauungen aussieht, (ist) im
Grunde nicht auf veränderte sittliche Werturteile, sondern auf revi-
dierte Annahmen über empirische Sachverhalte zurückzuführen (...).
Ein einfaches Beispiel dafür sind die pädagogischen Maximen, die
früher ganz anders lauteten als heutzutage. Bei den Griechen galt,
wer nicht geschunden werde, werde auch nicht erzogen. Die Bibel kon-
statiert, wer seinen Sohn liebe, der züchtige ihn. In einem ›Sermon
von dem ehelichen Stand‹ (1519) erinnert Luther die Eltern ein-
dringlich an diesen Grundsatz einer rechten Erziehung. Seit einiger
Zeit dürfte sich eine gegenteilige Erziehungsmaxime durchgesetzt ha-
ben: Wer seinen Sohn liebe, der züchtige ihn in der Regel der Fälle
nicht. Sicher halten es Eltern heute wie zur Zeit Luthers und in der
Antike für ihre sittliche Pflicht, ihre Kinder gut zu erziehen. Aber
früher versprach man sich wahre Wunderdinge von körperlicher
Züchtigung. ›Steckt Torheit tief im Herzen eines Kindes, so wird die
Zuchtrute sie ihm austreiben‹ (Sprüche 22,15). Mittlerweile ist man
aufgrund von Erfahrungen zu einem ganz anderen, zumindest viel
differenzierteren Urteil gekommen. Bessere empirische Einsichten ha-
ben den Wandel in den Erziehungsmaximen veranlaßt.

Quelle Bruno Schüller: Die Bedeutung der Erfahrung für die Rechtfertigung sittlicher Verhaltensregeln, in: Demmer, Klaus/ Schüller, Bruno (Hg.): Christlich glauben und handeln, Düsseldorf 1977, 279-281.

Leitfragen Inwiefern hängen Wertvorstellungen und empirische Sachverhalte zusammen? Warum kommen manche Glaubensvorstellungen in Konflikt mit den sich wandelnden Werteinstellungen? Läßt sich dieser Konflikt überhaupt und wenn ja, wie, vermeiden?

Literarischer Text

Einführung Der Cartoon »Ein Mann mit Prinzipien« stammt von der französischen Zeichnerin Claire Bretécher, die mit gezeichneten Alltagssituationen das Leben nicht nur der intellektuellen Nach-68er auf die Schippe nimmt.

Arbeitstext

Quelle Claire Bretécher: Die Frustrierten 1, Reinbek 1989, ohne Seitenangaben.

Leitfragen Welches Dilemma wird geschildert? Kennen Sie eine ähnliche Situation? Wie verhalten Sie sich in solchen Fällen? Was hat das mit dem Strukturfeld der ethischen Reflexion zu tun? Welche Hinweise liefern Vernunft, Natur, Erfahrung und die Rahmenbedingungen des menschlichen Handelns für das gezeigte Problem?

Praktisches Beispiel. Ein unmoralisches Angebot

Einführung »Ein unmoralisches Angebot« hieß ein Kinofilm des Jahres 1993. Hauptfiguren sind David und Diana: glücklich verheiratet, aber pleite. In Las Vegas lernen sie den Milliardär John Gage kennen.

Arbeitstext John: *David, wo sehen Sie sich, sagen wir in zehn Jahren?* David: *Es wäre mir ganz recht, wenn ich dann Milliardär wäre, so wie Sie.* John: *Nein, ich spreche nicht von Geld. Was würde Sie vollkommen zufrieden stellen. Was läßt Sie nachts gut schlafen?* David:

Wollen Sie damit sagen, daß Sie nicht zufrieden sind? John: *Wer ist das schon?* Diana: *Ich bins.* John: *Meint sie das ernst?* David: *Das hoffe ich doch.* John: *Also gut, Sie haben zwar hier in Las Vegas nichts gewonnen, trotzdem sind Sie ein glücklicher Mann. Denn ich habe Geld, ich habe gutgehende Geschäfte, aber Sie haben etwas, das ich schlicht nicht habe.* David: *Man kann nicht alles für Geld kaufen, es gibt eben Grenzen.* John: *Nicht viele.* Diana: *Gewisse Dinge kann man nun mal nicht kaufen.* John: *Welche denn?* Diana: *Sie können keine Menschen kaufen.* John: *Das ist naiv, Diana. Menschen kaufe ich täglich.* Diana: *Im Geschäftsleben geht das vielleicht, aber wenn wahre Gefühle im Spiel sind, geht's nicht.* John: *Soll das heißen: Liebe kann man nicht kaufen? Das ist aber reichlich klischeehaft gedacht.* Diana: *Das, was ich sage, ist die Wahrheit.* John: *Tatsächlich? Was denken Sie?* David: *Ich denke genauso wie Diana.* John: *Tun Sie das? Dann überprüfen wir jetzt das Klischee. Nehmen wir an, ich würde Ihnen eine Million Dollar anbieten für eine Nacht mit Ihrer Frau?* David: *Dann würde ich glauben, daß Sie scherzen.* John: *Sagen wir mal, ich scherze nicht. Wie würden Sie reagieren?* Diana: *Er würde sagen, der Teufel soll Sie holen.* John: *Ich höre nichts von Ihnen.* David: *Ich würde sagen, der Teufel soll Sie holen.* John: *Das ist ein normaler Reflex, weil Sie die Frage als hypothetisch betrachten. Aber wenn nun tatsächlich veritables Geld dahinter steckt? Ich meine es ernst. Eine Million Dollar. So eine Nacht geht schnell vorbei, aber das Geld reicht für ein ganzes Leben. Denken Sie darüber nach. Eine Million Dollar und ein Leben voller Sicherheit – für eine Nacht. Antworten Sie nicht sofort, aber überlegen Sie es sich. Ganz ernsthaft.* David: *Sie haben gehört, wie wir denken.* John: *Das ist die Antwort auf meine Frage. Und damit ist Ihre Ansicht bewiesen, daß man nicht alles für Geld kaufen kann.*

Quelle Transkription aus dem Film »Ein unmoralisches Angebot« (1993)

Leitfragen Wie würden Sie auf das Angebot reagieren? Ist das Angebot überhaupt ein ›unmoralisches‹? Warum? Welche Gründe für und gegen dieses Angebot können unter Bezug auf die Vernunft, die Natur oder die Erfahrung erhoben werden?

Verantwortung. Die Reichweite des sittlichen Anspruchs

Peter Kaufmann

In den letzten dreißig Jahren ist der Begriff der Verantwortung zu einem Schlüsselbegriff der ethischen Reflexion wie auch der Alltagssprache geworden. Diese Konjunktur des Verantwortungsbegriffs steht in engem Zusammenhang mit der sich beschleunigenden Wissensvermehrung, genauer: mit der damit verbundenen Ausweitung der Handlungsmöglichkeiten und -fähigkeiten beziehungsweise der zunehmenden Unkontrollierbarkeit und Unvorhersagbarkeit der Handlungsfolgen (Wimmer: Handlungssituation 230-231). Kurz: Die Handlungsmächtigkeit des Menschen wächst und damit auch die Zahl und der Umfang der Folgen, für die der Handelnde Verantwortung zu tragen hat. Doch ist der Mensch wie auch die Gesellschaft überhaupt in der Lage, sämtliche denkbaren Folgen der immer zahlreicheren Handlungsmöglichkeiten zu überblicken, geschweige denn zu bewältigen?

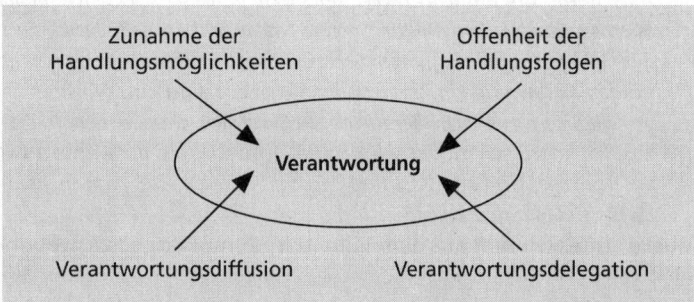

Die Antwort auf diese Frage lautet in den allermeisten Fällen: Nein. Das hat nun aber in der Regel nicht die Folge, daß eine mögliche Handlung unterbleibt, vielmehr geht mit der inflationären Vermehrung der Verantwortlichkeiten ein doppelter Befund einher: Verantwortung wird häufig delegiert, zudem ist eine allgemeine Verantwortungsdiffusion festzustellen. Zwar weiß man, daß jeder einzelne mehr oder weniger am Ozonloch oder an der

Kinderarbeit in armen Ländern »mitschuldig«, »dafür verantwortlich« ist. Aber unterbleibt deshalb als verantwortliche Konsequenz beispielsweise der Urlaubsflug in die Karibik oder der preisgünstige Kauf eines kunstvollen Teppichs aus Afghanistan? Das weist darauf hin: Wenn sich jeder verantwortlich fühlen soll für alle Probleme und alles Elend dieser Welt, braucht es letztlich niemand mehr zu sein. Auf einen Nenner gebracht heißt das: »Die unendliche Ausdehnung des Verantwortungsbegriffs geht mit einer gleichzeitig extremen Verengung des Anteils einher, von dem wir glaubhaft versichern können, daß er wirklich in unserer Macht stünde« (Gamm: Vertiefung 348).

Verantwortung scheint heute in Umkehrung der ursprünglichen Absicht des Begriffs nicht mehr »eine Frage von Macht und Machtbegrenzung (zu sein), sondern der anwachsenden Ohnmacht gegenüber den Aushöhlungen des Rechts und Moralbewußtseins, dem Blindflug der Systeme und der Apathie des Normalmenschen, der schon von der Wahl des richtigen Fernsehkanals hoffnungslos überfordert ist« (Heidbrink: Dilemma 982).

Letztlich ist die Konjunktur des Verantwortungsbegriffs Indiz für ein zentrales ethisches, Gesellschaft und Politik gleichermaßen bedrängendes Problem: den Verlust einer einheitlichen, verbindlichen Moral zur Lösung der zahlreichen modernen Handlungskonflikte. Die moderne, säkulare Welt hat nicht nur neue Freiheiten und vorher ungeahnte Handlungsmöglichkeiten eröffnet, sondern geht auch mit einer Verlusterfahrung einher, der Erosion der Moral.

Dennoch ist die Rede von der Verantwortung sinnvoll. Sie meint, daß der Einzelne fähig ist, in freier Entscheidung nicht nur zu handeln, sondern auch für die absehbaren Folgen seines Handelns geradezustehen. In der Alltagssprache ebenfalls häufig benutzte Synonyme für Verantwortung sind Haftung, Zurechnung bzw. Zurechnungsfähigkeit und Zuständigkeit, aber auch ganz allgemein Grund oder Ursache, wenn es zum Beispiel heißt, »ein geplatzter Reifen war verantwortlich für den Unfall«. Alle diese Begriffe weisen auf die Tatsache hin, daß Handlungsfolgen in den meisten Fällen über das Handlungssubjekt hinausreichen, also andere Menschen sowie die belebte und unbelebte Natur berühren, beeinflussen, verändern, ja schädigen oder vernichten können. In der Berücksichtigung dieser Tatsache findet freies Handeln seine Grenze. Mit dem Begriff Verantwortung wird in der Ethik also die

Reichweite und damit der Rahmen, die Grenze des freien Handelns des autonomen Individuums, der sittlichen Person bedacht (Hunold: Sondierungen 51).

Das Kapitel erläutert zunächst die wesentlichen Aspekte sittlicher Verantwortung (1), stellt anschließend unterschiedliche Verantwortungstypen dar (2) und zeigt schließlich die theologische Dimension des Verantwortungsbegriffs auf (3).

1 Aspekte sittlicher Verantwortung

Der Begriff der Verantwortung gibt zunächst zu erkennen, daß in ihm die Mächtigkeit zum »Wort« vorausgesetzt wird. Verantwortung bedarf einer Person, an die ein Anspruch ergeht und die einer »Ant-wort«, eines Gegenspruchs fähig ist. Verantwortung ist nur dort möglich, wo eine Person durch andere Personen oder Instanzen zur Rede oder in Frage gestellt werden kann und wo die Person darauf antworten kann (Schüler: Verantwortung 23; Schwardtländer: Verantwortung 1579). Verantwortlich im ethischen wie rechtlichen Sinn ist in obigem Beispiel also nicht der Reifen, sondern – wenn keine höhere Gewalt vorliegt – der Hersteller oder der zur Wartung des Fahrzeugs verpflichtete Halter, also eine zur Antwort fähige, ›zurechnungsfähige‹ Person. Verantwortung ist somit die Vollzugsform eines Dialogs: In ihrer Antwort bezieht sich die entsprechende Person auf ein »Wort«, also auf einen durch eine Handlung übernommenen Anspruch, und steht als sittliches Subjekt für seine Antwort ein (Egenter: Verantwortung 669-670).

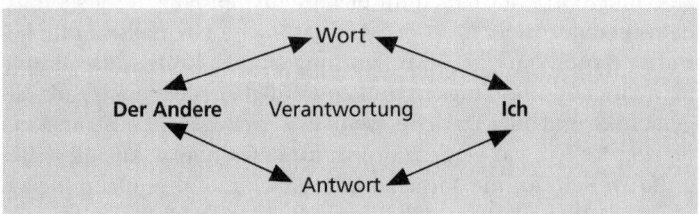

Dieser unmittelbar einleuchtende Zusammenhang findet seinen Niederschlag in der Rede von der Evidenzverantwortung (Martens: Fremde 203), für deren Deutung die Überlegungen des Religionsphilosophen Emmanuel Lévinas (1905-1995) herangezogen werden können. Für Lévinas ist Verantwortung die Folge eines absoluten, unbeliebigen Anspruchs, der an mich über den Anderen herantritt. Der Andere ist der Fremde, das mit mir Nicht-Übereinstimmende, an das ich mich nur dadurch annähern kann, indem ich es in seiner Andersheit annehme. Der Andere tritt an mich heran mit der Aufforderung zu antworten. »Die Einzigkeit des Ichs, das ist die Tatsache, daß niemand an meiner Stelle antworten und verantwortlich sein kann« (Lévinas: Humanismus 43). Verantwortung ist etwas, worüber der Mensch nicht frei verfügen kann. Sie ist darin begründet, daß jeder Andere ein unmittelbarer Anruf an mich ist und auf eine Antwort drängt. Verantwortung ist hier so evident, daß gefragt wird: Wer fordert mich dazu heraus, Verantwortung zu übernehmen? Und nicht: Warum besteht dieser Anspruch, mich verantwortlich zu machen? Besteht er überhaupt zu Recht?

Dieses Verantwortungsmodell beruft sich auf die absolute, unausweichliche und undelegierbare personale Beanspruchung durch den Anderen. Es trägt der Tatsache Rechnung, daß Verantwortung ein zwischenmenschliches Geschehen ist, das sich vor aller rationaler Reflexion mit Macht aufdrängt, das wahrgenommen, angenommen, gelernt, angeeignet und ausgelegt werden will und muß.

Allerdings weist dieses Modell auch Defizite auf. So fehlen ihm Kriterien, um gerechtfertigte von ungerechtfertigten Ansprüchen zu unterscheiden. Insofern reicht es für den konkreten, zumal strittigen Einzelfall nicht aus. Sie kann etwa nicht bestimmen, ob und wie ich einem Wohnsitzlosen helfe, der mich auf der Straße anspricht. Zudem ist fraglich, worauf die Evidenz beruht: Wirklich auf einem unabhängigen, absoluten, unverfügbaren »Verantwortungsgefühl«, oder doch auf eingespielten Überzeugungen, Traditionen und Gewohnheiten, also auf bewährten und auch reflektierten Verhaltensmustern (Martens: Fremde 204-207)?

Diese Defizite lassen es geraten erscheinen, Verantwortung nicht allein als das unbesehen hingenommene Ergebnis bestimmter Ansprüche und Situationen zu verstehen. Das sogenannte Gerichtsmodell von Verantwortung reflektiert auf die Gründe und Berechtigung solcher Ansprüche.

Das Wort »verantworten« taucht nämlich in der deutschen Sprache erstmals in der mittelhochdeutschen Rechtssprache auf (Grimm/Grimm: Wörterbuch 79-81). Es scheint offensichtlich als

Entsprechung zu den im römischen Rechtsleben geläufigen Begriffen wie respondere oder responsum gebildet worden zu sein und meint dann, eine Sache vor Gericht verteidigen beziehungsweise ein Handeln rechtfertigen.

Verantwortung wird somit als individuelle, reflektierte Verhandlungsangelegenheit verstanden. Hier wird simuliert, wie jemand vor Gericht sein Tun und Lassen zu rechtfertigen hätte (Höffe: Moral 23). Dieses Modell fragt: Wer trägt die Verantwortung wofür und vor wem gemäß welchen Kriterien? Darüber hinaus läßt sich fragen, wann jemand Verantwortung trägt (Ropohl: Risiko 109ff.), ob sich die Verantwortung also auf ein schon vergangenes Ereignis bezieht oder auch auf Zukunft hin ausgerichtet ist.

Näherhin bezeichnet die Rede von der Verantwortung also eine vierstellige Beziehung: die Zuständigkeit von Personen für übernommene Aufgaben bzw. für das eigene Tun und Lassen vor einer Instanz, die Rechenschaft einfordern kann, zum Beispiel vor einem Gericht aufgrund einer bestimmten Verabredung beziehungsweise eines Maßstabs wie Gesetz, Norm oder Tradition. So ist beispielsweise der Hersteller eines Produkts für dessen Sicherheit und Zuverlässigkeit vor dem Käufer im Rahmen etwa des Produkthaftungsgesetzes verantwortlich.

Verantwortung als Rechtfertigung			
Subjekt	*Bereich*	*Instanz*	*Maßstab*
Wer?	Wofür?	Vor wem?	Weswegen?
Freie, mündige, zurechnungsfähige Person	Handlung, Folgen, Rolle, Funkion	Ich, Gruppe, Gericht, Gesellschaft, Menschheit, Natur, Gott	Gesetz, Norm, Sitte, Tradition, Zuständigkeit

Das Gerichtsmodell macht darauf aufmerksam, daß Verantwortung der individuellen Beurteilung, der Reflexion, also der moralischen und rechtlichen Regelung bedarf (Martens: Fremde 205). Es bemüht sich um die Erstellung und Begründung von Kriterien für die Beurteilung konkreter Handlungen und entzieht so die Zuteilung von Verantwortung dem willkürlichen, suggestiven, demagogischen oder autoritären Zugriff. Es hilft, gerechtfertigte von nur scheinbaren Ansprüchen zu unterscheiden.

Dieses Modell hat aber auch Schwächen. Das Bemühen um nachvollziehbare Argumente steht stets in der Gefahr, nur Gründe zur Rechtfertigung begangener oder auch unterlassener Handlungen zu liefern, Fehleinschätzungen jedoch zu unterschlagen oder umzuinterpretieren. Auch scheint es unerschöpflich in seinem Erfindungsreichtum, Entschuldigungen für Unzulänglichkeiten oder offensichtliches Versagen zu liefern. Zudem lassen Entscheidungs- und Handlungssituationen oftmals nur wenig Zeit, um zu angemessenen Entscheidungen zu kommen. Wenn sofortiges Handeln, sofortige Verantwortungsübernahme gefordert ist, ist das Gerichtsmodell überfordert.

Deswegen muß ein umfassender Verantwortungsbegriff beide Modelle berücksichtigen. Das Gerichtsmodell reflektiert und begründet Kriterien einer verantwortlichen Entscheidung oder Handlung, das Evidenzmodell sorgt dafür, daß Verantwortung praktisch wird und der unabweisbare Anspruch des Sittlichen im Alltag zur Geltung kommt. Zu beachten bleibt bei beiden Modellen, daß die Begründung von Verantwortung auf moralische Prinzipien zurückgreift, die ihr selber vorgegeben sind, die sie weder schafft noch legitimieren kann (Heidbrink: Dilemma 988).

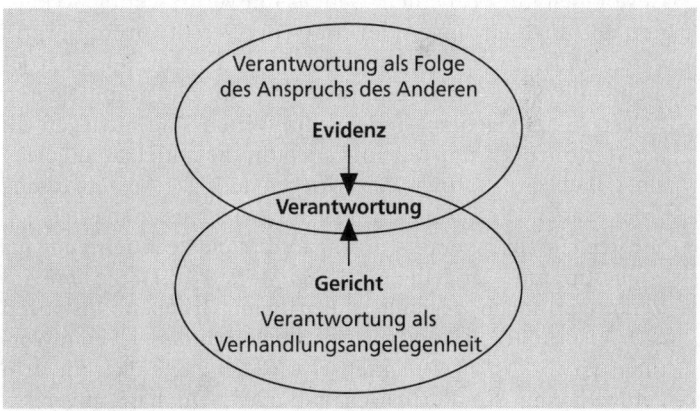

2 Typen der Verantwortung

Verantwortung setzt ein personales, dialogisches Geschehen voraus. Dennoch läßt sich, besonders in der Alltagssprache, ein kausaler Begriff von Verantwortung feststellen. Hier wird, wie schon erwähnt, Verantwortung im Sinne von Grund, Ursache verwendet. In diesem Fall kann man lediglich von einer »Quasi-Verantwortung« (Werner: Dimensionen 304) reden. Denn eine Ursache kann sich nicht im personalen Sinne verantworten.

Ethisch-rechtlich von Interesse ist allein die personale Verantwortung, denn hier sind zurechnungs- und damit verantwortungsfähige Handlungssubjekte angesprochen. Mindestens drei Formen personaler Verantwortung lassen sich unterscheiden: die Aufgaben- und Verursacherverantwortung, die Rechenschaftsverantwortung und die Haftungs- oder Haftbarkeitsverantwortung.

- Die Aufgaben- und Verursacherverantwortung ist Verantwortung im Sinne der Zuständigkeit. Erstere bestimmt die Zuständigkeit für konkrete Rollen, Funktionen und Ämter, letztere die generelle Zuständigkeit für die Folgen und Nebenfolgen des Handelns (Wimmer: Handlungssituation 233-234). Aufgabenverantwortung haben etwa Eltern für das Handeln ihrer Kinder, Politiker für das Handeln Dritter in ihrem Ressort oder für das Wahlergebnis ihrer Partei oder Ärzte für das Leben und die Gesundheit ihrer Patienten. Geht es um Verursachung, so können nochmals ein enger und ein weiter Verantwortungsbegriff voneinander unterschieden werden. Im engen Sinn trägt jemand die Verursacherverantwortung für die unmittelbaren Folgen seines eigenen Handelns. Im weiten Sinn hingegen gilt die Verursacherverantwortung auch für die mittelbaren Folgen eines Handelns. So trägt ein Forscher auch die Verantwortung dafür, was andere aus seinen Forschungsergebnissen machen.
- Die Rechenschaftsverantwortung fordert die Rechtfertigung für ein bestimmtes Handeln ein (Höffe: Moral 20-21). Sie benennt Verantwortungen gegenüber Personen, Gruppen, Instanzen oder Institutionen. Aussagen, in denen sich dieser Verantwortungstyp widerspiegelt, lauten etwa: »Ich ziehe dich für dein Fehlverhalten zur Rechenschaft«, oder »Du hast unverantwortlich gehandelt, als Du bei Rot die Straße überquert hast«.
- Die Haftungs- oder Haftbarkeitsverantwortung fragt nach dem, der für eine Nachlässigkeit oder Verfehlung gerade zu stehen hat, wer also zur Verantwortung gezogen wird (Wimmer: Handlungssituation 234). Auf diese rechtliche Seite der Verant-

wortung macht etwa das Baustellenschild »Eltern haften für
ihre Kinder« aufmerksam.

Aufgabe, Verursachung	Rechenschaft	Haftung, Haftbarkeit
Zuständigkeit für Funktionen und Handlungsfolgen	Rechtfertigung eines bestimmten Handelns	Haftbarkeit für bestimmte Handlungen

Personale Verantwortung läßt sich nicht nur nach diesen drei Verantwortungstypen differenzieren. Sie gibt vielmehr auch unterschiedliche Zeitbezüge zu erkennen. Auf Zukunft hin bezogen beurteilt personale Verantwortung die Angemessenheit von
Handlungsplänen und Vorhaben (prospektiv), auf Vergangenheit
hin bewertet sie vollzogene Handlungen (retrospektiv). Ebenso
gehören Momente wie Kollektivität (Gemeinschaft), Kontingenz
(Begrenztheit) und Kontextualität (Bezüge) in das Verständnis
und die Bewertung von Verantwortung hinein (Heidbrink: Dilemma 988). Diese Gegebenheiten weisen darauf hin, daß der Ort
des Handlungssubjekts im Spannungsfeld von naturalen, psychischen und sozialen Einflußfaktoren einerseits und individueller
Freiheit andererseits für das Verständnis von Verantwortung elementar ist.

3 Die theologische Dimension von Verantwortung

Verantwortung gehört dem Gehalt nach zum Grundbestand
christlicher Anthropologie, wenngleich der Begriff sich weder in
der Bibel noch im theologisch-ethischen Schrifttum bis in die
Neuzeit hinein findet. Dennoch ist der christlichen Tradition Verantwortung der Sache nach bekannt. Die biblischen Texte entfalten das Moment der Verantwortung nicht systematisch-begriff-
lich, sondern füllen es inhaltlich in der Grundüberzeugung, daß
der Mensch durch Gott beansprucht ist. Der Mensch, so verstehen
es die biblischen Autoren, steht in all seinem Tun und Lassen in
einem Beziehungsgeflecht zu Gott.

Von da aus läßt sich der Verantwortungsbegriff theologisch
zunächst im Sinne des Evidenzmodells deuten. Gott spricht den
Menschen in seinem Wort an, tritt mit ihm in Kommunikation
und fordert ihn zur Antwort heraus (Gogarten: Jesus 172-173).

Der Mensch wiederum erwidert diesen »An-Spruch« im Erzählen, Bekennen, Bezeugen und in der Anbetung. So wie Gott die Verantwortung des Menschen fordert, fordern aber auch Menschen Gottes Verantwortung immer wieder ein (Ex 33,11-14, Ijob, Klagepsalmen). Daß dieser Anspruch nicht ins Leere läuft, bezeugen die biblischen Texte, die Gottes ständige Bereitschaft dokumentieren, für seine Schöpfung und seine Geschöpfe gerade zu stehen und zu sorgen. Er zeigt sich als treuer Gott, er ist der »Ich-bin-da« (Ex 3,13-15).

Grundbedingung der Kommunikation zwischen Gott und Mensch ist die Ausstattung des Menschen durch Gott mit der Fähigkeit, sein Wort zu hören, darauf zu antworten, d.h. für sich und die Schöpfung »ver-antwort-lich« zu sein (Gen 1,28-31). Man kann hier von einer Verantwortungszumutung im doppelten Sinn sprechen. Einerseits bedeutet das Übernehmen von Verantwortung für den Menschen eine Herausforderung und Anstrengung. Andererseits läßt sich diese Zu-mutung auch positiv im Sinne von Mut zuprechen deuten. Der Mensch kann die Herausforderung zur Verantwortung angehen, weil er prinzipiell dazu in der Lage ist.

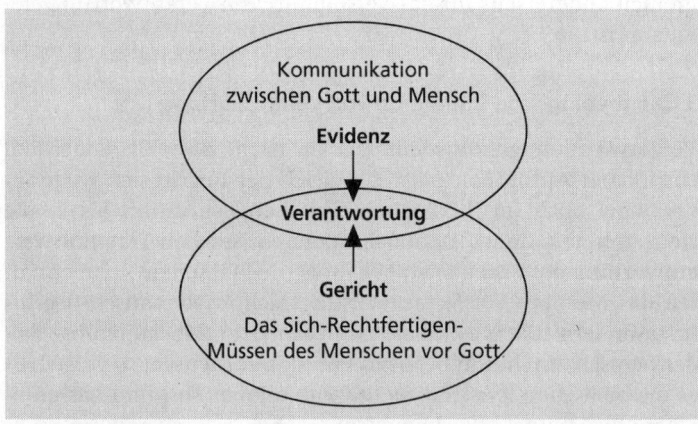

Nicht nur das Evidenzmodell, auch das Gerichtsmodell ist eng mit theologischen Vorstellungen verknüpft. Denn aufgrund seiner Fähigkeit zur Verantwortung wird der Mensch zum sittlichen sowie zum Rechtssubjekt, nicht zuletzt in seiner Stellung als Geschöpf vor dem Schöpfer (Gen 3,9-10, 2 Kor 5,10, 1 Petr 3,15b). Verantwortung wird in der traditionellen biblisch-christlichen Vorstellungswelt verstanden als das Sich-rechtfertigen-Müssen des Menschen vor Gott als Richter bzw. vor dem Richterstuhl Christi am Jüngsten Tag (Mt 25,31-46). Erst aus der Erwartung des Letzten Gerichts konnte der Gedanke entspringen, daß das menschliche Leben insgesamt der Vorbereitung auf diese letzte und größte Verantwortung diene. »Der Begriff der Verantwortung ist demnach als moralischer Begriff christlichen Ursprungs, genauer gesagt: er ist ein eschatologischer Begriff« (Picht: Wahrheit 319). Im Lauf der Kirchengeschichte wurde der mit dieser Gerichtsvorstellung verbundene Verantwortungsgedanke lange Zeit überlagert von der Angst vor Strafe, vor Vergeltung in Fegefeuer und Hölle. Verantwortung verkürzte sich hier auf die detaillierte Befolgung kirchlicher Normen, deren Erfüllung vor zukünftigen Qualen im Fegefeuer oder in der ewigen Verdammnis bewahren sollte.

Diese Angst vor dem von Gott gesetzten Ende des Menschen, der Schöpfung und der Zeiten zeigt sich heute wiederum in säkularer Gestalt, nämlich als Angst vor einem vom Menschen selbst herbeigeführten Weltende. Denn die Auswirkungen und Folgelasten menschlichen Handelns, seine räumliche, zeitliche, quantitative und qualitative Reichweite und die damit gegebenen Risiken haben mittlerweile eine solche Erweiterung durch Naturwissenschaft und Technik, Wirtschaft und Politik erfahren, daß dieses Weltende greifbar scheint. Mit Recht muß daher Verantwortung zeitlich universal und räumlich global ausgelegt werden. Dieser ausgeweitete, säkulare Verantwortungsbegriff entspricht der im biblischen Schöpfungsauftrag zeitlich und räumlich umfassend ausgelegten Verantwortung.

Und so ist auch der Glaube an den Menschen als Gottes Geschöpf und vernunftgeleitetes sittliches Subjekt, das Teil hat an der Verwirklichung des Schöpfungsplanes Gottes und so Verantwortung für sich und die ihm anvertraute Welt übernimmt, der Sache nach auch in der gegenwärtigen säkularen Diskussion präsent. Verantwortung kann in ihrer säkularen wie in ihrer theologischen Lesart als eine praktisch-ethische Haltung zur Lebenswirklichkeit, als Platzhalter für die gegenseitige Verwiesenheit des Lebens, als Begriff an der Schnittstelle zwischen Individual- und

Sozialethik angesehen werden. Sie steht somit »für die Konstitution ethischer Verbindlichkeit innerhalb der Realität des Lebens« (Rendtorff: Sinn 119) und entfaltet sich in den Prinzipien der Personalität, der Solidarität, der Subsidiarität, der Retinität (Vernetzung), der Interferenz (Überlagerung, Überschneidung) und der Irreversibilität (Unumkehrbarkeit).

Verantwortliches Handeln heißt demzufolge, daß das Handlungssubjekt schöpferisch mit zahlreichen Bedingungen und Vorgaben, Determinanten sachlich-materieller wie formaler Art (Vorschriften, Verordnungen, Regeln, Gesetze) umzugehen weiß. Verantwortung setzt also nicht nur auf die Richtigkeit und Effizienz des Handelns, sondern berücksichtigt dabei in schöpferisch-phantasievollem Umgang auch die zugrundeliegende normative Ordnung.

ZUSAMMENFASSUNG

(1) Der Begriff der Verantwortung enthält die Momente von ›Wort‹ und ›Antwort‹, die Aspekte von Anspruch und Gegenanspruch sowie die Rechtfertigung des Handelns in bestimmten Situationen. Verantwortung entfaltet sich so als Evidenz- und Gerichtsverantwortung. Beide Modelle ergänzen sich zu einem umfassenden Begriff von Verantwortung.

(2) Es wird unterschieden die kausale, auf unpersönliche Ursachen bezogene »Quasi-Verantwortung« sowie die ethisch-rechtlich relevante personale Verantwortung, die auf das sittliche Subjekt bezogen ist. Diese läßt sich unterteilen in Aufgaben- und Verursacher-, Rechenschafts- und Haftungsverantwortung.

(3) Theologisch wird Verantwortung als Kommunikationsverhältnis zwischen Schöpfer und Geschöpf gedeutet. Als Geschöpf Gottes kommt es dem Menschen zu, Verantwortung für sich und die Welt vor Gott zu übernehmen. Im säkularen Modell ist dieses Verantwortungsverständnis der Sache nach präsent: Angesichts der Möglichkeiten des modernen Menschen bekommt seine Verantwortung eine universale und globale Dimension.

TEXTARBEIT

Philosophisch-soziologischer Text

Einführung Der Soziologe Max Weber (1864-1920) verfolgte in seinen Arbeiten das Ziel, soziales Handeln deutend zu verstehen und dessen Ursache, Ablauf und Wirkung zu erklären. Seine Bedeutung für die Soziologie liegt vor allem in seinen Begriffsanalysen, wodurch er zu einer Professionalisierung seines Faches beitrug. So prägte er auch das Begriffspaar Verantwortungsethik und Gesinnungsethik.

Arbeitstext *Wir müssen uns klar machen, daß alles ethisch orientierte Handeln unter zwei voneinander grundverschiedenen, unaustragbar gegensätzlichen Maximen stehen kann: es kann »gesinnungsethisch« oder »verantwortungsethisch« orientiert sein. Nicht daß Gesinnungsethik mit Verantwortungslosigkeit und Verantwortungsethik mit Gesinnungslosigkeit identisch wäre. Davon ist natürlich keine Rede. Aber es ist ein abgrundtiefer Gegensatz, ob man unter der gesinnungsethischen Maxime handelt – religiös geredet -: »der Christ tut recht und stellt den Erfolg Gott anheim«, oder unter der verantwortungsethischen: daß man für die (voraussehbaren) Folgen seines Handelns aufzukommen hat. Sie mögen einem überzeugten gesinnungsethischen Syndikalisten noch so überzeugend darlegen: daß die Folgen seines Tuns die Steigerung der Chancen der Reaktion, gesteigerte Bedrückung seiner Klasse, Hemmung ihres Aufstiegs sein werden, – und es wird auf ihn gar keinen Eindruck machen. Wenn die Folgen einer aus reiner Gesinnung fließenden Handlung üble sind, so gilt ihm nicht der Handelnde, sondern die Welt dafür, die Dummheit der anderen Menschen oder – der Wille des Gottes, der sie so schuf. Der Verantwortungsethiker dagegen rechnet mit eben jenen durchschnittlichen Defekten der Menschen, – er hat, wie Fichte richtig gesagt hat, gar kein Recht, ihre Güte und Vollkommenheit vorauszusetzen, er fühlt sich nicht in der Lage, die Folgen eigenen Tuns, soweit er sie voraussehen konnte, auf andere abzuwälzen. Er wird sagen: diese Folgen werden meinem Tun zugerechnet. »Verantwortlich« fühlt sich der Gesinnungsethiker nur dafür, daß die Flamme der reinen Gesinnung, die Flamme z.B. des Protestes gegen die Ungerechtigkeit der sozialen Ordnung, nicht erlischt. Sie stets neu anzufachen, ist der Zweck seiner,* *vom möglichen Erfolg her beurteilt, ganz irrationalen Taten, die nur exemplarischen Wert haben können und sollen.*

Aber auch damit ist das Problem noch nicht zu Ende. Keine Ethik der Welt kommt um die Tatsache herum, daß die Erreichung »guter« Zwecke in zahlreichen Fällen daran gebunden ist, daß man sittlich bedenkliche oder mindestens gefährliche Mittel und die Möglichkeit oder auch die Wahrscheinlichkeit übler Nebenerfolge mit in den Kauf nimmt, und keine Ethik der Welt kann ergeben: wann und in welchem Umfang der ethisch gute Zweck die ethisch gefährlichen Mittel und Nebenerfolge »heiligt«.

Hier, an diesem Problem der Heiligung der Mittel durch den Zweck, scheint nun auch die Gesinnungsethik überhaupt scheitern zu müssen. Und in der Tat hat sie logischerweise nur die Möglichkeit: jedes Handeln, welches sittlich gefährliche Mittel anwendet, zu verwerfen.

Quelle Max Weber: Politik als Beruf, in: Max Weber Gesamtausgabe (MWG) I/17, Tübingen 1992, 237-238, 240.

Leitfragen Welche Art von Verantwortung nimmt ein Verantwortungsethiker war? Welche Probleme sieht Weber bei einem gesinnungsethischen Ansatz? Ist jede religiös verortete Ethik per se Gesinnungsethik? Oder kann sie den Versuch darstellen, eine Synthese beider Ethiktypen zu leisten?

Theologischer Text

Einführung Der katholische Theologe Theodor Steinbüchel (1888-1949) integrierte in seine moraltheologischen Abhandlungen philosophisches Gedankengut, insbesondere die Überlegungen Hegels und Schelers, und bemühte sich so um eine philosophische Grundlegung der katholischen Sittenlehre.

Arbeitstext *Damit enthüllt sich die Größe und Grenze auch der mündigen Selbstverantwortung. Als Verantwortung des Selbst ist sie in jedem Akt der Persönlichkeit, der ethisch wertvoll sein soll, unerläßlich. Auch das religiöse Verhalten zu Gott zehrt von ihr, und Gottesverehrung kann nur »Tugend« sein, wenn auch in ihr selbstverantwortlich-persönliche Freiheit und selbständiger Einsatz für Gott, für seine Person und seinen Willen lebt in einer letzten Bereitschaft des Seins und des Sichweihens für Gott in jeder besonderen Forderung der Stunde. Verantwortung vor dem Selbst und für es ist sittlich wertvolle Haltung vor dem ihm eigenen Sein gründenden Ordnung und ihren*

Werten, die in gleicher metaphysischer Begründung ihres unbeding-
ten Anspruchs auf eine absolute Person zurückweisen. Aber der
Mensch ist nicht das Schema des Menschen überhaupt. So hat er Ver-
antwortung auch vor seinem Selbstsein in dessen ureigener Individu-
alität und muß sie ihr entsprechend zur Geltung bringen in der Art
seines Verhaltens. Die Wesenstreue ist eine solche zu dem eigenpersön-
lichen, unvergleichlichen Sein der einmaligen Individualität und in
ihrer geschichtlich besonderen Welt. Aber auch Menschsein und indi-
viduelles Selbstsein zeigten sich als gegebenes, nicht selbstgeschaffenes
Sein und darum sind auch sie überantwortetes Sein. Eben dies zeigt
die Grenze der Selbstverantwortung, und diese Grenze ist die dialekti-
sche, die eingrenzt durch ein Begrenzendes und auf dieses, das Jenseits
der Grenze, das Begrenzte bezieht. Geht man diesem Wesenszug
menschlichen Selbstseins nach, so ist er nichts anderes als das Trans-
zendieren des Menschen zum Anderen seiner selbst. Fragt man, was
den freien Menschen zuletzt begrenzen kann durch einen Anspruch
an ihn, so ist es nicht das Du des anderen Menschen, das auch unsitt-
liche Forderungen an das Ich erheben kann, sondern das Du des ich,
die den Menschen als Person begrenzende Person, die den als unbe-
dingt verpflichtend sich kündenden Anspruch erhebt: die heilige Per-
son des souveränen Gottes. Sie allein kann den Wert des Selbst als un-
bedingt Seinsollenden begründen, den keine Selbstverpflichtung des
bedingten Menschen sich selber geben kann. Selbstverantwortung
zeigt sich demnach auch ihrerseits als dialogische Haltung und ent-
spricht damit dem über sich hinausgerichteten Wesen der Person, die
in der Begegnung mit einem absoluten Du ihr tiefstes Ich, ihr eigenstes
Selbst findet. Sie ist die selbstbewußte und selbstgetätigte Antwort, die
der persönliche Mensch seinem Gott gibt in der Achtung seines von
Gott ihm übergebenen Selbst und in einem Einsatz dieses Selbst für es
selbst. Das aber ist in der gläubigen Ergreifung der Gründung des ei-
genen personalen Selbst in der Gottperson nicht selbstverliebter Ich-
kult, sondern Verehrung der Person Gottes.

Quelle Theodor Steinbüchel: Die philosophische Grundlegung
der katholischen Sittenlehre (Handbuch der katholischen Sittenlehre I.2), Düsseldorf [4]1951, 258-260.

Leitfragen Worin liegt der Wert menschlicher Verantwortung begründet? Was markiert die Grenze des Verantwortungsbereiches
des Menschen? Was heißt das für das Handeln des Menschen?
Welchen Beitrag leistet hier die Theologie?

Literarischer Text

Einführung Der Roman »Der verschwundene Kopf des Damasceno Monteiro« des italienischen Schriftstellers Antonio Tabucchi (*1943) dreht sich um ein schreckliches Verbrechen: Eine Leiche ohne Kopf wurde gefunden. Der junge Journalist Firmino aus Lissabon soll für seine Zeitung über dieses Verbrechen in Porto berichten. Im Laufe seiner Nachforschungen trifft er mit dem Anwalt Loton zusammen. Eines ihrer Gespräche kreist um das Thema ›Folter'.

Arbeitstext – *(Der Anwalt:) Vor vielen Jahren, als ich ein enthusiastischer junger Mann war und glaubte, man könne mit dem Schreiben etwas bewirken, hatte ich mir in den Kopf gesetzt, etwas über die Folter zu schreiben. Ich kam gerade aus Genf zurück, Portugal war damals eine Diktatur in der Hand der Geheimpolizei, die wußte, wie man den Leuten Geständnisse entreißen konnte, ich weiß nicht, ob ich mich klar genug ausdrücke. In meiner Heimat gab es genug Material zu sichten, alles stand zu meiner Verfügung, die portugiesische Inquisition, und ich begann die Archive des Torre do Tombo zu besuchen. Ich kann Ihnen versichern, die raffinierten Methoden der Folterknechte, die jahrhundertelang die Menschen in unserem Land gequält haben, sind von besonderem Reiz, ganz auf die Muskulatur des menschlichen Körpers abgestimmt, die der edle Vesal untersucht hatte, auf die Reaktionen der Hauptnervenstränge, die unsere Glieder, unsere armen Genitalien durchziehen, sie hatten ausgezeichnete anatomische Kenntnisse, und das alles geschah im Namen einer Grundnorm, der Grundnorm schlechthin, im Namen der absoluten Norm, verstehen Sie?*

– Und das wäre? fragte Firmino.

– Gott, antwortete der Anwalt. Diese eifrigen und äußerst raffinierten Folterknechte arbeiteten im Namen Gottes, von ihm hatten sie die höhere Weisung erhalten, im Grund handelt es sich immer um dieselbe Vorstellung: Ich bin nicht verantwortlich, ich bin ein einfacher Unteroffizier und handle auf Befehl meines Hauptmanns, ich bin nicht verantwortlich, ich bin ein einfacher Hauptmann und handle auf Befehl meines Generals oder des Staates. Oder: Gottes. Gegen den läßt sich am wenigsten einwenden.

Quelle Antonio Tabucchi: Der verschwundene Kopf des Damasceno Monteiro, München 1997, 181-182.

Leitfragen Läßt sich die Verantwortung so abwälzen, wie es der Text skizziert? Warum widerspricht dies der Sache der Verantwortung? Wo endet in ethischer Hinsicht die Möglichkeit, Verantwortung zu delegieren? Was könnte der Anwalt meinen, wenn er behauptet, gegen Gott und seine Befehle ließe sich am wenigsten einwenden? Ähnliche Probleme, wie sie der Text aufwirft, stellen sich mit Blick auf die nationalsozialistische Vergangenheit auch in Deutschland: Wieviel Verantwortung trug beispielsweise der Lokführer, der Juden in seinen Zügen nach Auschwitz fuhr?

Praktisches Beispiel. Rechtsradikalismus

Einführung In den Jahren 1996 und 1997 gab es eine Vielzahl rechtsextremer Vorfälle in der Bundeswehr. Soldaten verprügelten Ausländer oder skandierten rechtsradikale Parolen. Die Vorfälle fanden ihren Höhepunkt in der Enthüllung, daß ein vorbestrafter Rechtsextremist, Manfred Roeder, einen Vortrag vor der Führungsakademie der Bundeswehr in Hamburg gehalten hatte. Mit den Stimmen der damaligen Opposition von SPD und Bündnis 90/Die Grünen wurde ein parlamentarischer Untersuchungsausschuß des Deutschen Bundestages eingesetzt, um die Vorfälle näher zu beleuchten und die Rolle der Führung der Bundeswehr kritisch zu betrachten. Aus dessen Unterlagen ist der folgende Text.

Arbeitstext *Er sei »erschrocken, entsetzt und beschämt« gewesen, als er im Mai 1995 von der wahren Identität des Rechtsextremisten Manfred Roeder erfahren habe, erklärte der frühere Stabschef, Oberst i.G. Norbert Schwarzer, am 11. Februar vor dem Verteidigungsausschuß in dessen Eigenschaft als Untersuchungsausschuß. Er trage für Roeders Vortrag am 24. Januar 1995 vor Mitgliedern des Stabes der Führungsakademie der Bundeswehr (FüAk) in Hamburg die Verantwortung.*

Er habe aber seinerzeit keine Meldung an den Kommandeur der FüAk, Generalmajor Hartmut Olboeter, gemacht, weil er wegen dieses einmaligen Vorfalls keinen Anlaß für eine Meldung gesehen habe, sagte Schwarzer. Wenn er »die Wucht des Presseechos« auf den Vortrag geahnt und einen möglichen Schaden für Bundeswehr und Führungsakademie gesehen hätte, hätte er anders gehandelt.

Ohnehin habe er den Vorgang nicht unter den Teppich gekehrt, sondern mit Offizieren seines Stabes besprochen. Er habe auch gehofft, daß der Vorfall irgendwann in Vergessenheit geraten würde. Er schätze zwar, so der Zeuge, keine »Ja-Sager«, wenn aber eine Entscheidung gefallen sei, müsse sich jeder daran halten, da der Stab nicht mit gespaltener Zunge sprechen könne.

Die Meldung über die Roeder-Rede sei eine klare »Bringschuld gewesen und die Unterlassung ein Fehler«, stellte Generalleutnant Hartmut Olboeter als Zeuge fest. Er könne heute noch nicht verstehen, warum diese Unterrichtung nicht erfolgt sei, obwohl er für seine Mitarbeiter stets zu Vier-Augen-Gesprächen zur Verfügung gestanden habe. Das sei eine »bittere Erfahrung«. Der Fall Roeder sei ein »Schandfleck«, der eigentliche Schaden aber erst später eingetreten. Von dem Vortrag Roeders und einer privaten Veranstaltung in einem Raum der FüAk am 5. März 1994, an dem verabredungswidrig ein früheres Mitglied der Waffen-SS teilgenommen hatte, habe er erst am 6. Dezember 1997 erfahren. Er fühle sich in beiden Fällen getäuscht, würde aber dem für die Einladung Roeders verantwortlichen seinerzeitigen Stabschef Oberst i.G. Schwarzer jederzeit wieder sein Vertrauen schenken.

Dieser habe ihm am 10. Dezember 1997 in einem Brief erklärt, »gerade weil ich Sie so schätze, habe ich Ihnen, um Sie nicht zu beunruhigen, den Vortrag des Neonazis Roeder nicht gemeldet und um Verzeihung gebeten«. Er habe geantwortet, daß er Oberst Schwarzer verzeihe, selbst aber anders gehandelt hätte.

Zur Aufdeckung der Identität Roeders teilte Oberstleutnant i.G. Jörg Barandat mit, er sei im Mai 1995 zufällig Zeuge eines Gesprächs über den Roeder-Vortrag geworden. Da ihm die Tätigkeit Roeders sowie das deutsch-russische Gemeinschaftswerk bekannt gewesen seien, habe er Oberst Schwarzer mitgeteilt, daß dieser einen bekannten Rechtsextremisten eingeladen habe.

Der Oberst, dem er umgehend eine Kopie des entsprechenden Verfassungsschutzberichts zugeleitet habe, sei »erschrocken und baff« gewesen. Mit dem Kommandeur Olboeter habe er nicht über den Vorfall gesprochen und diesem auch keinen Verfassungsschutzbericht zugeleitet, da er davon ausging, daß der Stabschef wisse, was zu tun sei.

Quelle aus: http://www.bundestag.de/aktuell/wib98/398137.htm
Leitfragen Wie werden hier Veantwortungen wahrgenommen? Welche entlastende Funktion zeitigen abgegrenzte Veantwortungsbereiche? Welche Veantwortungstypen kommen hier zum Tragen und welche Problematik ist damit verbunden?

V. Ansprüche.
Die Vermittlungsweisen moralischer Überzeugungen

Sittliche Kompetenz ist keineswegs allein ein Produkt der aufgeklärten Vernunft, die sich im »stillen Kämmerlein« auf sich selbst
und ihre Voraussetzungen besinnt. Individuelle Moralität steht
vielmehr in einem engen Verweisungszusammenhang mit gesellschaftlichen Ansprüchen und wird durch diese geformt, beeinflußt und gesteuert. Solche gesellschaftlichen Vorgaben treten im
Gewand von Normen, als Sitten, Bräuche, Gesetze, Regeln und
ganz konkrete moralische Überzeugungen an das einzelne Handlungssubjekt heran, die institutionell vermittelt und eingefordert
werden. Diesen Ansprüchen steht das einzelne Individuum nicht
ohnmächtig gegenüber, sondern es hat die Möglichkeit zu Kritik
und Veränderung der Vorgaben. Sittliche Kompetenz bildet sich
nur in Auseinandersetzung mit diesen Weisungen heraus und
nicht an ihnen vorbei.

Der fünfte Abschnitt untersucht die Vermittlung moralischer
Ansprüche an das Individuum. Der Artikel »Normen« (188-206)
entschlüsselt die Bedeutung von sittlichen Normen als Vermittlungsformen des Moralischen. Der Artikel »Öffentliche Moral«
(207-222) thematisiert das Recht als Vermittlungsweise gesetzlich
regelbarer Momente moralischer Überzeugungen. Der Artikel
»Kirchliche Weisungen« (223-242) schließlich sucht am Beispiel
des kirchlichen Sprechens über Moral die institutionellen Ver-
mittlungswege moralischer Ansprüche zu verdeutlichen.

Normen. Zum Verhältnis von gesellschaftlichen Ansprüchen und sittlicher Autonomie

Sigrid Müller

Sittliches Urteilen und Handeln lebt weder allein von eigenen Überzeugungen noch von der blinden Befolgung von Vorschriften. Erst das Miteinander von individueller Entscheidung und gesellschaftlich anerkannten Regeln führt zu verantwortlichem Handeln. Dieser Zusammenhang wird im folgenden in der Auseinandersetzung mit Begriff und Sache der Norm entfaltet. Daher schließt sich einer Begriffsbestimmung der Norm (1) eine Gegenüberstellung der unterschiedlichen Ansprüche von Gesellschaft und einzelnem Handlungssubjekt an (2). Das führt weiter zur Frage nach dem Umgang mit Normen (3). Abschließend soll die normative Ethik, die vornehmlich nach der Begründung und Richtigkeit von Normen und Prinzipien fragt, kritisch beleuchtet werden (4).

1 Zum Begriff der Norm

»Norm« ist ein Lehnwort aus dem Lateinischen und leitet sich von ›norma‹ (Winkelmaß, Regel) ab. Der Begriff der Norm ist von seiner Herkunft her ein naturwissenschaftlicher Begriff und bezeichnet als solcher die höchste statistische Häufigkeit eines Tatbestandes. Soziologisch wird der Begriff für eine allgemein gültige Handlungsregel in der Gesellschaft verwendet. In den ethischen Sprachgebrauch wird der Begriff Norm als Sammelbegriff für unterschiedliche Anspruchsformen eingeführt. Davon ausgehend bezeichnet er auch eine ideale Zielvorstellung, die über die faktische Geltung von Regeln hinausgeht und diese korrigiert. In diesem Sinn wird auch das Adjektiv ›normativ‹ verwendet (Hillmann: Wörterbuch 615; Forschner: Norm 182-183).

Ganz allgemein lassen sich Normen als Regelsysteme und Regelformen menschlichen Deutens, Ordnens und Gestaltens beschreiben, die einen Verbindlichkeitsanspruch erheben, der Aussicht auf Anerkennung und Gehorsam hat (Korff: Norm 115-117). Soweit sie sich auf Handlungen beziehen, stellen Normen situative und gruppenspezifische Verhaltensansprüche und -erwartungen dar, ohne die es soziale Gebilde überhaupt nicht gäbe (Hillmann: Wörterbuch 615). Sie sind »die gemeinsam getragenen Erwartungen an Verhalten, die für das stehen, was im Rahmen der Kultur erstrebenswert und angemessen erscheint« (Oxford Dictionary of Sociology: Norm).

> **Norm.** Regelsysteme und Regelformen menschlichen Deutens, Ordnens und Gestaltens, die einen Verbindlichkeitsanspruch erheben, der Aussicht auf Anerkennung und Gehorsam hat.

Gesellschaftliche Normen stehen in einem Wechselverhältnis zum individuellen Handeln und zur Sittlichkeit. Erst durch die Verwirklichung durch den einzelnen bleibt eine Norm wirksam, gleichzeitig können sittliche Entscheidungen von einzelnen eine normverändernde und normschaffende Kraft entfalten. Wegen dieser normativen Kraft persönlicher Sittlichkeit wird der Normbegriff manchmal nicht nur als Überbegriff für Normarten (gesellschaftliche, rechtliche, religiöse Normen) verwendet, sondern auch für die individuelle Moralität, wie sie sich in persönlichen Überzeugungen und Entscheidungen ausdrückt. So lassen sich verschiedene Gruppen von Normen herausarbeiten: Normen als Prinzipien, als Maximen und als sittliche Vorzugsurteile (Mieth: Norm 247). Um aber den Unterschied zwischen sittlicher Selbstverpflichtung und gesellschaftlichen Normen nicht aus den Augen zu verlieren, wird der Begriff der Norm im folgenden für die institutionell getragenen Verhaltensregeln gebraucht. Die von den Institutionen vermittelten Normen besitzen verschiedene Sanktionskraft und werden demgemäß auch unterschieden in ›Muß-Normen‹ wie Gesetze, ›Soll-Normen‹ wie Sitten und ›Kann-Normen‹ wie Bräuche und Gewohnheiten (Hillmann: Wörterbuch 616).

Solche Normen können sittliche Elemente und Sachverhalte beinhalten. Bei den sittlichen Elementen von Normen sind moralische Prinzipien, denen man folgt, und Werte, die man vertritt, zu unterscheiden. Unter Prinzip versteht man seit Aristoteles einen letzten sittlich-praktischen Grundsatz des Handelns, der so allgemein ist, daß er nicht wieder auf ein anderes zurückgeführt werden kann: das lateinische principium bedeutet ›Anfang, Grund‹. Solche Grundsätze sind beispielsweise die Goldene Regel in ihrer negativen und positiven Fassung (Mt 7,12; Lk 6,31; Tobit 4,16) oder die prima principia: »Das Gute ist zu tun und zu erstreben, das Böse ist zu meiden« (Thomas von Aquin: S.Th. q.94 a.2). Auf die Ebene der Prinzipien gehören auch Grundvorstellungen wie Gottes- und Nächstenliebe, Freiheit, Verantwortung oder Personenwürde.

Prinzip. Letzter praktischer Grundsatz (z.B. Goldene Regel, Prima Principia, Kategorischer Imperativ, Liebe, Freiheit, Personenwürde).

Werte sind dagegen konkrete, gesellschaftlich geteilte Auffassungen von Erstrebenswertem, die die Auswahl von Handlungen und Handlungszielen beeinflussen. Sie stellen Überzeugungen dar, für die jemand persönlich, eine Gruppe oder eine Gesellschaft bereit ist, sich einzusetzen. Leben, Umwelt gehören dazu, aber auch Wohlstand, Erziehung oder Freizeit. Werte sind nur dann sittliche Werte zu nennen, wenn sie auch einen sittlichen Anspruch an den Menschen herantragen. So wird Wohlstand erst dann zum sittlichen Wert, wenn er den Prinzipien der Gerechtigkeit oder der Personwürde entspricht. Der persönliche Wohlstand auf Kosten anderer ist deshalb kein sittlicher Wert. Werte sind von dort aus zu charakterisieren als Konkretionen von Prinzipien.

Wert. Konkrete, gesellschaftlich geteilte Auffassung von Erstrebenswertem (Leben, Umwelt, Wohlstand).

Aus Prinzipien und Werten allein lassen sich nicht unmittelbar Normen ableiten. Um zu angemessenen Normen in konkreten Situationen zu kommen, sind nicht nur Leitprinzipien und sittliche Überzeugungen in Anschlag zu bringen, sondern auch konkrete Handlungsbedingungen müssen berücksichtigt werden, wie etwa zeitliche und räumliche, soziale, persönliche und politische Gegebenheiten. Wer dieses Miteinander von Prinzip, Wert, Bedingung und Norm mißachtet, gerät in die Gefahr eines naturalistischen Fehlschlusses.

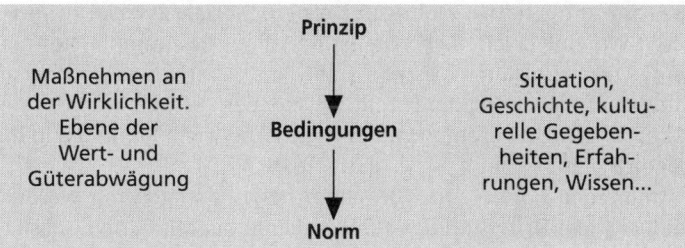

2 Zum Anspruch der Norm

Prinzipien und Werte sind nicht nur Elemente bestehender Normen, sondern auch des individuellen sittlichen Urteilens und Handelns. Die von außen vorgegebenen Normen treten der individuellen Sittlichkeit teils unterstützend und prägend, teils widerstreitend gegenüber. Äußere Normen und innere Überzeugungen bilden ein Ineinander. Aus ihnen resultiert das alltägliche Gefüge der normativen Ansprüche.

Gesellschaftliche Normen formulieren einen allgemeinen, überindividuellen Anspruch und damit eine objektive Verbindlichkeit. Diese objektive Verbindlichkeit der Norm formt sich in gesellschaftlichen Lebensprozessen. So steckt hinter der Aufforderung »Gib der Tante die Hand!« der Anspruch der Höflichkeit. Einmal erworben, setzen Normen voraus, daß der Handelnde erkennt, auf welche Situationen sie zutreffen und wie er sie umsetzen kann. Der Anspruch der Höflichkeit konkretisiert sich beispielsweise in all den Situationen, in denen jemand begrüßt wird. Diese situative Konkretisierung ist eine Leistung des einzelnen. Die Bereitschaft, einen solchen Anspruch überhaupt zu akzeptieren, beruht darauf, daß dieser der Vernunft zumindest prinzipiell einsichtig ist. Dies erlaubt es, die Normeinhaltung zu fordern, ohne daß in jeder Situation die Vernünftigkeit der Norm je neu nachgewiesen werden muß.

Dem allgemeinen Anspruch der Norm steht der individuelle Anspruch der Sittlichkeit gegenüber. Persönliche sittliche Grundsätze nennt man Maximen (lat. propositiones maximae – oberste Vorsätze). Sie erheben in der Regel keinen Allgemeinheitsanspruch. So kann jemand nach der Maxime handeln, alles Geld, das er nur irgendwie erübrigen kann, für soziale Zwecke zu spenden. Wo eine solche Lebensregel allerdings bestimmten Normen entgegensteht, kommt es zu Konflikten. So etwa, wenn jemand aufgrund seiner Maxime Geld zu spenden, seinen Kindern die Skifreizeit nicht bezahlen will und nicht mehr mit Freunden in die Kneipe geht.

Maximen können aber durchaus bewußt so gewählt werden, daß sie dem Kriterium der Verallgemeinerbarkeit (Universalisierbarkeit) im Sinne des Kategorischen Imperativs gerecht werden. So erfüllt etwa der persönliche Vorsatz, die Straße nur bei einer grünen Fußgängerampel zu überqueren, um Kindern ein gutes Beispiel zu geben, diesen Verallgemeinerbarkeitsanspruch. Maximen können also einer Norm entsprechen.

Von der Maxime als einem persönlichen sittlichen Grundsatz ist das individuelle sittliche Urteil zu unterscheiden. Ein solches Urteil wird auch als Wertvorzugsurteil bezeichnet, da es bestimmte Werte, Prinzipien und Sinnperspektiven gegeneinander abwägt und zu einer Entscheidung führt (Mieth: Norm 248). Mit einem solchen Urteil legt der Handelnde in einer konkreten Situation fest, was er tun will, und erhebt zugleich den allgemeinen Anspruch, daß dies sittlich richtig ist. Diese objektive Gültigkeit wird im sittlichen Urteil argumentativ aufgewiesen. Aufgrund der damit angestrebten Nachvollziehbarkeit müssen andere, zumindest der Ansicht des Handelnden nach, dem Urteil zustimmen. Ebenso wie Maximen können sittliche Urteile Normen entsprechen, da sie auf eine konkrete Situation mit dem Anspruch der Allgemeingültigkeit antworten.

	Charakter	Anspruch
Normen	allgemein	überindividuell
Maximen	allgemein	individuell
sittliches Urteil	individuell	allgemein

3 Zum Umgang mit Normen

Der Wertpluralismus der modernen Welt führt dazu, daß unterschiedliche Rollenerwartungen und damit Ansprüche an das Verhalten von Menschen gerichtet werden. Eine erfolgreiche Geschäftsfrau, zugleich engagiertes Greenpeace-Mitglied könnte sich vor die Tatsache gestellt sehen, daß sie im Beruf umweltschädliche Entscheidungen akzeptieren muß, gegen die sie außerberuflich ankämpft. Ein solcher Wertkonflikt wirft grundsätzliche Fragen nach der Anwendbarkeit, dem Geltungsbereich und der Absolutheit von Normen auf.

3.1 Die Anwendung von Normen

Normen können nur angewendet werden, wenn sie grundsätzlich bekannt und ihre Inhalte verstehbar sind. Wer etwa nicht weiß, daß rot gefärbter Asphalt in einer Stadt einen Fahrradweg markiert, wird ihn vielleicht auch als Fußgänger beschreiten und sich so der Gefahr aussetzen, mit einem Radfahrer zu kollidieren.

Normen sind außerdem durch einen festgelegten Geltungsbereich begrenzt. Einen Helm und Bauschuhe braucht man nur auf der Baustelle zu tragen, um so Sicherheitsnormen zu entsprechen. Darüber hinaus lassen viele Normen einen Spielraum für ihre Auslegung und Befolgung zu. Sie liefern einen Toleranzbereich ihrer Geltung mit. So ist es üblich, den Tisch so zu decken, daß die Messer rechts und die Gabeln links liegen. Deckt man aber für einen Linkshänder, so ist es sinnvoll und im Rahmen der Tischsitte, das Messer links und die Gabel rechts des Tellers aufzulegen.

Schließlich bedarf es auch einer individuellen Entscheidung darüber, ob eine Norm in einem speziellen Fall angewendet wird oder nicht. So ist es im allgemeinen üblich, daß Menschen sich grüßen, wenn sie einander begegnen. Das heißt aber nicht, daß man sich beispielsweise auch dann grüßt, wenn man sich zum drittenmal am selben Tag sieht.

Jede Form der Normanwendung setzt also voraus, daß etwas normiert ist, daß bekannt ist, in welchem Bereich die Norm gilt und wie diese ausgelegt und vollzogen wird.

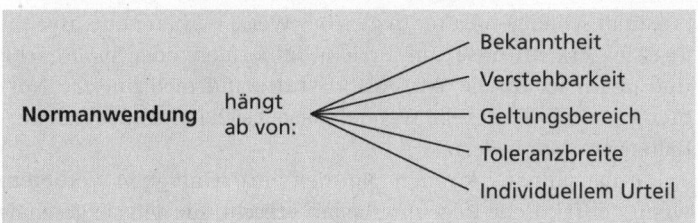

3.2 Zur Wandelbarkeit von Normen

In den bisherigen Ausführungen wurde vorausgesetzt, daß eine Norm nicht nur gilt, sondern auch gültig ist. Normen können diese Gültigkeit verlieren (Gründel: Normen). Der Verlust der Gültigkeit einer Norm resultiert daraus, daß die Vernünftigkeit ihres Anspruchs nicht mehr nachzuvollziehen ist. Was führt nun zu einem solchen Gültigkeitsverlust und damit zum Wandel von Normen?

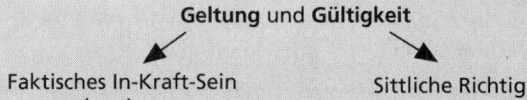

Geltung und **Gültigkeit**

Faktisches In-Kraft-Sein
von bestimmten
Verhaltensvorschriften
durch Sitte und Recht

Sittliche Richtigkeit
von bestimmten
Verhaltensvorschriften

Zunächst einmal bedingt eine neue Interpretation des Sinngehaltes von Normen ihren Wandel. Aus einer veränderten Auslegung von Prinzipien und Werten resultiert somit eine veränderte Verhaltensvorschrift. Beispielsweise bedeutete lange Zeit die Erfüllung der Norm, ein guter Vater zu sein, allein für das materielle Wohl der Familie zu sorgen. Heute führt das Prinzip der Gleichberechtigung der Geschlechter dazu, daß die liebevolle Kindererziehung nicht mehr als geschlechtsspezifischer Wert interpretiert wird. Die Norm, ein guter Vater zu sein, bedeutet daher, auch die emotionale Sorge für seine Kinder mitzuübernehmen.

Des weiteren kann eine Norm auch hinsichtlich ihrer sachlichen Gründe angefragt werden. Norminhalte wandeln sich durch neue wissenschaftliche Erkenntnisse und kulturelle Entwicklungen. Das Gesundheitsideal einer sonnengebräunten Haut verändert sich mit der Erkenntnis, daß die UV-Strahlung die Haut ernsthaft schädigen kann. In gleicher Weise wirken neue psychologische Erkenntnisse auf Erziehungsnormen oder biologische und pharmazeutische Wissensfortschritte auf medizinische Normen ein. Jeder kulturelle Wandel spiegelt sich in veränderten Verhaltensnormen wider.

Darüber hinaus können Normen ihre Gültigkeit verlieren, wenn der faktische Regelungsbedarf erlischt, für den sie geschaf-

fen wurden. Die Verordnung, daß Autos mit hohem Schadstoff-
ausstoß an Tagen mit hohen Ozonwerten nicht gefahren werden
dürfen, wird überflüssig, wenn diese Autos nicht mehr hergestellt
oder nicht mehr zum Verkehr zugelassen werden.

Schließlich wandeln sich Normen auch dort, wo ihre Veränderung bewußt angestrebt wird. Dies ist etwa zu beobachten bei der
über 100-jährigen Geschichte der Frauenbewegung, die unter der
Forderung nach Gleichberechtigung beispielsweise das Wahlrecht
für Frauen erstritt.

Wandelbarkeit von Normen

- Prinzipien und Werte werden neu interpretiert
- Verlust der sachlichen Gründe
- Regelungsbedarf erlischt
- Bewußtes Veränderungsstreben

Die grundsätzliche Wandelbarkeit der Normen macht darauf
aufmerksam, daß der Mensch nicht nur unter dem Anspruch der
Normen steht (Gehorsamsverantwortung), sondern selbst für die
vernünftige Gestaltung von Normen Sorge zu tragen hat (Gestaltungsverantwortung).

3.3 Zum Absolutheitsanspruch von Normen

Die grundsätzliche Wandelbarkeit von Normen wirft die Frage
auf, ob ausnahmslos alle Normen wandelbar sind, oder ob es nicht
doch erfahrungs-, kultur- oder geschichtsunabhängige Normen
gibt. Auf den ersten Blick ist diese Frage zu verneinen. Denn da
Normen der vernünftigen Gestaltung des menschlichen Zusammenlebens dienen, die Vernunft der Menschen aber immer geschichtlich und kulturell gebunden ist, kann es keine von diesen
Faktoren unabhängigen Normen geben (Korff: Unbeliebigkeit
147-164). Immer wieder zeigen sich für die Vernunft bessere
Gründe und tiefere Erkenntnisse, die einen Normwandel bewirken.

Dagegen läßt sich einwenden, daß es durchaus Handlungen
gibt, die sehr viele Menschen spontan ablehnen, wie etwa die Produktion von Kinderpornographie, Vergewaltigung oder das Töten
von Zivilisten im Krieg. Besonders deutlich zeigt sich diese Überzeugung bei Normen, die schon seit Menschengedenken gelten:
nicht zu stehlen, nicht zu morden oder keinen Meineid zu leisten.

In katholischen kirchenamtlichen Dokumenten werden diese Normen als absolut und die in ihnen verbotenen Handlungen als in sich schlecht (intrinsice malum) bezeichnet (Rief: Werte 135-161; Wolbert: Handlungen). Was ist damit gemeint?

Absolute Normen verbieten Handlungen, die unter keinen Umständen gerechtfertigt werden können, weil durch sie grundlegende Werte verletzt werden. Diese Normen schützen vor allem Leben und Unversehrtheit der Person und ihres Eigentums und damit die Gesellschaft. Sie gehören so unmittelbar zum Fundament einer menschlichen Gemeinschaft, daß sie beispielsweise Thomas von Aquin als eine direkte Entfaltung des Naturgesetzes verstand: Sie verkörpern die ersten Regeln (prima principia), die aus dem praktischen Grundsatz der Vernunft, das Gute zu tun und das Böse zu lassen, hervorgehen. Letztlich geht die Absolutheit der Norm also auf die Absolutheit des Wertes zurück, den diese auslegt.

Dennoch ist nicht zu verkennen, daß alle absoluten Normen in einer Deutungsgeschichte stehen. Denn der Anspruch, der sich in jeder Norm zu erkennen gibt, entwickelt sich geschichtlich, wie auch der in ihnen vertretene Wert immer wieder neu gerade in Konkurrenz zu anderen Werten ausgelegt werden muß. So ist die Vorstellung von der absoluten Gleichwertigkeit der Person erst im Laufe der Geschichte auf alle Menschen ausgeweitet worden. Die antiken Sklavenhaltergesellschaften oder die amerikanischen Südstaaten sprachen die Gleichwertigkeit der Person nur den ›Herren‹ zu. In gleicher Weise ist die Überzeugung, daß die Kindheit ein in sich schützenswertes Gut darstellt, das Ergebnis einer langen Entwicklung, in der das Kind-Sein erst allmählich als eigenständiger Lebensabschnitt erfaßt wurde.

Die Problematik der Rede von In-sich-schlechten-Handlungen zeigt sich vor allem an der Norm, nicht zu töten. Sie ist jedem Menschen einsichtig, wenn man darunter Mord, also ungerechtfertigte Tötung versteht. Strittig ist für viele aber, ob die Norm, nicht zu töten, auch die Todesstrafe, das Töten im Krieg, die persönliche Selbstverteidigung, den Tyrannenmord, die Sterbehilfe, den Selbstmord oder die Abtreibung verbietet. Ob und wann die Tötung eines Menschen gerechtfertigt sein kann, ist nicht immer eindeutig. Hinter dieser Uneindeutigkeit steht stets ein Wertkonflikt, die Frage nach der Rangordnung verschiedener, miteinander konkurrierender Werte. So wird in der Auseinandersetzung um das Tötungsverbot der Wert des menschlichen Lebens anderen Werten gegenübergestellt: dem Rechtsanspruch des Staates, dem individuellen Lebensschutz, dem Recht auf ein würdiges Sterben, der sozialen und privaten Sicherheit, der Gerechtigkeit oder der Selbstverwirklichung. Selbst in der christlichen Tradition wird der Wert des Lebens unter Umständen anderen Werten nachgestellt, wie etwa der Treue gegenüber der eigenen religiösen und moralischen Überzeugung (Märtyrer). Da das Aufstellen einer solchen Wertehierarchie von Fakten und von Sinnperspektiven wie Glaubensüberzeugungen abhängt, ist nicht nur ein argumentatives Ringen um die Rangordnung der Werte unerläßlich. Der Wert selbst ist dem Diskurs ausgesetzt, da er nur bedingt aus sich heraus das richtige Handeln zu erkennen gibt.

4 Möglichkeiten und Grenzen normativer Theologischer Ethik

Der Umgang mit Normen ist wesentlich dadurch geprägt, daß es nicht darum geht, der äußeren Norm Genüge zu leisten, sondern den Sinn der Norm in ihrem Anspruchsbereich, ihrer Wandelbarkeit und ihrer geschichtlichen Bedingtheit zu entschlüsseln. Deshalb kann es nicht die vordringliche Aufgabe Theologischer Ethik sein, abweichendes, nonkonformistisches Handeln der Menschen aufzuspüren und ihnen normkonformes Verhalten einzuschärfen. Ebensowenig will sie Normen verharmlosen oder gar ablehnen. Das theologisch-ethisch angemessene Verständnis der Bedeutung und Funktion von Normen läßt sich durch eine Besinnung auf Jesu Umgang mit Weisungen präzisieren. Ihm geht es nicht um die wörtliche Erfüllung von Gesetzen, sondern um deren Sinn. Dieser erschließt sich für Jesus in der Botschaft des menschenfreundlichen Gottes und wird so zum Kriterium der Anwendung von Normen. Daß Normen keinen Selbstzweck besitzen, sondern auf ihren Sinn hinterfragt werden müssen, zeigt sich beispielsweise in der Erzählung von der Heilung des Mannes mit einer verdorrten Hand am Sabbat (Mk 3,1-6): »Die Sabbatruhe wird nicht abgeschafft. Aber Jesus bestreitet, daß zwischen Sabbatgebot und Liebesgebot ein Konflikt entstehen kann. Keine Bestimmung über den Sabbat kann daran hindern, das im bestimmten Falle gebotene Gute zu tun« (Conzelmann: Grundriß 76).

Ausgehend vom jesuanischen Handeln kann Theologische Ethik somit nicht als Sündenmoral formuliert werden, die die buchstabengetreue Einhaltung von Normen überwacht. Gefragt ist vielmehr eine »Ethik kreativen Handelns« (Lob-Hüdepohl: Handeln 201), die auf die sittliche Kraft von Menschen setzt, ohne damit die Bedeutung von Normen zu schmälern (Hunold: Autoritätsanspruch 126-134). Vor dieser Perspektive liegt die wesentliche Bedeutung biblischer Texte für die Theologische Ethik nicht in ihren konkreten Handlungsanweisungen. Die Bibel ist kein Handbuch der Moral, sondern sie stellt Modelle richtigen Handelns bereit, motiviert zur Auslegung des Gebotes der Gottes-, Selbst- und Nächstenliebe in der konkreten Situation und stößt von dort aus einen kreativen Normfindungsprozeß in unterschiedlichsten Lebenskontexten an. Der die biblischen Texte tragende unbedingte Anspruch der Liebe und Verantwortung muß daher in den jeweiligen geschichtlichen Situationen und Herausforderungen bedingt ausgelegt werden. Dieser unbedingte Anspruch ist zugleich Ziel- und Weggestalt der menschlichen Verwirklichung des Guten im Handeln (Korff: Unbeliebigkeit 113).

Eine Ethik kreativen Handelns läßt sich somit nicht auf eine Gebotemoral reduzieren. Sie betont vielmehr die sittliche Kompetenz des Menschen, seine ganzheitliche Sittlichkeit. Drei Problemstellungen verdeutlichen dieses Grundverständnis.

- Die alleinige Fixierung auf Normen verstellt den Blick auf die individuelle sittliche Kompetenz des Menschen. Eine Betonung von Normen tendiert dazu, dem Prozeß der Entwicklung individueller sittlicher Fähigkeiten zu wenig Beachtung zu schenken. Besonders im Hinblick auf die Herausforderungen durch technische Innovationen ist es notwendig, die Fähigkeit zu vernünftigen, informierten und sittlichen Entscheidungen bei möglichst vielen Menschen zu kultivieren. Gerade aus christlicher Sicht kommt der Aspekt ins Spiel, daß die Annahme eines Menschen in seiner konkreten Lebenslage und Verfassung gerade die Voraussetzung schafft, ihm freies, sittliches Handeln zu ermöglichen.
- Die bloße Fixierung auf Normen verstellt den Blick auf die jeweilige Handlungssituation. Eine Ethik, die sich nur an Normen orientiert, kann der individuellen Situation nie völlig gerecht werden. Wichtig erscheint es daher, Handlungskompetenz zu fördern. Diese besteht in der Fähigkeit zur situationsangemessenen Auslegung

der Sinngehalte einer Norm oder einem kreativen Normfindungsprozeß. Daher ist eine normative Ethik auch im theologischen Sinn
gehalten, den eigenständigen Umgang mit Normen zu fördern und
Kriterien für den Normfindungsprozeß selbst bereitzustellen.

* Die bloße Fixierung auf Normen unterschlägt deren Begründungsfrage. Grundsätzlich ist festzuhalten, daß im Normfindungsprozeß unterschiedliche Interessen und Denktraditionen
zu unterschiedlichen Normen führen können. So richtet sich
beispielsweise ein pragmatisches Denken auf das Resultat, das
eine Norm erreichen soll (teleologisch-zielorientiertes Denken). Idealistisches Denken dagegen schaut auf die Rechte der
einzelnen Person und auf Prinzipien wie Gerechtigkeit, die den
einzelnen schützen. Hier ist die Orientierung an Prinzipien
wichtiger als das pragmatische Resultat (deontologisch-
pflichtorientiertes Denken). Theologische Ethik sieht sich hier
vor die Aufgabe gestellt, solche Interessen und Denktraditionen
kritisch aufzuweisen und zu hinterfragen.

Unabhängig von diesen bleibt festzuhalten, daß sich sittliche
Kompetenz nur im begründeten Handeln erweist. Daher muß,
unabhängig von der unstreitbaren Bedeutung von Normen, der
rechte Umgang mit ihnen Teil sittlicher Erziehung sein.

ZUSAMMENFASSUNG

(1) Normen sind Handlungsanweisungen, die einen überindividuellen Geltungsanspruch besitzen und Anerkennung und Gehorsam einfordern. Sie sind Auslegungen von Prinzipien und Werten.

(2) Ebenfalls normativen Charakter haben Maxime und sittliche Urteile, die der persönlichen Sittlichkeit zugehören.

(3) Die Reichweite einer Norm wird durch ihren Anwendungsbereich, ihre Geltung und Gültigkeit sowie ihren Anspruch bestimmt.

(4) Eine normative Ethik erweist sich als Ethik kreativen Handelns,
indem sie den Sinn einer Norm in den Blick nimmt, die sittliche
Kompetenz des Handlungssubjekts und die spezifischen Handlungssituationen ernst nimmt und die Begründungsproblematik
transparent hält.

TEXTARBEIT

Philosophisch-soziologischer Text

Einführung Der Soziologe Georg Simmel (1858-1918) legte in Deutschland zur selben Zeit wie Émile Durkheim in Frankreich den Grundstein für die Soziologie als Wissenschaft. Während Durkheim das Gebiet der Soziologie allein auf die Strukturen beschränkte, die sich aus dem Handeln der Menschen ergeben, sah Simmel diese als den Form-Teil, der die Gesellschaft ausmacht, aber durch den Inhalts-Teil ergänzt werden muß: die Gefühle und individuellen Anlässe zum Handeln.

Arbeitstext *Der negative Charakter des Bandes, das den großen Kreis zur Einheit zusammenschließt, tritt vor allem an seinen Normen hervor. Dies wird durch die Erscheinung vorbereitet, daß bindende Festsetzungen jeglicher Art um so einfacher und weniger umfänglich sein müssen, je größer unter übrigens gleichen Umständen der Umkreis ihrer Geltung sein soll – anhebend etwa von den Regeln der internationalen Höflichkeit, die sehr viel wenigere sind, als sie in jedem engeren Kreise beobachtet sein wollen, bis zu der Tatsache, daß die Einzelstaaten des Deutschen Reiches eine um so weniger umfangreiche Verfassung zu haben pflegen, je größer sie sind. Prinzipiell ausgedrückt: mit wachsendem Umfang des Kreises werden die Gemeinsamkeiten, die jeden mit jedem zu der sozialen Einheit verbinden, immer weniger reichhaltig. Es ist deshalb, was zunächst paradox erscheinen könnte, mit einer geringeren Mindestzahl von Normen möglich, einen großen Kreis als einen kleinen überhaupt nur zusammenzuhalten. In qualitativer Hinsicht nun pflegen die Verhaltungsweisen, die ein Kreis, um als solcher existieren zu können, von seinen Teilnehmern fordern muß, um so mehr bloß verbietender, einschränkender Natur zu sein, je ausgedehnter er ist: die positiven Verknüpfungen, die, von Element zu Element gehend, dem Gruppenleben seinen eigentlichen Inhalt geben, müssen schließlich den Einzelnen überlassen werden, die Mannigfaltigkeit der Personen, der Interessen, der Vorgänge, wird zu groß, um von einem Zentrum aus reguliert zu werden; diesem bleibt nur noch die prohibitive Funktion, die Festsetzung dessen, was unter keinen Umständen getan werden darf, die Begrenzung der Freiheit statt ihrer Dirigierung – womit natürlich nur die Richtung einer immerzu durchkreuzten und von anderen Tendenzen abgelenkten Entwicklung* *gemeint ist. So, wo eine größere Zahl divergenter religiöser Gefühls- und Interessenkreise in eine Einheit zusammengefaßt werden sollen. (...)*

Seit alten Zeiten war jedem Ägypter der Genuß je einer bestimmten Tierart – derjenigen, die gerade in seinem Gau heilig war – verwehrt. Die Lehre, daß Heiligkeit die Enthaltung von aller Fleischnahrung fordere, entstand dann als Ergebnis der politischen Verschmelzung einer Anzahl lokaler Kulte zu einer Nationalreligion, an deren Spitze ein einheitlich regierendes Priestertum stand. Diese Vereinheitlichung konnte nur durch die Synthese oder Allgemeinmachung aller jener Verbote zustande kommen; denn wäre der Genuß aller Tiere, der in jedem Gau erlaubt war (also auch unterlassen werden konnte!), etwa positiv geboten gewesen, so hätte es ersichtlich gar keine Möglichkeit gegeben, die Spezialbestimmung der Teile zu einem höheren Ganzen zusammenzubringen.

Quelle Georg Simmel: Soziologie. Untersuchungen über die Formen der Vergesellschaftung, hrsg. v. Ottheim Rammstedt, Gesamtausgabe Bd. 11, Frankfurt a.M. 1992, 534-536.

Leitfragen Welche Gesetzmäßigkeiten, die bei der Aufstellung sozialer Normen gelten, stellt Simmel vor? Aus welchen Bereichen stammen die Beispiele? Gibt es weitere Beispiele in streng moralischem Sinn? Welche Konsequenzen ergeben sich aus diesen Gesetzmäßigkeiten für die Formulierung und Durchsetzung von Menschenrechten? Welche Probleme ergeben sich im Hinblick auf ein »Weltethos« (vgl. Hans Küng, Projekt Weltethos), das für die ganze Erde gelten soll?

Theologischer Text

Einführung Der katholische Theologe Werner Schöllgen (1893-1985) steht für das Gespräch der Moraltheologie mit anderen Disziplinen, die den Menschen als Untersuchungsgegenstand haben. Sein Bemühen um Interdisziplinarität mündete in die Bestimmung der Ethik als Integrationswissenschaft. Im folgenden Text diskutiert Schöllgen das Sonntagsgebot.

Arbeitstext *Wenn wir aber bereit sind, vitale Dringlichkeiten im Elementarbereich unseres Am-Leben-Bleibens anzuerkennen, dann müssen wir noch nachdrücklicher darauf hinweisen, daß auch das Dringliche auf die Dauer versagt, wenn das eigentlich und echt Wichtige, nämlich die Rettung der menschlichen Substanz, mißlingt. Was* *die Managerkrankheit unüberhörbar unseren führenden Köpfen predigt, das sagt die eigentümliche Art unserer Jugendkriminalität unseren Soziologen und Pädagogen: Die Gesetze des Lebens lassen sich nicht mißachten. Der religiöse Gehalt des Sonntags weist uns alle in seinem eigentlichen Sinn hinaus über die enge Welt des totalen Konsums. In seinem Erleben finden wir die innere Kraft, auch die irrationalen Seiten unseres Lebens nicht zu verdrängen. Der Gedanke an Gott läßt sogar Alter und Tod ertragen.*

Und nur die ständige Wiederkehr des Sonntags wie der echten Feste religiöser Art gibt dem humanen Erleben Raum. Dann kann sich die Familie um den gleichen Tisch versammeln, Partnerschaften fürs Leben können sich anbahnen und festigen, Freundschaften als Beziehungen von Mensch zu Mensch haben ihre Möglichkeiten. Was bliebe von diesem Intimbereichs des Lebens, wenn man jeweils, sogar im Paar, mindestens nur Abendstunden nach der Hetze des Arbeitstages zur Verfügung hätte!

Wenn wir dies alles bedenken, müssen wir dann nicht mit tiefer Gewissensbedrängnis von neuem lernen, unseren Sonntag so zu feiern, daß er zum Quell jener Werte wird, die unsere Institutionen brauchen, aber nur als Geschenk intimen Lebens erhalten können: religiös begründete Gewissenhaftigkeit, Dienstbereitschaft, mitmenschliche Solidarität, Standfestigkeit in den Schicksalen und Versuchungen des Lebens – vor allem den Mut, gegen die große Lüge der Zeit anzugehen, daß alle Menschen von Natur gleich seien. Wie will man verhindern, daß es nur noch den Typ des verhinderten Menschen gibt (vom Wunschmillionär bis zur verhinderten Schönheitskönigin); wie kann man den alles zerfressenden Neid in seiner deutlich hervortretenden Maskierung als Geltungskonsum – rein aus Gründen schon der Sozialhygiene – bekämpfen, wenn man dem Menschen nichts anderes mehr übrigläßt als die (rein ökonomisch) freilich erwünschte Funktion des totalen Konsumenten, der dann in seiner Gier sich gleichsam selber verschlingt?

Zuletzt noch ein methodischer Hinweis: In seiner »Summe gegen die Heiden« setzt sich Thomas von Aquin mit dem Mohammedanismus auseinander. Für das vielleicht schwierigste Kapitel, die Sexualethik, formuliert er den Grundsatz: »Eine Antwort genügt nicht, wenn jemand sagt, es geschehe vor Gott ein Unrecht, denn Gott wird von uns nicht beleidigt, außer dadurch, daß wir gegen unser eigenes Wohl handeln.« Sollten wir nicht auch aus dieser klugen Haltung lernen? Kann es aber genügen, sich gegenüber der Problematik der gleitenden Arbeitswoche allein mit der Rückzugslinie des dritten Gebotes zu sichern?

Quelle Werner Schöllgen: Die gleitende Arbeitswoche. Kultursoziologische Erwägungen zum Sinn des Sonntags, in: ders.: Konkrete Ethik, Düsseldorf 1961, 250-256, hier: 255-256.

Leitfragen Wie begründet Schöllgen die Sinnhaftigkeit des Gebotes eines freien Sonntags? Wie begründet er es nicht? Was läßt sich hieraus für den Umgang mit biblischen Normen erschließen?

Literarischer Text

Einführung In ihrem Roman ›Bittersüße Schokolade‹ erzählt die mexikanische Schriftstellerin Laura Esquivel (*1950) die Geschichte von Tita und ihrer Familie, die in den zwanziger Jahren dieses Jahrhunderts in den Kreisen der mexikanischen Oberschicht spielt. Gleich zu Anfang des Romans verlieben sich Tita und Pedro, der Sohn des Nachbars, ineinander. Nun kündigt die Tochter ihrer Mutter den Besuch Pedros an.

Arbeitstext *»Worüber sollte dieser Herr schon mit mir sprechen wollen?« fragte Mama Elena nach so langem Schweigen, daß Tita beinahe das Herz zersprungen wäre. Mit kaum vernehmbarer Stimme erwiderte sie: »Ich weiß nicht.« Mama Elena warf ihr einen vernichtenden Blick zu, der für Tita all die Jahre widerspiegelte, in denen die Familie Mama Elenas despotische Herrschaft hatte ertragen müssen, und verkündete schließlich: »Falls er etwa um deine Hand anhalten will, wäre es besser, du ließest ihn gleich wissen, daß es gar nicht erst versuchen soll. Er würde nur seine Zeit vergeuden und meine dazu. Du weißt sehr wohl, daß dir als dem jüngsten weiblichen Familienmitglied die Aufgabe zufällt, mich bis zu meinem Tode zu pflegen.« Als sie zu Ende gekommen war, erhob sie sich in aller Ruhe, verstaute ihre Brille in der Schürze und wiederholte noch einmal, damit auch unmißverständlich klar würde, daß dies ihr letztes Wort war: »Für heute wollen wir dieses Thema beenden!« Tita wußte sehr wohl, daß die Regeln des häuslichen Umgangs jede Diskussion ausschlossen, indes wagte sie zum ersten Mal in ihrem Leben den Versuch, sich einer Anweisung ihrer Mutter zu widersetzen. »Aber meiner Meinung nach...« »Du hast überhaupt nichts zu meinen, und damit basta! Niemals, seit Generationen, hat jemand in meiner Familie gewagt, die Stimme gegen dieses ungeschriebene Gesetz zu erheben, und ich werde es nicht*

*dulden, daß ausgerechnet eine meiner Töchter diesen Brauch mißach-
tet!«(...)*

*Freilich war Tita nicht gewillt, sich zu fügen. Eine Menge Zweifel
und Fragen gingen ihr durch den Kopf. So hätte sie zum Beispiel nur
allzu gerne gewußt, welcher Schlauberger unter ihren Vorfahren
wohl diese Tradition angeregt hatte. Es wäre vielleicht angebracht, jenen Herrn Neunmalklug davon in Kenntnis zu setzen, daß ihm beim
Aushecken dieses fast perfekten Plans zur Alterssicherung der Frauen
leider ein winziger Irrtum unterlaufen war. Wenn Tita nämlich nicht
heiraten und auch keine Kinder haben könnte, wer würde sie dann
im Alter betreuen? Welche Lösung war für derartige Fälle vorgese-
hen? Oder rechnete man womöglich gar nicht erst damit, daß die
Töchter, die zur Pflege bei ihren Müttern blieben, deren Tod noch lange überlebten? Und was geschah mit den Frauen, die heirateten, aber
keine Kinder bekamen, wer würde für ihr Wohl sorgen? Im übrigen
wäre überhaupt zu fragen, welche Erkenntnisse zu dem Schluß geführt hatten, daß gerade die jüngste Tochter am besten geeignet sei, bei
der Mutter auszuharren, und nicht etwa die älteste? Hatte man auch
nur ein einziges Mal eine der Betroffenen selbst um ihre Meinung gebeten? War es ihr dann wenigstens gestattet, wenn ihr schon die Heirat verwehrt bleiben sollte, die Liebe zu erfahren? Oder nicht einmal dies?*

Quelle Laura Esquivel: Bittersüße Schokolade, Frankfurt a.M. –
Leipzig 1992, 15-17.

Leitfragen Gibt es in unserer Gesellschaft eine Entsprechung für
die im Text besprochene Norm? Kann man sie auf eine allgemei-
nere Norm, ein Prinzip gar zurückführen? Welche Kritik wird an
der Norm geäußert? Welche Werte und Prinzipien werden ihr
entgegengestellt? Wird der Sinn der Norm abgelehnt? Fällt Ihnen
eine ähnliche Situation aus Ihrem Leben oder Ihrem Bekannten-
kreis ein? Wie gehen Sie damit um?

Praktisches Beispiel. Euthanasie

Einführung Die Bundesärztekammer ist als Standesvertretung an
der Weiterentwicklung des ärztlichen Ethos gerade im Hinblick
auf neue ethische Fragestellungen, die sich aus dem medizinischen Fortschritt ergeben, wesentlich beteiligt. Am 11.9.1998
veröffentlichte sie Richtlinien zur ärztlichen Sterbebegleitung, aus
denen im folgenden zitiert wird.

Arbeitstext *Präambel. Aufgabe des Arztes ist es, unter Beachtung des Selbstbestimmungsrechtes des Patienten Leben zu erhalten, Gesundheit zu schützen und wiederherzustellen sowie Leiden zu lindern und Sterbenden bis zum Tod beizustehen.*

Die ärztliche Verpflichtung zur Lebenserhaltung besteht jedoch nicht unter allen Umständen. Es gibt Situationen, in denen sonst angemessene Diagnostik und Therapieverfahren nicht mehr indiziert sind, sondern Begrenzung geboten sein kann. Dann tritt palliativ-medizinische Versorgung in den Vordergrund. Die Entscheidung hierzu darf nicht von wirtschaftlichen Erwägungen abhängig gemacht werden.

Unabhängig von dem Ziel der medizinischen Behandlung hat der Arzt in jedem Fall für eine Basisbetreuung zu sorgen. Dazu gehören u.a.: Menschenwürdige Unterbringung, Zuwendung, Körperpflege, Lindern von Schmerzen, Atemnot und Übelkeit sowie Stillen von Hunger und Durst.

Art und Ausmaß einer Behandlung sind vom Arzt zu verantworten. Er muß dabei den Willen des Patienten beachten. Bei seiner Entscheidungsfindung soll der Arzt mit ärztlichen und pflegenden Mitarbeitern einen Konsens suchen.

Aktive Sterbehilfe ist unzulässig und mit Strafe bedroht, auch dann, wenn sie auf Verlangen des Patienten geschieht. Die Mitwirkung des Arztes bei der Selbsttötung widerspricht dem ärztlichen Ethos und kann strafbar sein.

Diese Grundsätze können dem Arzt die eigene Verantwortung in der konkreten Situation nicht abnehmen.

I. Ärztliche Pflichten bei Sterbenden

Der Arzt ist verpflichtet, Sterbenden, d.h. Kranken oder Verletzten mit irreversiblem Versagen einer oder mehrerer vitaler Funktionen, bei denen der Eintritt des Todes in kurzer Zeit zu erwarten ist, so zu helfen, daß sie in Würde zu sterben vermögen. Die Hilfe besteht neben palliativer Behandlung in Beistand und Sorge für Basisbetreuung.

Maßnahmen zur Verlängerung des Lebens dürfen in Übereinstimmung mit dem Willen des Patienten unterlassen oder nicht weitergeführt werden, wenn diese nur den Todeseintritt verzögern und die Krankheit in ihrem Verlauf nicht mehr aufgehalten werden kann. Bei Sterbenden kann die Linderung des Leidens so im Vordergrund stehen, daß eine möglicherweise unvermeidbare Lebensverkürzung hingenommen werden darf. Eine gezielte Lebensverkürzung durch Maß-

nahmen, die den Tod herbeiführen oder das Sterben beschleunigen sollen, ist unzulässig und mit Strafe bedroht.

Die Unterrichtung des Sterbenden über seinen Zustand und mögliche Maßnahmen muß wahrheitsgemäß sein, sie soll sich aber an der Situation des Sterbenden orientieren und vorhandenen Ängsten Rechnung tragen. Der Arzt kann auch Angehörige oder nahestehende Personen informieren, es sei denn, der Wille des Patienten steht dagegen. Das Gespräch mit ihnen gehört zu seinen Aufgaben.

Quelle www.bundesaerztekammer.de (07.01.1999)

Leitfragen Welche Sinnelemente stützen hier die Normen? Welche empirischen Sachurteile modifizieren die Normanwendung? Was sagt dies über das Zueinander der beiden Momente aus?

Öffentliche Moral. Zum Verhältnis von Recht und Sittlichkeit

Peter Kaufmann

Das sittliche Handeln des einzelnen Menschen wie die moralische Einstellungen in der Gesellschaft können heute nur angemessen in den Blick genommen werden, wenn auch ihre rechtlichen Dimensionen Beachtung finden. Dies um so mehr, weil zu beobachten ist, daß sich in der öffentlichen Diskussion um sittlich-moralische Fragen in den letzten Jahren die Schwerpunkte verschieben. Fragen wie »Was sagen die Gesetze?« oder »Wie könnte ein Gericht entscheiden?« erhalten in der Öffentlichkeit oftmals den Vorzug gegenüber Fragen wie »Was läßt sich als sittlich begründen?« oder »Was ist unbedingt gefordert?«. Dies ist etwa in der modernen Medizin unübersehbar. So werden bisweilen alle medizinischen Behandlungsmöglichkeiten ausgeschöpft, ohne Rücksicht auf die Gesamtsituation des Patienten zu nehmen, um nicht rechtlich belangt werden zu können. Die Frage, was sinnvoll und angemessen ist, tritt hierbei hinter die rechtliche Perspektive zurück.

Auch in vielen politischen Diskussionen um ethische Probleme bestimmt die rechtliche Dimension das Gespräch. In den letzten Jahren haben die Forschung an Embryonen, die Gentechnologie oder die Organtransplantation nicht nur ethische Diskussionen ausgelöst. Vehement wurde vielmehr die rechtliche Fixierung von Grenzen des Erlaubten gefordert und durch entsprechende Gesetze, etwa das Embryonenschutzgesetz, auch verwirklicht.

Ferner ist festzuhalten, daß ethische Probleme häufig erst dann öffentlich intensiv diskutiert werden, wenn sie die Schwelle der rechtlichen Relevanz erreichen. Der Einsatz von Soldaten der Bundeswehr etwa im Jugoslawien-Konflikt im Rahmen humanitärer Aktionen erforderte beispielsweise die Änderung des Grundgesetzes. Konfrontiert wird die damit einhergehende politisch-rechtliche Aufgabe einer adäquaten Außen-, Sicherheits- und Friedenspolitik mit dem ethischen Problem der Rechtfertigung von Gewalt und Gewaltandrohung überhaupt.

Im folgenden soll das Zuordnungsverhältnis von rechtlichen und ethischen Fragen zunächst begrifflich geklärt werden (1). Dem schließt sich eine Reflexion auf die Genese des Zueinanders von Recht und Sittlichkeit an (2). Ausgehend von einer systematischen Verhältnisbestimmung von Moral und Recht (3) kann die Beziehung zwischen den Ansprüchen von Sittlichkeit und Recht vorgestellt werden (4). Eine theologisch-ethische Reflexion auf die Dimension des Rechtlichen schließt das Kapitel ab (5).

1 Zum Zuordnungsverhältnis von rechtlichen und ethischen Fragen

Menschliche Existenz steht unter vielfältigen Sollensforderungen. Vom richtigen Denken handelt die Logik, vom angemessenen Empfinden und Fühlen von Kunst und Schönheit die Ästhetik, vom richtigen Wollen und Handeln aber das rechtlich-gesetzliche beziehungsweise das ethisch-normative Sollen. Normative Ansprüche bilden somit den gemeinsamen Gegenstand rechtlicher und ethischer Reflexion. Es darf allerdings nicht »kurzschlüssig gefolgert werden, daß damit alle Moral ein Besitzrecht auf rechtliche Sanktionierung für sich beanspruchen kann« (Hunold: Sondierungen 56). Vielmehr ist eine genaue Differenzierung der normativen Ansprüche notwendig.

Zunächst ist festzuhalten, daß die Auseinandersetzung um das rechtliche und sittliche Sollen des Menschen auf unterschiedlichen Ebenen stattfindet. Auf der Ebene der Wissenschaften reflektiert die Rechtswissenschaft Bedingungen, Möglichkeiten und Grenzen des Rechts insgesamt, während die Ethik das moralische Verhalten und das sittliche Urteilen und Handeln unter dem Aspekt von gut und richtig einer rationalen Reflexion unterwirft. Auf der Ebene der gesellschaftlichen Praxis normiert das Recht als Summe der Gesetze das Handeln von Menschen rechtlich, während ethischerseits Moral und Sitte das gesellschaftlich Gesollte, in Normen formulierte Handeln vorstellen und fordern. Auf der Ebene des individuellen Handelns schließlich nimmt das Recht als Legalität Einfluß auf das Handeln des Menschen, während die Sittlichkeit beziehungsweise Moralität die individuelle Einstellung und Verantwortung zur Geltung bringt, die sich nicht nur dem Gebotenen oder Verbotenen, sondern einem unbedingten Anspruch verpflichtet weiß (Höffe: Moral 20-22).

Diese unterschiedlichen Zugänge verdeutlichen, daß sich die rechtliche und ethische Relevanz bestimmter Themen keineswegs immer entsprechen. So wird etwa gegenwärtig die rechtliche Diskriminierung gleichgeschlechtlicher Paare schrittweise aufgehoben, obwohl die gesellschaftlich gängige Beziehungs- und Geschlechtermoral weiterhin vom Bild der heterosexuellen Partnerschaft bestimmt wird. Zudem erschließen sich gegenwärtig immer neue Handlungsfelder, denen sich Gesetzgeber und Rechtsprechung auf ganz andere Art annähern, als dies in Ethik und Moral geschieht, wie etwa in Fragen der Ökologie, der neuen Medien (wie Internet) oder des Umgangs mit dem Lebendigen überhaupt. Es läßt sich aber als gemeinsames Anliegen von Recht und Ethik die Gewinnung und Begründung objektiver, normativer Verbindlichkeiten ausmachen. Diese können allerdings unterschiedliche Formen annehmen: Sie treten als Gesetze, Regeln, Normen, Weisungen, Bräuche, Strukturen oder Verfahrensweisen auf.

Trotz aller Differenz der Formen des Normativen sind Recht und Sittlichkeit gemeinsam auf die Gewährleistung humaner Grundwerte ausgerichtet und übersetzen diese in die konkrete Situation hinein. Folgerichtig beziehen sich auch Gesetze auf sittlich-moralische Maßstäbe. Allerdings ist das Recht gehalten, nicht auf die unterschiedliche Moral bestimmter konfessioneller oder weltanschaulicher Gruppen zurückzugreifen, sondern hat die Gesamtgesellschaft mit ihren unterschiedlichen Wertvorstellungen und Grundüberzeugungen in den Blick zu nehmen. Mehr noch: Recht basiert »auf der Notwendigkeit, den gesellschaftlichen Verkehr rational zu regeln« (Mieth: Recht 126) Die Sittlichkeit hingegen basiert auf Autonomie, der Selbstverantwortlichkeit des handelnden Subjekts.

Mit dem Rechtsphilosophen Arthur Kaufmann läßt sich das Zuordnungsverhältnis von Recht und Sittlichkeit im Sinne zweier sich schneidender Kreise bestimmen, »deren Mittelpunkte Pole darstellen, von denen ein reiches Kraft- und Spannungsfeld gegenseitiger Beziehung, Ergänzung, aber auch Abstoßung ausgeht« (Kaufmann: Recht 9). Grundsätzlich wird im Bereich des Rechts gefragt: »Was ist rechtens?« im Sinne von ›dem Gesetz entsprechend und gerecht‹, die Sittlichkeit hingegen fragt: »Was ist recht?« im Sinne von ›umfassend gut, richtig, angemessen und human‹ auch über das geltende Recht hinaus.

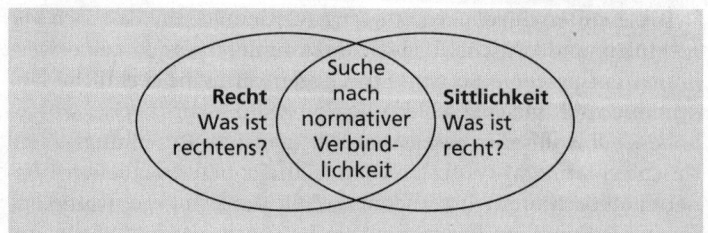

2 Die Genese des Zuordnungsverhältnisses von Recht und Sittlichkeit

Recht und Sittlichkeit entstammen der gleichen Wurzel: dem archaischen Regelungsinstrument der Sitte, das sich in Bräuchen, Gewohnheitsrechten und religiösen Riten äußert (Korff: Norm 113-128). In der Sitte fallen rechtliche, moralische und religiöse Elemente nicht nur zusammen, vielmehr lassen sich ihre konkreten Formen schon nachweisen, lange bevor Stämme und Völker Regeln, Normen und Gesetze schriftlich festhielten.

Ritus und Brauch, als ursprüngliche Formen der Normativität, verleihen der Unordnung der Welt ein Minimum an Struktur. Beide helfen, die ambivalente Ursituation des Menschen zu bewältigen. Denn einerseits geraten Menschen aufgrund unterschiedlicher Bedürfnisse, Interessen und Sinnvorstellungen sowie aufgrund der Knappheit vieler Güter miteinander in Konflikt, andererseits sind Menschen in vielfacher Hinsicht aufeinander angewiesen (Höffe: Recht 203). Erst dort, wo Konflikte, vor allem aufgrund sich widersprechender Sinnvorstellungen und Sitten, anSchärfe zunehmen, kristallisiert sich das Gesetz als »konkurrierende Regelgröße zu den Regelformen der Sitte« (Korff: Normen 118) heraus. Gesetz wie Sitte versuchen nun eigenständig, aber aufeinander bezogen die humane Lebengestaltung sicherzustellen.

Vor allem in Zusammenhang mit der Entwicklung des neuzeitlichen Autonomiegedankens werden Sitten und Gesetze in Frage gestellt wenn sie die Richtigkeit ihrer Weisungen durch einen Verweis auf überindividuelle Autoritäten durchsetzen wollen: Gott, Natur, Tradition und Gesellschaft. Die Aufklärung aber spricht allein der praktischen Vernunft des autonomen Subjekts diese Autorität zu. An die Stelle der beiden Größen Sitte und Gesetz treten jetzt Sittlichkeit und Recht. Während die Sittlichkeit für die individuelle Autonomie des Handlungssubjekts steht, schafft das Recht die Rahmenbedingungen, innerhalb derer diese Autonomie in Gesellschaft und Staat überhaupt erst zum Tragen kommen kann und selbstverständlich ist das Recht auch autonom gewonnen, d.h. demokratisch gesetzt und kontrolliert.

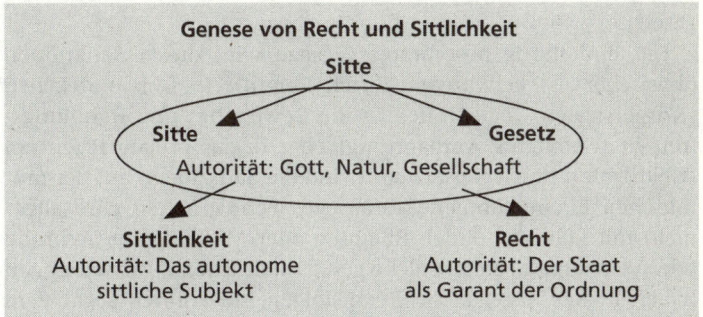

Von hier aus läßt sich das Verhältnis von Recht und Sittlichkeit als Analogie fassen (Mieth: Recht 128). Sie sind nicht identisch, gründen aber beide in der anthropologischen Verfassung des Menschen und seiner Vernunft. Recht und Sittlichkeit geht es um die Praxis des Menschen, die gesteuert werden muß, da sie sich nicht aus sich selbst heraus versteht.

3 Zur systematischen Verhältnisbestimmung von Recht und Moral

Geht man von der Gesellschaft und ihren Ordnungen aus, bleibt festzuhalten, daß viele der gegenwärtigen rechtlichen Konflikte wie etwa der Schwangerschaftsabbruch oder das Problem der Steuerhinterziehung eine moralische Dimension haben. Deshalb ist es notwendig, das Verhältnis von Recht und Moral näher zu bestimmen. Dies geschieht über eine Auseinandersetzung mit ihren Vermittlungsformen: Gesetze und Normen.

Das sich in geltenden Gesetzen äußernde Recht, man spricht hier auch vom positiven Recht, entstammt gesetzgeberischer Gewalt (Legislative) und wird durch staatliche Institutionen durchgesetzt (Exekutive) und ausgelegt (Judikative). Gesetze geben eine Verhaltensweise für klar umschriebene Einzelfälle und lassen dem einzelnen nur einen geringen Handlungsspielraum. Da sich das Gesetz auf unterschiedliche Lebenssituationen anwenden lassen soll, bleibt es relativ abstrakt und allgemein. Gesetze sind das Produkt einer konkreten Planung und können somit auch geändert werden, wenn ihre Wirksamkeit nicht mehr gewährleistet ist. Im Gegensatz zu sittlich-moralischen Normen werden Gesetze von staatlichen Institutionen erlassen, verkündet und in Geltung gesetzt.

Die Einhaltung bestimmter Gesetze wird durch Sanktionen physischer Art erzwungen: durch Eingriffe in Leib und Leben (Körperstrafen, Todesstrafe), in die Bewegungs und Handlungsfreiheit (Gefängnis, Verbannung) oder in das private Eigentum (Geldstrafe). Im Gegensatz dazu sind die Sanktionen auf der moralischen Ebene subtiler. Moralisches Fehlverhalten wird allgemein mit Lob oder Tadel, Billigung oder Mißbilligung, Achtung oder Verachtung belegt. Solche gesellschaftlichen Zuschreibungen haben in der Regel keine Rechtsfolgen, sie können sogar dem Recht entgegenstehen. Zum Beispiel war es legal, im Dritten Reich Juden zu denunzieren und so dem sicheren Tod preiszugeben. Sittlich aber war es, diesem Recht zu widerstehen, auch um den Preis des eigenen Wohlergehens, Fortkommens, des eigenen Lebens.

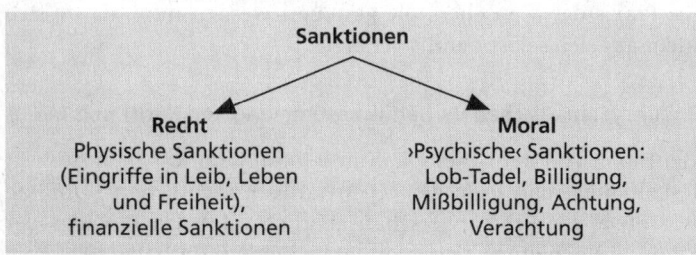

Sanktionen

Recht
Physische Sanktionen
(Eingriffe in Leib, Leben
und Freiheit),
finanzielle Sanktionen

Moral
›Psychische‹ Sanktionen:
Lob-Tadel, Billigung,
Mißbilligung, Achtung,
Verachtung

Hiermit läßt sich der Rede von der Analogie von Recht und Sittlichkeit bzw. Moral ein weiterer Baustein hinzufügen: die unterschiedlichen Sanktionen. Während sich aber die Moral in ihren Normen und Sanktionen an der Idee des schlechthin Guten orientiert, unterwirft sich das Recht in seinem Gesetz und seinen Sanktionen nur einem Ausschnitt dieser Idee: der politischen Gerechtigkeit, letztlich dem Gemeinwohl (bonum commune).

4 Zur systematischen Verhältnisbestimmung von Recht und Sittlichkeit

Von den entwicklungsgeschichtlichen Gegebenheiten her muß nicht nur der Zusammenhang von Recht und Moral, sondern auch der von Recht und Sittlichkeit betrachtet werden.

Seit dem Mittelalter hat sich eine begriffliche Unterscheidung von Recht und Sittlichkeit etabliert, die mit den Termini»ad alterum« und »ab agenti« belegt wird (Kaufmann: Recht 10). Das Recht bezieht sich auf den anderen (ad alterum) und nimmt so die zwischenmenschlichen Beziehungen in den Blick. Die Sittlichkeit hingegen richtet sich auf das Handlungssubjekt (ab agenti) und orientiert dessen Handeln. Immanuel Kant hingegen führte das Begriffspaar »Legalität und Moralität« (Kant: MdS 392-393) ein, um damit Recht und Sittlichkeit unterscheiden zu können. Während Legalität für die ›äußeren‹ Werke steht, die an Zweck und Erfolg orientiert sind, verbindet sich mit Moralität die ›innere‹ Absicht, die Gesinnung.

Beide Begriffsbestimmungen haben ihre Unzulänglichkeiten. So will das Recht nicht nur zwischenmenschliches, sondern auch individuelles Handeln ausrichten, die Sittlichkeit wiederum läßt sich nicht auf ein bloßes Gesinnungshandeln reduzieren. Deshalb muß betont werden, daß ein Handeln aus Sittlichkeit nicht mit einem Handeln aus Legalität konkurriert, sondern es verschärft. Die Sittlichkeit übersteigt die Legalität, da sie einem unbedingten Anspruch, dem schlechthin Guten folgt (Höffe: Moral 39). Das Recht bedarf so der Sittlichkeit, der grundsätzlichen Anerkennung und der individuellen Motivation des Einzelnen, ein bestehendes Gesetz auch zu seinem eigenen Maßstab zu erheben.

Grundsätzlich bleibt es das vorrangige Ziel des Rechts, die Ausübung subjektiver Rechte zu schützen und zu garantieren, indem es dem Einzelnen einen größtmöglichen Freiheitsraum schafft (Kaufmann: Recht 17). Ohne diesen Rahmen könnte menschliche Entscheidungs- und Handlungsfreiheit und nicht bestehen, die letztlich die unbedingte Voraussetzung der Verantwortung bildet. Ein sittliches Sollen, das in Freiheit vollzogen wird, ist nicht auf eine erzwingende Autorität bezogen, sondern auf vernünftige Selbsteinsicht und -aneignung.

```
                        Ziele

Recht                          Sittlichkeit
1. Regelung gesell-            1. Ausrichtung des
   schaftlicher Ordnung           individuellen Handelns
2. Schafft äußere             2. Bemüht sich um
   Freiheit, indem es die         innere Freiheit, indem
   Ausübung subjektiver           es auf vernünftige
   Rechte schützt und             Einsicht abstellt und so
   garantiert.                    Verantwortung ermöglicht
```

Daraus folgt, daß die Geltung bestimmter Gesetze nichts über ihre moralisch-sittliche Gültigkeit aussagt. Die Gültigkeit des Rechts kann niemals im Willen des Gesetzgebers beziehungsweise im Konsens der Gesellschaft begründet sein. Unrecht zum Beispiel in einer Diktatur bleibt Unrecht, auch wenn es als verbindliches Recht verkündet und installiert ist. Hierfür stehen eindrucksvoll die Erfahrungen der jüngsten deutschen Geschichte. So hatten die DDR-Grenztruppen an der deutsch-deutschen Grenze einen Schießbefehl. Dieser Befehl galt, seine sittliche Gültigkeit ist damit allerdings nicht erwiesen.

Im Rahmen der vorgenommenen Verhältnisbestimmung läßt sich abschließend die Analogie von Recht und Sittlichkeit vertiefen. Während das Recht vor allem die Regelung gesellschaftlicher Ordnung im Blick hat, richtet die Sittlichkeit das individuelle Leben und Handeln von Menschen aus. Beide Momente greifen ineinander. So stellt die Perspektive der sittlichen Verantwortung stellt für das Recht einen Teilausschnitt dar (Mieth: Recht 128), während die Sittlichkeit auf das, teilweise auch vom Recht geregelte, gelingende Leben und Zusammenleben von Menschen insgesamt abhebt.

5 Das Recht in theologisch-ethischer Sicht

Die Theologische Ethik optiert für das gelingende Zusammenleben von Menschen. Von daher betont sie die Bedeutung und Funktion des Rechts im pluralistischen, säkularen Staat. Wo Moralen nur Gruppen, nie aber die gesamte Gesellschaft verpflichtend verbinden, bedarf es der rechtlichen Regelungen, die den

Konsens aller Mitglieder des Staates widerspiegeln. Dennoch kommt der ethischen Reflexion im Blick auf diesen Sachverhalt die Aufgabe zu, unter dem Anspruch des Glaubens dort die Stimme zu erheben, wo das Recht die Menschenwürde und Freiheit der Person nur ungenügend zur Geltung bringt, mißachtet oder Verletzungen der Würde des Einzelnen zuläßt. Das schließt ein, daß sich Christen gegen ein Recht zur Wehr setzen, das sich nicht für die Unterdrückten und an den Rand der Gesellschaft Gedrängten interessiert und unsoziale Lebensbedingungen toleriert. Aus dem Glauben heraus kann die Theologische Ethik hier auf Prinzipien und Werte hinweisen, die eine humanere Gesellschaft ermöglichen (Molinski: Recht 171-174). Denn das Recht ist allein nicht in der Lage, Gerechtigkeit vollkommen zu gewährleisten. So muß ein Gesetz auch dann in Kraft bleiben, wenn es im Einzelfall zu ungerechten Härten führt. Der Einzelfall wiederum ist umgekehrt der Ernstfall der Sittlichkeit (vgl. Mt 20, 1-6).

Schließlich macht die Theologische Ethik darauf aufmerksam, daß sich Sittlichkeit weder im Recht noch in der Moral erschöpft. Das, was gilt, ist noch lange nicht gültig, also sittlich gut. Mit dem Verweis auf die Verantwortung des Menschen und auf sein Gewissen macht die theologisch-ethische Reflexion nicht nur auf diese Differenz aufmerksam, sie ermutigt vielmehr dazu, jenseits der institutionellen und gesellschaftlichen Regelungen zu fragen, was individuell verantwortet werden kann (Zippelius: Rechtsphilosophie 36-37). Die Theologische Ethik verweist hier auf die paulinische Unterscheidung von Freiheit und Gesetz. Die christliche Freiheit ist nicht legalistisch, schließt aber, orientiert am Handeln Jesu, die Verantwortung im Sinne der Selbstgesetzgebung ein (Mieth: Recht 129).

ZUSAMMENFASSUNG

(1) Das Verhältnis von Recht und Sittlichkeit kann auf drei Ebenen bestimmt werden: der Wissenschaft (Recht und Ethik), der Gesellschaft (Recht und Moral) und des Individuellen (Recht und Sittlichkeit). Ihre Gemeinsamkeit finden alle drei Ebenen im Anspruch der Gewährleistung humaner Grundwerte.

(2) Recht und Ethik sind in ihrem Regelungsanspruch anthropologisch grundgelegt. Die Ambivalenz des Gegeneinanders und Miteinanders von Menschen bedarf der Steuerung.

(3) Recht und Moral regeln über Gesetze und Normen die menschliche Alltagspraxis. Sie unterscheiden sich hinsichtlich ihrer Ordnungsfunktion und ihrer Sanktionen.

(4) Recht und Sittlichkeit sind grundsätzlich aufeinander bezogen. Recht schafft einen Freiheitsrahmen, den der einzelne im Vollzug seiner Entscheidungs- und Handlungsfreiheit füllt. Andererseits bleibt Recht in der Frage seiner Gültigkeit auf Sittlichkeit verwiesen.

(5) Theologische Ethik versteht sich als kritische Instanz gegenüber dem Recht und erhebt dort ihre Stimme, wo das Recht elementare ethische Prinzipien verletzt.

TEXTARBEIT

Philosophischer Text

Einführung Die ethischen Reflexionen Arthur Schopenhauers (1788-1860) kreisen wesentlich um die Frage der Moralbegründung, die in seinen Augen unmöglich ist. In kritischer Distanz zu Kant entwickelt er Moralität beziehungsweise Tugendhaftigkeit nicht als Sache der Vernunft, sondern aus dem Charakter von Menschen. Seine Überlegungen zum Recht folgen diesem Gedanken.

Arbeitstext *Der Staat, dieses Meisterstück des sich selbst verstehenden, vernünftigen, aufsummierten Egoismus aller, hat den Schutz der Rechte jedes Leben in die Hände einer Gewalt gegeben, welche, der Macht jedes Einzelnen unendlich überlegen, ihn zwingt, die Rechte aller Anderen zu achten. Da kann der grenzenlose Egoismus fast aller, die Bosheit vieler, die Grausamkeit mancher sich nicht hervortun: der*

Zwang hat alle gebändigt. Die hieraus entspringende Täuschung ist so groß, daß, wenn wir in einzelnen Fällen, wo die Staatsgewalt nicht schützen kann, aber eludiert (aufgelöst d.Hg.) wird, die unersättliche Habsucht, die niederträchtige Geldgier, die tief versteckte Falschheit, die tückische Bosheit der Menschen hervortreten sehn, wir oft zurückschrecken und ein Zetergeschrei erheben, vermeinen, ein noch nie gesehenes Monstrum sei uns aufgestoßen: allein ohne den Zwang der Gesetze und die Notwendigkeit der bürgerlichen Ehre würden dergleichen Vorgänge ganz an der Tagesordnung sein, Kriminalgeschichten und Beschreibungen anarchischer Zustände muß man lesen, um zu erkennen, was, in moralischer Hinsicht, der Mensch eigentlich ist. Diese Tausende, die da, vor unsern Augen im friedlichen Verkehr sich durcheinander drängen, sind anzusehn als eben so viele Tiger und Wölfe, deren Gebiß durch einen starken Maulkorb gesichert ist. Daher, wenn man sich die Staatsgewalt ein Mal aufgehoben, d.h. jeden Maulkorb abgeworfen denkt, jeder Einsichtige zurückbebt vor dem Schauspiel, das dann zu erwarten stände; wodurch er zu erkennen gibt, wie wenig Wirkung er der Religion, dem Gewissen, oder dem natürlichen Fundament der Moral, welches es auch immer sein möge, im Grunde zutraut. Aber gerade alsdann würde, jenen freigelassenen unmoralischen Potenzen gegenüber, auch die wahre moralische Triebfeder im Menschen ihre Wirksamkeit unverdeckt zeigen, folglich am leichtesten erkannt werden können; wobei zugleich die unglaublich große moralische Verschiedenheit der Charaktere unverschleiert hervortreten und eben so groß befunden werden würde, wie die inellektuelle der Köpfe; womit gewiß viel gesagt ist.

Quelle Arthur Schopenhauer: Die beiden Grundprobleme der Ethik. Über das Fundament der Moral, in: Sämtliche Werke 4, Wiesbaden [2]1950, 194-195.

Leitfragen Welche Funktion spricht Schopenhauer dem Recht zu? Wie versteht er das Verhältnis von Recht beziehungsweise den Gesetzen und der Moral? Wie beurteilen Sie die anthropologischen Überlegungen Schopenhauers (der Mensch als Tiger und Wolf)? Wie würden Sie beschreiben, »was, in moralischer Hinsicht, der Mensch eigentlich sei«?

Theologischer Text

Einführung Der englische Franziskanertheologe Wilhelm von

Ockham (ca. 1285-1347) gehört zu den wichtigsten theologischen Denkern an der Schwelle zur Neuzeit. Er verbrachte, vor der päpstlichen Inquisition geflohen, das letzte Viertel seines Lebens am Hof Kaiser Ludwig des Bayern in München. Dort verfaßte er neben politischen Schriften auch ein kirchenrechtliches Gutachten. In diesem spricht er dem Kaiser das Recht zu, seinem Sohn Markgraf Ludwig von Brandenburg die Dispens für die Heirat mit Margarete Maultasch, der Herzogin von Carinthia-Tirol, zu erteilen. Die Dispens war wegen des engen Verwandtschaftsgrades zwischen den beiden nötig, konnte aber aufgrund des Konflikts zwischen Kaiser Ludwig und Papst Johannes XXII. nicht von diesem erwartet werden.

Arbeitstext *Ebenso, wie die Vernunft es befiehlt und die Rechtsexperten sagen, daß nämlich das allgemeine Wort oft eingeschränkt wird und eine Regel nicht ohne Ausnahmen verstanden werden darf, so sage ich: Worte Christi, die Vorschriften enthalten, und viele andere Worte dieser Art, die sich in der Heiligen Schrift finden – z.B. der Apostel an die Kolosser (3,22): »Ihr Sklaven, gehorcht euren irdischen Herren in allem« und derselbe ebenda: »Ihr Kinder, gehorcht euren Eltern in allem« und das folgende aus 1 Timotheus (2,11): »Eine Frau soll sich still und in aller Unterordnung belehren lassen«, und ebenso von Paulus der Satz an die Epheser (5,24) »Wie aber die Kirche sich Christus unterordnet, sollen sich die Frauen in allem den Männern unterordnen« und sehr viele andere Sätze – dürfen nicht ohne Ausnahmen verstanden werden. Unter anderem werden von solchen vorschreibenden Sätzen die Rechte und Freiheiten des Reichs und der Fürsten und anderer Menschen ausgenommen. Diese können weder schuld- und grundlos ihrer Rechte und Freiheiten, die ihnen von Gott und den anderen zugestanden wurden, noch rechtmäßig ihres Besitzes durch den Papst beraubt werden. Mit aller Deutlichkeit aber ist diese Ausnahme ersichtlich aus der Lehre und den Taten Christi und der Apostel und Heiligen Väter. Ebenso kann dies aus den Heiligen Schriften und den allgemeinen Verlautbarungen der Konzilien und Päpste und Kirchenlehrer zahlreich und unzweideutig aufgewiesen werden.*

Es wird also gesagt, daß der Römische Bischof zwar Stellvertreter Christi, dennoch aber nicht sein Nachfolger im eigentlichen Sinn ist und daher nicht dieselbe Macht hat wie Christus. Die Macht eines Stellvertreters kann nämlich nicht derjenigen gleichgestellt werden, die der besitzt, dessen Geschäfte er führt. Daher hat er von Christus ei-

*ne begrenzte Macht und nicht die Fülle der Macht, die diejenigen, die
den Apostolischen Stuhl innehaben, verdammenswerterweise an sich
gerissen haben und nicht wenige auf götzendienerische und irrige
Weise sich selbst zuzuschreiben bemüht sind. Sie behaupten nämlich,
der Papst könne rechtmäßig all das tun, was weder einen Widerspruch zum göttlichen Gesetz noch zum Naturgesetz darstelle. Wenn er
nämlich eine solche Machtfülle hätte, wären alle Menschen Sklaven
des Papstes nach der geläufigsten Bedeutung von »Sklave«. Das aber
ist offensichtlich gegen die Freiheit des Gesetzes des Evangeliums, von
der man in den göttlichen Schriften liest und schreibt; und daher ist
eine solche Aussage mit Recht unter die Häresien zu rechnen. Alle au-
toritativen Aussagen der Heiligen Schriften, der allgemeinen Konzili-
en, der Päpste, die man aufgreifen muß, und der übrigen Heiligen Väter, welche die päpstliche Macht hervorheben, sind so zu verstehen,
daß sie nicht die Rechte und Freiheiten anderer Menschen, die ihnen
von Gott und den übrigen zugestanden wurden, benachteiligen.*

Quelle Wilhelm von Ockham: Gutachten zur Eheschließung, in:
Guillelmi de Ockham, Consultatio de causa matrimoniali, hg.v.
H.S. Offler, Manchester [2]1974 (Opera Politica vol. I), 285. Aus-
zugsweise übersetzt von Sigrid Müller.

Leitfragen Mit welcher Begründung fordert Ockham einen ›vernünftigen‹ Umgang mit Gesetzen, der auch die Macht des Papstes
begrenzt? Wie sieht er das Verhältnis zwischen allgemeinen Gesetzen und konkreter Situation? Was bedeutet es, wenn das Evangelium die ›Freiheit vom Gesetz‹ verkündet?

Literarischer Text

Einführung Der russische Schriftsteller Fjodor S. Dostojevskij
(1821-1881) behandelt in seinen Romanen häufig philosophische
Themen. Die Haupthandlung des Romans »Schuld und Sühne«
ist ein Kriminalfall, der Mord an einer Pfandleiherin und ihrer
Schwester durch den Studenten Raskolnikov. Das folgende Gespräch zwischen dem Untersuchungsrichter Porfiri und Raskolnikov sowie seinem Freund Rasumichin dreht sich um einen Aufsatz, den Raskolnikov geschrieben hat.

Arbeitstext *(Porfiri:) »Was mich interessierte, war eigentlich nicht dieser
Teil Ihres Aufsatzes, sondern ein Gedanke, den Sie ganz am Ende
äußern, aber leider nur andeuten, ohne ihn klar auszuführen. Kurz,*

wenn Sie sich erinnern, es wird dort darauf hingedeutet, daß es auf der Welt Individuen gibt, die allerlei Exzesse und Verbrechen begehen können, das heißt, nicht bloß können, sondern ein Recht dazu haben, und daß für sie die Gesetze nicht geschrieben sind.«

Raskolnikow lächelte über diese gewaltsame, absichtliche Entstellung seines Gedankens.

»Wie? Was ist das? Ein Recht, Verbrechen zu begehen? Aber doch nicht, weil die Gesellschaft daran schuld wäre?« erkundigte sich Rasumichin ganz erschrocken.

»Nein, nein, nicht eigentlich deswegen«, antwortete Porfiri. »Der Kern der Sache ist, daß in Herrn Raskolnikows Aufsatz alle Menschen in gewöhnliche und außerordentliche eingeteilt werden. Die gewöhnlichen sind zum Gehorsam verpflichtet und haben kein Recht, das Gesetz zu überschreiten, eben deswegen, weil sie nur gewöhnliche Menschen sind. Aber die außerordentlichen haben das Recht oder gar Pflicht, allerlei Verbrechen zu begehen und in jeder Weise das Gesetz zu übertreten, eben darum, weil sie außerordentliche Menschen sind. So steht es ja wohl in Ihrem Aufsatz, wenn ich nicht irre?«

»Aber wie denn? So kann es doch unmöglich dastehen?« murmelte Rasumichin verblüfft.

Raskolnikow lächelte wieder. Er hatte gleich von vornherein durchschaut, wie die Sache lag und wohin er gebracht werden sollte; seinen Aufsatz hatte er ganz gut im Gedächtnis. Er beschloß, die Herausforderung anzunehmen.

»Ganz so steht es allerdings nicht in meinem Aufsatz«, begann er schlicht und bescheiden. »Indessen gebe ich zu, daß Sie den Gedanken annähernd richtig wiedergegeben haben, und wenn Sie das gern hören, sogar völlig richtig...« (Er tat so, als mache es ihm Vergnügen, zuzugeben, daß die Wiedergabe völlig richtig sei) »Der Unterschied ist nur der, daß ich gar nicht behaupte, außerordentliche Menschen müßten und sollten unter allen Umständen allerlei Exzesse begehen, wie Sie sagen. Ich meine sogar, der Druck eines solchen Aufsatzes wäre gar nicht gestattet worden. Sondern ich habe ganz einfach darauf hingewiesen, daß ein außerordentlicher Mensch das Recht habe – das heißt, nicht ein offizielles, sondern sozusagen ein persönliches Recht -, seinem Gewissen die Überschreitung gewisser Hindernisse zu gestatten, aber einzig und allein in dem Falle, wenn die Durchführung seiner Idee (die mitunter vielleicht der gesamten Menschheit Heil und Segen bringt) dies verlangt. Sie äußerten sich dahingehend, daß mein Auf-

satz unklar wäre; ich bin bereit, ihn Ihnen nach Möglichkeit zu er-
klären. Vielleicht irre ich mich nicht, wenn ich annehme, daß Ihnen
dies erwünscht ist; nun schön! Meine Ansicht ist also folgende: Wenn
die Entdeckungen Keplers und Newtons infolge irgendwelcher Um-
stände den Menschen schlechterdings nicht anders hätten bekannt
werden können als dadurch, daß das Leben von einem, von zehn oder
auch von hundert Menschen zum Opfer gebracht wurde, die der Be-
kanntmachung dieser Entdeckungen störend oder hindernd im Wege
standen, so hätte Newton das Recht und sogar die Pflicht gehabt, die-
se zehn oder hundert Menschen zu beseitigen, um seine Entdeckungen
der ganzen Menschheit bekannt zu machen. Daraus folgt jedoch
durchaus nicht, daß Newton das Recht gehabt hätte, jeden beliebigen
Menschen, der ihm gerade über den Weg lief, totzuschlagen oder jeden
Tag auf dem Markt zu stehlen.«

Quelle Fjodor S. Dostojewskij: Schuld und Sühne, Berlin-Weimar 1986, 334-335.

Leitfragen Wie beurteilen Sie das Recht, das Raskolnikov formu-liert? Welche Probleme wirft diese Position auf? Was könnte einer solchen Außerkraftsetzung der Gesetze in bestimmten Fällen ent-gegenstehen? Waren die Entdeckungen Keplers und Newtons wirklich zehn oder hundert Menschen wert? Anhand welcher Kriterien läßt sich eine solche Gleichung überhaupt aufstellen? Wie stehen Sie einer Tat wie beispielsweise dem Tyrannenmord gegenüber? Ist dieser mit der Position Raskolnikovs vereinbar?

Praktisches Problem. Steuerhinterziehung

Einführung An einem konkreten Fall der Steuerhinterziehung ringt der Zeitungsartikel »Vorbilder« aus der Frankfurter Allge-meinen Zeitung um das Verhältnis von Recht und Moral.

Arbeitstext *Herr Z. war für eine Woche in Untersuchungshaft. Gegen*
Hinterlegung einer Kaution wurde er entlassen. Die Staatsanwalt-
schaft wirft ihm vor, daß er über mehrere Jahre hinweg bis zu 500 000 DM
Steuern hinterzogen habe. Herr Z. ist Vorstandsvorsitzender eines
städtischen Energie- und Dienstleistungsunternehmen mit 15 000 Be-
schäftigten. Soll Herr Z. seinen Stuhl räumen? Muß der Aufsichtsrat
ihn von seinem Posten abberufen? Arbeitgeber- und Arbeitnehmer-
bank erklärten in einer ersten Reaktion übereinstimmend, dazu gebe
es keinen Anlaß: Es handle sich um eine persönliche Angelegenheit,

das Unternehmen sei nicht betroffen, und Herr Z. dürfte nicht anders behandelt werden als jeder andere Angestellte.

Die Geschichte wirft Fragen auf. Müssen Spitzenmanager ihren Mitarbeitern Vorbild sein? In vielen Management-Büchern steht es so. Sollen also für Führungskräfte strengere Regeln gelten als für ihre Mitarbeiter? Sind das, neben den Regeln des Rechts, auch besondere Regeln der Moral? (...)

Es führt kein Weg an der empirisch erhärteten Wahrheit vorbei, daß man ein guter Vorstandsvorsitzender und ein schlechter Mensch zugleich sein kann. Wir hätten es nur zu gerne, daß gute Menschen die Geschicke der Politik und der Wirtschaft bestimmen.

Doch abermals gefragt: Schlägt nicht an der Unternehmensspitze Quantität in Qualität um? Ist nicht doch ein Unterschied zwischen Herrn Jedermann, der für die Steuererklärung die Entfernung zwischen Wohnort und Arbeitsstätte zu seinen Gunsten schätzt, und Herrn Z., der dem Fiskus – also der Allgemeinheit – womöglich 500 000 DM vorenthält?

Lautet vielleicht eine moralische Regel auch: Ein Spitzenverdiener, der nicht genug kriegen kann und sich dabei unlauterer Methoden bedient, ist anders und härter zu behandeln als ein normaler Betrüger? Das ist wohl das gewichtigste Argument, das für eine besondere moralische Sicherheitszone auf Vorstandsetagen vorgebracht wird. Wer Macht hat und viel Geld verdient, wäre ein größerer Übeltäter als ein kleiner Betrüger. Zur ethischen Beurteilung käme es nicht nur darauf an, was einer tut, sondern auch, wer es tut. Doch mit diesem Robin-Hood-Argument gerät man schnell aufs Glatteis: Es führt zu einer Klassenmoral. Sind nicht vor dem moralischen Wahrheitsgewissen alle Menschen gleich zu behandeln?

Quelle Rainer Hank: Vorbilder, in: Frankfurter Allgemeine Zeitung (15.12.1998).

Leitfragen Wie verknüpft der Autor Fragen des Rechts und der Moral? Welche Ansicht vertreten Sie in bezug auf das geschilderte Problem hinsichtlich des Zusammenhangs von Recht und Moral? Was spricht für, was gegen eine »Klassenmoral«? Kennen Sie ähnliche Fälle wie den geschilderten? Wie beurteilen Sie moralisch das nicht-legale, unrechte Handeln eines Menschen?

Kirchliche Weisungen. Zum Verhältnis von institutioneller Autorität und persönlichem Urteil

Thomas Laubach

Institutionen als Lebensordnungen treten in Sachen Moral autoritativ auf, stellen Normen bereit und urteilen über richtiges und falsches Handeln. Jede Form von Autorität wird aber heute grundsätzlich mit Skepsis betrachtet oder sogar abgelehnt. Unabhängig davon, ob Personen wie Eltern, Lehrer oder Bischöfe, ob Texte wie die Bibel oder ob Traditionen mit einem Machtanspruch auftreten: Autoritäten erscheinen weder notwendig noch zeitgemäß. Wo sie »mit Forderungen an den einzelnen herantreten, empfindet man dies als Bevormundung und Gängelei und drängt auf Demokratisierung, Gleichberechtigung und Mitbestimmung.« (Kamphausen: Hüter 1). Damit stehen auch moralische Autoritäten gegenwärtig in einer Spannung zu den Begriffen der Freiheit, Mündigkeit, Selbstverwirklichung oder Individualität. Trotz der Infragestellung institutioneller Autorität sieht sich der einzelne allerdings immer wieder mit ihren moralischen Ansprüchen konfrontiert. Das wirft zunächst die Frage auf, welche Funktionen Institutionen zukommt (1). Davon ausgehend soll an dem konkreten Beispiel der Institution ›Kirche‹ die moralische Kompetenz von Institutionen geklärt werden (2). In Auseinandersetzung damit sollen die unterschiedlichen Kompetenzen der Kirchen und der Theologischen Ethik gegeneinander abgegrenzt werden (3) sowie abschließend die Bedeutung der Kirchen für das sittliche Handeln entschlüsselt werden (4).

1 Institution und Moral

Der Begriff Institution kommt vom lateinischen ›instituere‹, einrichten, einsetzen, anordnen. Ganz dieser Sprachwurzel entsprechend bezeichnet die Alltagssprache mit dem Begriff Institution übergreifende, auf Dauer angelegte Einrichtungen oder Organisationen, die bestimmte öffentliche oder private Zwecke erfüllen. Sie richten menschliches Leben und Handeln auf bestimmte Ziele hin aus, ordnen dem Menschen Aufgaben zu und organisieren so sein Miteinander in der Gesellschaft. Dadurch erleichtern Institutionen die Bedürfnisbefriedigung ihrer Mitglieder (Lipp: Institution 99; Mechels: Kirche 152-155). So wird beispielsweise das Bedürfnis nach Ausbildung in den Institutionen Schule, Universität oder Bildungseinrichtung wahrgenommen. Um diese und andere Bedürfnisbefriedigungen auch gewährleisten zu können, fordern Institutionen die Einhaltungen ihrer Regeln und Vorgaben und üben mittels ihrer Sanktionsmöglichkeiten Zwang auf den einzelnen aus.

> **Begriff.** Institutionen sind übergreifende, auf Dauer angelegte funktionale Organisationsformen des individuellen und sozialen Lebens.

1.1 Funktionen von Institutionen

Institutionen erweisen sich, obwohl sie auf Dauer angelegte Einrichtungen sind, keineswegs als starre und ewig geltende Systeme. Auch wenn die Bedürfnisse wie etwa Sicherheit und Fürsorge gleich bleiben, die Formen der Institutionen ändern sich. Denn Institutionen werden von menschlichen Erfahrungen bestimmt, ihre Strukturen sind geschichtlich gewachsen und damit sind sie ähnlich wie Normen wandelbar.

Ihre Grundfunktion besteht darin, daß sie Leben ermöglichen, da das alltägliche Handeln des Mensch nicht festgelegt ist (Gehlen: Mensch). Diese fehlende Lebens- und Handlungssicherheit gleichen die Institutionen aus: In sozialer Hinsicht organisieren sie die Welt für die Zwecke des Menschen, in individueller Hinsicht bewältigen sie seine Handlungsunsicherheit, indem sie den Alltag strukturieren und Handlungen anbieten. Zusammengefaßt: Institutionen reduzieren die Komplexität des Lebens auf ein lebbares Maß und schaffen so Stabilität und Entlastung (Luhmann: Institutionalisierung 30). Zugleich transportieren sie moralische Überzeugungen und stellen ein System von Normen bereit (Bachmann: Institution 518). Erzielt wird so eine moralische Übereinstimmung von Menschen. Dadurch vermitteln Institutionen ein Gefühl der Zusammengehörigkeit und stärken Beziehungen.

Auf dieser Basis eröffnen Institutionen dem Menschen Spielräume, ermöglichen einen kreativen, freiheitlichen Umgang mit dem Leben überhaupt und schaffen so den Rahmen für individuelles sittliches Handeln (Hubig: Institution 105). Sie stellen Handlungsmittel bereit und bestimmen die Risiken, Belastungen und Erfolgsmöglichkeiten dieses Handelns. Ein alltägliches Beispiel kann das verdeutlichen: Wer sich umweltbewußt verhalten will, aber fünfzig Kilometer von seiner Arbeitsstelle entfernt wohnt, hat mehr Chancen, seine Überzeugung in die Tat umzusetzen, wenn der öffentliche Nahverkehr gut ausgebaut ist. Das heißt: Im Gegensatz zu einzelnen Normen, die menschliche Bedürfnisse, Interessen und Sinnbezüge in ihren einzelnen Vollzügen regeln, schaffen und bestimmen Institutionen den Lebenszusammenhang, in dem diese einzelnen Bedürfnisse, Interessen und Sinnbezüge gelebt werden können (Korff: Institutionstheorie 168).

Funktion. Institutionen regeln menschliches Handeln, schaffen Handlungssicherheit, stabilisieren menschliches Miteinander und eröffnen durch diese Entlastung Spielräume für freiheitliches Handeln.

1.2 Probleme mit Institutionen

Genau diese Regelungsfunktion provoziert ethische Anfragen. So fordert ein totalitärer Staat andere Handlungen als ein demokratisches Staatsgebilde. Und eine hierarchisch strukturierte Kirche stellt andere Handlungschancen bereit, als eine nach dem Gleichheitsprinzip organisierte Glaubensgemeinschaft. Institutionelle, normative Ansprüche müssen also daraufhin überprüft werden, ob sie grundsätzlich sittliches Handeln ermöglichen und zugleich ein Handeln ausschließen, das die Existenz der Menschen gefährdet (Hubig: Institution 107).

Verschärfend kommt hinzu, daß Institutionen eine relative Eigenständigkeit entwickeln und besitzen. Sie sind mehr als nur die Summe von Individuen; sie treten ihnen gegenüber in Rollenvorgaben, Traditionen, Sitten, Riten, Symbolen, Gesetzen, und nehmen für sich bestimmte Kompetenzen und Vollmachten in Anspruch. Diesen Vorgaben können Individuen aber nicht immer folgen. Institutionen werden dann als fremde Macht wahrgenommen, die in der Gefahr stehen, sich zu verselbständigen, wenn sie ohne Rücksichtnahme auf die Belange von Individuen diese Ansprüche durchsetzen wollen (Kehl: Kirche 390).

Problem. Institutionen können inhumanes Handeln fordern, totalitären Charakter annehmen und sich berechtigter Kritik entziehen.

Schließlich übergehen Institutionen häufig Kritik, indem sie die Autorität bestimmter Ämter oder Traditionen ins Feld führen. Problematisch ist dies vor allem dort, wo Autoritäten Handlungsspielräume einengen und Zwang ausüben, ohne daß ihr Anspruch plausibel und rational nachvollziehbar wäre. Hier ergeben sich notwendigerweise Konflikte zwischen Individuen und Institutionen. Genau aus dieser Problemsituation heraus können Widerstände gegen Institutionen erwachsen, die sich in Revolutionen und Reformen politischer, gesellschaftlicher oder religiöser Art Ausdruck verschaffen. Deutlich wird vor diesem Hintergrund eine doppelte Erwartung. Menschen wollen einerseits durch Institutionen zwar entlastet werden, indem ihr Leben und Handeln orientiert wird, andererseits wollen Menschen zugleich aber auch frei von Zwang und frei zur Selbstbestimmung sein.

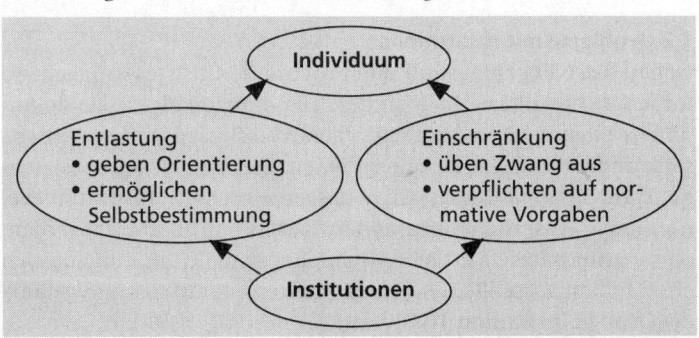

2 Die Institution Kirche und die von ihr vermittelte Moral

Aufgrund ihrer Handlungsansprüche stehen Institutionen in einem inneren Zusammenhang zur Moral. Dieses Zuordnungsverhältnis soll im folgenden am Beispiel der Kirche aufgezeigt werden. Zum einen muß also grundsätzlich geklärt werden, was überhaupt gemeint ist, wenn von der Kirche als Institution die Rede ist. Zum anderen soll Aufschluß gewonnen werden, was die Institution Kirche in Fragen der Moral berechtigterweise sagen kann und wo sie ihre Grenzen findet.

2.1 Die Kirchen als Institutionen

Kirchen sind von ihrem sozialen Gefüge her Institutionen, denn sie wollen das individuelle und gesellschaftliche Leben stabilisieren und regeln, sie vermitteln Normen und beanspruchen Autorität. Zudem besitzen sie gegenüber dem einzelnen Glaubenden eine relativ eigenständige, verbindliche und repräsentative Form (Kehl: Kirche 391). Ihre konkreten Erscheinungsweisen als römisch-katholische, evangelische, orthodoxe oder baptistische Kirchen lassen sich als ›Sozialgestalten‹ (Hünermann: Sozialgestalt 243) verstehen. Die Kirchen können in soziologischer Hinsicht unter verschiedenen Aspekten charakterisiert werden: durch ihr sichtbares Gefüge von Gruppen, Angeboten und Diensten, durch ihre mit hierarchischen Organen ausgestattete Gesellschaft wie die Gemeinde, und durch ihre sichtbare Versammlung in den Gottesdiensten. Der Vergleich dieser Aspekte ermöglicht es, die einzelnen Kirchen voneinander zu unterscheiden.

Die Frage bleibt: Wie kommen diese unterschiedlichen Sozialgestalten zustande? Der Glaube von Christen ist ein kommunikativer Prozeß in Beziehung zu Gott. Je nach dem, wie dieser Kommunikationsprozeß ausgelegt wird, ergeben sich unterschiedliche Glaubensverständnisse. Die Verschiedenheit der Sozialgestalten kann als institutioneller Ausdruck dieser unterschiedlichen Glaubensverständnisse begriffen werden.

Von da aus erklärt sich nicht nur, daß es verschiedene Kirchen und Konfessionen gibt, sondern auch, daß mit ›der‹ Kirche unterschiedliches gemeint sein kann. So läßt sich Kirche als Gemeinschaft der Glaubenden verstehen oder sie wird mit den Amtsträgern, der kirchlichen Hierarchie oder dem Lehramt gleichgesetzt. Schließlich resultiert aus den unterschiedlichen Glaubensverständnissen auch eine Differenz in den moralischen Überzeugungen der Kirchen.

2.2 Zum Ort des Moralischen in den Kirchen

Alles, was Menschen über den Glauben wissen, alles, worauf

Menschen im Glauben vertrauen, ist ihnen über konkrete kirchliche Gemeinschaften vermittelt worden. Dem Glauben wiederum kommt eine handlungsleitende und handlungskritische Dimension zu. Jedes Handeln aus dem Glauben muß somit im Beziehungsfeld der Kirchen gesehen werden (Wiebering: Handeln 155-184). Mehr noch: Die jeweiligen moralischen Überzeugungen und Positionen müssen als Grundbestandteil der einzelnen Kirchen verstanden werden.

Dieses Grundmoment des Moralischen läßt sich in drei Aspekte ausdifferenzieren. Zunächst können die Kirchen als der Ort verstanden werden, in denen die Botschaft Jesu als mögliche Handlungsorientierung Gestalt gewinnt (Wahrnehmungsraum der Botschaft Jesu).

Darüber hinaus verfügen die Kirchen über eine reiche, häufig auch negative Erfahrungsgeschichte in Fragen des sittlichen Handelns. Sie haben in konkreter Geschichte erfahren, was möglich, realistisch und dem Menschen angemessen ist. Gleichzeitig haben sie oftmals Unterdrückung und Diskriminierung zugelassen und vollzogen: Zwangstaufen, Kreuzzüge, Hexenverbrennungen und Ketzerprozesse stehen dafür. In dieser Spannung können Kirchen ganz generell als moralischer Erfahrungs- und Handlungsraum von Menschen verstanden werden.

Schließlich stellen die Kirchen einen Raum der Kritik dar. Obwohl sie selber häufig genug Ort der Unmenschlichkeit waren, können sie sich als befreiende und solidarische Kirchen aller Ungerechtigkeit und Unterdrückung in den Weg stellen. So bietet Kirche als Lebensraum von Christen diesen einen Ort, sinnvolles und engagiertes Handeln aus dem Glauben heraus wahrzunehmen.

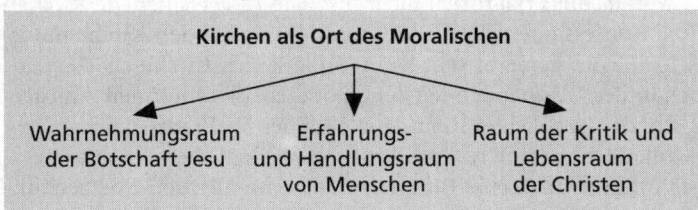

Die Kirchen fördern und fordern als Wahrnehmungs-, Erfahrungs- und Lebensraum die Selbstverantwortung der – gläubigen – Menschen ein. Dies schließt nicht aus, daß sich auch kirchliche

Autoritäten zu moralischen Fragen äußern. Das beinhaltet allerdings, daß sich kirchliche Autoritäten nicht auf ihr Amt oder ihre Autorität beziehen, sondern Sachargumente vorbringen und so Hilfe zu sittlichen Entscheidungen ermöglichen. Das aufgewiesene Strukturfeld ethischer Reflexion gilt auch für die kirchlichen Amtspersonen.

2.3 Exkurs: Das kirchliche Lehramt der katholischen Kirche

Die grundsätzlichen Bestimmungen der Institution Kirche gelten auch für das kirchliche Lehramt innerhalb der römisch-katholischen Kirche. Es tritt als eine institutionelle Normierungsinstanz mit einem Allgemeingültigkeitsanspruch auf. Hierin ist es vergleichbar beispielsweise mit dem Zentralkomitee der Kommunistischen Partei Chinas. Der entscheidende Unterschied zu diesem liegt in der Begründung ihres Anspruches und der Art und Weise seiner Durchsetzung. So stützt sich das Lehramt der katholischen Kirche auf Offenbarung und Tradition.

Mit dem Stichwort ›Lehramt‹ verbinden viele Christen die Vorstellung von einer Autorität, die verbindlich festlegt, was zu tun und was zu lassen ist. Es läßt sich nicht von der Hand weisen, daß dieses Modell einer ›Einwegkommunikation‹ von oben nach unten gegenwärtig für das kirchliche Lehramt zutrifft. Denn es tritt mit einem sehr hohen Wahrheitsanspruch und der Forderung nach Gehorsam auf. Daneben kennt die Theologie aber auch das Lehramtsmodell einer ›wechselseitigen Kommunikation‹. Der Begriff ›Lehramt‹ schließt hier die praktische und theoretische ›Lehre‹ aller Glaubenden ein. Alle Personen und Gruppen in der Kirche sind hier aufeinander bezogen (Koch: Selbstverständnis 397-398).

Unabhängig von diesen Modellen lauten die Fragen nach der sittlichen Kompetenz der Institution ›Lehramt‹: Soll das Lehramt zu moralischen Fragen Stellung nehmen? Und: Welchen Verbindlichkeitscharakter haben seine Aussagen?

In bezug auf die erste Frage liegt es auf der Hand, daß sich das kirchliche Lehramt der katholischen Kirche wie jede andere Institution auch zu moralischen Fragen äußern darf und kann. Vom Anspruch der Botschaft Jesu her ist die Kirche verpflichtet, sich in sittlichen Problemen zu Wort zu melden. Mehr noch: Weil den Aussagen der Kirche weltweit ein moralisches Gewicht zukommt, wird von der Öffentlichkeit sogar erwartet, daß sie zu brisanten und aktuellen Fragen aus Gesellschaft, Politik und Wirtschaft Stellung bezieht.

Geht es allerdings um die Verbindlichkeit lehramtlicher Aussagen, fällt das Urteil schwerer, da es hier um die grundsätzliche Zuständigkeit für sittliche Probleme geht. Haben die Päpste etwa das Recht, Empfängnisverhütungsmittel zu verbieten? Dürfen sie Embryonenforschung nur unter bestimmten Bedingungen gutheißen? Das Problem der Verbindlichkeit verweist auf die Auseinandersetzung mit dem Anspruch der Unfehlbarkeit des Lehramtes in Fragen der konkreten Sittlichkeit. Das läßt die Frage stellen: Haben die Aussagen des Lehramtes letztverbindliches und universales Gewicht in Fragen der Moral?

Eine grundsätzliche Klärung der Institution Lehramt hilft, diese Frage zu beantworten. Das kirchliche Lehramt läßt sich als Organ der Kirche verstehen, das verbindliche Glaubensaussagen trifft und die Botschaft Jesu immer wieder neu auslegt (Fraling: Hypertrophie 107). Diese Lehrautorität ist auf den Glauben beschränkt. Unfehlbarkeit ist ein Qualitätsmerkmal für eine Glaubensaussage. Sie garantiert die Übereinstimmung mit der Botschaft Jesu, der Tradition, dem Glaubens aller Gläubigen (consensus fidelium) und der Theologie. Von Unfehlbarkeit kann angemessen nur in diesem Kontext gesprochen werden (Hünermann: Kompetenz). Dabei bleibt zu bedenken: Glauben fordert im Letzten die Annahme von Wahrheiten, von Glaubensgeheimnissen. Seine Gültigkeit bleibt auf die Nichtbeweisbarkeit eines Widerspruchs beschränkt. Zwar betrifft der Glaube auch Fragen der Sittlichkeit, sittliche Aussagen sind aber anders zu verstehen als Glaubensaussagen. Denn sittliche Ansprüche »sind weder Glaubensgeheimnisse, noch lassen sie sich aus Sätzen des Glaubens ableiten« (Schuster: Kompetenz 87). Sie müssen von der Vernunft als richtig ausgewiesen werden, sie müssen einsehbar und nachvollziehbar sein (Rationalität, Plausibilität, Diskursivität, Argumentativität). Zudem beinhalten sittliche Einsichten und Weisungen einen von Glaubensaussagen unterschiedenen Verbindlichkeitsanspruch. Ihre Anwendung ist nicht frei von ›wenn und aber‹ (Böckle: Autorität 144). Denn sittliche Aussagen sind, im Gegensatz zu Glaubensaussagen, an das jeweilige Sachwissen, an die konkreten Umstände und die Handlungssubjekte gebunden.

In Fragen der Moral macht es daher wenig Sinn, sich auf eine wie auch immer geartete Unfehlbarkeit des kirchlichen Lehramtes zu beziehen. Letztlich muß sich das Lehramt der römisch-katholischen Kirche wie jede Institution und wie jeder Mensch auch in Fragen der Moral auf die Durchsetzungskraft seiner Argumente stützen. Grundsätzlich gilt: »Wenn das Lehramt und die Theologie glauben, aus anderen Quellen mehr zu einer sittlichen Sachfrage zu wissen, als durch Sachgründe aufzuweisen ist, dann müssen sie den Katholiken und allen Menschen guten Willens genau erklären, woher und was sie mehr oder zuversichtlicher zu sagen haben« (Böckle: Kirche 276).

Erst wenn die Kirche sich diese Einsicht zu eigen macht, kann ihr Sprechen in Fragen der Moral innerkirchlich bestehen und über den binnenkirchlichen Raum hinausreichen. Denn gerade dort, wo eben nicht an die Botschaft Jesu geglaubt wird, müssen die Kirchen durch ihre Argumente überzeugen. Der bloße Verweis auf die göttliche Offenbarung zur Begründung eines Anspruchs greift hier offensichtlich nicht.

3 Die Theologische Ethik im Raum der Kirche

Kirchliches Lehramt und theologisches Lehramt sind trotz ihres gemeinsamen Hintergrundes in der Sache zu unterscheiden. Diese These läßt sich durch eine Klärung des Zuordnungsverhältnisses von Kirche und Theologischer Ethik verdeutlichen.

Grundsätzlich ist die Theologische Ethik als Ethik zu verstehen, die in den Kirchen angesiedelt ist und sich zu ihnen verhalten muß (Saup: Freiheit 20). Die Kirchen sind der konkrete Raum, der Entdeckungszusammenhang (Hütter: Ethik 241), in den die theologisch-ethische Reflexion eingebettet bleibt. Die Theologische Ethik verknüpft so die wissenschaftliche Reflexion über das Handeln des Menschen mit dem Glauben, der in den Kirchen tradiert wird.

Zudem muß die Geschichte Gottes mit den Menschen, wie sie kirchlich bezeugt wird, als Begründungszusammenhang der Theologischen Ethik verstanden werden. Diese Geschichte ist der Bezugspunkt ethischer Urteile, sie bietet Modelle sittlichen Handelns an und kann sie plausibel begründen. Die Theologische Ethik erweist sich hier als Ethik in der Kirche, allerdings nicht als

Ethik der Kirche (Hütter: Ethik 239). Denn sie teilt mit den Kirchen den Ausgangspunkt des Glaubens, hat aber als Wissenschaft ihr eigenes Profil und steht so grundsätzlich in Distanz gegenüber der Institution Kirche. So verkündigt sie nicht kirchliche Moral, sondern reflektiert auf diese und unterwirft sie der Kritik. Ihre Aussagen sollen zudem allen Menschen gelten und sich im Diskurs mit anderen, auch Nicht-Glaubenden bewähren (Hütter: Ethik 285).

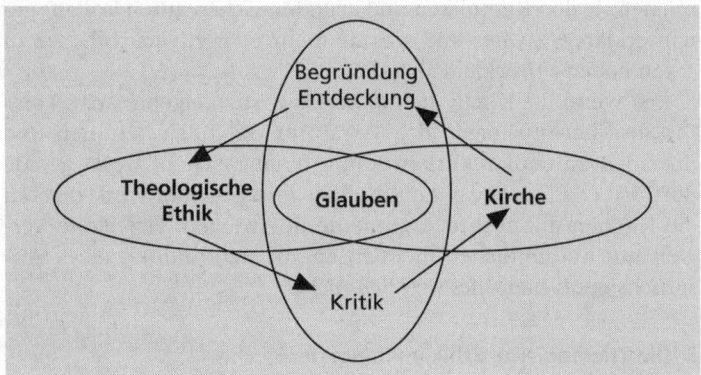

Theologische Ethik steht somit in der Kirche in kritischer Distanz zu den Kirchen und ihren Mitgliedern. Diese Unterscheidung zeigt, daß die Theologische Ethik keineswegs verkürzt als eine verkirchlichte Ethik verstanden werden kann. Nichts desto trotz bietet sich die Theologische Ethik im Ringen um das sittlich Richtige auch als Gesprächspartner für das kirchliche Lehramt an und will zur Plausibilität ihrer Moralverkündigung beitragen.

4 Bedeutung und Grenzen der sittlich-moralischen Kompetenz der Kirchen

Vor dem Hintergrund der vorgelegten Erörterungen ist festzuhalten: Die Kirchen wissen aus sich heraus nicht grundsätzlich besser als andere Institutionen oder als jeder einzelne Handelnde, wie zu handeln und wie zu leben ist. Ihre Aufgabe liegt nicht darin, Moralisches vorzuschreiben, sondern

• die sittliche Kompetenz des einzelnen stärken. Durch die Arbeit in Schulen (Ethik- und Religionsunterricht) und anderen Bildungseinrichtungen (Akademien, Jugend- und Erwachsenenbildung), durch beratende Tätigkeiten (Ethikkomissionen, Ehe-, Familien- und Lebenberatungsstellen) und durch die Auseinandersetzung mit der Politik auf der Suche nach der Lösung konkreter Probleme können Kirchen das ethische Bewußtsein schärfen und zur sittlichen Mündigkeit des Menschen beitragen (Kaufmann u.a.: Kirche 166).

- Handlungsorientierungen anbieten. Die Optionen für die Armen, die Unterdrückten oder die an den Rand der Gesellschaft Gedrängten, die Forderungen nach Frieden, Gerechtigkeit und Bewahrung der Schöpfung, Freiheit und Befreiung (Anzenbacher: Kompetenz 281) geben zwar keine konkreten Handlungsanweisungen, aber sie orientieren die sittliche Urteilsfindung und buchstabieren die Grundelemente einer unverwechselbaren christlichen Praxis aus (Auer: Moral 188).

- Handlungsoptionen konkretisieren. Vor dem Anspruch des Evangeliums und vor dem Hintergrund geschichtlicher Erfahrungen und ethischer Einsichten können die Kirchen ihre Überzeugungen ins Konkrete hinein entfalten, Handlungsmodelle zur Diskussion stellen und in den ethischen Problemfällen der Gegenwart Humanität einfordern (Anzenbacher: Kompetenz 290).

Der rationale Anspruch, der sich mit diesen Aufgaben verbindet, muß als ein Anspruch verstanden werden, der auch an die Kirchen und ihre Amtsträger stets neu herangetragen werden muß (Kaufmann u.a.: Kirche 175-179). Ausgehend von den drei Aufgaben entfaltet sich die sittliche Kompetenz der Institution Kirche in systematischer Hinsicht in vier Teilkompetenzen:

- Wahrnehmende Kompetenz. Mit ihrem durch Evangelium und Tradition für die Belange des Menschen geschärften Blick können die Kirchen auf sittlich-moralische Probleme in bestimmten Handlungssituationen überhaupt erst aufmerksam machen.

- Orientierende Kompetenz. Die Kirchen helfen dem einzelnen, den Sinn des Glaubens und seine praktische Bedeutung für sittlich-moralische Probleme zu erschließen. Sie stellen den Glauben an Jesus Christus als die Möglichkeit vor, einen tragenden Lebensgrund zu finden (Kaufmann u.a.: Kirche 171-172). Damit beschreiben sie auch die »theonome Beanspruchung des Menschen« (Böckle: Kirche 278) im Vollzug seiner Freiheit.

- Kritische Kompetenz. Wo sittliche Fragen unterschlagen und Probleme verdrängt werden, können und sollen sich die Kirchen zu Wort melden. Sie werden dann zur Stimme derer, die stumm oder sprachlos sind, seien es Menschen, Tiere oder die Natur. Sie können aber auch Anwalt der Alltagsprobleme des Menschen sein, wo sich der Wissenschafts- oder Wirtschaftsbetrieb von ihnen verselbständigt. Kirchen haben hier immer wieder neu die Besinnung auf zentrale Prinzipien einzufordern: Menschenwürde, Gemeinwohl, Humanität (Anzenbacher: Kompetenz 290-292). Darüber hinaus treten sie als gesellschaftskritische Instanz auf, die die herrschende Moral der Gesellschaft insgesamt prüft, kritisiert und qualifiziert (Kaufmann u.a.: Kirche 174).

- Konstruktive Kompetenz. Kirchen stimulieren und unterstützen die Suche nach dem je Besseren in sittlichen Fragen. Ganz grundsätzlich beinhaltet diese Kompetenz ein Engagement für die Ermöglichung sittlichen Urteilens des einzelnen in den verschiedensten gesellschaftlichen Lebensbereichen.

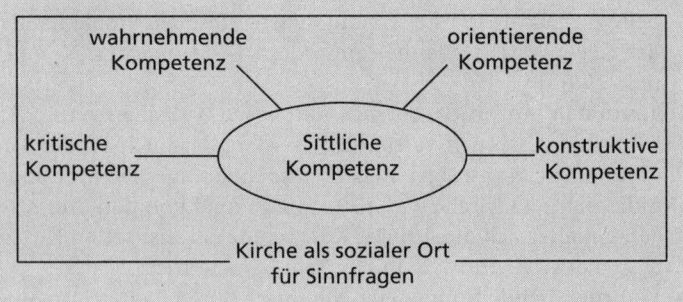

In umfassender Weise müssen Kirchen daher als Ort verstanden werden, in dem Sinnfragen noch einen Platz haben, in dem eine ganzheitliche Auseinandersetzung in bezug auf sittliche Fragen möglich ist (Anzenbacher: Kompetenz 293). Die Kirchen können so als Anwalt moralischer Fragen, sittlicher Urteile und ethischer Reflexion gelten.

ZUSAMMENFASSUNG

(1) Institutionen sind gesellschaftliche Einrichtungen, die normative Wirkung ausüben. Sie entlasten und ermöglichen, sichern und beeinflussen individuelles Handeln. Wo sich Institutionen auf Autorität und Amt berufen, geraten sie oftmals in eine Spannung zu den individuellen sittlichen Überzeugungen.

(2) Kirchen sind ihrem sozialen Gefüge nach Institutionen. Ihre sittliche Kompetenz macht sich daran fest, daß die Kirchen als Lebensraum der Christen zugleich der Wahrnehmungsraum der Botschaft Jesu sind und über ein breites Erfahrungs- und Handlungspotential verfügen.

(3) Kirchliche Lehre und Theologische Ethik fallen nicht in eins. Im Entdeckungszusammenhang des Glaubens bleibt die theologisch-ethische Reflexion in die Kirchen eingebettet. Zugleich tritt sie aber in einen kritischen Diskurs mit der kirchlichen Moralverkündigung.

(4) Die konkrete sittliche Kompetenz der Kirchen bezieht sich auf zentrale christliche Grundorientierungen, die in einem Gefüge offener Optionen Gestalt gewinnen und so sittliches Handeln ermöglichen. Diese sittliche Kompetenz ist eine wahrnehmende, orientierende, kritische und konstruktive Kompetenz. Kirchen bieten sich von dort aus als sozialer Ort an, in dem die verschiedensten weltanschaulichen Sinnfragen thematisiert werden können.

TEXTARBEIT

Philosophischer Text

Einführung Die französische Philosophin Simone Weil (1909-1943) hat kein geschlossenes Werk, sondern vielmehr ›Bausteine‹ theologisch-philosophischer Auseinandersetzungen mit Gott und der Welt hinterlassen, die durch ihren mystischen Charakter ausgezeichnet sind. Das posthum erschienene Werk »Das Unglück und die Gottesliebe« ist eine solche Sammlung von Briefen und Abhandlungen. In ihrem zweiten Brief an Pater Perrin, mit dem sie eine Freundschaft verband, reflektiert die Jüdin Weil, die sich selbst als Grenzgängerin zwischen Judentum und Christentum verstand, über die Bedeutung der Institution Kirche.

Arbeitstext *Was mich abschreckt, ist die Kirche als soziale Einrichtung. Nicht nur wegen ihrer Makel, sondern eben weil sie unter anderem auch eine soziale Einrichtung ist. Nicht als ob ich meinem Temperament nach ein ausgesprochener Individualist wäre. Ich fürchte mich aus dem entgegengesetzten Grunde. Ich habe eine starke Neigung zum Herdentier in mir. Ich bin meiner natürlichen Veranlagung nach äußerst beeinflußbar und vor allem für kollektive Einflüsse übermäßig empfänglich. Ich weiß, daß, wenn ich in diesem Augenblick zwanzig junge Deutsche vor mir hätte, die im Chor ihre Nazilieder absängen, ein Teil meiner Seele unverzüglich von dem Nazismus angesteckt würde. (...)*

Ich fürchte jenen Kirchenpatriotismus, der in katholischen Kreisen herrscht. Unter Patriotismus verstehe ich hier jenes Gefühl, das man einem irdischen Vaterland entgegenbringt. Ich fürchte ihn, weil ich fürchte, seiner Ansteckungsgefahr zu erliegen. Nicht als ob mir die Kirche unwürdig erschiene, ein solches Gefühl einzuflößen. Sondern weil ich meinesteils kein Gefühl dieser Art besitzen will. Das Wort »wollen« ist nicht ganz das richtige. Ich weiß, ich fühle mit Bestimmtheit, daß jedes Gefühl dieser Art, gleichviel welchem Gegenstand es gilt, für mich unheilvoll ist.

Es hat Heilige gegeben, die die Kreuzzüge, die Inquisition gebilligt haben. Ich kann mich des Gedankens nicht erwehren, daß sie Unrecht gehabt haben. Ich kann das Licht des Gewissens nicht verwerfen. Wenn ich glaube, daß ich in einem Punkte klarer sehe als sie – ich, die so unendlich unter ihnen steht -, dann muß ich annehmen, daß sie bezüglich dieses Punktes von etwas sehr Mächtigem verblendet worden sind. Dieses Etwas ist die Kirche als soziale Einrichtung. (...)

Ich weiß, es ist unvermeidlich, daß die Kirche auch eine soziale Einrichtung ist; andernfalls könnte sie gar nicht existieren. Aber insoweit sie eine soziale Einrichtung ist, untersteht sie der Herrschaft des Fürsten dieser Welt. Eben weil sie ein Organ zur Bewahrung und Vermittlung der Wahrheit ist, liegt darin eine äußerste Gefahr für jene, die wie ich der Verletzung durch die sozialen Einflüsse übermäßig ausgesetzt sind. Denn da derart das Reinste und das Befleckendste einander ähnlich sehen und unterschiedslos mit den gleichen Worten bezeichnet werden, so bilden sie eine fast unauflösliche Mischung.

Quelle Simone Weil: Das Unglück und die Gottesliebe, München 1953, 31-34.

Leitfragen Welche Kritik wird an der Institution Kirche vorgebracht? Wodurch erscheint diese Kritik gegenwärtig? Welche Dilemmata beschreibt Weil? Sind diese aufzulösen und wenn ja, wie? Wie könnte der Kritik begegnet werden?

Theologischer Text

Einführung Der katholische Theologe Franz Böckle (1921-1991) legte mit seiner ›Fundamentalmoral‹ ein Standardwerk der zeitgenössischen Theologischen Ethik vor. In ihr entfaltet Böckle sein Verständnis einer Moraltheologie als Auslegung des Glaubens im Medium der Ethik. Der folgende Text setzt sich mit dem Unterschied von Glaubenssätzen wie »Alle Menschen werden von Gott geliebt« und Handlungsprinzipien oder -normen wie »Liebe deinen Nächsten« auseinander.

Arbeitstext *Die Notwendigkeit der Einsicht in das sittlich Geforderte führt zu der grundsätzlichen Frage nach dem Verhältnis von Glaubenssätzen und offenbarungstheologisch bezeugten sittlich normativen Sätzen aus dem zwischenmenschlichen Bereich. Für beide Kategorien gilt, daß sie nur in menschlichen Begriffen und Denkformen zu fassen sind; insofern unterliegen sie auch beide einer allgemeinen Bedeutungsoffenheit menschlicher Sprache und Begriffe. Darüber hinaus gibt es aber (...) auch Unterschiede. Der Glaube fordert Zustimmung zu einer Dimension der Wirklichkeit, die ohne Offenbarung gar nicht erkennbar wäre. So können wir uns nur im Glauben an die Geheimnisse der Person Christi oder des dreieinigen Gottes herantasten. Entsprechende Glaubenssätze, welche die Erkenntnisinhalte zu fassen suchen, müssen sich analoger Begriffe bedienen. In unserem Bekenntnis, daß Gott den Menschen liebt, ist bekanntlich sowohl der Begriff »Gott« wie auch der Begriff »Lieben« nur analog zu verstehen. Auch die Glaubensaussage, daß der Mensch ein von Gott geliebter ist, drücken wir in entsprechenden analogen Begriffen aus. (...) Im Unterschied nun zu diesen Glaubenssätzen, die in univoken Begriffen gar nicht zu fassen sind, müssen Normsätze, die konkretes menschliches Handeln regulativ bestimmen, univoken Charakter haben. Es muß genau und präzise gesagt werden, was der richtige Umgang mit dem von Gott geliebten Menschen fordert, oder in welcher Weise die eheli-*

che Treue bindet. Dazu muß das Lebens- und Existenzrecht präzisiert, und es müssen die Bedingungen der ehelichen Bindung eindeutig festgelegt werden. Mit anderen Worten: Es gibt Mysterien der Glaubens, es kann aber keine mysterienhaften Handlungsnormen geben, deren inhaltliche Forderung im Hinblick auf das zwischenmenschliche Handeln nicht positiv einsehbar und eindeutig bestimmbar wäre. Dieser formale Unterschied zwischen Glaubenssätzen und sittlichen Normsätzen ist von fundamentaler Bedeutung. Glaubenssätze sprechen Wahrheiten aus, deren Einsicht auf die Nichtbeweisbarkeit eines Widerspruchs beschränkt bleiben; sittliche Normen stellen sachliche Forderungen, für deren Inhalt eine positive Einsehbarkeit verlangt werden muß. Die Intelligibilität in das zu Tuende ist für ein verantwortliches zwischenmenschliches Handelns konstitutiv.

Quelle Franz Böckle: Fundamentalmoral, München ⁴1985, 292-294.

Leitfragen Welche zentralen Unterschiede arbeitet der Text zwischen Glaubens- und Normsätzen heraus? Von welchen Voraussetzungen geht er aus? Zu welchem Schluß kommt der Autor? Welche Konsequenzen für das kirchliche Sprechen in Fragen des Handelns ergeben sich aus den Überlegungen Böckles? Wie beurteilen Sie die Position des Textes?

Literarischer Text

Einführung Mit seinem Erzählzyklus über die Reisen des Weltraumfahrers Ijon Tichy wurde der polnische Science-Fiction Autor Stanislaw Lem (*1921) berühmt. Auf seiner zweiundzwanzigsten Reise begegnet Tichy dem Dominikanerpater Lazimon. Dieser berichtet ihm über die in der Regel ziemlich abstrusen Folgen der Missionierungsversuche der christlichen Kirchen im All.

Arbeitstext *Pater Lazimon schlug mit der flachen Hand auf einen Brief, der vor ihm ausgebreitet lag. »Pater Hippolyt berichtet von der Arpetusa, einem kleinen Planeten in der Waage, daß dessen Bewohner aufgehört hätten, Ehen zu schließen; sie zeugen keine Kinder mehr, und so droht die Gefahr, daß sie restlos aussterben.«*

»Wieso denn das?« fragte ich verblüfft.

»Nun, da sie hörten, fleischlicher Verkehr wäre Sünde, verlangte es sie so heftig nach Erlösung, daß sie allesamt die Gelübde ablegten und das Zölibat einhalten! Seit zwei Jahrtausenden verkündet die Kirche

den Vorrang der Seelenrettung vor den zeitlichen Dingen, aber niemand hat das wörtlich genommen, so wahr mir Gott helfe! Nun kommen die Arpetusaner und fühlen wie ein Mann in sich die Berufung, treten massenhaft in die Klöster ein, befolgen musterhaft die Regeln, beten, fasten und kasteien sich, während Industrie und Landwirtschaft darniederliegen, Hungersnöte den Planten heimsuchen und die Bevölkerung auszusterben droht. Ich habe nach Rom Bericht erstattet, aber wie gewöhnlich ist die Antwort Schweigen ...«

»Es ist ja auch sehr riskant« bemerkte ich, »die Religion auf andere Planeten zu tragen ...«

»Was sollten wir tun? Die Kirche hat es bekanntlich nicht eilig, Ecclesia non festinat, denn Sein Königreich ist nicht von dieser Welt, aber während das Kardinalskollegium beratschlagte und zauderte, schossen auf den Planeten Missionen der Kalvinisten, Baptisten, Redemptoristen, Mariaviten, Adventisten und wie sie sonst noch heißen aus dem Boden wie Pilze nach dem Regen. Wir mußten also retten, was zu retten war. Nun, mein Wertester, wenn ich das alles schon erzählt habe ... so kommen Sie mal mit.«

Pater Lazimon führte mich in sein Arbeitszimmer. Die riesig blaue Karte des Sternenhimmels nahm hier eine ganze Wand ein, die rechte Hälfte war mit Papier überklebt.

»Schauen Sie!« Er wies auf den verdeckten Teil.

»Was bedeutet das?«

»Den Untergang, mein Lieber. Den endgültigen Untergang. Diese Gebiete sind von Völkern bewohnt, deren Intelligenz auf unerhört hoher Stufe steht. Sie propagieren den Materialismus und den Atheismus und empfehlen, alle Anstrengungen auf die Entfaltung der Wissenschaft und Technik, sowie die Vervollkommnung der Lebensbedingungen auf den Planeten zu richten. Wir sandten unsere klügsten Missionare zu ihnen aus, Salesianerpater, Benediktiner, Dominikaner, ja selbst Jesuiten, alles begnadete Verkünder von Gottes Wort, mit honigsüßer Beredsamkeit ausgestattet; und alle kehrten sie zurück als Atheisten! (...) Ist das nicht ungeheuerlich! (...)«

Pater Lazimon trat dicht an mich heran und flüsterte mir ins Ohr: »Ich bin hier an Ort und Stelle und muß es folglich am besten wissen ... lieber Mann. Die hier quälen nicht, zwingen keinen, sie foltern nicht und drehen auch keine Schrauben in den Kopf, sie lehren einfach nur, was das Universum ist, wo das Leben herkommt, wie das Bewußtsein entsteht und wie man die Wissenschaft zum Nutzen der

Allgemeinheit anzuwenden hat. Sie können beweisen, daß die ganze Welt – so wie zwei mal zwei gleich vier – ausschließlich von materieller Beschaffen ist. (...) Ich sage Ihnen: Das ist der Ruin, der Untergang. (...) Eine Zeitlang probierten wir diese Methode aus« – Pater Lazimon deutete auf die Karte – »aber ohne Erfolg.«

»Verzeihung, welche Methode?«

»Na, wir klebten diesen Teil des Universums mit Papier zu und ignorierten seine Existenz, aber das half nicht. Gegenwärtig wird in Rom von einem Kreuzzug zum Schutze des Glaubens gesprochen.«

»Und was halten Sie davon, Pater?«

»Nun, das wäre so übel nicht; wenn man ihre Planeten in die Luft sprengte, ihre Städte zerstörte, ihre Bücher verbrennte und sie selbst ausrottete, vielleicht gelänge es dann, die Lehre von der Nächstenliebe zu retten.«

Quelle Stanislaw Lem: Sterntagebücher, Frankfurt a.M. [15]1996, 286-290.

Leitfragen Worauf machen die ins absurde gesteigerten Situationen, die Lem schildert, aufmerksam? Wie verstehen Sie die »Lehre von der Nächstenliebe«? Wie kann eine solche »Lehre« überhaupt verkündet werden? Welche außermoralischen Antriebe lassen sich den Kirchen unterstellen? Wie stehen Sie dazu? Wie sehen Sie das Verhältnis von der – unmoralischen – Verkündigung eines – sittlichen – Gebotes? Läßt sich Moral überhaupt verkündigen?

Praktisches Beispiel: Weltgestaltung

Einführung Die beiden großen Kirchen Deutschlands stellten 1997 ihr »Wort zur wirtschaftlichen und sozialen Lage in Deutschland« vor. Der folgende Text formuliert neben der Wahrnehmung der Situation auch die Aufgaben, die die Kirchen selber für sich in dieser gesellschaftlichen Lage sehen.

Arbeitstext *(248) Der Konsultationsprozeß hat die Möglichkeit und die Notwendigkeit der kirchlichen Beteiligung am gesellschaftlichen Dialog über die wirtschaftliche Situation und die sozialen Spannungslagen der Gegenwart deutlich gemacht. Als Glaubensgemeinschaften verkündigen die Kirchen die biblische Botschaft von Gottes Zuwendung zu den Menschen und Gottes Treue zu seiner Schöpfung. Als gottesdienstliche Gemeinschaft feiern sie Gottes gnädiges Erbarmen,* *das den Menschen immer wieder einen neuen Anfang schenkt. Als diakonische Gemeinschaften bemühen sie sich unmittelbar um Notleidende und Benachteiligte und setzen sich für die Verwirklichung einer solidarischen und gerechten Gesellschaft ein.*

Die Kirchen leben und wirken mitten in der Gesellschaft und nehmen deshalb an ihren Umbrüchen und Entwicklungen teil. Sie werden von ihrer Berufung zur Solidarität mit den Armen geleitet und folgen der Bewegung Gottes, der sich vorrangig den Armen, Schwachen und Benachteiligten zugewandt hat, damit sie »das Leben in Fülle haben« (Joh 10,10).

(252) Einige weitere Bereiche, in denen die Kirchen ihren Auftrag zur Weltgestaltung konkret wahrnehmen und weiterhin wahrnehmen müssen, seien nur kurz genannt:

- *Gemeinden und Kirchenkreise, Diözesen und Landeskirchen haben »Runde Tische sozialer Verantwortung« ins Leben gerufen. Dabei wird versucht, das Gespräch zwischen Vertretern und Vertreterinnen aus Politik, Verwaltung, insbesondere aus Sozialbehörden und Arbeitsverwaltungen, aus Kammern und Betrieben, Gewerkschaften und Unternehmervereinigungen, der Medien und nicht zuletzt der betroffenen Bevölkerungsgruppen über die sozialen Probleme vor Ort anzustoßen. Runde Tische bewähren sich in solchen Fällen, weil sie das Bewußtsein stärken, daß regionale Probleme wirtschaftlicher und sozialer Art nur gemeinsam bewältigt werden können.*

- *Diese Mittlerrolle können die Kirchen um so leichter übernehmen, wenn sie einen kontinuierlichen und intensiven Kontakt mit der Arbeitswelt pflegen. Die Sorge gilt dabei den arbeitenden Menschen, einschließlich derer, die unternehmerische Verantwortung tragen, aber auch den Wandlungen der Arbeitswelt. Die Kontakte dürfen nicht erst im Konfliktfall, etwa bei drohenden Betriebsschließungen, aufgenommen werden. Regelmäßige Besuche in den Betrieben und regelmäßige Gespräche mit den Arbeitnehmerorganisationen, dem Handwerk und den Gewerkschaften schaffen eine Basis des Vertrauens, auf der dann auch im Konfliktfall aufgebaut werden kann.*

- *Die Kirchen engagieren sich gegen Ausländerfeindlichkeit und bemühen sich, zum Aufbau einer positiven Einstellung gegenüber Fremden in der Gesellschaft beizutragen. Dies geschieht, indem Begegnungen vor Ort initiiert und gemeinsame Veranstaltungen angeboten werden. Die Kirchen setzen sich, auch durch praktische Hilfe und Unterstützung, für eine bessere soziale Integration ein. Vor allem beteiligen sie sich an der Sorge um ausländische Kinder und Ju-*

gendliche. Sie treten für eine menschenwürdige und gerechte Asyl-praxis ein.

- *Der Einsatz für den Umweltschutz im kirchlichen Raum hilft mit, das gesellschaftliche Bewußtsein für die Notwendigkeit eines nach-haltigen Wirtschaftens zu stärken. Das Engagement vieler Christen für die Erhaltung der natürlichen Grundlagen des Lebens hat aber nicht allein in der Gründung gesonderter kirchlicher Umweltinitia-tiven, sondern vor allem auch in der Mitarbeit in den allgemeinen Umweltverbänden seinen Ausdruck gefunden.*

Quelle Für eine Zukunft in Solidarität und Gerechtigkeit. Wort des Rates der Evangelischen Kirche in Deutschland und der Deut-schen Bischofskonferenz zur wirtschaftlichen und sozialen Lage in Deutschland. 28. Februar 1997, zitiert nach: epd-Dokumenta-tion 11/1997, 55-57.

Leitfragen Welche Aufgaben und Optionen nimmt die Kirche für sich in Anspruch? Sollen sich die Kirchen überhaupt in dieser Weise zu sozialen Problemen äußern? Halten Sie die Art und Wei-se der kirchlichen Rede über sittliche Themen für angemessen? Warum? Stimmen die Aussagen des Textes mit dem überein, wie Sie kirchliches Handeln erleben? Wie erklären Sie sich mögliche Differenzen?

VI. Handlungspraxis.
Die Bewährungen sittlicher Kompetenz

Die individuelle sittliche Kompetenz bewährt sich weder im unreflektierten Durchsetzen eigener Bedürfnisse und Interessen noch im unkritischen Gehorsam gegenüber den Sollensansprüchen der Gesellschaft und ihrer Institutionen. Vielmehr ist das Handlungssubjekt aufgefordert, seine eigenen Urteile zu begründen, Entscheidungen zu treffen und Handlungen zu vollziehen, die es vor sich selbst und vor anderen rational vertreten und verantworten kann.

Der sechste Abschnitt lenkt deshalb den Blick auf die Praxis sittlicher Kompetenz. Der Artikel »Gewissen« (244-263) diskutiert die Bedeutung des Gewissens als entscheidender Instanz praktischen Urteilens und Handelns und als Lebensform des Sittlichen. Der Artikel »Entscheidungen« (264-277) thematisiert die Wege konkreten sittlichen Entscheidens und Urteilens. Der Artikel »Schuld« (278-292) beschließt das Werkbuch mit einer Reflexion auf das Scheitern des Menschen im Angesicht seiner Freiheit. Schuld und Versöhnung sollen damit als Grundelemente der sittlichen Herausforderung erkennbar werden.

Gewissen. Zur Lebensform sittlicher Entscheidungsfähigkeit

Alfons V. Maurer / Thomas Laubach

Das Gewissen wird von Menschen in ethischen Diskussionen immer wieder herangezogen. Es läßt sich aber erfahren, daß der Begriff »Gewissen« für ethische Argumentationen kaum brauchbar ist, weil er unscharf ist oder veraltet erscheint. Der hier verfolgte Gedankengang will sich auch vor dem Hintergrund dieser Problematik der Sache des Gewissens versichern (1), seine theologisch-philosophische Genese nachzeichnen (2), humanwissenschaftliche Anfragen und Überlegungen ernst nehmen (3) und schließlich Aspekte einer umfassenden, integrativen Gewissenstheorie vorstellen (4). Es ist das Ziel, das Gewissen als Chiffre für den letzten Grund sittlicher Kompetenz im Menschen zu entschlüsseln.

1 Annäherungen an den Gewissensbegriff

Die Alltagssprache verfügt über ein breites Repertoire an Ausdrucksweisen und Begriffen, die mit dem Begriff ›Gewissen‹ verknüpft sind. Doch was das Gewissen eigentlich selbst ist oder sein soll, bleibt vage. Der Begriff Gewissen, so scheint es, gehört zu den Wörtern der Umgangssprache, die keinen aktuellen Wert mehr besitzen (Hübsch: Philosophie 22-31). So haftet den substantivischen Redewendungen wie »ein Gewissen haben«, »sich auf sein Gewissen berufen« oder »Gewissensentscheidung«, »Gewissenskonflikt« und »Gewissensbiß« ein negativer Beigeschmack an. Auch das mittels eines Adjektivs qualifizierte Gewissen, das gute, schlechte, weite, enge, starke oder schwache Gewissen atmet diesen Geist.

Auch im politisch-öffentlichen Raum steht es um die Rede vom Gewissen kaum bessser. So kommt im Grundgesetz der Verweis auf das Gewissen sowohl bei der Kriegsdienstverweigerung (GG Artikel 4.3) als auch hinsichtlich des letzten Verpflichtungsgrundes der Abgeordneten (GG Artikel 38.1) heute nur der Charakter eines unbegründbaren privaten Bezugspunktes zu. Der Hauptgrund für diese ›Privatisierung‹ des Gewissens ist, daß es sich als problematisch erweist, das Gewissen und seine Tätigkeit zu regeln und zu überprüfen.

Von diesen Problemfeldern ist der faktische Gebrauch des Gewissensbegriffs unbeeindruckt geblieben. Die Rede vom Gewissen wird fast inflationär bei Entscheidungs- und Handlungsbedarf eingebracht. So werden unterschiedslos die Spende für Straßenkinder in Brasilien und die Entscheidung für biologisch-dynamisch angebaute Kartoffeln zur Gewissenssache erklärt. Bis zur Verwendung des Gewissens als eine Art »Prinzip der Anarchie in allen sittlichen Fragen« (Max Scheler) ist es dann nicht mehr weit. Welchen Sinn die Rede vom Gewissen hat, bleibt so ohne Kontur.

Diese Uneindeutigkeit ist auch durch die Begriffsgeschichte begründet. Denn der Gewissensbegriff speist sich aus verschiedenen Quellen und nahm im Laufe seiner Geschichte unterschiedliche Inhalte in sich auf.

- ›Gewissen‹ (ahd. gawazzani; mhd. gewizzen) wurde in die deutsche Sprache vor fast tausend Jahren als Übersetzung für das lateinische ›conscientia‹ eingeführt (Reiner: Gewissen 574). Der Begriff wurde vor allem in der Rechtssprache verwandt, bedeutete das »Wissen um etwas« und bezeichnete vorrangig den Zeugen, den Mitwisser oder den Geschworenen. Erst mit der Bibelübersetzung Martin Luthers rückte er in die ethisch-religiöse Begriffssprache ein. Wendungen wie »etwas auf sein Gewissen nehmen« oder »nach christlichem Gewissen handeln« werden jetzt in ihrer moralischen Bedeutung gebräuchlich.

- Durch die Bibelübersetzung Luthers steht der deutsche Begriff des Gewissens in enger Verbindung zum griechischen ›syneidesis‹. Syneidesis verfügt über eine Bedeutungsbreite, die von einem nicht-reflexiven Verständnis als Mitwissen oder Wissen um etwas, wie beispielsweise sich seiner selbst gewiß sein, bis zum reflexiven Verständnis im Sinne eines auf eigene Taten bezogenen Bewußtseins reicht. Syneidesis steht auch für das bewertende Bewußtsein, das die eigenen Taten gutheißt oder verurteilt und rückt damit in einen moralischen Kontext ein. Des weiteren wird syneidesis mit einer anklagenden Stimme aus dem Inneren des Menschen zusammengedacht (Blühdorn: Gewissen 199).

- In der lateinischen Sprache finden sich der alltagssprachliche Begriff der ›conscientia‹, der ebenfalls über unterschiedliche Bedeutungen verfügt. Conscientia steht für das nicht-reflexive Mitwissen, es meint aber auch das Eingeweihtsein in private Angelegenheiten eines Freundes, die zum Zeugnis befähigende Teilnahme oder das schuldhafte Einverständnis mit der schlechten Tat eines anderen. Im Begriff der ›recta conscientia‹, des rechten Gewissens als Verhaltensnorm liegt zudem eine frühe Moralisierung vor. Als moralisches Bewußtsein läßt sich conscientia mit dem auf konkrete Taten bezogenen Schuldbewußtsein gleichsetzen. Hier ist es das gute beziehungsweise schlechte Gewissen, also eine das Handeln des Menschen beurteilende Instanz.

Generell lassen sich für syneidesis, conscientia und Gewissen vier zentrale Bedeutungen festhalten. Gewissen bezeichnet (1) nicht-reflexiv das Mitwissen im Sinne des unbewußten Wissens, des Bezeugens, des Beipflichtens oder des Mitverschworenseins, (2) reflexiv das Bewußtsein oder das Wissen im Sinne von »ich bin mir über etwas bewußt«, (3) als moralischer Begriff eine kontrollierende, beurteilende, verurteilende, das Wissen um Gut und Böse beinhaltende sittliche Instanz und (4) das eigentliche, personale Ich oder einen inneren Ankläger.

> **Gewissen (dt.), syneidesis (gr.), conscientia (lat.):**
> 1. nicht-reflexiv: Mitwissen
> 2. reflexiv: Wissen um etwas
> 3. sittliche Instanz
> 4. Eigentliches Ich

2 Theologisch-philosophische Aspekte des Gewissensbegriff in historischer Perspektive

Im alltagssprachlichen Gebrauch wird heute diese Bedeutungsvielfalt des Gewissensbegriffs auf das Moment der moralischen Instanz oder das schlechte Gewissen verkürzt, wenn Gewissen gesagt, aber Gehorsam eingefordert wird. Doch ist ein solcher alltagssprachlicher Gebrauch auch für die Theologie leitend? Im folgenden soll dieser Frage nachgegangen werden.

2.1 Biblische Spurensuche

Der Gewissensbegriff als solcher taucht in den biblischen Texten nur selten auf. So findet sich im gesamten Alten Testament überhaupt kein abstrakter Gewissensbegriff (Eckstein: Begriff 105-135). Der Sache nach aber ist das Gewissen dort allgegenwärtig, wo es um das Wissen um Gut und Böse geht, das an die Weisungen Gottes sowie an die Erfahrungen des Glaubens und Handelns Israels gebunden ist. Dem Gewissen folgen heißt soviel wie: Hören auf Gott. Als ›Hörorgane‹ bestimmen die Verfasser der alttestamentlichen Texte das Herz und die Nieren. Das Herz steht für das geistig-seelische Zentrum des Menschen (Fabry: Leb 425), es bezeichnet modern gesprochen seine Identität und geht über das moralische Bewußtsein hinaus (1 Sam 24,6; 2 Sam 24,10). Die Nieren hingegen stehen für das Sich-Rechenschaft-geben über das eigene Tun (Ps 16,7), für das Eingeständnis der Verantwortung des Menschen. Die Bildrede ›auf Herz und Nieren prüfen‹ stellt den Menschen in eine unmittelbare Beziehung zu Gott. Der Selbstverantwortlichkeit des Menschen entspricht das Richten, Urteilen und Wissen Gottes.

Auch im Neuen Testament spielt der Gewissensbegriff nur eine untergeordnete Rolle (Eckstein: Begriff 137-320). Paulus greift auf den griechischen Begriff syneidesis zurück und benutzt ihn insgesamt einheitlich; vor allem im Römerbrief (2,15; 9,1; 13,5) und im 1. Korintherbrief (4,4; 8,7-12; 10,25-29). Der Apostel begreift die syneidesis nicht als moralische Größe, sondern als ein anthropologisches Phänomen, als eine feststellende, selbständige Instanz. Sie prüft die Übereinstimmung zwischen dem Handeln und dem aufgeschriebenen oder in das Herz des Menschen gelegten Gesetz Gottes (Röm 2,15).

Demgegenüber wird in den nichtpaulinischen Texten syneidesis fast durchgehend mit dem guten oder reinen Gewissen gleichgesetzt (Apg 23,1; 1Tim 1,5.9; 39; 2Tim 1,3; 1Petr 3,16.21; Hebr 13,18). Das Gewissen steht für einen Bewußtseinszustand, der sich als Folge eines normenkonformen Verhaltens einstellt.

2.2 Theologische Profilierung

Erst die mittelalterliche Theologie entfaltet eine umfassende, systematische Gewissenslehre. Sie bemüht sich, die Funktionen des Gewissens näher zu bestimmen und greift hierbei auf zwei tradierte Gewissensbegriffe zurück: consgientia und synderesis, wobei letzterer sich aufgrund eines Schreibfehlers statt syneidesis durchgesetzt hat (Pesch: Anmerkung). Die conscientia steht für das konkret urteilende Gewissen, die synderesis für das im Menschen vorhandene Urgewissen, das überhaupt erst den Unterschied zwischen Gut und Böse erkennen läßt.

Thomas von Aquin vertrat in der Zuordnung von Gewissen und Urgewissen einen rationalen Ansatz (De veritate 16,1-17,2; s.th. I 79,12-13). Die Gewissenstätigkeit wird als reine Vernunfttätigkeit beschrieben. In dem Begriff synderesis sah er den obersten Grundsatz (prima principia) sittlichen Handelns – »das Gute ist zu tun und das Böse zu lassen« – bewahrt. Die synderesis bezeichnet somit die im Menschen angelegte Moralfähigkeit. Mit dem Begriff conscientia wird hingegen die Anwendung dieses Wissens um Gut und Böse auf eine konkrete Handlung bezeichnet. Sie kontrolliert und beurteilt ausstehende, im Vollzug befindliche oder vollzogene Handlungen.

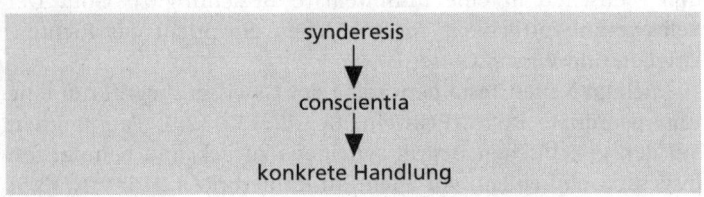

Bonaventura (1221-1274) hingegen legte einen ganzheitlich orientierten Entwurf vor (Baum: Licht). Die Gewissenstätigkeit bezieht sich hier auf alle Erfahrungsdimensionen des Menschen Für Bonaventura kennzeichnet die conscientia das Erkenntnisvermögen, sie hilft, richtig zu urteilen. Die synderesis steht für das Strebevermögen, sie richtet den Menschen aus, etwas Richtiges zu wollen. Conscientia und synderesis greifen ineinander. Die synderesis bedarf der conscientia zur Konkretisierung ihrer allgemeinen Neigungen, die conscientia hingegen bedarf der synderesis zur praktischen Umsetzung ihrer Einsichten.

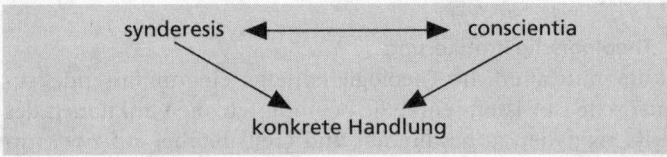

Letztlich bestimmen die Theologen der Hochscholastik das Gewissen als anthropologisches Phänomen, als das im Menschen angelegte grundsätzliche Vermögen, sich auf das erkennbare Gute hin auszurichten und es zu vollziehen.

Im Gegensatz dazu stärkt die reformatorische Theologie, insbesondere Martin Luther (1483-1546), ein theologisches Verständnis des Gewissens, indem die alttestamentliche Sprache von »Herz und Nieren« aufgegriffen wird. Luther versteht das Gewissen als Mitte der Person vor Gott und seinem beanspruchenden Wort. Das Gewissen ist das Organ, in dem »der Mensch Gottes ihn als ganzes treffendes Wort im richtenden Gesetz und im tröstenden Evangelium« (Krüger: Gewissen 223) hören kann. Luther versteht also das Gewissen nicht länger als im Menschen angelegt, sondern als eine transmoralische Größe, die mit dem rechtfertigenden Glauben des Menschen zusammenfällt (Hertz: Glaube 58-62). Die Vorstellung, daß das Gewissen die unmittelbare Stimme Gottes sei, kommt zeitlich erst später, vorzugsweise im Pietismus zum Tragen.

2.3 Philosophische Weiterführung

In der Folgezeit wird das Gewissen vor allem in der katholischen Kirche als Prüfinstanz verstanden: Es überprüft die Übereinstimmung zwischen dem Gebotenen und der individuellen Handlungspraxis. Die Funktion des Gewissen besteht dann darin, die richtigen Normen ins Gedächtnis zu rufen und sie anzuwenden (Hilpert: Gewissen 623). Gegen ein solches Gewissensverständnis argumentierten Philosophen wie beispielsweise Kant, Nietzsche und Heidegger.

Immanuel Kant legt das Gewissen in seiner Tugendlehre als richtende Instanz aus, die einen Urteilsspruch fällt, zugleich aber auch als Gerichtshof vor dessen Forum das Handeln des Menschen auf seine Übereinstimmung mit dem Sittengesetz überprüft wird (Kant: Tugendlehre Einleitung XIIb1; §13a). Insofern versteht der Philosoph das Gewissen als das »Gesetz in uns« (Kant: Logik 569), als eine autonome Größe im Menschen (Heubült: Gewissenslehre).

Friedrich Nietzsche (1844-1900) setzt sich polemisch und provozierend von den bisherigen Gewissenskonzepten ab. Mit Gewissen bezeichnet er das »stolze Wissen um das außerordentliche Privilegium der Verantwortlichkeit« (Nietzsche: Werke VI/2 310).

Die zentrale Forderung, die mit dem Gewissen verbunden ist, lautet daher: »Man muß wissen, was man will und daß man will« (Nietzsche: Götzen-Dämmerung 16).

Diesen individuellen, von Nietzsche aus dem religiösen Rahmen befreiten Gewissensbegriff bestimmt Martin Heidegger (1889-1976) nochmals anders. Das Gewissen wird bei ihm als ein »Aufrütteln« (Heidegger: Sein 271) verstanden, das nicht auf gut und böse hinweist, sondern auf die Möglichkeit des eigenen Selbstseins.

3 Humanwissenschaftliche Aspekte eines modernen Gewissensverständnisses

Die historischen Konzepte und Auseinandersetzungen um das Gewissen weisen, trotz ihrer unterschiedlichen Schwerpunkte, ein grundsätzliches Moment auf: die Frage nach der Möglichkeit und Unausweichlichkeit des sittlichen Engagements des Menschen. Allerdings stellt sich die Frage, inwieweit Menschen angesichts des »Erlebens unfreier Freiheit« (Römelt: Sinn 67), angesichts vielfältiger Abhängigkeiten genetischer, psychischer, sozialer, politischer und religiöser Art überhaupt in der Lage sind, eine umfassende sittliche Kompetenz wahrzunehmen und zu entwickeln. Zugespitzt gefragt: Verfügen Menschen heute noch über eine sittliche Identität, für die der Begriff des Gewissens steht? Vor diesem Hintergrund bleibt zu klären, wie es letztlich um die Entscheidungs- und Kontrollfunktion des Gewissens bestellt ist. An diese Problemstellung knüpfen human- und sozialwissenschaftliche Überlegungen an.

3.1 Das Gewissen als »Stimme der Menschen«

»Wir verkennen das Stück psychologischer Wahrheit keineswegs, das in der Behauptung, das Gewissen sei göttlicher Herkunft enthalten ist, aber der Satz bedarf der Deutung« (Freud: Vorlesungen 500). Diese Aussage Sigmund Freuds kennzeichnet eine Wende in der Gewissensforschung. Freud hat die Inhalte des theologischen und philosophischen Traktates über das Gewissen einer kritischen Prüfung und Rekonstruktion im Lichte tiefenpsychologischer Erkenntnisse unterworfen. Der Wiener Psychologe geht bekanntlich von einem dreigegliederten psychischen Schichtenmodell (Freud:

Vorlesungen 447-608), von »Es«, »Ich« und »Über-Ich«, aus. Dem Über-Ich werden von Freud die Funktionen der Selbstbeobachtung, des Ich-Ideals und des Gewissens zugeteilt. Das Gewissen ist der psychische Ersatz für die elterliche Autorität. Gewissen, wie übrigens auch Moral, sind nach Freud Produkte der psychischen Entwicklung und der Sozialisation, »nicht die Stimme Gottes in der Brust des Menschen, sondern die Stimme einiger Menschen im Menschen« (Nietzsche: Menschliches 902). Durch diese soziopsychologische Erklärung des Gewissens hat Freud grundsätzlich in Frage gestellt, inwieweit es noch eine individuelle Verantwortlichkeit des Menschen überhaupt geben kann. Denn alles Tun kann psychoanalytisch auf eine das Handeln bestimmende Triebverarbeitung zurückgeführt werden, die dem Handelnden selbst nicht bewußt ist.

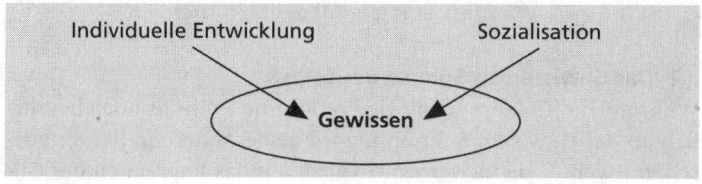

Der von Freud vertretene Skeptizismus im Blick auf die Möglichkeiten moralischer Autonomie wurde in der nachfolgenden Geschichte der Psychoanalyse relativiert. So erweiterte Erich Fromm (1900-1980) den Ansatzpunkt Freuds in der Perspektive von Selbstverwirklichung und Autonomie dahingehend, daß er im Gewissen die Verpflichtung des Menschen sieht, die produktiven und gesunden Seiten seiner Psyche zur Entfaltung zu bringen (Fromm: Psychoanalyse 91-109). Das Gewissen muß nicht nur ausschließlich dem Über-Ich zugeordnet werden, sondern es läßt sich auch als Teil des Ichs interpretieren. Dies wird deutlich in der von Fromm vertretenen Unterscheidung eines autoritären und eines humanistischen Gewissens. Das autoritäre Gewissen ist die nach innen verlegte äußere Autorität, das humanistische Gewissen dagegen ist die »Reaktion unserer Gesamtpersönlichkeit auf deren richtiges oder gestörtes Funktionieren« (Ebd. 101) und bringt somit das Interesse des Menschen an sich selbst und seiner Integrität zum Ausdruck. Im humanistischen Gewissen zeigen sich nach Fromm sowohl die Prinzipien der Lebensgestaltung, die der Mensch selbst endeckt, als auch die, die er von anderen gelernt und für richtig befunden hat. Das Gewissen wird so zum Wächter der persönlichen Integrität und der Lebensentfaltung. Es steht für die grundsätzliche Moralfähigkeit des Menschen, deren soziokulturelle und psychodynamische Fremdsteuerung freilich nicht unterschätzt werden darf.

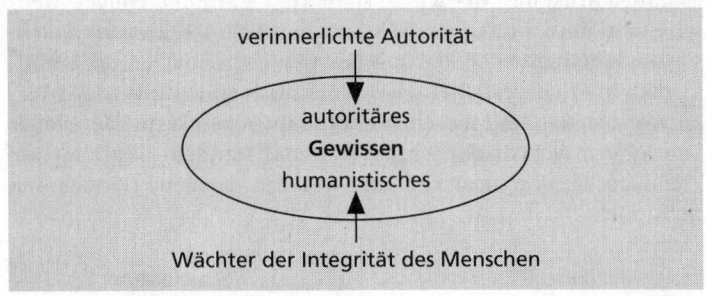

3.2 Das Gewissen als Stimme des Selbst

Während die Tiefenpsychologie Freuds und Fromms noch begrifflich an das Gewissen anknüpft, wird insbesondere in der empirischen Psychologie nicht mehr explizit auf das Phänomen des Gewissens Bezug genommen. Das Gewissen scheint in seiner Komplexität den experimentellen Forschungsmethoden der empirischen Wissenschaften nicht zugänglich zu sein. Festzustellen ist, daß einzelne Aspekte der traditionellen Gewissensthematik jedoch unter anderen Begrifflichkeiten in der Entwicklungs-, Sozial- und Identitätspsychologie wieder auftauchen (Maurer: Gespräch):

• Moralisches Lernen. Der Sozialisationsprozeß, durch den Heranwachsende gesellschaftlich handlungsfähige Subjekte werden, basiert wesentlich auf Lernvorgängen. An zentraler Stelle steht hierbei das Modellernen. Lernen wäre eine überaus mühsame und risikoreiche Angelegenheit, wenn Menschen nur durch die Auswirkungen ihres Tuns Erfahrungen machen würden: So »werden die meisten menschlichen Verhaltensweisen durch die Beobachtung von Modellen erlernt« (Bandura: Lerntheorie 31). Bei der Beobachtung anderer kann sich der einzelne über geeignete und sozial gewünschte Verhaltensmuster (Ideale, Leitbilder, Rollen und soziale Normen) informieren und diese gegebenenfalls durch Nachahmung übernehmen.

- Soziale Einstellungen und Werthaltungen. Einstellung als solche kann definiert werden als ein kognitiver Bewußtseinzustand, der einen steuernden Einfluß auf das Verhalten ausübt. Wie soziale Einstellungen im einzelnen zustande kommen und wie ihre Inhalte zu beschreiben sind, war eines der Hauptthemen der Sozialpsychologie in den letzten Jahrzehnten (Stroebe: Grundlagen 138-366; Witte: Einstellung 103-115). In diesem Zusammenhang wurde auch versucht, Werthaltungen empirisch zu bestimmen (Graumann: Dynamik 272-305). Der Sozialpsychologe Milton Rokeach unterscheidet dabei zwischen Werten, Einstellungen und Bedürfnissen (Rokeach: Nature). Das Wertkonzept ist bei ihm dem Einstellungsbegriff vorgeordnet: Werte beeinflussen grundsätzlich Einstellungen und Verhaltensweisen, stellen zentrale Standards im kognitiven System einer Person dar und geben wünschenswerte Zielzustände an (Rokeach: Nature 17ff.). Einstellungen dagegen beziehen sich auf den konkreten Lebensalltag und erweisen sich als vielfältige situationsspezifische Konkretionen von Werten. Anders gewendet: Werte gibt es mehrere, Einstellungen viele. Des weiteren muß zwischen Werten und Bedürfnissen differenziert werden. Werte bringen Bedürfnisse auf den Begriff, beeinflussen und verändern sie. So können Werte einerseits wünschenswerte Zustände wie Glück oder Freiheit umfassen, andererseits sich auf individuelle oder soziale Lebensweisen wie Verantwortungsgefühl oder Liebesfähigkeit beziehen.
- Moralisches Urteil. Den wohl wichtigsten Beitrag zu einer Theorie des Gewissens bietet die kognitive Entwicklungslogik des moralischen Urteilens. Maßgeblich sind hier vor allem die Arbeiten von Jean Piaget und Lawrence Kohlberg (Piaget: Urteil; Kohlberg: Essays I; ders.: Essays II). Beide nehmen an, daß Kinder und Jugendliche, je älter sie werden und je nachdem, welche Anregungen sie durch ihre Umwelt erhalten, zunehmend differenziertere und komplexere moralische Denkstrukturen ausbilden. Diese erlauben es ihnen, normative Konflikte in ihrer sozialen Umwelt besser zu erkennen und gerechter zu lösen.
- Empathiefähigkeit. Empathie ist als reifes moralisches Motiv zu verstehen und kann als »stellvertretende emotional-mitfühlende Reaktion gegenüber einer anderen Person« (Hoffman: Theo-

rie 253) definiert werden. Empathie erweist sich somit als eine Reaktion auf die Gefühle, die Befindlichkeit oder die Situation einer anderen Person, wobei das mitfühlende, sich in den anderen hineinversetzende Individuum weiß, daß seine eigene Reaktion durch die spezifische Situation der wahrgenommen Person hervorgerufen und begründet ist. Die Wahrnehmung der Befindlichkeit des anderen ermöglicht ein Verständnis seiner Situation und kann gegebenenfalls ein moralisches, meist prosoziales Verhalten wecken. Empathie wird als Motiv für sittliches Handeln wirksam.

- Selbstkonzept und Identitätsregulation. In der Identitäts- und Selbstkonzeptforschung sind über die bisher genannten Ansätze hinaus eine Reihe integrativer Modelle entwickelt worden, die das Zusammenspiel von verschiedenen Komponenten des moralischen Bewußtseins beschreiben.[1] Das Modell von Karl Haußer (*1948) soll kurz skizziert werden. Er definiert Identität[2] als die »Einheit aus Selbstkonzept, Selbstwertgefühl und Kontrollüberzeugung eines Menschen, die er aus subjektiv bedeutsamen und betroffen machenden Erfahrungen über Selbstwahrnehmung, Selbstbewertung und personale Kontrolle entwickelt und fortentwickelt und die ihn zur Verwirklichung von Selbstansprüchen, zur Realitätsprüfung und zur Selbstwertherstellung im Verhalten motivieren« (Haußer: Identitätsentwicklung 103). Identität kann danach als Relationsbegriff verstanden werden, der sich als das Ergebnis einer ständigen Konstruktion einstellt, mit der der Mensch seine Erfahrungen in Beziehung zu seiner Umwelt setzt. Haußer entfaltet diese Identitätskonstruktion als drei Stationen eines zyklischen Prozesses. Identitätsbildung beginnt meist in einem ersten Schritt mit der situativen Verarbeitung und Deutung von Erfahrungen. Diese Deutungen regen in einem zweiten Schritt die Integration von Erfahrungen in übersituative Bedeutungskategorien

---

1   Neben den klassischen Ansätzen der Identitätsentwicklung (Erikson: Identität; Loevinger: Ego-Development; Marcia: Identity; Krappmann: Dimensionen) sind hier besonders die Ansätze von Epstein, Kegan und Haußer zu nennen (Epstein: Entwurf; Kegan: Entwicklungsstufen; Haußer: Identitätsentwicklung).

2   Identität grenzt Haußer von der ›Rolle‹ als dem »Bündel gesellschaftlicher Verhaltenserwartungen in der Lebenswelt eines Menschen« und von der ›Persönlichkeit‹ als der »Gesamtheit seiner psychischen Merkmale« ab (Identitätsentwicklung 21).

(z. B. Charaktermerkmale) an. Diese ausgebildeten Bedeutungsmuster stimulieren schließlich in einem dritten Schritt neues Handeln, das wiederum situativ verarbeitet und gedeutet werden muß.

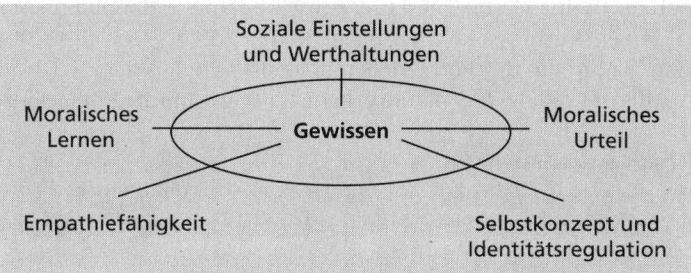

Was leisten nun diese fünf psychologischen Themenfelder für das Verständnis des Gewissens? Wesentliches bleibt: Modellernen, die Fähigkeiten der Empathie und der Perspektivenübernahme, moralisches Urteil, moralische Einstellungen und Prozesse der Identitätsregulation sind Ansatzpunkte, die für einen differenzierten und tragfähigen Gewissensbegriff fruchtbar gemacht werden können. Das Gewissen ist dem Menschen nichts fremdes. Es ist die Stimme seines Selbst, die den Menschen vor die unausweichlichen Ansprüche des Handelns stellt und seine sittliche Kompetenz einfordert. Auch wenn sich gegenwärtig eine integrative Gewissenstheorie höchstens in Umrissen abzeichnet, gilt: Das Gewissen ist zuallererst als eine Form der sittlichen Kompetenz zu begreifen, die eben in ihrer Abhängigkeit von biopsychischen und sozialen Prozessen – und nicht gegen diese – zu bestimmen ist. Wenn der Gewissensbegriff ethisch seine Bedeutung bewahren soll, muß seine anthropologische Fundierung offengelegt und humanwissenschaftliche Einsichten in ihn integriert werden.

4 Das Gewissen als Wächter der personalen Integrität

Vor dem Hintergrund philosophischer, theologischer und humanwissenschaftlicher Erkenntnisse läßt sich das Gewissen in ethischer Perspektive als ein Indikationsbegriff für die Subjektivität des Sittlichen und für die personale Würde des Subjekts kennzeichnen.

Das Gewissen markiert den Kristallisationspunkt für das Vermögen des Menschen, überhaupt sittliche Konflikte wahrzunehmen, steht für seine Fähigkeit, gesellschaftliche Probleme und schwierige Handlungssituationen einer Kritik zu unterziehen und benennt seine Gestaltungskraft ethisch-adäquate Handlungsstrategien entwerfen zu können. Sache und Begriff des Gewissens stehen damit für die Formen der diagnostischen, kritischen und kreativen Kraft des Individuums, kurz: für seine sittliche Kompetenz.

> **Das Gewissen steht für**
> - die diagnostische, kritische und kreative Kraft des Menschen
> - die unbedingte Verpflichtung, selbst sittlich zu urteilen und zu handeln
> - die praktische Selbstverständigung des Menschen

Die sittliche Kompetenz ist anthropologisch grundgelegt, auch wenn sie in ihrer Totalität nicht mit einer ganz bestimmten psychischen Funktion identifiziert werden kann. In der Gewissenstätigkeit wirken vielmehr verschiedene Momente zusammen: der Rückgriff etwa auf gelernte Modelle des Handelns und der Selbstbewertung. Aufgabe der ethischen Reflexion ist es, diese Momente in kritischer und konstruktiver Auseinandersetzung mit anderen wissenschaftlichen Disziplinen zu benennen und sie in eine Gewissenstheorie zu integrieren.

Das Gewissen zeigt darüber hinaus auch die unbedingte Verpflichtung an, sittlich zu urteilen und zu handeln. Von dieser Verpflichtung kann der einzelne weder von einer anderen Person noch von einer Ordnung gesetzlicher oder moralischer Art grundsätzlich entlastet werden. Das Gewissen steht für die Verantwortung des einzelnen, für den Vollzug der individuellen praktischen Vernunft. Dies bedeutet jedoch nicht, daß die Inhalte einer Gewissensentscheidung dem kritischen Diskurs entzogen sind, sie können auf ihre Sittlichkeit und Humanität geprüft werden. Das individuelle Gewissen ist somit letzte Entscheidungs-, jedoch nicht letzte Begründungsinstanz. Mehr noch: Die kritische Funktion des Gewissens zielt in individueller Hinsicht auf die praktische Selbstverständigung des Menschen über sein eigenes Handeln und Sein (Hübsch: Philosophie 227), auf die Auseinandersetzung mit seiner Identität und ihrer Stabilisierung.

In theologischer Perspektive verweist der Gewissensbegriff auf die in Gott gegründete Freiheit des Menschen. Hiermit bietet der Hinweis auf das Gewissen Schutz vor kirchlich-absolutistischen Übergriffen und Reglementierungsversuchen. Die theologisch-ethische Reflexion macht darüber hinaus darauf aufmerksam, daß der christliche Glaube Sinn- und Orientierungserfahrungen bereitstellt, die für das Gewissen fruchtbar gemacht werden können. In umfassender Weise kann das Gewissen theologisch als ein Ort verstanden werden, an dem dem Menschen »die personale Wahrheit des Lebens« (Schockenhoff: Gewissen 132) begegnet. Denn hier wird der Mensch mit sich selbst und Gott konfrontiert.

In der Konsequenz dieser Überlegungen ist es nicht vermessen, das Gewissen als ethische Lebensform sittlicher Entscheidungsfähigkeit aufzufassen. Denn das Gewissen zielt letztlich auf eine praktische, ganzheitliche Lebensorientierung (Hadot: Philosophie 13-65), die eine lebenslange Aufgabe ist. Das Gewissen besitzt keine statische Architektur, sondern steht in einem Formungsprozeß. Gewissen ist nicht, es wird. In der ständigen Weiterbildung seines Gewissens bringt das Individuum seine Sittlichkeit und damit das Ringen um Humanität zum Ausdruck.

ZUSAMMENFASSUNG

(1) Etymologisch erschließt sich das Gewissen als Mitwissen (nicht-reflexiv), als Bewußtsein oder Wissen (reflexiv), als sittliche Instanz und als eigentliches Ich des Menschen.

(2) Das Gewissen steht im biblischen Kontext für die unausweichliche Selbstverantwortung des Menschen. Die mittelalterliche Theologie (Thomas von Aquin, Bonaventura) entwirft davon ausgehend eine anthropologisch orientierte Lehre, die das Gewissen als ein Grundvermögen versteht, sich auf das Gute hin auszurichten und es zu tun. Die reformatorische Theologie (Luther) betont demgegenüber stärker die theologische Dimension des Gewissens als Mitte der Person vor Gott. Die philosophische Kritik dagegen deutet das Gewissen als inneres Gesetz im Menschen (Kant), als Verantwortlichkeit (Nietzsche) oder als Möglichkeit des Selbstseins (Heidegger).

(3) Die humanwissenschaftlichen Zugänge entfalten ein Verständnis des Gewissens als Stimme des Menschen (Freud, Fromm) und thematisieren Aspekte der traditionellen Gewissenslehre unter neuen Begrifflichkeiten wie moralisches Lernen, Einstellung, moralisches Bewußtsein, Empathiefähigkeit und Selbstkonzept.

(4) Eine empirisch fundierte, integrative Gewissenstheorie begreift das Gewissen als Lebensform sittlicher Kompetenz, die sich im Anspruch des eigenen Selbst weiterentwickeln und bewähren muß.

TEXTARBEIT

Philosophischer Text

Einführung Die Aphorismen aus der »Götzendämmerung« Friedrich Nietzsches (1844-1900) entstanden 1888, im letzten Schaffensjahr des Philosophen. Der Untertitel dieser Textsammlung »Wie man mit dem Hammer philosophiert« verweist auf seinen Ansatz: Der Hammer steht für das Abklopfen, Aushorchen und Nachprüfen sowie in seiner aggressiveren Variante für das Zerschlagen, Angreifen und Krieg erklären, einer Methode, die auch die als Gewissenserforschung angelegten Aphorismen der »Sprüche und Pfeile« auszeichnet.

Arbeitstext *37 Du läufst voran? – Tust Du das als Hirt? oder als Ausnahme? Ein dritter Fall wäre der Entlaufene ... Erste Gewissensfrage. 38 Bist du echt? oder nur ein Schauspieler? Ein Vertreter? oder das Vertretene selbst? – Zuletzt bist du gar bloß ein nachgemachter Schauspieler ... Zweite Gewissensfrage. 40 Bist du einer, der zusieht? oder der Hand anlegt? – oder der wegsieht, beiseite geht? ... Dritte Gewissensfrage. 41 Willst Du mitgehn? oder vorangehn? oder für dich gehn? ... Man muß wissen, was man will und daß man will. – Vierte Gewissensfrage.*

Quelle Friedrich Nietzsche: Götzen-Dämmerung (Sprüche und Pfeile 37-41), in: ders.: Sämtliche Werke. Götzendämmerung u.a. mit einem Nachwort von Walter Gebhard, Stuttgart [8]1990, 86.

Leitfragen Welche Funktion mißt Nietzsche dem Gewissen zu? Wo liegen Unterschiede zu der religiösen Gewissenserforschung traditioneller Prägung? Welche Probleme und welche Möglichkeiten beinhaltet der hier angezielte Gewissensbegriff? Wie erfahren Sie ihr Gewissen?

Theologischer Text

Einführung Der Reformator Martin Luther (1483-1546) hat das Wort »Gewissen« nicht nur in der deutschen Sprache eingebürgert, sondern auch zu einem zentralen Begriff seiner Theologie gemacht. Nicht von ungefähr spricht man deshalb auch von Luthers »Gewissensreligion«. Die Bedeutung des Gewissens tritt in der Antwort zutage, die der Reformator 1521 im 2. Verhör in Worms gibt.

Arbeitstext *Da eure Majestät und eure Herrlichkeiten eine schlichte Antwort von mir erbitten, so will ich eine unanstößige und gemäßigte Antwort wie folgt geben: Wenn ich nicht durch Zeugnisse der Schrift oder klare Vernunftgründe überzeugt werde – denn weder dem Papst noch den Konzilien allein glaube ich, da es offenkundig ist, daß sie öfters geirrt und sich selbst widersprochen haben -, so bin ich durch die Stellen der Hl. Schrift, die ich angeführt habe, überzeugt und gebunden in meinem Gewissen an das Wort Gottes. Daher kann und will ich nichts widerrufen, weil wider das Gewissen zu handeln weder sicher noch heilsam ist. Ich kann nicht anders, hier stehe mir, Gott helfe mir, Amen.*

Quelle Deutsche Reichstagsakten unter Kaiser Karl V., 2. Band, Göttingen ^{2}1962 (^{1}1896), 581-582. Siehe auch: Luther, Martin: Werke 7 (WA), Weimar-Graz 1966 (1897), 825-887, hier: 838.

Leitfragen Wie versteht Luther das Gewissen? In welchen Bezügen steht es? Welche Autorität kommt ihm zu? Was für ein Verständnis des Gewissens liegt hier vor? Ist dieses Verständnis des Gewissens heute noch tragfähig? Welche Probleme ergeben sich durch die Bindung des Gewissens an das Wort Gottes? Läßt sich das Gewissen auch für einen Nichtgläubigen so verstehen, wie es Luther verstand?

Literarischer Text

Einführung In »Die Brüder Löwenherz« erzählt die schwedische Kinderbuchautorin Astrin Lindgren (*1907) die Geschichte von Jonathan und Krümel, dem Erzähler, die im Lande Nagijala leben, das man nach dem Tod erreicht. Dort kämpfen die Brüder gegen das Unrechtssystem des Diktators Tengil, welche die Menschen des Heckenrosentals in Unfreiheit und Angst hält.

Arbeitstext *Wie wir da so saßen, blickte ich zufällig die Böschung hinauf und erschrak. Dort oben kamen Reiter, Tengilsoldaten mit langen Speeren. Sie kamen im Galopp, aber wir hörten sie nicht, denn das Rauschen des Wassers übertönte das Klappern der Hufe. Auch Jonathan hatte sie entdeckt, dennoch war ihm keine Furcht anzumerken. Schweigend warteten wir, daß sie vorbeiritten. Aber sie ritten nicht vorbei. Sie hielten an und saßen ab, vielleicht, um zu rasten oder aus einem anderen Grund. (...)*

Sechs Mann zählte ich oben auf dem Steilhang. Sie redeten aufgeregt über irgend etwas und zeigten auf das Wasser, aber man konnte sie nicht hören. Plötzlich machte sich einer von ihnen daran, sein Pferd die Böschung hinunter zum Fluß zu treiben. Er kam geradewegs auf uns zugeritten, und ich war heilfroh, daß wir in der Baumkrone so gut versteckt saßen. Die anderen schrien ihm nach: »Laß das, Pärk! Du ersäufst mitsamt dem Gaul!« Doch er – den sie Pärk nannten – lachte nur und schrie zurück: »Ich werd's euch zeigen! Komm' ich nicht lebend zur Klippe und wieder zurück, dann spendier ich 'ne Lage Bier. Ehrenwort!«

Uns wurde klar, was er vorhatte. Draußen im Fluß lag eine Klippe. Die Strömung brach sich daran, und nur ein Stück davon war über Wasser sichtbar. Pärk hatte sie wohl im Vorüberreiten gesehen und wollte sich nun wichtig tun. »Dieser Einfaltspinsel«, sagte Jonathan. »Glaubt er wirklich, das Pferd kann bis dorthin gegen den Strom schwimmen?«

Aber schon hatte Pärk Helm, Umhang und Stiefel abgelegt und saß nur in Hemd und Hose auf dem Pferderücken. Jetzt wollte er das Pferd in den Fluß zwingen, eine hübsche, kleine schwarze Stute war es. Pärk schrie und tobte und trieb sie an, doch die Stute wollte nicht. Sie hatte Angst, und da schlug er sie. Eine Reitpeitsche hatte er nicht. Er schlug ihr mit geballten Fäusten auf den Kopf, und ich hörte Jonathan aufschluchzen, genau wie damals auf dem Marktplatz.

Schließlich setzte Pärk seinen Willen durch. Die Stute wieherte und war ganz außer sich vor Angst, stürzte sich aber, nur weil dieser Wahnsinnige es wollte, in den Fluß. Es war schrecklich mit anzusehen, wie sie kämpfte, als die Strömung sie ergriff. »Sie wird abgetrieben werden, gerade auf uns zu«, sagte Jonathan. »Pärk kann tun, was er will – bis zur Klippe kriegt er sie nie!«

Selbst Pärk begriff endlich, daß es sein Leben galt. Nun wollte er zurück ans Ufer, merkte aber bald, daß es nicht ging. Nein, denn die Strömung wollte nicht wie er! Sie wollte ihn in den Karmafall zwingen, und das verdiente er auch. Aber die Stute tat mir so leid. Sie war völlig hilflos. Jetzt kamen Roß und Reiter auf uns zugetrieben, genau wie Jonathan es vorausgesagt hatte, gleich würden sie an uns vorbeigleiten und verschwinden. Ich sah den Schrecken in Pärks Augen, er wußte wohin er trieb.

Ich drehte mich zu Jonathan um und schrie auf. Er hing baumelnd über dem Wasser, so weit draußen, wie es nur möglich war. Mit dem Kopf nach unten, die Beine um den Baumstamm geschlungen, hing er da, und in der Sekunde, als Pärk unter ihm war, packte er ihn an den Haaren und zog ihn hoch, so daß er an einem Ast Halt finden konnte.

Dann rief er die Stute: »Komm, mein Pferdchen, komm her!« Sie war schon vorbeigetrieben, machte nun aber einen verzweifelten Versuch, zu ihm zu kommen. Obwohl sie nicht mehr diesen Tölpel Pärk auf dem Rücken trug, war sie nahe daran zu versinken. Aber irgendwie gelang es Jonathan, ihren Zügel zu fassen, und er zog aus Leibeskräften. Es wurde ein Ringen auf Leben und Tod, denn der Fluß wollte sein Opfer nicht freigeben, er wollte die Stute und wollte auch Jonathan.

Ich geriet ganz außer mir und schrie Pärk an: »Hilf doch, du Ochse, hilf doch mit!« Er war inzwischen auf den Baum gekrochen und saß dort sicher und gut und dicht neben Jonathan, aber das einzige, was dieses Rindvieh tat, war, daß er sich vorbeugte und brüllte: »Laß den Gaul doch los! Oben im Wald streunen zwei andere herum, davon nehm` ich mir einen! Laß einfach los!«

Der Zorn verleiht einem Kräfte, das hatte ich schon immer gehört, und so kann man vielleicht sagen, daß Pärk Jonathan doch half, die Stute an Land zu ziehen. Aber danach fauchte er Pärk an: »Du Hornochse, glaubst du, ich rette dir das Leben, damit du mir mein Pferd stiehlst? Schämst du dich nicht?«

Vielleicht schämte sich Pärk, ich weiß es nicht. Er sagte kein Wort, fragte auch nicht, wer wir seien oder sonstwas. Er stapfte mit seiner armen Stute einfach davon, mühsam den Hang hinauf, und bald darauf war er mit dem ganzen Trupp verschwunden. (...)

Dann fragte ich Jonathan: »Warum hast du diesem Pärk das Leben gerettet? War das wirklich recht?« »Ich weiß nicht, ob es recht war«, antwortete Jonathan. »Aber es gibt Dinge, die man tun muß, sonst ist man kein Mensch, sondern nur ein Häuflein Dreck, das habe ich dir schon früher gesagt.« »Und wenn er nun gemerkt hätte, wer du bist?« fragte ich. »Wenn sie dich nun gefangengenommen hätten!« »Ja, dann hätten sie eben Löwenherz gefangen und kein Häuflein Dreck«, sagte Jonathan.

Quelle Astrid Lindgren: Die Brüder Löwenherz, Hamburg 1973, 150-156.158.

Leitfragen Inwiefern gerät Jonathan in einen Handlungskonflikt? Wie begründet er seinem kleinen Bruder gegenüber sein Verhalten? Ist eine solche Haltung erstrebenswert? Läßt sie sich einüben? Was hat der Text mit dem Gewissen zu tun? Kennen Sie ähnliche Situationen?

Praktische Probleme: Gewissen im Alltag

Einführung Die nachfolgenden Situationen sind solche, die im alltäglichen Handeln in der Regel mit dem Gewissen zusammengedacht werden. Sie stehen in einer Reihe mit einer Vielzahl weiterer Situationen, in denen das Gewissen als wichtiger Bezugspunkt sittlichen Handelns ausgemacht werden kann.

Arbeitstext *A) Angenommen, Sie haben einen Schaden am Auto und der Werkstattbesitzer bietet Ihnen an, daß er die Rechnung an die Versicherung einfach um ein paar hundert Mark höher ansetzt, damit Sie weniger bezahlen müssen.*

B) Angenommen, Sie werden gefragt, ob Sie in Ihrer Kirchengemeinde Asylbewerber unterbringen können, wissen aber, daß das nicht legal ist.

C) Angenommen, Sie haben ein Angebot, eine sehr billige Ferienreise in die Karibik zu machen, wissen aber um die ökologischen Probleme des Tourismus insgesamt und des Ferntourismus insbesondere.

D) Angenommen, ein schwerstkranker Angehöriger bittet Sie, ihm beim Sterben zu helfen, indem Sie eine große Menge an Schlaftabletten für ihn in einem Glas Wasser auflösen und ihm einflößen.

E) Angenommen, Sie können in Ihrer Firma ohne große Probleme Kleinigkeiten mitgehen lassen oder für private Zwecke benutzen: Stifte, Papier, Briefumschläge, Briefmarken.

Leitfragen Sind die vorgestellten Probleme überhaupt Gewissensprobleme? Welche Rolle könnte das Gewissen in den vorgestellten Situationen spielen? Wie würden Sie in diesen Situationen handeln? Wie würden Sie in den Situationen das Verantwortlich-Handeln vom Nach-dem-Gewissen-Handeln unterscheiden? Woran orientiert sich Ihr Gewissen? Welche Probleme ergeben sich möglicherweise dadurch?

Entscheidungen. Die Anwendungsfälle sittlichen Urteilens und Handelns

Thomas Laubach

Die moralischen Grundprobleme der Gegenwart entspringen der rasanten Entwicklung der modernen Technik, der gesellschaftlichen Pluralisierung der Wertsysteme und der Verunsicherung der Menschen in ihrem alltäglichen Handeln. Vor diesem Hintergrund fragen Menschen nach dem richtigen und guten Handeln nicht nur abstrakt, sondern vor allem in ganz konkreten Situationen. Die Auseinandersetzung mit diesen konkreten Problemen fordert ethischerseits die Spezielle Ethik und die zu ihr gehörenden sachbezogenen Ethiken wie beispielsweise die Bioethik, die Medienethik oder die Politische Ethik heraus. Der spezifische Charakter der Speziellen Ethik soll deshalb im folgenden näher bestimmt werden (1), bevor eine ethische Theorie sittlicher Urteilsfindung für den konkreten Anwendungsfall vorgestellt (2) und die Möglichkeiten und Grenzen theologisch-ethischer Reflexion in solchen Fällen aufgezeigt werden (3).

1 Die Praxis als Ernstfall der Ethik

Die Spezielle Ethik ist eine theoretische Disziplin (Steigleder: Probleme 242), die auf konkrete Handlungsbedingungen reflektiert, sich bietende Handlungsmöglichkeiten unter dem Gesichtspunkt ihrer sittlichen Qualität beurteilt, Handlungsalternativen gegeneinander abwägt und mögliche Handlungsschritte anregt oder entwirft. Zugleich ist die Spezielle Ethik eine praktische Disziplin. Ihr geht es um die generelle Struktur sittlicher Entscheidungsfindungen wie um ganz konkrete Entscheidungssituationen. Ethische Reflexion muß sich in den Anwendungsfällen des Lebens bewähren und kann nur so Bedeutung für das alltägliche Leben von Menschen gewinnen.

1.1 Ausrichtungen der Speziellen Ethik

Bei der Suche nach Kriterien für ein sittlich verantwortbares Handeln macht das Handlungssubjekt häufig die Erfahrung, daß die

Ethik mit ihren Überlegungen zu spät kommt, dem technischen Fortschritt hinterherhinkt und ihr damit keine Bedeutung zukommt. Im Bild gesprochen: Die Ethik ist ein Kokon, aus dem der Falter des wissenschaftlichen Fortschritts schon lange geschlüpft ist (Hunold: Sondierungen 53). Daneben ist eine andere Erfahrung zu machen: Ethik wird durch Wissenschaften und Wissenschaftler zur Legitimation ihrer eigentlichen Interessen instrumentalisiert. Das Selbstverständnis der Speziellen Ethik ist allerdings ein anderes. Sie versucht den breiten Graben zwischen wissenschaftlich-technischem Können und sittlicher Kompetenz zu überbrücken, indem sie Normen entwirft und kontrolliert, Ziele von Wissenschaft, Technik und Menschen hinterfragt und somit Entscheidungen ermöglicht und orientiert (Krämer: Ethik 263). Diesen Aufgaben kann die Spezielle Ethik in defensiver und offensiver Weise nachkommen (Sass: Methoden 58).

- Von einer defensiven Ethik ist vor allem in der Auseinandersetzung mit technischen Möglichkeiten die Rede. Sie versucht durch die Eingrenzung von Forschung und Wissenschaft mögliche negative Folgen auszuschließen, die mit der Anwendung bestimmter Erkenntnisse einhergehen können. Defensive Ethik fragt: »Was dürfen wir?« Sie präzisiert, artikuliert und systematisiert davon ausgehend verbindliche Normen. Eine solche defensive Ausrichtung der Speziellen Ethik zeigt sich zum Beispiel im Umgang mit den Verfahren der künstlichen Befruchtung von Menschen (In-vitro-Fertilisation). Hier kann es dazu kommen, daß mehr Embryonen im Reagenzglas (In-vitro) erzeugt werden, als in den Mutterleib eingepflanzt werden. Die defensive Ethik setzt sich hier mit der Frage nach dem Umgang mit überzähligen Embryonen auseinander, indem sie die Anzahl dieser Embryonen auf das notwendige Minimum begrenzt, das nötig ist, um eine Schwangerschaft erzielen zu können.

- Von einer offensiven Ethik ist vor allem dort die Rede, wo es um die Zielklärung menschlichen Handelns geht. Die Ethik klärt darüber auf, was Menschen wollen, warum bestimmte Handlungen anderen vorzuziehen sind und versucht sich vorausblickend möglichen Problemfeldern zu stellen, bevor sich diese verselbständigen. Offensive Ethik fragt: »Was wollen wir?« Sie hebt so die Auseinandersetzung um ethische Themen auf eine generelle Ebene der Welt- und Kulturgestaltung des Menschen. Ihr Ziel ist nicht nur die erfolgreiche, richtige Handlung, sondern die gelingende Praxis überhaupt, das Glücken des Menschen wie der Menschheit selber. Eine solche offensive Ausrichtung der Speziellen Ethik ist zum Beispiel in der Auseinandersetzung um das technisch noch nicht mögliche Klonen von erwachsenen Menschen gefordert. Hier fragt die Spezielle Ethik nach dem Sinn und Ziel einer solchen Technik überhaupt.

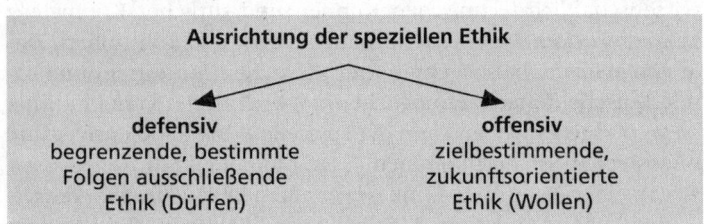

Auf den ersten Blick scheint die Grundfrage aller Ethik – »Was sollen wir?« – in der defensiven und offensiven Ausrichtung der Speziellen Ethik keine Rolle mehr zu spielen. Da aber in vielen gegenwärtigen Problembereichen das gesollte Handeln unklar ist, helfen die Fragen nach dem Dürfen und Wollen, diesen Anspruch überhaupt erst herauszuarbeiten.

1.2 Ethische Konflikte und Dilemmata

Spezielle Ethik als angewandte Ethik greift unter der Perspektive von Norm (Dürfen) und Ziel (Wollen) des Handelns konkrete Sollensprobleme auf. In systematischer Hinsicht lassen sich fünf Grundprobleme ausmachen, die aufgearbeitet werden müssen.

- Konflikte zwischen moralischen Handlungsorientierungen und außermoralischen Handlungsantrieben (Bayertz: Philosophie 27). Gerade in Alltagssituationen liegt häufig auf der Hand, was zu tun ist. Dem selbstverständlich Gesollten stehen allerdings eigene Vorlieben, Interessen und Bedürfnisse entgegen. So ist es menschlich geboten, Bedürftige zu unterstützen. Ein solches Handeln könnte etwa die Konsequenz nach sich ziehen, daß auf kostspielige Hobbys verzichtet werden muß. Die ethische Reflexion kann hier die Kompromißlinien zwischen beiden

Orientierungen aufzeigen oder entwickeln helfen, um sowohl dem Sollen als auch dem Wollen gerecht zu werden.

- Die Bedeutung empirischer Fakten für das ethische Urteil (Bayertz: Philosophie 27). Grundsätzlich ist ein ethischer Diskurs ohne Faktenkenntnisse nicht zureichend. Denn das Wissen um Sachverhalte hilft, ein Problem überhaupt erst näher bestimmen zu können. Die Spezielle Ethik richtet sich hier auf die Sichtung und Gewichtung der für ein konkretes Problem relevanten Fakten.

- Die Grundfrage nach dem sittlich Richtigen und Guten. Die Spezielle Ethik weiß darum, daß das sittlich Gebotene gerade in den hochkomplexen sittlichen Problemen der Gegenwart nur selten deutlich zu Tage tritt. Sie richtet deshalb ihr Augenmerk darauf, die möglichen Sollensforderungen, die in einer Situation greifen, überhaupt erst offenzulegen und transparent zu machen.

- Wertkonflikte und Prinzipienkollisionen (Bayertz: Philosophie 27-33). Viele sittliche Probleme lassen sich nicht nach dem Prinzip des Entweder-oder lösen, sondern verlangen vielmehr ein abwägendes Sowohl-als-auch. Denn bei der ethischen Bewertung konkreter Situationen stellt sich oft heraus, daß mehrere Werte oder Prinzipien miteinander kollidieren. Die Abtreibungsproblematik etwa ist von einem solchen Konflikt bestimmt. Hier kann das Lebensrecht des Embryos gegen das Selbstverwirklichungs- beziehungsweise Selbstbestimmungsrecht der Frau oder des Paares stehen. Die Spezielle Ethik überprüft in solchen Konfliktfällen den scheinbaren oder echten Widerspruch in der Sache und arbeitet das eigentliche Entscheidungsdilemma heraus, um eine bewußte ethische Wahl zu fördern und wenigstens annäherungsweise darüber aufzuklären, welche Handlungsoption die bestmögliche ist.

- Das Problem der Umsetzung sittlicher Erkenntnisse (Lesch: Transformation 17). Die Spezielle Ethik muß berücksichtigen, daß ein gefälltes Urteil nicht automatisch zu sittlichem Handeln führt. Sie analysiert deshalb das Verhältnis von Urteilen und Handeln und entschlüsselt die Bedeutung motivationspsychologischer Erkenntnisse. Umgekehrt zeigt die konkrete Handlungspraxis, daß Menschen oftmals sittlich gut handeln, auch wenn sie gar keine begründete Entscheidung gefällt haben. Spezielle Ethik fragt hier nach Einstellungen und Haltungen, die bestimmte Handlungen auslösen, ermöglichen oder nahelegen.

Grundprobleme der Speziellen Ethik
- Verhältnis von Gesolltem und Gewolltem
- Bedeutung der Empirie
- Frage nach dem konkret Richtigen und Guten
- Wertekollision und Prinzipienkonflikte
- Umsetzung sittlicher Erkenntnis

Die vorgestellten Problembereiche zeigen: Einerseits steht die Spezielle Ethik zwischen den Ansprüchen der Handlungssubjekte und den Ansprüchen der Situation und sucht diese miteinander zu vermitteln (Steigleder: Probleme 243). Andererseits muß sie sich der Frage nach dem Verhältnis von allgemeinen Prinzipien und konkreter Norm stellen. Auch diese gilt es miteinander zu vermitteln.

2 Die ethische Theorie sittlicher Urteilsfindung

Diese zweifache Vermittlungsarbeit bildet das Hauptanliegen einer ethischen Theorie sittlicher Urteilsfindung. Der im folgenden vorgelegte Entwurf einer solchen Theorie greift Überlegungen des evangelischen Theologen Heinz Eduard Tödt auf (Tödt: Versuch) und modifiziert sie. Sittliche Urteilsfindung beruht auf drei Argumentationsschritten: der Problem- und Sachanalyse schließt sich die Analyse der geltenden Regelungen und Verhaltensweisen an, die einer normativen Kritik unterzogen werden um zu einem ethischen Standpunkt zu gelangen. Insgesamt zielen diese drei Schritte auf eine Förderung der Sach-, der Argumentations- und der Urteilskompetenz des Handelnden.

2.1 Die Problem- und Sachanalyse
Jedes sittliche Urteil bezieht sich auf ein konkretes Handlungsproblem, das in einer bestimmten Situation gelöst werden soll. Damit ist der erste Aspekt einer Strategie sittlicher Urteilsfindung vorgegeben: Ein Problem muß wahrgenommen, beschrieben und ethisch verortet werden. Neben der Feststellung eines sittlichen Problemgehaltes gehört zur ethischen Verortung auch die Offenlegung persönlicher Erfahrungen und Vorurteile, die das Entscheidungssubjekt mitbringt. Diese zu kennen heißt, die je eige-

nen Schwierigkeiten, Hemmnisse und Widerstände in die Urteilsfindung einzubringen.

Vor diesem Hintergrund hat die Information über die konkrete Sachlage zu erfolgen, ohne die eine sittliche Urteilsfindung nicht möglich ist. Diese Verknüpfung der ethischen Reflexion mit dem Sachwissen hat weitreichende Konsequenzen: Ethik muß sich in den Dialog mit den Einzelwissenschaften einlassen. Ihr Urteilen bedarf der »einzelwissenschaftliche(n) Kontrolle und der Kooperation mit den Wissenschaften, um zu praktikablen Resultaten zu gelangen« (Krämer: Ethik 265).

1 Problem- und Sachanalyse
- *Wahrnehmen.* Problemeingrenzung, ethische Verortung
- *Informieren.* Erwerben von Sachkompetenz

2.2 Die Analyse geltender Regelungen und faktischen Verhaltens

Sittliches Urteilen vollzieht sich immer im Rahmen gesellschaftlicher und kultureller Bedingungen. Die Spezielle Ethik bemüht sich deshalb um die Klärung geltender Regelungen und faktischen gesellschaftlichen Verhaltens. Sie hinterfragt die für ein bestimmtes sittliches Problem vorherrschende öffentliche Meinung, reflektiert die dazugehörenden Moralvorstellungen und Entscheidungsvorgaben und überprüft kritisch das geltende Recht. Eine solche Analyse verhindert wirklichkeitsferne Urteile des ethischen Diskurses. Denn wer nicht weiß, was üblich ist oder was rechtlich geregelt wird, wer ignoriert, welche Weisungen die Kirchen oder andere Institutionen in der Sache vorgeben, läuft Gefahr, konkrete Probleme jenseits der gesellschaftlichen Realität zu diskutieren. Spezielle Ethik beachtet somit nicht nur vordergründig die Sachprobleme, sondern entschlüsselt darüber hinaus den Horizont des Urteilens und Handelns.

2 Analyse geltender Regelungen und faktischen Verhaltens
Kritisches Reflektieren
- öffentlicher Meinungen
- herrscher Moralvorstellungen
- geltenden Rechts

2.3 Die normative Analyse

In einem dritten Schritt sucht die Spezielle Ethik nach Kriterien, Sinnprinzipien und Werten, die unter Berücksichtigung der Problem- und Sachanalyse und der faktischen Verhaltensweisen und Regelungen eine bestimmte Handlung nahelegen. Damit werden ethische Entscheidungsvorgaben geklärt, die bisherigen Antworten auf ein ethisches Problem auf ihre Gültigkeit überprüft und die zentralen Argumente für eine sittliche Urteilsentscheidung zusammengestellt. Auf dieser Reflexionsebene ist die Eigenperspektive des Christlichen, seine Wertvorstellungen und Orientierungen einzubringen.

Die ethisch relevanten Gründe, mit denen bestimmte Handlungen bejaht oder abgelehnt werden können, lassen sich idealtypisch in drei Argumentationsweisen unterscheiden (Bayertz: Typen):

- Der sachbezogene Argumentationstyp richtet sich auf Methoden und Folgen eines bestimmten Handelns. Seine Grundfrage lautet: Was könnte sein? Er bezieht sich auf technische und psycho-soziale Bedenken, auf die Risiko-, Folgen- und Sicherheitsproblematik wie die möglichen Gefahren für Individuen und Gesellschaft.
- Dem gesellschaftspolitischen Argumentationstyp geht es dagegen mehr um den sozialen Kontext des Handelns. Seine Grundfrage lautet: Wer ist wie und wodurch betroffen? Er fragt nach den ökonomischen, politischen und sozialen Voraussetzungen und Konsequenzen eines bestimmten Handelns.
- Der kategorische Argumentationstyp versteht sich als kritisches Instrument. Er analysiert ganz grundsätzlich die Voraussetzungen und den Zweck bestimmter Handlungen. Seine Grundfrage lautet: Was darf sein? Dieser Argumentationstyp entschlüsselt die unterschwelligen normativen Grundlagen, den ›Geist‹, der in bestimmten ethischen Handlungen, Urteilen und Problemen deutlich wird.

Der Prüfung und Abwägung von Argumenten und Wertvorgaben schließt sich der Entwurf einer oder mehrerer möglicher Handlungen an. Die normative Analyse fördert damit neben der Argumentationskompetenz vor allem die Fähigkeit und Bereitschaft zum sittlichen Handeln, angefangen vom Entwurf von Handlungen über die Frage nach ihrer Realisierung bis hin zum Aufbau eigener Grundhaltungen.

3 Normative Analyse
- *Prüfen.* Kritische Auseinandersetzung mit Argumenten (sach-bezogen, gesellschaftspolitisch, kategorisch), sowie den dahin-ter stehenden Werten und Prinzipien.
- *Entwerfen.* Abwägung von Prioritäten und Entwicklung von Handlungsalternativen.

Die vorgestellten Analyseschritte einer ethischen Theorie sittli-cher Urteilsfindung garantieren deren rationale Struktur. Dabei bleibt allerdings zu berücksichtigen, daß diese Theorie wie die kon-krete Urteilsfindung überhaupt unterschiedlichsten Forderungen und Ansprüchen ausgesetzt sind: den Erfahrungen der betroffenen Menschen, den gesellschaftlichen und institutionellen Bedingun-gen, der grundsätzlichen Zeitlichkeit des Handelns, der Perspekti-vität des Urteilens und der Vorläufigkeit menschlicher Verantwor-tung. Sittliches Urteilen muß somit als ein dynamischer Prozeß bestimmt werden. Er fordert den Menschen heraus, die Gründe sei-nes Handelns immer wieder neu zu bestimmen und zu überprüfen.

3 Die theologische Dimension sittlicher Urteilsfindung

Die hier skizzierte ethische Theorie sittlicher Urteilsfindung räumt der Theologie keine Sonderstellung ein. Zu Recht, denn im Zu-sammenhang mit den Problemen der Speziellen Ethik lassen sich keine spezifischen theologischen Kriterien aufweisen, die nicht auch auf andere Weise der menschlichen Vernunft zugänglich wären (Mieth: Schöpfung 327). Zwar verfügt die Theologie über ein breites Erfahrungswissen, das es ihr ermöglicht, im Rahmen sittlicher Urteile bestimmte Momente zuzuspitzen, zu hinterfra-gen oder Grenzen des Handelns aufzuzeigen. Vorstellungen über Gerechtigkeit, Schöpfung oder Personalität können beispielsweise in diese kritische Auseinandersetzung eingebracht werden. Die ei-gentliche Bedeutung theologisch-ethischer Reflexion liegt aller-dings vielmehr darin, daß sie, auf den Grundlagen ihres Welt- und Menschenbildes, den Blick auf das dem Menschen Mögliche und das vom Menschen Verantwortbare einfordert.

Vor diesem Hintergrund provoziert eine spezifisch theologische Perspektive immer neu das Nachdenken über Entscheidungen und Urteile. Sie fordert dazu auf, über Leitbilder und Vorstellungen nachzudenken, die in bestimmten Handlungsfeldern orientierend sind (Mieth: Schöpfung 327). Beispiele für solche Leitbilder und Vorstellungen, die in theologisch-ethischer Betrachtung der Kritik unterworfen werden müssen, sind die Rede von der Lebensqualität im Zusammenhang mit Behinderten und Behinderungen, die Idee der Leidfreiheit im Rahmen der gentechnologischen Entwicklungen und die Ideologisierung des Wachstums um jeden Preis.

Ein weiterer Gedankengang ist für die Theologische Ethik leitend: Sittliche Urteilsfindung kann keiner einlinigen theologischen oder gar biblischen Begründung folgen. Denn die Bibel schweigt sich aus verständlichen Gründen zu vielen sittlichen Problemfeldern der Gegenwart, wie etwa der Organtransplantation, aus. Zudem verfehlen auch solche biblischen Texte oder theologische Positionen den Kern der Probleme, die sie auf den ersten Blick zu thematisieren scheinen. So läßt sich etwa aus dem Verbot des Verzehrs von Blut (Lev 17,10-14) keine schlüssige Argumentation entwickeln, die die Bluttransfusion verbietet.

Auch aus theologischer Perspektive sind somit vielschichtige Begründungen zur Lösung konkreter sittlicher Probleme einzufordern. Das heißt: Ethische Positionen stützen sich auf mehrere Begründungszusammenhänge, ähnlich wie ein Stuhl, der auf mehreren Beinen steht (Ritschl: Menschenwürde 110). Je komplexer sich sittliche Probleme darstellen, desto häufiger und dringender wird auf dieses Modell verschiedener Standbeine zurückzugreifen sein: So stehen dann neben theologischen Argumenten gleichberechtigt philosophische, psychoanalytische, soziologische, psychologische, ökonomische, ästhetische oder politische Gründe und Einsichten. Dies um so mehr, da sich in den modernen sittlichen Konflikten nur selten ein so überzeugendes Argument finden läßt, daß es allein ein sittliches Urteil begründen könnte.

ZUSAMMENFASSUNG

(1) Die Spezielle Ethik als Wissenschaft zwischen Theorie und Praxis bemüht sich hier darum, wissenschaftlich-technisches Können und sittliche Kompetenz miteinander zu vermitteln. Dies äußert sich in ihrer Aufgabe der Normenkontrolle und -überprüfung

wie in der Kritik an den Zielen von Wissenschaft, Technik und Menschen. Von daher ist ihr grundlegendes Problem die doppelte Vermittlung zwischen Subjekt und Situation und zwischen ethischen Prinzipien und konkreter Norm.

(2) Eine ethische Theorie sittlicher Urteilsfindung basiert auf dem Zusammenspiel der Problem- und Sachanalyse, der Auseinandersetzung mit den geltenden Regelungen und faktischen Verhaltensweisen sowie einem normativen Diskurs und entwirft situationsbezogene Normen oder Handlungsalternativen.

(3) Die Theologische Ethik steuert zu diesem Prozeß der Urteilsfindung ihre Erfahrungen und ihre spezifischen Vorstellungen vom Menschen und seiner Welt bei. Sie ermutigt zum kritischen Nachdenken über leitende Wertvorstellungen, Konfliktsituationen und Urteile.

TEXTARBEIT

Philosophischer Text

Einführung Der Philosoph Otfried Höffe (*1943) entwickelte in der Studie »Moral als Preis der Moderne« seinen Ansatz zum Verständnis einer Wissenschaftsethik. Auf die Frage nach der Bedeutung einer solchen Ethik für Naturwissenschaft, Technik und Umwelt antwortet Höffe:

Arbeitstext *Die Situation ist paradox: Obwohl man die Wissenschaftler moralisch weit mehr zur Rede stellt (als früher d.Hg.), erscheinen sie – im großen und ganzen – nicht als gewissenloser und die angewandten Kriterien auch nicht als strenger. Die vorherrschende Antithese – Moralisierung oder Entmoralisierung – ist daher (...) zu suspendieren. Weder halten wir die Wissenschaften für ein moralisch indifferentes Subsystem, noch vermuten wir auf seiten der Subjekte eine wachsende Gewissenlosigkeit; schließlich verzichten wir – ich schränke ein: weitgehend – sowohl auf moralisch anspruchsvollere Maßstäbe wie auf deren verschärfte Anwendung. Statt dessen rechnen wir mit Veränderungen, mit Modernisierungsschüben, die keineswegs insgesamt, aber doch zu einem wichtigen Teil das betreffen, was den moralischen Blick ipso facto auf den Plan ruft: den Handlungscharakter. Nach dieser Hypothese sind die Wissenschaften weder wesentlich un-*

moralischer noch moralisch neutral geworden, wohl aber moraloffe-
ner, sogar moralanfälliger. In erster Linie zugenommen haben nicht
die Verfehlungen, sondern die Möglichkeiten, sich zu verfehlen; signi-
fikant gewachsen ist statt der Gewissenlosigkeit weit mehr die morali-
sche Fehlbarkeit; mit einem Wort: die Moral als Preis der Moderne.

Die Zunahme an Fehlbarkeit hat eine quantitative Seite; es gibt in-
zwischen viel mehr Forschung, mithin weit mehr Personen, die sich
verfehlen können. Da und dort hat die Zunahme auch einen kom-
merziellen, ferner einen politischen Aspekt; einen Anreiz für Fehlver-
halten bieten Geld und Macht durchaus: den Individuen, den Unter-
nehmen, der Volkswirtschaft. (...)

Die maßgeblichen Veränderungen entdeckt, wer auf einen Weg sich
einläßt, den der Moralist in der Regel ebenso scheut wie der Skeptiker.
Ein Vergleich der Neuzeit mit der Antike zeigt, wie die Wissenschaften
durch Veränderungen ihrer Handlungsstruktur, also aufgrund endoge-
ner Faktoren, moralisch fehlbarer werden. Sprachbezogen sind die Wis-
senschaften schon immer gewesen. Die diesbezüglichen Modernisie-
rungsschübe – man denke an die Mathematisierung der Wissenschaften
oder an das höhere Maß an Spezialisierung und Professionalisierung –
lassen für die Wissenschaftsethik einige charakteristische Einfärbungen
erwarten; einen grundlegend neuen Zuschnitt geben sie ihr nicht; das-
selbe gilt für den sozialen, dasselbe für den historischen Charakter der
Wissenschaften. Wer den gewachsenen Legitimationsdruck verstehen
will, forscht nach grundlegenderen Neuerungen, nach veritablen Struk-
turveränderungen. Wenn sie sich finden, läßt sich die Hochkonjunktur
der Wissenschaftsethik bemerkenswert nüchtern erklären.

Quelle Otfried Höffe: Moral als Preis der Moderne. Ein Versuch
über Wissenschaft, Technik und Umwelt, Frankfurt a.M. 1993, 12-14.
Leitfragen Welche Gründe führt Höffe für die enorme Konjunktur der ethischen Reflexion in Wissenschaft und Technik an? Wodurch werden die Wissenschaften ›moraloffener‹? Welche Konsequenzen hat dies für die Ethik? Welche Konsequenzen ergeben
sich dadurch für Handlungssubjekte?

Theologischer Text

Einführung Die »Ethik« des evangelischen Theologen Dietrich
Bonhoeffer (1906-1945) erschien posthum und gehört zu seinen
wichtigsten Werken. In ihr entwickelt Bonhoeffer eine Antwort

auf die Frage, wie die in Jesus Christus offenbar gewordene Wirklichkeit Gottes im menschlichen Leben Gestalt gewinnen kann. Von dort her läßt sich seine Ethik auf den Begriff der »Weltgestaltung« bringen, als Gestaltung einer säkularen Welt, die nur in einer weltlichen Interpretation der christlichen Botschaft auch christlich gedeutet werden kann.

Arbeitstext *Die Gestalt Christi ist eine und dieselbe zu allen Zeiten und an allen Orten. Auch die Kirche ist Eine über alle Menschengeschlechter hinweg. Dennoch ist Christus nicht ein Prinzip, demgemäß alle Welt gestaltet werden müßte. Christus ist nicht der Verkünder dessen, was heute, hier und zu allen Zeiten gut wäre. Christus lehrt keine abstrakte Ethik, die koste was es wolle, durchgesetzt werden müßte. Christus war nicht wesentlich Lehrer, Gesetzgeber, sondern Mensch, wirklicher Mensch wie wir. Er will darum auch nicht, daß wir in erster Linie Schüler, Vertreter und Verfechter einer bestimmten Lehre seien, sondern Menschen, wirkliche Menschen vor Gott. Christus liebte nicht wie ein Ethiker eine Theorie über das Gute, sondern er liebte den wirklichen Menschen. (...) Christus hebt die menschliche Wirklichkeit nicht auf zugunsten einer Idee, die Verwirklichung gegen alles Wirkliche fordert, sondern Christus setzt die Wirklichkeit gerade inkraft, er bejaht sie, ja er selbst ist ja der wirkliche Mensch und so der Grund aller menschlichen Wirklichkeit. (...)*

Wir werden damit von jeder abstrakten Ethik weg und auf eine konkrete Ethik hin verwiesen. Nicht was ein für allemal gut sei, kann und soll gesagt werden [werden], sondern wie Christus unter uns heute und hier Gestalt gewinne. Der Versuch zu sagen, was ein für allemal gut sei, ist von jeher aus sich selbst heraus gescheitert. Entweder wurden die Aussagen so allgemein und formal, daß sie keine inhaltliche Bedeutung mehr enthielten oder aber man geriet beim Unternehmen, die Fülle aller denkbaren Inhalte aufzunehmen und zu verarbeiten und somit im voraus zu sagen, was in jedem einzelnen Falle gut sei, in eine so unübersehbare Kasuistik, daß dabei weder das allgemeingültige noch das konkrete zu seinem Recht kam. (...)

Die Frage, wie Christus unter uns heute und hier Gestalt gewinne beziehungsweise wie wir seiner Gestalt gleichgestaltet werden, birgt aber weitere schwierige Fragen in sich: was heißt »unter uns«, »heute«, »hier«? Wenn es unmöglich ist, für alle Zeiten oder Räume festzulegen, was das Gute sei, so fragt es sich doch, für welche Zeiten und Räume denn überhaupt eine Antwort auf unsere Frage gegeben wer-

den kann. (...) Es geht dabei zunächst ganz allgemein um Zeiten und Räume, die uns etwa angehen, von denen wir Erfahrung haben, die für uns Wirklichkeiten sind. Es geht um Zeiten und Räume, die konkrete Fragen an uns richten, uns Aufgaben stellen und Verantwortung auferlegen. Es geht also bei dem »unter uns«, »heute« und »hier« um den Bereich unserer Entscheidungen und Begegnungen. Dieser Bereich ist zweifellos individuell sehr verschieden groß und man könnte daher meinen, diese Bestimmungen ließen sich schließlich auch verflüchtigen bis zum vollständigen Individualismus. Dem steht aber entgegen, daß wir durch unsere Geschichte objektiv in einen bestimmten Erfahrungs-, Verantwortungs- und Entscheidungszusammenhang gestellt sind, dem wir uns ohne Abstraktion nicht mehr entziehen können. Ob wir nun im Einzelnen darum wissen oder nicht, wir leben faktisch in diesem Zusammenhang. Darüber hinaus aber ist dieser Zusammenhang in ganz besonderer Weise gekennzeichnet, dadurch nämlich, daß bis in unsere Tage die Gestalt Christi sein mit dem Bewußtsein bejahter und anerkannter tragender Grund gewesen ist. Wir stehen also als die, die wir geschichtlich sind, bereits mitten in dem Gestaltwerden Christi in einem von ihm selbst gewählten Ausschnitt der Menschheitsgeschichte.

Quelle Dietrich Bonhoeffer: Ethik (Werke 6), München 1992, 85-88.

Leitfragen Welche Bedeutung kommt dem Erfahrungs-, Verantwortungs- und Entscheidungszusammenhang zu, in dem Menschen stehen? Welche Bedeutung kommt dem Glauben für eine ›konkrete Ethik‹ zu? Welche Rolle könnte diese Bestimmung für die konkrete Urteilsfindung haben? Was heißt ›wirkliche Menschwerdung‹ in bezug auf praktische sittliche Probleme? Wie könnte die Gestalt aussehen, die Christus in bezug auf ein konkretes Problem unserer Gegenwart gewinnt?

Literarischer Text

Einführung Der schwedische Schriftsteller Lars Gustafsson (*1936) rekonstruierte in seinem Buch »Palast der Erinnerung«, angelehnt an berühmte Vorbilder der Philosophiegeschichte, seinen privaten Erinnerungsort, das Gymnasium, das er ab 1947 besuchte und das der Literat nun mit Figuren und Geschichten aus seiner eigenen Biographie ›möbliert‹. Eine dieser Erinnerungen kreist um die Frage nach Gut und Böse.

Arbeitstext *Ich besitze eine geographisch ziemlich weitreichende Kennt-nis des Menschen, vom nördlichen Västmannland bis zur Südküste Australiens, von der Provinz Yunnan in China bis zu den Davis Mountains, Texas, und sogar noch etwas weiter westlich, und ich muß sagen, meine Erfahrung deutet insgesamt darauf hin, daß die guten Menschen gegenüber den bösen in der überwältigenden Mehrheit sind. Überall stößt man auf diese hilfsbereiten und anständigen Per-sonen, die ohne einen Gedanken an den eigenen Vorteil bereit sind, ei-ne besondere Anstrengung zu machen, eine besondere Aufopferung, um anderen zu helfen und ihnen das Leben zu erleichtern. Gesell-schaftsschicht oder sogenannte ›Rasse‹ macht dabei offenbar keinen Unterschied.*

Quelle Lars Gustafsson: Palast der Erinnerung, München-Wien 1996, 122.

Leitfragen Wenn man den Erfahrungen Gustafssons folgt, stellt sich die Frage, warum überhaupt eine komplexe Theorie sittlicher Entscheidungsfindung notwendig sei. Bösen Menschen ist auch mit Ethik nicht beizukommen und die guten, das zumindest sug-geriert Gustafsson, wissen, was gut ist. Haben Sie ähnliche Erfah-rungen gemacht? Wofür braucht man dennoch die Spezielle Ethik? Wo stößt die Alltagsmoral des Guten an ihre Grenzen?

Praktische Probleme

Einführung In diesem Artikel des Werkbuches wird kein neues praktisches Problem vorgestellt. Vielmehr besteht die Möglichkeit, mit Hilfe der ethischen Theorie sittlicher Urteilsfindung die prak-tischen Probleme der anderen Artikel dieses Werkbuches zu un-tersuchen. Diese sollen also nicht mehr allein unter dem spezifi-schen Blickwinkel des jeweiligen Artikels analysiert, sondern nun umfassend im Blick auf die Frage nach dem richtigen und guten Handeln bearbeitet werden.

Hierzu bieten sich insbesondere die praktischen Beispiele in den Artikeln »Verortung« (Xenotransplantation), »Glaube« (Bluttransfusion), »Gesellschaftliche Handlungsorientierungen« (Zivilcourage), »Freiheit« (Klonen), »Vernunft – Natur – Erfah-rung« (Ein unmoralisches Angebot), »Öffentliche Moral« (Steu-erhinterziehung), »Normen« (Euthanasie) und »Gewissen« (Gewissen im Alltag) an.

Schuld. Vom Scheitern und Neuanfang alltäglichen Lebens

Gerfried W. Hunold

Schuld und Schulderfahrung gehören zur ›Schwerkraft‹ menschlicher Existenz. Jeder Mensch trägt seine je eigene Schuldgeschichte. Schuld hat zu tun mit biographischen Ereignissen und Beziehungen, mit dem sozialen Zueinander von Gruppen, Gesellschaften und einzelnen, mit einem Gegeneinander von Ansprüchen und Gegenansprüchen. Sie wird alltagsmäßig oftmals wahrgenommen als Resignation, als Anonymität des Lebensvollzugs, als Gleichgültigkeit den eigenen Möglichkeiten gegenüber, als das Sich-selbst-in-Abrede-Stellen. Es gibt Menschen, die sich schuldig fühlen, wenn ihnen eine rassistische Äußerung über die Lippen kommt, andere empfinden Schuld nach einem Ehestreit oder einer Fahrerflucht, wieder andere verstehen sich durch ihr Verhalten als mitschuldig an der Zerstörung ökologischer Nischen für bedrohte Pflanzen und Tiere. Von Schuld ist die Rede, wenn Gesetze übertreten werden, wo sich Menschen anderen gegenüber lieblos verhalten, Hilfe verweigern oder sich von Vorurteilen leiten lassen. Schuldig werden kann der Mensch, wo er passiv bleibt, etwas unterläßt oder sich einfach nur an bestimmte Zustände gewöhnt und sich gedankenlos an Trends oder Moden anpaßt.

Hinter all diesen vielfältigen Erfahrungen der Schuld gibt sich ein wesentliches Moment menschlicher Existenz zu erkennen: Das menschliche Leben besitzt keine Automatik der Selbsterfüllung. Seine Wahrheitssuche hält es unaufhörlich unterwegs in der Not endlicher Freiheit (Pannenberg: Anthropologie 103). Das Wissen um das Gute und Richtige führt nicht geradewegs in das gute und richtige Handeln. Mehr noch: Menschen stehen häufig vor Situationen, in denen sie gar nicht wissen und wissen können, was das Gute und Richtige überhaupt ist. Auch hier stellen sich Erfahrungen der Schuld ein. Menschen scheitern somit immer wieder: an sich selber, an den Bedingungen konkreter Situationen oder am Widerstand anderer Menschen.

Vor dem Hintergrund all dieser Schulderfahrungen drängt sich die Frage nach der sittlichen Qualität der Schuld auf (1.). Schuld ist ein Grundbegriff ethischer Reflexion, der allerdings vor allem in den letzten zweihundert Jahren heftiger Kritik ausgesetzt war. Das zweite Kapitel erörtert diese Infragestellung (2.). In diesem Zusammenhang müssen verkürzende Schuldverständnisse zurückgewiesen werden (3.). Daran anschließend wird die Rede von der Schuld im theologischen Kontext geklärt, der Begriff der Sünde erläutert (4.) und die christliche Botschaft der Versöhnung in ihren Grundzügen entfaltet (5.).

1 Die Rede von der moralischen Schuld

Von Schuld ist zunächst im ethischen Sinn zu sprechen, wo sich eine Diskrepanz zwischen Gesolltem und Getanem zeigt, wo also bestimmte moralische Ansprüche nicht erfüllt werden oder wo gegen Überzeugungen, Maximen und Prinzipien des Lebens und Handelns verstoßen wird. Das alltagssprachliche »Ich bleibe dir etwas schuldig« macht diese Diskrepanz deutlich.

> **Schuld** heißt die im Entscheiden, Handeln und Unterlassen auftretende, personal bedeutsame Diskrepanz zwischen moralisch-sittlichen Ansprüchen und ihrer Einlösung.

Diese Diskrepanz wird in der ethischen Diskussion als objektive Schuldigkeit gefaßt, die der personalen Schuld vorausgeht und unabhängig vom Handlungssubjekt vorliegt. Der Begriff der Schuldigkeit umfaßt die Tatsache, daß bestimmte Anforderungen von der Gesellschaft, der Natur, anderen Lebewesen oder Gott an das Handlungssubjekt herangetragen werden, denen es eine bestimmte Handlung oder Haltung schuldet (Kramer: Problemstand 50). Schuldigkeiten treten ins Blickfeld der ethischen Diskussion unter der Frage nach der Normativität des Gesollten und seiner Begründung. Gerechtfertigte Schuldigkeiten stehen dabei unter der Perspektive der Lebensförderung, des Handlungssinns, der personalen Entwicklung oder theologisch gesprochen der Vollendung. Geschuldet sind etwa Zuständigkeiten und Verantwortlichkeiten wie sie eine Mutter ihrem Kind gegenüber oder ein Autofahrer gegenüber anderen Verkehrsteilnehmern hat. Schuldigkeit tritt so als relationales Geschehen in den Blick.

Wo dieses Beziehungsgeschehen gestört ist, wo jemand sich wider besserer Einsicht und Vernunft den Schuldigkeiten gegenüber anderen verweigert, ist von subjektiver oder personaler sittlicher Schuld zu sprechen(Gründel: Schuld 102ff.).

Solch personale Schuld geht von der persönlichen Schuldfähigkeit des Menschen aus: ihre Voraussetzungen und Kriterien sind Einsicht, Freiheit, das Handeln-Können (Handlungsfreiheit) und das Anders-Handeln-Können (Entscheidungsfreiheit) des sittlichen Subjekts. Schuld als Tat verweist auf das handelnde Subjekt als dem Urheber, der sie übernimmt und dem sie zuzurechnen ist (aktuelle Schuld). Von subjektiver Schuld kann also nur gesprochen werden, wenn es sich um eine zumindest teilbewußte und wenigstens in Ansätzen freie Entscheidung gegen sich, sein Gewissen, seine Überzeugung handelt. Personal gedeutet läßt sich Schuld deshalb als Bruch mit der eigenen Identität verstehen, als Entfremdung vom »wahren Selbst« (Pannenberg: Anthropologie 278) des Menschen. Dieser Bruch äußert sich in vierfacher Weise (Elsässer: Sünde 165): als ein Versäumnis oder eine Verfehlung gegen sich selbst (Selbstverfehlung), als Verlust seiner Integrität und Identität (Selbstverrat), als Verweigern gegenüber anderen (Selbstzentrierung) oder gegenüber dem sozialen Engagement und der humanen Gestaltung der Welt (Selbstisolierung).

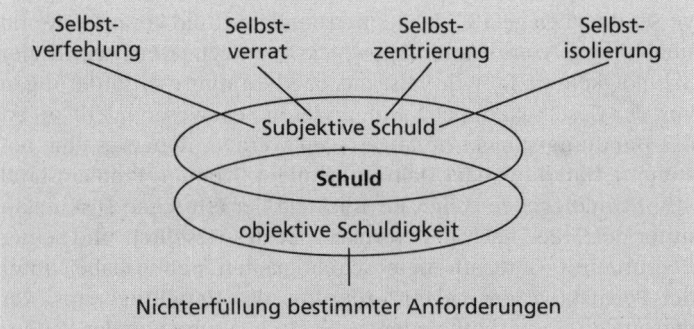

Aus diesem Schuldig-Werden erwächst ein Schuldig-Sein. Schuld ist nicht nur Tat, sondern auch Resultat. Das durch die Tat Angerichtete erzeugt eine Wirklichkeit, die unter dem Schatten der Schuld steht und den Menschen immer wieder einholt. Daraus können dann auch falsche Einstellungen und Grundoptionen resultieren (habituelle Schuld).

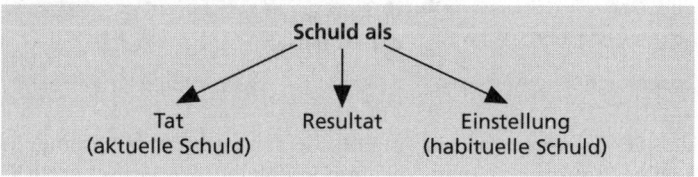

2 Individuelle und soziale Schuld

Menschliches Versagen und damit Schuld gibt sich in vielfältigen Facetten zu erkennen. Vorrangig wird Schuld individualistisch verstanden. Es gibt immer einen oder mehrere Schuldige, die namhaft gemacht und zur Verantwortung gezogen werden können. Menschen erleben sich als schuldig, weil sie sich selbst und anderen nicht gerecht wurden. »Es ist nicht von ungefähr, daß gerade dieses Nichtausschöpfen von menschlichen Freiheiten und Möglichkeiten von einer Teilrichtung heutiger Psychologie als wesentliche Schulderfahrung des Menschen charakterisiert wird« (Hunold: Freiheit 12). Unter dem beherrschenden Einfluß von Sigmund Freud wird Schuld psychologisch vor allem als Schulderlebnis und Schuldgefühl gedeutet. Für Freud ist das Schuldgefühl wesentlich ein Gefühl der Angst vor Autorität und vor dem Über-Ich (Freud: Unbehagen). Dieses Grundverständnis führte dazu, die Möglichkeit einer echten, sittlich zurechenbaren Schuld zurückzuweisen.

Auch aus soziologischer Perspektive wurde die Rede von der Schuld in Frage gestellt (Bron: Schuld 115-116). So deckte etwa der Soziologe Arno Plack die gesellschaftlichen Prägungen des Schuldphänomens jenseits jeder individuellen Verantwortung auf: Nicht der Mensch als sittliches Subjekt scheitert in Situationen, sondern äußere, gesellschaftliche Umstände lassen ihm keine Handlungsalternativen und zwingen ihn somit in die Schuld (Plack: Gesellschaft). Schuldig wird nicht der Mensch, sondern die Gesellschaft läßt ihn schuldig werden.

Die Einwände der psychologischen wie soziologischen Sichtweisen der Schuld sind nicht unerheblich: Sie haben das Phänomen Schuld als Herrschaftsinstrument entlarvt und verdeutlicht,

daß der Mensch in all seinem Entscheiden und Handeln immer in soziale Zusammenhänge eingebunden bleibt. Aus ethischer Sicht verengen allerdings die humanwissenschaftlichen Überlegungen das Problem der Schuld: »Öffentliche Feststellung der Unzurechnungsfähigkeit befreit nicht von Schuld, sondern entmündigt. Wie sollte nämlich ein Mensch, der nicht frei ist, Schuld zu verantworten, frei sein, Gutes zu tun?« (Baumann/Kuschel: Mensch 92). Letztlich geht mit der rationalen Erklärung der Schuld auch eine Infragestellung der Freiheit einher. Dies verengt das Verständnis des sittlichen Subjekts überhaupt.

Freilich bleibt festzuhalten: Als soziales Wesen ist der Mensch vernetzt mit seiner Um- und Mitwelt. Die Verantwortung des einzelnen ist immer auch eine Verantwortung für und vor anderen. Im bestehenden Unrechtsgefälle zwischen Nord und Süd sind westlichen Industriegesellschaften in die ökologische Katastrophe des 20. Jahrhunderts eingebunden, da sie insgesamt einen großen Anteil an der globalen Zerstörung der Lebensgrundlagen der Menschheit haben. Ohne individuell schuldig zu sein, haben Menschen teil an der sozialen Schuld.

Nicht zuletzt die lateinamerikanische Befreiungstheologie hat darauf aufmerksam gemacht, daß es soziale Strukturen, systemische Bedingungen und Institutionen gibt, die eine solche manipulierende, politische, ökonomische und soziale Macht ausüben, daß sie an sich unrecht sind und gegen die Grundprinzipien der Solidarität und der Menschenwürde verstoßen. Menschen erfahren die Ohnmacht des einzelnen gegenüber sozial übergreifenden Machtsystemen, spüren die Hilflosigkeit gegenüber Lebensstrukturen. Sie möchten handeln und können es nicht, weil sie daran gehindert werden. Hierfür steht die Rede von der »strukturellen Schuld« (Sievernich: Schuld 232-282).

3 Verkürzungen des Schuldbegriffs

Neben der objektiven und subjektiven, der individuellen, der sozialen und strukturellen Bestimmung des Schuldbegriffs konkurrieren in Wissenschaft und Öffentlichkeit eine Vielzahl weiterer Schuldverständnisse miteinander. Ihnen allen ist gemein, daß sie von dem umfassenden Gesamtgeschehen der Schuld nur ein Moment herausstellen. Der juridische Schuldbegriff wirkt verkürzend, da er vor allem das Moment der äußeren Regelansprüche betont. Auch primär ontologisch-existentiell, individualistisch und kasuistisch orientierte Schuldbegriffe können das jeweils personale Moment der Schuld nur bedingt in seiner ganzen Tiefe einholen.

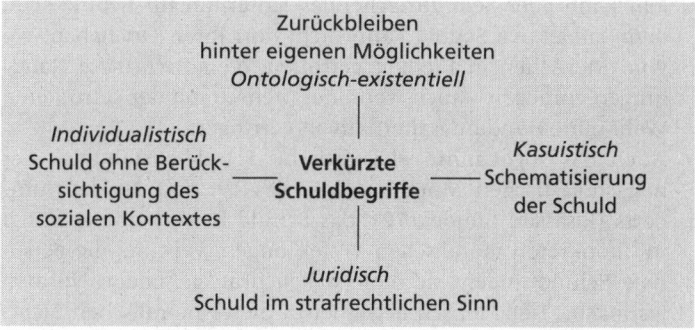

- Die juridische Schuld setzt ein Rechtssystem voraus, in dem nicht das persönliche Wissen um eine Vergehen, sondern allein das bestehende Recht Bedeutung hat (Gründel: Schuld 104ff). Schuld ist hier die Chiffre für das Versagen gegen rechtlich fixierte Anforderungen, die die Gesellschaft an den einzelnen stellt. Es benennt ein sozialschädliches Verhalten, das sich im Verstoß gegen Gesetze äußert. Maßstab dieser Schuld ist also allein das Recht und die Moral der Gesetze. Als Regelverstoß ist ihr Umfang enger als die moralische Schuld. Wer Gesetzeslücken zum eigenen Vorteil nutzt, macht sich im juridischen Sinne nicht schuldig; er kann dies im moralischen Sinne aber durchaus sein. Solcherart auf die äußere Geltung von Gesetzen fixiert, muß die juridische Schuld primär als »fremdbestimmte Schuld« (Elsässer: Sünde 171) verstanden werden. Sittliche

Schuld ist dagegen aber als ›autonome Schuld‹ zu verstehen, nicht zurückgebunden an die faktische Übertretung gesellschaftlicher Regeln und Normen, sondern bestimmt von der Freiheit, der Einsicht, dem Willen und der Entscheidung des sittlichen Subjekts.

- Das »ontologisch-existentielle Schuldverständnis« versteht in Anlehnung und Weiterführung der Existenzphilosophie Martin Heideggers (1889-1976) Schuld als ein dem Wesen des Menschen eigenes Zurückbleiben hinter den gegebenen Chancen und Möglichkeiten des Lebens. Einem solchen existentiellem Schuldbegriff steht die sittliche Erfahrung entgegen, daß jede menschliche Entscheidung und Wahl stets andere Lebensalternativen ausschließt. Die Tatsache der Entscheidungsfreiheit allein kann aber kein zureichendes Kriterium für Schuld sein, denn subjektive Schuld kann nicht dort ihren Ort haben, wo vom Menschen in Freiheit getroffene verantwortbare Handlungen vorliegen – auch wenn der Mensch mit der getroffenen Wahl seine Handlungsalternativen verringert.

- Auch das sogenannte »kasuistische Schuldverständnis« der neuscholastischen Moraltheologie des 19. und 20. Jahrhunderts (Elsässer: Sünde 172), das Schuld in Verbindung bringt mit konkreten moralischen Verfehlungen, verkürzt die personale Schuld, indem sie diese lediglich an geltenden Normen festmacht. Der Mensch begegnet in dieser moralischen Sichtweise des Lebens weder Gott noch dem Mitmenschen, sondern lediglich einem Katalog von Geboten und Verboten, mit denen sich Menschen gegenseitig schuldig sprechen (Schuldmoral). Demgegenüber muß geltend gemacht werden, daß alle sittliche Schuld in einem personalen Entscheidungs- und Handungskontext steht. Sie berührt die Lebensoption des Menschen in seinen Grundüberzeugungen und Maximen hinsichtlich der konkreten Orientierung der jeweils eigenen Handlungspraxis.

- Schließlich verkürzt ein individualistisch enggeführtes Schuldverständnis den Begriff personaler Schuld, insofern es den sozialen Kontext allen menschlichen Entscheidens und Handelns weitgehend ausblendet. Dieser Verkürzung gegenüber muß festgehalten werden, daß im menschlichen Schuldig-Werden und Schuldig-Sein immer Einflüsse von überindividuellen Lebensordnungen wirksam sind. Vor diesem Hintergrund müssen sich die faktischen

Lebensordnungen und Gesellschaften fragen lassen, ob individuelle Schuld nicht auch strukturelle Schuld widerspiegelt.

4 Die theologische Deutung der Schuld in der Rede von der Sünde

Die theologische Rede von der Sünde transformiert die anthropologische Erfahrung menschlicher Schuld in die Mensch-Gott-Beziehung. Ihre theologiegeschichtlich leitend gewordenen Definitionen lauten: Sünde ist die Abwendung des Menschen von Gott (DH 1525), die Auflehnung des geschaffenen Menschen gegen den lebensschaffenden Gott (DH 4313).

In der Verkündigung Jesu offenbaren sich die trotzige Infragestellung der eigenen Geschöpflichkeit, die Leugnung des geschenkten Lebens, die nicht eingestandene Endlichkeit menschlicher Lebensgeschichte als Grund allen Schuldig-Werdens, als Macht der »Sünde«, als menschlicher Unglaube (Joh 16,9). Der Mensch wird durch Sünden (Tat) zum Sünder (Resultat). Dieses Sündig-Sein steht als greifbares Zeichen für die Infragestellung der Geschöpflichkeit.

> **Sünde** benennt die theologisch interpretierte Schuld, die sich immer als Störung der Beziehung zu Gott äußert.

Sünde in diesem Sinn hat also nichts mit der alltagssprachlichen Rede von den ›kleinen Sünden‹ oder dem bloßen ›Sündigen‹ zu tun. Sünde läßt sich vielmehr theologisch-ethisch als Tiefendimension der Schuld beschreiben. Sie ergänzt die ›horizontale‹ Perspektive der Schuld des Menschen um eine ›vertikale‹.[1] Während menschliche Schuld immer Schuld vor sich, vor anderen oder vor der Welt ist, wird im Begriff der »Sünde« darüber hinaus immer auch die angesprochene Beziehung zu Gott mitgedacht. Insofern gibt es auf der beschriebenen Sachebene zwischen Schuld und Sünde keinen Unterschied. Nicht inhaltlich, sondern interpretatorisch unterscheiden sich beide. Wer »Sünde« sagt, interpretiert

---

1 Die weitergehenden theologisch-dogmatischen Fragen nach dem Verhältnis von Sünde und Sünder, nach der Beziehung zwischen der Person und seinen Taten, nach dem Verständnis der Erbsünde, sowie nach der Erlösung des Menschen und seiner Rechtfertigung, schließlich nach dem Grund der Sünde und nach der Bedeutung des Handelns des Menschen für sein Heil überhaupt, sprengen den Rahmen einer Einführung in die Theologische Ethik. Zur weiteren Information sei auf die einschlägigen dogmatischen und ethischen Handbücher verwiesen.

Schuld stets aus dem christlichen Wirklichkeitsverständnis heraus, begreift Schuld als etwas, das mit dem Menschen zu tun hat, der in einem Beziehungsverhältnis zu Gott steht. Die Rede von der Sünde setzt somit ein Verständnis von Schuld voraus.

Was aber meint der Begriff der Sünde als Chiffre für die Abwendung von Gott? Die Antwort des kirchlichen Lehramts ist hier eindeutig: Sünde äußert sich in der Übertretung kirchlicher und göttlicher Gebote und Normen. Ein solches objektivistisches Sündenverständnis verzerrt allerdings die Grundbotschaft christlichen Glaubens, da es die Freiheit und Verantwortlichkeit des Menschen in seinem Entscheiden und Handeln nicht ernst nimmt (Gründel: Verständnis 137-138).

Schöpfungstheologisch kann nur dort von Sünde im eigentlichen Sinn gesprochen werden, wo der Mensch sich frei für oder gegen etwas entscheiden kann und dies auch verwirklicht. Sünde wird so zur lebenszerstörenden Kraft. Sie steht für die theologische Deutung des Widerspruchs, in den der Mensch durch seine Entscheidungen und Handlungen geraten kann: der Widerspruch zu sich selbst, zu anderen und zu Gott (Elsässer: Sünde 176-178). Erstens benennt Sünde den Selbstwiderspruch in den der Mensch als verantwortliches Geschöpf Gottes durch sein schuldhaftes Handeln gerät. Zweitens steht Sünde für die Zerstörung der schöpfungsmäßigen Beziehungstrukturen in Welt und Gesellschaft durch den Menschen. Drittens kennzeichnet Sünde die Verweigerung des Menschen gegenüber dem von Gott zugesagten Heil und der Lebensperspektive der christlichen Botschaft.

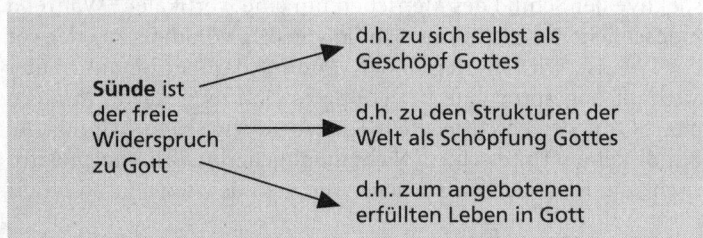

Sünde ist der freie Widerspruch zu Gott

d.h. zu sich selbst als Geschöpf Gottes

d.h. zu den Strukturen der Welt als Schöpfung Gottes

d.h. zum angebotenen erfüllten Leben in Gott

5 Die christliche Botschaft vom Neuanfang

Christsein steht unter dem Primat der Erlösung und nicht der Sünde. Das Eingeständnis der Schuld verbindet Vergangenheit und Zukunft im Leben des Menschen, da es Voraussetzungen schafft für die Überwindung des Versagens. Umkehr (Metanoia) lebt vom Neubeginn. Die befreiende Botschaft Jesu lautet: Der Mensch ist in jeder Phase seines Schuldig-Seins fähig zur Lebenskorrektur. Nicht die Sünde steht in Jesu Verkündigung im Mittelpunkt, sondern der sündige Mensch. Er fällt nicht aus der versöhnenden Zuwendung Gottes. Die Versöhnungszusage Jesu meint eine Befreiung des Menschen aus einer heillosen Zerstrittenheit des Menschen mit sich selbst und mit anderen. Sie provoziert zugleich die Hinführung zu neuen Erfahrungen konkreter Lebenspraxis. »Versöhnung mit sich selbst und mit anderen ist in dem Maße möglich, wie Menschen über alle Gräben des Schuldigwerdens in gegenseitiger Annahme Versöhnung schenken und sich versöhnen lassen. In diesem Sinne ist auch die Versöhnungsbitte des Vater-Unsers als maßsetzendes Handlungskriterium zu lesen, insofern als das Maß des Versöhntwerdens abhängig ist von der Bereitschaft, Versöhnung zu schenken« (Hunold: Freiheit 14). Nicht Vergeltung der Schuld steht in der Mitte des Evangeliums, sondern das Sich-Hineinnehmenlassen in die durch Jesus Christus schon geschehene Versöhnung. Die erlösend-befreiende Geschichte Gottes mit den Menschen zielt nicht in die ferne Zukunft, sondern will hier und jetzt Wirklichkeit werden. Dies heißt in der Konsequenz: Feindschaften beenden, Vorurteile begraben, in persönlichen und gesellschaftlichen Lebensbereichen Ungerechtigkeiten abzubauen versuchen, unfrei machende Überzeugungen, Lebens- und Erziehungstraditionen überwinden. Diese Hinweise zu einem Leben aus erlöster Freiheit machen deutlich, daß Schuld und Sünde nicht das letzte Wort haben, sondern innerhalb der christlichen Ethik in den übergreifenden Rahmen von Versöhnung und Neubeginn eingebettet sind.

ZUSAMMENFASSUNG

(1) Der Begriff der Schuld faßt den Umstand, daß ein Mensch wider besserer Einsicht und Vernunft die Einlösung bestimmter Schuldigkeiten verweigert. Personal gedeutet muß Schuld als Bruch mit der eigenen Identität gewertet werden.

(2) Trotz kritischer Einwände muß am individuellen Schuldbegriff festgehalten werden. Der soziale Schuldbegriff verweist darüber hinaus darauf, daß Menschen in Schuldzusammenhänge eingebunden sind, und daß es soziale Strukturen gibt, die in sich unrecht sind.

(3) Einer Vielzahl der in Wissenschaft und Gesellschaft greifbaren Schuldverständnisse ist gemeinsam, daß sie personale Schuld verkürzen, indem sie nur Teilaspekte der Schuld in den Blick nehmen (juridisch, ontologisch-existentiell, kasuistisch, individualistisch).

(4) Sünde steht für die theologisch gedeutete Schuld, die vorrangig die Beziehung des Menschen zu Gott in das Schuldig-Werden einbringt.

(5) Nicht die Sünde ist das zentrale Moment christlicher Botschaft, sondern der zugesagte Neuanfang, das Heil und die Erlösung des Menschen. Christliche Ethik fragt dabei nach Möglichkeiten und Wegen des Versöhnens und des Versöhntwerdens.

TEXTARBEIT

Philosophischer Text

Einführung Eine der prominentesten Auseinandersetzung mit der Freiheit der Menschen wie der Freiheit Gottes stammt von dem Philosophen Friedrich Wilhelm Joseph Schelling (1775-1854). Er richtet dabei seinen Blick in der Diskussion der menschlichen Freiheit vor allem auf ihre Nacht- und Schattenseiten: das Böse und die Frage nach seiner Herkunft und nicht zuletzt seinem Wesen.

Arbeitstext *Der Idealismus gibt nämlich einerseits nur den allgemeinsten, andererseits den bloß formellen Begriff der Freiheit. Der reale und lebendige Begriff aber ist, daß sie ein Vermögen des Guten und des Bösen sei. Dieses ist der Punkt der tiefsten Schwierigkeit in der ganzen Lehre von der Freiheit; die von jeher empfunden worden und die nicht bloß dieses oder jenes System, sondern, mehr oder weniger, alle trifft (...).*

Der Wille des Menschen ist anzusehen als ein Band von lebendigen Kräften; solange nun er selbst in seiner Einheit mit dem Universal-

willen bleibt, so bestehen auch jene Kräfte in göttlichem Maß und Gleichgewicht. Kaum aber ist der Eigenwille selbst aus dem Zentrum als seiner Stelle gewichen, so ist auch das Band der Kräfte gewichen; statt desselben herrscht ein bloßer Partikularwille, der die Kräfte nicht mehr unter sich, wie der ursprüngliche, vereinigen kann, und der daher streben muß, aus den voneinander gewichenen Kräften, dem empörten Heer der Begierden und Lüste (indem jede einzelne Kraft auch eine Sucht und Lust ist) ein eignes und absonderliches Leben zu formieren oder zusammenzusetzen, welches insofern möglich ist, als selbst im Bösen das erste Band der Kräfte, der Grund der Natur, immer noch fortbesteht. Da es aber doch kein wahres Leben sein kann, als welches nur in dem ursprünglichen Verhältnis bestehen konnte, so entsteht zwar ein eignes, aber ein falsches Leben, ein Leben der Lüge, ein Gewächs der Unruhe und der Verderbnis. Das treffendste Gleichnis bietet hier die Krankheit dar, welche als die durch den Mißbrauch der Freiheit in die Natur gekommene Unordnung das wahre Gegenbild des Bösen oder der Sünde ist. (...) Wie die Krankheit freilich nichts Wesenhaftes und eigentlich nur ein Scheinbild des Lebens und bloß meteorische Erscheinung desselben – ein Schwanken zwischen Sein und Nichtsein – ist, nichtsdestoweniger aber dem Gefühl sich als etwas sehr Reelles ankündigt, ebenso verhält es sich mit dem Bösen. Diesen allein richtigen Begriff des Bösen, nach welchem es auf einer positiven Verkehrtheit oder Umkehrung der Prinzipien beruht, hat in neueren Zeiten besonders Franz Baader wieder hervorgehoben und durch tiefsinnige physische Analogien, namentlich die der Krankheit erläutert (...).

Der Mensch ist auf jenen Gipfel gestellt, wo er die Selbstbewegungsquelle zum Guten und Bösen gleicherweise in sich hat; das Band der Prinzipien in ihm ist kein notwendiges, sondern ein freies. Er steht am Scheidepunkt; was er auch wähle, es wird seine Tat sein (...).

Quelle Friedrich Wilhelm Joseph Schelling: Philosophische Untersuchungen über das Wesen der menschlichen Freiheit und die damit zusammenhängenden Gegenstände (1809), in: Ausgewählte Werke. Schriften von 1806-1813, Darmstadt 1968, 296.309-310.318.

Leitfragen Welche Beziehung besteht bei Schelling zwischen der Freiheit und der Schuld bzw. dem Bösen? Wie kann der Mensch, nach Schelling, schuldig werden, böses tun? Was heißt es, wenn die Tat des Menschen, immer seine Tat sein wird? Was bedeutet dieser Sachverhalt für das Verständnis der Schuld?

Theologischer Text

Einführung Johannes Chrysostomus (344/354-407) war Bischof von Konstantinopel und einer der größten Prediger der jungen Kirche. Der nachfolgende Text ist eine solche Predigt über die Schuld in Auslegung von Genesis 30, einem Kapitel der Jakobsgeschichte.

Arbeitstext *Die menschliche Natur erträgt es nicht, in ihren Grenzen stehenzubleiben; sie begehrt immer mehr und Größeres und streckt sich danach aus. Das ist es, was das Menschengeschlecht am allermeisten zugrunde richtet; daß es das Maß seiner eigenen Natur nicht anerkennt, stets nach Größerem trachtet und von Dingen träumt, die seine Würde übersteigen. Aus demselben Grunde wollen auch jene, die auf die Dinge dieser Welt schauen, selbst wenn sie schon mit viel Reichtum und Macht umgeben sind, gewissermaßen ihre eigene Natur vergessend, so lange in die Höhe steigen, bis sie zuletzt in den Abgrund stürzen. Das kann man jeden Tag geschehen sehen aber auch das, daß die anderen dadurch nicht klüger werden. Sie lassen sich höchstens eine kleine Weile im Zaume halten; dann vergessen sie rasch wieder alles, wandeln abermals die gleichen Wege und stürzen in denselben Abgrund.*

Quelle Johannes Chrysostomus: Homilien zur Genesis 30, in: Heilmann, Alfons (Hg.): Texte der Kirchenväter 1, München 1963, 621-622.

Leitfragen Worin sieht Chrysostomus die Schuld des Menschen begründet? Welcher Schuldbegriff steht dahinter? Wie stehen Sie zu dieser These? Gibt es Ihrer Meinung nach ein »Maß der eigenen Natur«, an dem sich der Mensch orientieren kann? Welche Probleme wohnen einem solchen Verständnis der Schuld inne?

Literarischer Text

Einführung 1914 begann Franz Kafka (1883-1924) seinen wohl berühmtesten Roman. »Der Proceß« heißt das Werk, das der Schriftsteller unvollendet zurückließ. Der Hauptfigur Josef K. soll der Prozeß gemacht werden; im ganzen Roman aber bekommt er keine Auskunft darüber, was ihm eigentlich zur Last gelegt wird. Auch der Gefängniskaplan in der »Domszene« kann die Situation nicht klären.

Arbeitstext *»Weißt Du, daß Dein Proceß schlecht steht?« fragte der Geist-*
liche. »Es scheint mir auch so«, sagte K. »Ich habe mir alle Mühe ge-
geben, bisher aber ohne Erfolg. Allerdings habe ich die Eingabe noch
nicht fertig.« »Wie stellst Du Dir das Ende vor«, fragte der Geistliche.
»Früher dachte ich es müsse gut enden«, sagte K., »jetzt zweifle ich
daran manchmal selbst. Ich weiß nicht, wie es enden wird. Weißt du
es?« »Nein«, sagte der Geistliche, »aber ich fürchte es wird schlecht en-
den. Man hält Dich für schuldig. Dein Proceß wird vielleicht über ein
niedriges Gericht gar nicht hinauskommen. Man hält wenigstens vor-
läufig Deine Schuld für erwiesen.« »Ich bin aber nicht schuldig«, sag-
te K. »Es ist ein Irrtum. Wie kann denn ein Mensch überhaupt schul-
dig sein. Wir sind doch alle Menschen, einer wie der andere.« »Das ist
richtig«, sagte der Geistliche, »aber so pflegen die Schuldigen zu reden.«
Quelle Franz Kafka: Der Proceß (Gesammelte Werke in zwölf
Bänden), Frankfurt a.M. 1994, 223.
Leitfragen Welche Gestalt nimmt die Schuld in Kafkas Roman an?
Gibt es ein Leben ohne Schuld oder ist das nur Fiktion? Ist bloßes
Menschsein Entschuldigung oder erst recht Ausweis eine Schuldig-
seins? Wie stehen Sie zu dem Schuldverständnis, das sich in dem
Textausschnitt zu erkennen gibt?

Praktisches Beispiel. Pflicht zur Hilfesteleistung

Einführung Auf der Basis eines Falles aus dem Jahre 1995 dreht
der niederländische Regisseur Tjebbo Penning 1997 den Kurzspielfilm »Der Eid«. Ein in den USA zum Tode Verurteilter unternahm, kurz bevor er mit einer Giftspritze hingerichtet werden
sollte, einen Selbstmordversuch. Er wurde durch einen Arzt gerettet, aus dem Hospital heraus jedoch wieder ins Gefängnis überstellt.
Arbeitstext *Ein Satz ist zu lesen. »Ich will selbst unter Drohung mein*
medizinisches Können nicht gegen die Gesetze der Menschlichkeit be-
nutzen.« Es ist ein Satz aus dem »Genfer Gelöbnis« von 1948, das als
moderne Version des »Hippokratischen Eides« gilt.

Ein Mann sitzt in einer Gefängniszelle. Er ist im Profil zu sehen,
hinter ihm läßt sich eine offene Klappe in der Tür erkennen, durch die
der Gefangene kurz beobachtet wird. Der Mann denkt nach und
scheint zu einem Entschluß zu kommen. Jetzt ist der Mann von vorne
zu sehen, seine Augen sind geschlossen, um seinen Hals windet sich
ein Strick. Der Mann hat sich erhängt. Sein Körper dreht sich lang-

sam um die eigene Achse. Dann wird sein Selbstmordversuch entdeckt. Drei Gefängniswächter stürmen die Zelle, scheiden den Strick durch, legen den Erhängten auf eine Pritsche. Der Gefängnisarzt erscheint und untersucht den Mann: Pupillenreflex, Pulsschlag, Atmung. Kurz zögert der Arzt, dann beginnt er mit Wiederbelebungsmaßnahmen. Wenig später kehrt der Gefangene mit schnellen Atemstößen ins Leben zurück. Mit großer Sorgfalt bemüht sich der Gefängnisarzt um die Gesundung des Patienten, bis seine Wiederherstellung dem Gefängnisdirektor gemeldet werden kann.

Vier Wächter legen dem Gefangenen Handschellen an und führen ihn durch einen langen, kahlen Gang zu einem Zimmer: der Hinrichtungskammer mit dem elektrischen Stuhl. Alle Vorbereitungen für die Hinrichtung werden getroffen. Das Urteil wird verlesen: Mark Patrick McGurl ist zum Tod verurteilt worden. In diesem Moment sieht der Gefangene den Arzt an. Ein kurzer Blickkontakt, dann weicht der Gefängnisarzt dem Blick aus. Nach dem Ende aller technischen Vorbereitungen werden zwei Jalousien an der Wand hochgezogen. Dahinter sind Fenster, durch die Zuschauer in den Hinrichtungsraum blicken können.

Die Hinrichtung erfolgt. Der Gefängnisarzt geht nach der vorgeschriebenen Zeit zum elektrischen Stuhl, untersucht den Hingerichteten und gibt zu Protokoll, daß der Gefangene McGurl tot sei. Die Jalousien zum Zuschauerraum werden geschlossen, die Uhrzeit wird protokolliert.

Quelle The Oath (Der Eid), 10 Minuten, Kurzspielfilm, schwarzweiß. Regie und Buch: Tjebbo Penning.

Leitfragen Versuchen Sie, die Perspektiven der Beteiligten des Geschehens einzunehmen (Gefangener, Arzt, Wärter, Justiz). Welche Themen werden in der unterschiedlichen Perspektivität wichtig? Verorten Sie das Thema der Schuld in der kurzen Nacherzählung des Films. Welche Beobachtungen können Sie dabei machen? Es gibt, mit unterschiedlichen Abstufungen, im Leben vieler Menschen Problemsituationen, in denen jedes Handeln mit Schuld belastet ist. Kennen Sie solche Situationen? Wie lassen sich diese ethisch bewerten? Welche Bedeutung kommt hier dem Moment der Versöhnung zu?

Glossar. Wege der Information

Das Glossar will kein Lexikon der Theologischen oder Philosophischen Ethik ersetzen. Vielmehr bietet es Grundbegriffe der Theologischen Ethik und charakterisiert die gängigen Ethiktypen. Das Glossar erstellten Andreas Greis, Thomas Laubach und Gerald Rauscher.

Allgemeine Ethik (auch: Fundamentalethik, Fundamentalmoral) klärt die Grundlagen ethischen Sprechens und Reflektierens und steht für das Bemühen, moralisches Urteilen und Handeln zu begründen. ↗Artikel »Annäherungen«

Akt (lat. actus: Handlung, Antrieb) bezieht sich auf das sittliche Handeln des Menschen. Zu unterscheiden sind der actus humanus, ein bestimmtes, kontextabhängiges, zielgerichtetes und (teil-)bewußtes Tun oder Lassen (↗Handeln), und der actus hominis, die unfreie oder unbewußte Spontanregung, die Reaktion (↗Verhalten). In der ↗Theologischen Ethik hat der umfassendere Begriff der ↗Handlung den Begriff A. weitgehend ersetzt.

Analytische Ethik (gr. analuëin: etwas Geknüpftes auflösen) will Logik und Struktur ethischen Argumentierens nachvollziehbar machen, indem sie besonders dessen sprachliche und lebensweltliche Abhängigkeit herausstellt. Sie offeriert selbst keine moralischen Grundsätze oder Handlungsziele, vielmehr beansprucht sie, über funktionale und kontextuale Bedeutungen ethischer Begriffe (z.B. »gut«, »sittlich«) aufzuklären sowie Rechtfertigung und Gültigkeit ethischer Urteile kritisch zu hinterfragen. Es besteht das Problem, daß die A.E. – ihre eigene Bedingtheit außer acht lassend – sich den Anschein vorurteilsloser Sachlichkeit gibt, anstatt in selbstreflexiver Analyse ihr Erkenntnisinteresse offenzulegen. Vertreter der A.E. (auch: Metaethik) sind u.a. G.E. Moore, R.M. Hare, C.L. Stevenson.

Angewandte Ethik (auch: Spezielle Ethik) erläutert im Hinblick auf bestimmte Lebensbereiche des Menschen die Grundüberlegungen der ↗Allgemeinen Ethik und sucht eine Antwort auf die Frage, was es heißt, in konkreten Situationen menschlich und sittlich verantwortlich zu handeln. ↗Artikel »Annäherungen«

Anspruch ist im ursprünglichen Sinn eine rechtliche Forderung, bezeichnet aber allgemein gefaßt den grundsätzlichen Appellcharakter des Anderen gegenüber dem Ich. Dieser A. wird als normatives ↗Sollen (Du sollst ..., Du mußt) formuliert, das ein bestimmtes ↗Handeln oder ↗Verhalten erwartet.

Anthropologie (gr. anthropos: Mensch; gr. logos: Lehre) steht vor allem im deutschsprachigen Wissenschaftsraum für das Suchen nach Aussagen über das Wesen des Menschen auf der Grundlage und durch die Interpretation empirischer Daten der Humanwissenschaften (Philosophische Anthropologie). Im anglo-amerikanischen Sprachraum wird von Kulturanthropologie gesprochen. A. bezeichnet damit eine Integrationswissenschaft, in die Ergebnisse der ⟋Humanwissenschaften (Verhaltensforschung, Ethnologie, Psychologie, Soziologie, Paläoanthropologie) einfließen. A. und ⟋Ethik beeinflussen sich gegenseitig in ihren Ergebnissen. Der A. eignet ein normkritisches Potential, indem sie ethische Sollensvorstellungen auf die Realisierungsmöglichkeiten durch den Menschen hin befragt (Kann der Mensch alles, was er soll?). Die Ethik wiederum nimmt die Angemessenheit menschlicher Handlungsmöglichkeiten in den Blick (Soll der Mensch alles, was er kann?).

Argumentation (lat. argumentatio: Beweisführung) heißen alle Arten der Begründung und Beweisführung. Die A. ist ein Mittel, um Zustimmung für bestimmte Aussagen, ⟋Normen oder ⟋Handlungen zu erzielen. Zur A. gehören ein begründeter Schluß, die ihn unterstützenden Fakten, die Rechtfertigung, die diese Fakten und den Schluß in einen Zusammenhang stellt, und die Stützung dieser Rechtfertigung. In ethischer Hinsicht sind A.en grundsätzlich nötig, um bestimmte ⟋Handlungen oder Handlungsvorschriften einsichtig zu machen. Dabei müssen A.en rational ausgewiesen werden, d.h. sie müssen für andere verstehbar, überprüfbar und widerspruchsfrei sein.

Autonomie (gr. autos: selbst; gr. nomos: Gesetz) bedeutet die sittliche Qualität des ›Sich-selbst-Gesetz-Seins‹ in ⟋Freiheit und äußert sich in der prinzipiellen ⟋Verantwortung des Menschen für sein ⟋Handeln und in der Ermöglichung eines humanen Zusammenlebens. ⟋ Artikel »Freiheit«

Beziehung / Beziehungsethik Im sozialwissenschaftlichen Sprachgebrauch umfaßt B. den Bereich zwischenmenschlicher Einfluß- und Verhaltenssphären, das Geflecht von ⟋Personen, ⟋Institutionen und Organisationen. B.en können nach Anzahl der Betroffenen, nach Intensität und nach Dauer differenziert werden. Als ethisch relevant erweisen sich insbesondere die Inhalte von B.en (z.B. Zuneigung, Macht, Nützlichkeit) sowie deren Auswirkungen (z.B. Gewalt, Vereinzelung, Fürsorge). Die B.E. fragt wie in wechselseitiger Orientierung menschliche Identität überhaupt zustande kommt. Hiervon ausgehend thematisiert die B.E. den ⟋Verantwortungs- und Verpflichtungscharakter von B.en. Ihr geht es somit um eine möglichst angemessene Bewertung von B.en anhand ethischer ⟋Kriterien. Die B.E. versucht, Gelingen und Scheitern menschlicher B.en zu verstehen, um Betroffenen konkrete Hilfestellungen an die Hand geben zu können. Die B.E. steht immer in Gefahr, außer acht zu lassen, daß menschliche B.en aufgrund ihrer Einzigartigkeit und Dynamik sich weder modellhaft darstellen noch vorhersehen lassen.

Binnenmoral bezeichnet die ⟋Moral einer festumgrenzten sozialen Gruppe mit ihren ⟋Prinzipien, ⟋Haltungen oder ⟋Werten, die nicht von der gesamten ⁊Gesellschaft geteilt werden müssen. Gerade angesichts des gegenwärtigen Pluralismus der Werthaltungen und Überzeugungen können B.en als inhaltliche Ausformungen des ⁊guten und ⁊richtigen Lebens in bestimmten Gruppen verstanden werden. Das Problem der B.en liegt darin, daß ihr beschränkter Geltungsbereich übersehen wird, was zur Intoleranz gegenüber anderen B.en führen kann.

Bioethik (gr. bios: Leben) befaßt sich als Gegenstandsbereich der ⁊Speziellen Ethik mit den Problemen, die den verantwortlichen Umgang des Menschen mit dem menschlichen und nichtmenschlichen Leben betreffen. Dazu gehören die Bereiche der ⁊Medizinischen Ethik, der Bio- und Gentechnologie sowie die Fragen der Tier- und der ⁊Umweltethik mitsamt den Problemen der Umwelt- und Lebensraumgestaltung. Grundproblem jeder B. ist das spannungsreiche Verhältnis zwischen dem personalen Anspruch des Menschen (⁊Person) als moralischem Subjekt und der Berücksichtigung der Interessen der gesamten ⁊Natur. Theologisch-ethisch ist im Gedanken der ⁊Schöpfung die Aufgabe des Menschen grundgelegt, eine verantwortliche Balance zwischen beiden Ansprüchen zu schaffen. Vom Begriff der ⁊Verantwortung aus muß die B. als zukunftsorientierte Ethik verstanden werden, die ein für alle Beteiligten sinnvolles und gutes Handeln im Angesicht des Möglichen anzielt.

böse ⁊gut

Böse, das ist als Begriff nur in seiner Beziehung zum ⁊Guten zu definieren. Das B. ist begrifflich schwer zu fassen und beschreibt nicht nur ganz allgemein alles Verwerfliche, sondern vor allem eine schlechte, üble, schlimme ⁊Erfahrung. In Hinblick auf den Menschen ist das B. das, was den Menschen von seinem Menschsein wegführt. Traditionell wird in der ⁊Ethik das B. als Qualität des ⁊Willens (⁊Gesinnung) beschrieben, der sich bestehenden sittlichen ⁊Werten, ⁊Maximen oder ⁊Normen entgegenstellt. Über diese bloß individuelle Sicht hinaus muß das B. – wie das Gute – nicht nur als Möglichkeit des freiheitlichen ⁊Handelns des Menschen verstanden werden, die mit den Begriffen ⁊Schuld und ⁊Sünde gefaßt wird, sondern auch als struktureller Zustand von ⁊Institutionen und Gesellschaftssystemen.

Deduktion / deduktive Methode (lat. deducere, deductio: herabführen) D. ist der Schluß oder die Ableitung von allgemeinen Aussagen auf weniger allgemeine oder besondere Aussagen durch logische Regeln. In der ⁊Ethik spricht man von D. oder d.M., wenn von ⁊Prinzipien oder allgemeinen Imperativen auf konkrete Handlungsanweisungen geschlossen wird. Ihr Gegensatz ist die ⁊Induktion beziehungsweise die induktive Methode.

Deontologie / Deontologische Ethik (gr. deon: das Seinsollende, die Pflicht) Die D.E. macht die moralische Verbindlichkeit von ⁊Handlungen und ⬈Normen an unveräußerlichen ⬈Prinzipien fest, von denen sich die situative Bestimmung des Pflichtgemäßen (⬈Pflicht) ableitet. Aus deontologischer Sicht realisiert sich ein ⬈Wert unabhängig von der ⬈Intention und dem Resultat (⬈Teleologie) allein im Zusammenspiel von ⬈Haltung und konkreter ⬈Handlung. Defizite jeder D.E. sind einerseits die inhaltliche Unbestimmtheit, andererseits die Unvereinbarkeit mit einer Pluralität von Handlungs- und Wertalternativen (Pflichtenkonflikt), bei deren Abwägung und Entscheidung stets über das eigene Programm hinausgegangen werden muß. Der bedeutendste Vertreter der D.E. ist I. Kant.

Deskription / deskriptive Methode (lat. describere: beschreiben) Mit der d.M. bestimmt die ⬈Ethik die Herkunft oder Geltungskraft bestimmter ⬈Normen, ⬈Gesetze, Bräuche oder ⬈Sitten. Auf diesem Hintergrund fragt sie nach den Begründungen von Normen, nach Kriterien für den Prozeß der Normfindung oder nach den Sprachformen, in denen sittliche Einsichten und Urteile ausgedrückt werden. ⬈ Artikel »Zugänge«

Determination (lat. determinatio: Fremdbestimmung) meint die Bedingtheit menschlichen ⬈Handelns durch biologische, soziale und transzendente ⬈Dispositionen. ⬈Artikel »Freiheit«

Diskurs / Diskursethik (lat. discurrere: hin und her laufen, etwas erörtern) D. bezeichnet in wissenschaftlichem Kontext die systematische Vorgehensweise im Aufbau von Gedanken und Abhandlungen. Die D.E. klärt den formalen Rahmen für die argumentative Prüfung von Geltungsansprüchen und die daraus resultierende Begründung von ⬈Normen. Die D.E. sucht verständigungsorientierte Konfliktlösungen, die möglichst unbeeinträchtigt von Nützlichkeits- und Erfolgskalkülen die qualifizierte Zustimmung aller möglicherweise Betroffenen erhalten können. Problematisch scheint der Umstand, daß die Interessen etwa von Kindern oder Tieren nur stellvertretend eingebracht werden können. Historisch ist die D.E. abhängig von I. Kants ⬈Prinzip der Verallgemeinerung von ⬈Normen (Universalisierungsprinzip), von der sprachbezogenen Wende der Analytischen Philosophie sowie von der dialektischen Gesellschaftskritik der Frankfurter Schule. Entwickelt wurde die D.E. von J. Habermas und K.-O. Apel.

Disposition (lat. dispositio: Anordnung) heißen die Strukturen und Bedingungen menschlichen Lebens in biologisch-psychischer, sozialer und transzendenter Hinsicht. ⬈Artikel »Freiheit«

Emanzipation (lat. emancipare: jemanden für selbständig erklären) meinte ursprünglich im römischen Recht die Entlassung eines Hausangehörigen in die Selbständigkeit (jemand wird emanzipiert). Seit der Französischen Revolution beschreibt E. die Prozesse, in denen sich Gruppen oder Individuen aus wirtschaftlichen, politischen, sozialen und kulturellen Abhängigkeiten befreien (jemand emanzipiert sich).

In der neueren Philosophie hat insbesondere die Kritische Theorie der Frankfurter Schule (Th. Adorno, M. Horkheimer) ein emanzipatorisches Erkenntnisinteresse, bei dem es um die Befreiung aus instrumentalisierenden Strukturen geht. Als befreiender Prozeß wirkt E. handlungsermöglichend und geht so als Selbstbefreiung der Selbstgesetzgebung (↗Autonomie) voraus.

Empirie / Empirismus (gr. empeiria: Erfahrung) Empirie meint eine auf Wahrnehmung (Sinneserfahrung) und ihrer Verarbeitung (Reflexion) beruhende Erkenntnisweise. Empirismus ist eine philosophische Strömung, die in der Empirie den Ursprung und die einzige Quelle der Erkenntnis sieht und metaphysische Spekulationen ausschließt. Hauptvertreter sind J. Locke und D. Hume. Im 20. Jahrhundert vertrat der ›Wiener Kreis‹ (besonders R. Carnap) einen logischen Empirismus, der auf Mittel der mathematischen Logik zurückgriff. Kritisch zum Empirismus ist anzumerken, daß die Fähigkeiten, ↗Erfahrungen zu machen und zu verarbeiten, außerhalb der Erfahrung liegen und somit vorgegeben sind. Somit kann Empirie nicht die einzige Quelle der Erkenntnis sein. Empirische Erkenntnisse z.B. der Sozial- und ↗Humanwissenschaften sind ethisch relevant, weil sie sittliche Handlungsziele kritisch auf die Möglichkeit ihrer Einlösung hin hinterfragen.

Entscheidungsfreiheit steht für den inneren Entscheidungsraum des Menschen und bezeichnet seine Fähigkeit, sich ↗Ziele zu setzen und nach vernunftgemäßen Mitteln und Wegen zu suchen, diese auch zu verwirklichen. ↗ Artikel »Freiheit«

Epikie (gr. epikeia: Nachsicht, Milde) ist die individuelle Fähigkeit, eine ↗Norm gemäß ihrer eigenen Absicht bzw. ↗Wahrheit in solchen ↗Situationen zu verbessern, in denen die Norm aufgrund ihrer Allgemeinheit nicht genügt. Die E. anerkennt zwar die Norm, berücksichtigt aber im Gegensatz zu ihr die oftmals ungewöhnlichen inneren und äußeren Umstände des Lebens, ↗Handelns und der konkreten Situation.

Erfahrung läßt sich in drei Bedeutungsebenen entschlüsseln. Als Widerfahrnis betrifft die E. das unmittelbare, individuelle Erleben, als ↗Empirie betrifft sie das objektive, methodisch abgesicherte Wissen, als ↗Tradition steht sie für vermittelte und überlieferte Einsichten. ↗ Artikel »Vernunft – Natur – Erfahrung«

Erfolg / Erfolgsethik E. ist das in der Regel positive Ergebnis eines auf einen bestimmten ↗Zweck ausgerichteten menschlichen ↗Handelns. Die E.E. bewertet die sittliche Qualität einer bestimmten ↗Handlung nicht anhand der ↗Intention, sondern der tatsächlichen Folgen. Bei ihr stehen, im Gegensatz zur ↗Gesinnungsethik, die sicht- und meßbaren Wirkungen des Handelns im Mittelpunkt. Im Gegensatz zur ↗Verantwortungsethik prüft die E.E allein den unmittelbaren E. einer Handlung. Die beiden Abgrenzungen machen auf die Grundprobleme der E.E. aufmerksam.

Ethik heißt die wissenschaftliche Reflexion auf das moralische Verhalten und das sittliche Handeln und Urteilen unter der Perspektive von ↗Richtig und ↗Gut. ↗ Artikel »Zugänge«

Ethos bezeichnet die Lebensformen eines Individuums, einer (Berufs-) Gruppe oder einer Gesamtgesellschaft, die von bestimmten Grundhaltungen und einer gewissen Rationalität geprägt sind. ↗Artikel »Zugänge«

Eudämonismus / eudämonistische Ethik (gr. eudaimonia: Glückseligkeit) Der E. umfaßt diverse Lehren der philosophischen Ethik, denen die Ausrichtung auf ein glückendes, gutes Leben gemeinsam ist. Der klassische tugendethische E. hält das dauerhafte Im-Glück-Sein, anstatt nur sporadisch ↗Glück zu haben, für das höchste sittliche ↗Gut (↗Tugendethik), der hedonistische E. sieht im körperlichen Luststreben das ethisch letzte ↗Ziel (↗Hedonistische Ethik), der ontologische E. in der paradiesischen Erfüllung aller Bedürfnisse. Jeder E.E. liegt ein positives ↗Menschenbild zugrunde, das die vollendete Realisierung der Glücksfähigkeit, der höchsten menschlichen Fähigkeit, als möglich und wünschenswert erscheinen läßt. Im Unterschied zum individualistischen Glücksbegriff des modernen Konsumbetriebes ist in der antiken Glückskonzeption der Aspekt der Selbstbeschränkung angelegt. Angesichts sozialer, ökonomischer und ökologischer Gefahrenpotentiale wird die E.E. in der modernen Ethikdiskussion wieder aufgegriffen (A. MacIntyre, O. Höffe). Klassischer Vertreter der E.E. ist Aristoteles.

Existenz / Existentialistische Ethik (lat. exsistere: ins Licht heraustreten) Erst in der Neuzeit wurde der einzelne Mensch als Individuum zum Gegenstand von Reflexion. Die scholastische Theologie unterschied zwischen der essentia (Was-sein) als ewiges Sein einer Sache und der existentia (Daß-sein) als bloße Faktizität. Dadurch geriet der E.begriff zu einer peripheren, dem Wesensdenken untergeordneten Kategorie. Erst mit S. Kierkegaard etablierte sich der moderne E.begriff als eine je einmalige, verantwortliche Vollzugsweise personalen Daseins. Dieses subjektbezogene E.verständnis als ethisches Verhältnis zu sich selbst wie zu einem Unendlichen wurde von weiteren Philosophen und Theologen fortgeführt (M. Heidegger, K. Jaspers, J.P. Sartre, G. Marcel, K. Rahner, R. Bultmann). Diese legten allerdings keine explizite Ethik vor, so daß die E.E. stets implizit aus ihren Werken erschlossen werden muß.

Feminismus / Feministische Ethik (lat. femina: Frau) Der F. als Wissenschaft umfaßt eine Vielzahl von Ansätzen etwa auf den Gebieten Geschichte (H. Göttner-Abendroth, M. Daly), Philosophie (A. Pieper), Theologie (E. Wendel-Moltmann, B.W. Harrison) und Linguistik (L. Pusch, S. Trömel-Plötz), die das gemeinsame Anliegen verbindet, jeglichen Androzentrismus zu überwinden. Während die Emanzipationsbewegung die gleichberechtigte Teilnahme der Frau am bestehenden Gesellschaftssystem anstrebt, fordert der F. eine radikale Bewußtseinsänderung zur weltweiten Beendigung der wirtschaftlichen, sozialen und sexuellen Diskriminierung der Frau. Ausgehend von S. Beauvoirs Unterscheidung der sozio-kulturell bestimmten Geschlechtsidentität (Genus) von der biologischen (Sexus) fragt die F.E. nach der Möglichkeit einer spezifisch weiblichen Ethik. Hierbei treten Konzepte der Fürsorge, Konkretheit und Zärtlichkeit jenen traditionellen der ⟋Gerechtigkeit, ⟋Pflicht und Rationalität gegenüber. Die F.E. formuliert die Utopie einer ganzheitlichen Ethik des Menschlichen jenseits der Geschlechterdifferenz (z.B. C. Gilligan, S. Benhabib).

Freiheit bezeichnet die Möglichkeit, ⟋Handlungen aus sich selbst zu vollziehen, unabhängig von äußeren Einflüssen. Sie schlüsselt sich nach Kant auf in die negative Freiheit als Freiheit von äußeren und inneren Zwängen und in die positive Freiheit als Freiheit zu Entscheidungen und Handlungen. ⟋ Artikel »Freiheit«

Fundamentalethik / Fundamentalmoral ⟋Allgemeine Ethik

Gebot heißen sittlich verbindliche Forderungen für das menschliche ⟋Handeln sowie solche Forderungen, die als ausformulierter Willen Gottes interpretiert werden (bspw. ⟋Dekalog; G. der Nächstenliebe). G.e sind, im Gegensatz zu ⟋Gesetzen, nicht rechtlich, sondern allein sittlich zu verstehen. In G.en sammeln sich Lebenserfahrungen und Werterkenntnisse, die sittliche Urteile und konkrete Handlungsentscheidung steuern, stützen oder hinterfragen. Umgekehrt ist die Geltung von G.en stets neu unter Berücksichtigung des sich wandelnden Kontextes von Urteilen und Handlungen und des sittlich Angezielten zu überprüfen. Grundsätzlich haben G.e – gegen jede ideologische Verzerrung – den Kriterien der Vernünftigkeit, der Einsehbarkeit und der Kommunikabilität zu gehorchen und müssen argumentativ ausgewiesen werden.

Geltung meint das faktische In-Kraft-Sein von bestimmten Verhaltensvorschriften durch Sitte und Recht. ⟋ Artikel »Normen«; »Öffentliche Moral«

Genethik (gr. genesthai: werden, entstehen) Innerhalb der Genetik, der Lehre von den Prozessen der Vererbung und der Entstehung und Entwicklung des Lebens, werfen sich eine Reihe ethischer Probleme auf, die in der G. verhandelt werden. Sie betreffen sowohl den Bereich der Humangenetik (Genetische Beratung, Vorgeburtliche Diagnostik) wie auch die Tierforschung und ökologische Problemfelder. Normativ leitend ist hier die Frage nach der Richtigkeit und Gutheit der Mittel und der angestrebten ⟋Ziele.

Gerechtigkeit (ahd. gireht: geradlinig, tauglich) In der griechischen Antike galt die G. als die fundamentalste der vier Kardinaltugenden (⟋Tugend). Platon bestimmte die G. als das eigentlich ⟋Gute, dessen Verwirklichung er mit einer entsprechenden staatl. Herrschaftsform verband. Aristoteles faßte die G. als »Gut des anderen« und unterschied zwischen Verteilungsg. und Ausgleichsg. Das biblische Denken stellte die G. in einen Zusammenhang mit einem gerechten Gott, der als Quelle von ⁊Recht und Heil galt, aber auch als gerechter Richter verstanden wurde.

Gesetz heißt in allgemeiner Hinsicht der Zusammenhang von Dingen, Erscheinungen oder Vorgängen in ⁊Natur, ⁊Wissenschaft und Gesellschaft, der ihr ⁊Verhalten, ihren Ablauf und ihre Konsequenzen eindeutig bestimmt. G. bezeichnet somit jede Form von Regelmäßigkeit, der zugleich eine Ordnungsfunktion zukommt. Dabei lassen sich Natur.e und normative G.e (⁊Norm) unterscheiden, die sich wiederum in Rechtsg.e und moralische G.e (⁊Sittengesetz) ausdifferenzieren. Während sich Rechtsg.e allein auf eine äußere Vorschrift beschränken, beziehen sich moralische G.e auch auf die innerpsychische Einstellung des Handelnden. Das Grundproblem der moralischen G.e ist ihre Begründung (⁊Letztbegründung).

Gesinnung / Gesinnungsethik (mhd. gesinnen: denken, streben; mhd. gesinnet: mit Sinn und Verstand begabt) Der Begriff G. bezeichnet die Gesamtheit persönlicher Moral- und Wertvorstellungen, die das sittliche Urteilen und ⁊Handeln motivieren. Die G. formiert sich im Spannungsfeld erfahrungsmäßiger und traditionaler Ansprüche von ⁊Gewissen und Gesellschaft. Die G.E. bemißt die moralische Qualität einer Handlung hauptsächlich an der zugrundeliegenden inneren ⁊Intention und Überzeugung des Individuums und betont deren Eigenwert.

Gewissen (ahd. gawazzani, mhd. gewizzen: etwas sicher wissen) steht für die diagnostische, kritische und kreative Kraft des Menschen zur praktischen Selbstverständigung und die unbedingte Verpflichtung, selbst sittlich zu urteilen und zu handeln. ⁊ Artikel »Gewissen«

Gewohnheit ist eine individuelle und gesellschaftliche Verhaltensweise, die im Alltag eingeübt und bevorzugt wird bzw. sich mit der Zeit von selbst einstellt (auch: Routine). Sie entstammt der Nachahmung und der Wiederholung. Die Spannweite der G.en reicht von der Sprache bis hin zu moralischen Einstellungen. Ohne solche G.en ist menschliches Leben nicht denkbar. In sittlicher Hinsicht führen G.en individuell zu stabilen guten (⁊Tugend) und schlechten (⁊Laster) ⁊Haltungen, in Gesellschaften dagegen zu Brauch und ⁊Sitte. Der ethischen Reflexion kommt die Aufgabe zu, G.en auf ihre Vernünftigkeit hin zu überprüfen und kritisch zu hinterfragen.

Glaube bezeichnet eine bestimmte Form des Fürwahrhaltens und äußert sich in drei Grundgestalten: als gläubiges Vertrauen (personaler Glaubensvollzug), als Glaubenswissen (theologisch reflektierte Inhalte des Glaubens) und als Glaubenserfahrung (existentielles Glaubenserlebnis). ⁊ Artikel »Glaube«

Glück ist ein ⁊Ziel menschlichen ⁊Handelns und Lebens, das die Erfüllung aller Wünsche und Bedürfnisse bezeichnet und sich im Gelingen einstellt. Die ⁊Ethik beschreibt G. als G.seligkeit (⁊Eudämonismus), als Ideal der Einbildungskraft, die Erfüllung aller Interessen und

Sehnsüchte (S. Freud) sowie als der Zustand der relativ größten Interessens- und Bedürfnisbefriedigung (⚹Hedonismus, ⚹Utilitarismus). Alle G.sbegriffe zielen auf die innere Verfassung des Menschen und seine Lebensweise. Die ⚹Theologische Ethik macht hierbei auf die Differenz zwischen Wollen und ⚹Können aufmerksam, und verweist auf einen G.sbegriff, der das G.sverlangen im Heute und das noch ausstehende G. gleichermaßen umfaßt. Zudem relativiert das Wissen um die Begrenzung des Menschen die Vorstellungen vom beliebig machbaren G. und weist moralische Rigorismen sowie falsch verstandene Askese zurück.

Goldene Regel ist ein kulturübergreifendes sittliches ⚹Prinzip, das den Menschen mit einem bestimmten ⚹Anspruch an sich selbst konfrontiert. Sie tritt in einer positiven (Alles, was Du von anderen erwartest, tue auch ihnen) wie einer negativen Fassung (Was Du nicht willst, das man dir tu, das füge auch keinem anderen zu) auf. Die G.R. gibt sich als Maßstab für ein ⚹Handeln zu erkennen, das auf Absicherung, Wahrung und Entfaltung der menschlichen ⚹Freiheit im sozialen Miteinander gerichtet ist. Sie stellt den Umgang der Menschen mit sich selbst und anderen in einen Zusammenhang und zielt auf eine Balance von Ich- und Fremdinteressen, die sich als Voraussetzung für ein vernunftgemäßes soziales Handeln verstehen läßt. Zudem verkörpert sie das Moment der Wechselseitigkeit des Handelns im Bezug auf andere. Die G.R. formuliert ein formales Handlungsprinzip und damit ein maßgebliches Beurteilungskriterium für sittliche Handlungen und ⚹Normen, nicht aber eine konkrete Norm.

Gültigkeit bezeichnet die sittliche Richtigkeit von bestimmten Verhaltensvorschriften. ⚹Artikel »Normen«; »Öffentliche Moral«

Gut, ein / Güter G. ist ein vom Menschen angestrebtes Objekt, das seinen Interessen entspricht, seine Bedürfnisse erfüllt oder ihn selbst ganz allgemein erhält oder ergänzt. Dazu zählen mit dem Menschen innerlich verbundene G.er (Wissen, ⚹Tugend, körperliche G.er wie Kraft oder Ausdauer) und von außen an den Menschen herantretende G.er (wirtschaftliche G.er wie Sachg.er; Dienste; nichtwirtschaftliche G.er wie Ehre oder ⚹Freiheit). Der Wert der G.er ist unterschiedlich: G.er sind nicht schon deshalb ⚹gut, weil sie angestrebt werden. Der Begriff der G.er läßt vielmehr die Frage offen, ob und warum sie gut sind.

gut bezieht sich wie böse auf die ⚹Gesinnung des Handelnden. G. nimmt eine Bewertung vor und beschreibt keinen Sachverhalt. G. ist somit ein Gütesiegel für ⚹Personen, ⚹Handlungen, Mittel und ⚹Ziele. Die Bewertung g. beschreibt inhaltlich das, was den Menschen auf dem Weg zu seinem Menschsein unterstützt, im Gegensatz zu böse, das ihn davon wegführt. Das ⚹Gute und das ⚹Glück sind allerdings nicht identisch. So zieht ein gutes Handeln nicht zwangsläufig das Glück nach sich.

Gute, das heißt im engeren Sinne das ⚹Ziel, ein Beweggrund oder Beurteilungsmaßstab für menschliches Leben und ⚹Handeln. Im weiteren

Sinne steht das G. auch für Entwicklungen oder Ereignisse, für ein Muster, einen Seinsgrund oder Sinnhorizont. Mit dem G.en wird ethisch die grundlegende Orientierung für das menschlichen Handeln und Leben bestimmt. Von hier aus können bestimmte ↗Haltungen und ↗Handlungen als vernünftig oder richtig charakterisiert werden.

Güterabwägung umschreibt einen methodischen Weg, wo mehrere ↗Güter miteinander konkurrieren, eine Rangordnung dieser aufzustellen, die es erlaubt, einem Gut den Vorzug zu geben (Bsp. für die G: Das Problem der Abtreibung. Konkurrierende Güter: Lebens des Kindes; Selbstverwirklichungsrecht der Frau, des Paares). In der ↗Theologischen Ethik wird die ↗Menschenwürde als höchstes Gut verstanden. Die Methode der G. bezieht sich unter dieser Prämisse vor allem auf das ↗Prinzip »Gemeinwohl geht vor Eigenwohl« und die Suche nach dem kleinsten Übel, wenn eine ↗Handlung eine doppelte Wirkung nach sich ziehen kann.

Haltung (mhd. haltunge: Gewahrsam, Benehmen) bezeichnet in ethischer Hinsicht die zur verläßlichen, sich durchhaltenden ↗Gewohnheit gewordene ↗Gesinnung. (↗Tugend).

Handeln / Handlung Handeln und Handlungen sind Grundweisen menschlichen Lebens. Handeln (actus humanus) ist als kontextabhängiges, ziel- oder zweckgerichtetes, (teil)bewußtes Tun eine spontane oder überlegte Antwort auf konkrete Situationen. ↗ Artikel »Handeln«

Handlungsfreiheit meint den äußeren Handlungsraum der ↗Freiheit. Sie läßt den Menschen zwischen mehreren sich bietenden Handlungsoptionen wählen und ermöglicht es ihm so, seine Ziele zu verwirklichen. ↗ Artikel »Freiheit«

Hedonismus / Hedonistische Ethik (gr. hedone: Freude, Lust, Vergnügen) Unter dem Begriff H. werden philosophische Lehren gefaßt, die den größtmöglichen Genuß als das höchste ↗Gut beschreiben (Aristipp) und darüber hinaus die Dauerhaftigkeit der Freude und die möglichst minimale Beeinträchtigung anderer einschließen (Epikur). Auf psychologischer Ebene behauptet der H., daß alles ↗Handeln durch das Luststreben motiviert ist. Die H.E. als Variante des ↗Eudämonismus erhebt diese Einsicht zur Handlungsnorm. Während die antike H.E. in der Regel individualistisch, als private Lebenskunst, angelegt war, tritt im französischen Materialismus des 18.Jhs. (J.O. Lamettrie, C.A. Helvétius, P.H. Holbach) und besonders im englischen ↗Utilitarismus des 19.Jhs. (›größtes ↗Glück der größten Zahl‹ [J.S. Mill]), eine universalistische Sicht in den Vordergrund. Die Kategorie Lust scheint heute als verbindliches Fundament des Sittlichen nur haltbar, wenn sie von der primären Sicherheit, Wohlfahrt und ↗Freiheit des anderen her erlebt und erklärt wird.

Hermeneutik / Hermeneutische Methode (gr. hermeneuein: verkünden, auslegen) H. ist die Lehre vom Verstehen. Der philosophischen H.

geht es darum, die Bedingungen des Verstehens (das zu Verstehende, der Verstehende) zu klären (H.-G. Gadamer). Die h.M. zielt auf die Auslegung und Deutung von Texten und ist deshalb eine wichtige Erkenntnisweise der Geisteswissenschaften. Zum einem läuft die Interpretation in einem Zirkel zwischen dem Text, der ausgelegt wird, und dessen sinngebenden Zusammenhang ab (hermeneutischer Zirkel). Zum anderen nähert sich der Interpret mit einem bestimmten Vorverständnis dem Text, das dessen Sinnhorizont vorerschließt. Dieses Vorverständnis erweitert sich durch die Arbeit am Text, so daß ein weiteres Herangehen an den Text mit einem korrigierten und vertieftem Vorverständnis unternommen wird und so neue Erkenntnisse möglich sind (hermeneutische Spirale). Für die ↗Ethik ist die Hermeneutik vor allem als wissenschaftliche Methode von Bedeutung.

Heteronomie (gr. heteros: andersartig, fremd; gr. nomos: Gesetz) bezeichnet im Gegensatz zu ↗Autonomie eine von inneren und äußeren Antrieben, von Gefühlen, Lust oder Zwang geleitete normative Ausrichtung des Menschen, die ihn fremdbestimmt. ↗ Artikel »Freiheit«

Humanwissenschaften (lat. humanus: menschlich) erfassen ↗Handeln, ↗Verhalten und Leben von Menschen, indem sie biologische, medizinische, psychologische, verhaltenswissenschaftliche und soziologische Momente verknüpfen, und setzen sich so gegen die einzelwissenschaftliche Erforschung des Menschen in Geistes- und Naturwissenschaften zur Wehr. Die Erkenntnisse der H. bilden eine wesentliche Grundlage für die ethische Reflexion, weil sie die empirische Basis für die Auseinandersetzung mit dem Handlungssubjekt und seinen Problemen bereitstellen.

Individualethik ist neben der ↗Sozialethik einer der beiden großen Sachbereiche der ↗Angewandten Ethik. Hier rücken Themen in den Mittelpunkt, die das moralische Subjekt als solches betreffen: persönlichkeits- sowie beziehungs- und bioethische Probleme (↗Bioethik). ↗ Artikel »Annäherungen«

Induktion / induktive Methode (lat. inducere: hineinführen, einführen) bezeichnet im Gegensatz zur ↗Deduktion ein logisches Verfahren zur Gewinnung und Begründung allgemeiner Aussagen oder Tatsachen. Mit der i.M. ist es möglich, von beobachtbaren Einzelfällen auf eine allgemeine Tatsache oder ein allgemeines ↗Gesetz zu schließen. Vor allem in Fragen der Normfindung gewinnt die I. Bedeutung für die ↗Ethik. So kann von ↗Handlungen, die sich als richtig und/oder gut erweisen, auf eine allgemeine ↗Norm geschlossen werden.

Institution heißt jede übergreifende, auf Dauer angelegte funktionale Organisationsform des individuellen und sozialen Lebens. ↗ Artikel »Kirchliche Weisungen«

Intention (lat. intentio: Anspannung, Absicht) heißt ganz allgemein das bewußte Hinzielen auf etwas, in ethischer Hinsicht vor allem die Ausrichtung einer ⟋Handlung auf ein ⟋Ziel oder einen ⟋Zweck. Hierbei ist vor allem an die innere Zielorientierung des Handelnden gedacht, die dem Handeln Sinn und Bedeutung verleiht.

Kasuistik (lat. casus: Fall, Vorkommnis) ist eine methodische Anleitung, allgemeine ⟋Normen auf konkrete ⟋Handlungen anzuwenden. Dabei greift sie auf beispielhafte Einzelfälle zurück. Notwendig ist sie, weil allgemeine Normen oft zu abstrakt für konkrete Fälle sind. Problematisch wird die K. dort, wo sie zu einem umfassenden und detaillierten Gesetzessystem wird und so jeglichen Handlungs- und Freiheitsspielraum ausschließt.

Kategorischer Imperativ heißt bei I. Kant die Richtschnur menschlicher ⟋Autonomie. Seine bekannteste Formulierung lautet: »Handle so, daß die Maxime deines Willens jederzeit zugleich als Prinzip einer allgemeinen Gesetzgebung gelten könne« (Kant: KpV A54). Der k.I. umfaßt die Aspekte der Nachvollziehbarkeit und der Universalisierbarkeit (⟋Universalisierung) von ⟋Maximen.

Kompetenz (lat. competere: zusammentreffen) wird allgemein als Zuständigkeit für eine bestimmte Sache oder Angelegenheit betrachtet. Von sittlicher K. wird dort gesprochen, wo es um die Fähigkeit des Menschen geht, zu seinem ⟋Handeln Stellung nehmen, Handlungsalternativen entwerfen und dementsprechend ⟋richtig bzw. ⟋gut handeln zu können.

Können meint neben den faktischen technischen Fertigkeiten des Menschen auch seine sittlichen Möglichkeiten. Im Gegensatz zum ⟋Sollen hebt der Begriff des K.s vor allem auf die individuellen, anthropologischen und psychologischen Strukturen und Fähigkeiten des Menschen im Bezug auf sein sittliches Tun ab. Von hier aus kann unter ethischer Perspektive gefragt werden, was und wie der einzelne Mensch handeln kann oder wie ein bestimmtes K. ermöglicht werden kann. In diesem Sinne wird auch die sittliche Botschaft Jesu als K.sethik oder Ermöglichungsethik verstanden.

Konsequentialismus ⟋Teleologie

Kriterium (gr. kriterion: Kennzeichen, Mittel zum Prüfen) Ein K. ist eine Bedingung, die für die Geltung bestimmter Aussagen oder Tatsachen Gründe angibt. In ethischer Hinsicht lassen sich mit K.en die Gültigkeit von ⟋Prinzipien, ⟋Werten oder ⟋Normen in einem bestimmten Fall überprüfen oder die abstrakten Prinzipien für eine bestimmte ⟋Situation konkretisieren.

Kultur umfaßt alle Leistungen des Menschen auf der Grundlage seines naturalen Potentials. Die ethische Bedeutung der K. liegt vor allem darin, daß sie ⟋Sittlichkeit und ⟋Moral als Leistung von Menschen zu deuten weiß, die ihre je eigene ⟋Natur in K. auslegen. ⟋ Artikel »Vernunft – Natur – Erfahrung«

Laster bezeichnet als Gegenbegriff zur ↗Tugend eine tadelnswerte Ange-
wohnheit. Von den vier Affekten (Lust, Leid, Begierde, Furcht) der
stoischen Philosophie inspiriert, setzten sich im christlichen Raum sieben L. (Hochmut, Geiz, Unkeuschheit, Neid, Unmäßigkeit, Zorn, Trägheit) durch. L. lassen sich als Lebensweisen interpretieren, die sich, wie
viele andere Lebensweisen auch (Gewinnsucht, Leistungs- und Er-
folgsstreben, Mißachtung der Rechte anderer), gegen den Menschen
selbst und andere Menschen richten können und der Suche nach dem
eigenen Gelingen und ↗Glück entgegenstehen.

Legalität Der von I. Kant eingeführte Begriff L. steht für die ›äußeren‹
Werke des Menschen, die an ↗Zweck und ↗Erfolg orientiert sind, im
Gegensatz zu ↗Moralität. ↗ Artikel »Normen«

Letztbegründung In der Diskussion um die Begründung moralischen
↗Handelns (Warum soll ich überhaupt moralisch sein?) und konkreter
↗Normen (Warum soll ich einer Norm folgen?) ist die L. ein zentrales
Problem. Ein Handeln oder eine Norm ist dann letztbegründet, wenn
sie weiterer Begründungen nicht mehr bedarf. Dies kann unter Bezug
auf ein letztes ↗Prinzip, auf eine transzendentale Größe wie Gott oder
durch Verweis auf die Bedingungen von Argumentationen oder Begründungen überhaupt geschehen (↗Diskursethik). Kritisch ist anzumerken, daß die L. wenn überhaupt nur ein theoretisches Problem
löst, die konkrete Praxis aber nicht inhaltlich zu füllen vermag.

Liebe (idg. leubh: begehren) bezeichnet alltagssprachlich das innige und
dauerhafte Gefühl der Zuneigung zu einem anderen Menschen mit all
seinen freundschaftlichen und begehrlichen Implikationen. L. ist eine
zentrale Kategorie in allen Weltreligionen (z.B. Lev 19,18; 1 Kor 13;
Sure 19,96) und bezeichnet dort eine meist von Gott ausgehende radikale zwischenmenschliche Bezogenheit in Ehrfurcht und ↗Verantwor-
tung. Für die christlichen Konfessionen stellt das L.eskonzept des Jesus
von Nazareth (bedingungslose Gottes-, Nächsten-, Selbst- und Feindes-
L.) die Sinnmitte ihres ↗Glaubens dar.

Maxime (lat. propositio maxime: oberster Vorsatz) nennt man persönliche sittliche Grundsätze. M. erheben in der Regel keinen Allgemeinheitsanspruch, können aber durchaus bewußt so gewählt werden, daß
sie dem ↗Kriterium der Verallgemeinerbarkeit (↗Universalisierung)
im Sinne des ↗Kategorischen Imperativs gerecht werden oder einer
↗Norm entsprechen. ↗ Artikel »Normen«

Medienethik (lat. medium: Mitte, Vermittelndes, Öffentlichkeit) Medien
im engeren Sinne heißen sämtliche kulturellen Einrichtungen, die der
Vermittlung von Informationen, Meinungen, Bildung und Unterhal-
tung dienen können. Die M.E. hat drei Bezugsfelder: die Produktion,
die Distribution und die Rezeption medialer Angebote. Sie will die
↗Verantwortung einerseits der Medienproduzenten, andererseits der
Rezipienten herausstellen und insgesamt zu größtmöglicher ↗Kompe-
tenz im Umgang mit Medien befähigen.

Medizinische Ethik umfaßt alle konkreten sittlichen Probleme bezüglich der Krankheit und Gesundheit des Menschen. Zur Bewältigung dieser Probleme reicht gegenwärtig ein ärztliches Standesethos (Hippokratischer Eid, Genfer Ärztegelöbnis, Deklaration von Helsinki) nicht mehr aus. Aufgrund einer sich in den letzten Jahren durchsetzenden ganzheitlichen Betrachtung des medizinischen Sektors richtet sich die ethische Besinnung auch auf Patienten sowie alle am Gesundheitssystem Beteiligten als Subjekte der ⟋Verantwortung. Von daher sind für die M.E. nicht nur Probleme im Umfeld der Behandlung eines Patienten relevant, sondern auch strukturelle Probleme, die das Gesundheitssystem, die Ökonomie, die Qualität der Gesundheitsvorsorge und politische Entscheidungen betreffen.

Menschenwürde Der Begriff der Würde bezeichnet ein komplexes Beziehungsgefüge zwischen ⟋Wert, Wertbewußtsein und Verhaltenserwartungen. Wo sich dieses Gefüge auf Menschen als Gattungswesen bezieht, wird von M. gesprochen. Das umfassende, kategorische Begriffsverständnis vom Menschen als Würdenträger in eigener Sache geht davon aus, daß der Mensch einen Wert als ⟋Zweck an sich hat (I. Kant). In einem eher beziehungsorientierten Verständnis (P. Singer) wird M. als etwas verstanden, das dem Menschen erst aufgrund bestimmter Fähigkeiten, die ihn vom Tier abheben (Bewußtsein, Kommunikationsfähigkeit, Beziehungsfähigkeit, Verstandestätigkeit), zugesprochen werden kann. Hier könnte dann auch bestimmten Menschen (Behinderte, Kranke, Alte, Säuglinge) die M. abgesprochen werden. Dieser Begriff der M. übersieht aber, daß der Würde auch ein axiomatisches Moment zukommt, das nicht an bestimmte Bedingungen geknüpft werden kann.

Metaethik ⟋Analytische Ethik

Methoden der Ethik Ethische Reflexion stützt sich, wie jede andere wissenschaftliche Reflexion auch, auf Methoden, mit denen sie die Ergebnisse ihrer Reflexion in ihrer Vernünftigkeit einsehbar, diskursfähig und nachvollziehbar machen kann. Methoden sind vorrangig die ⟋Deskription und die ⟋Präskription, die ⟋Deduktion und die ⟋Induktion sowie die ⟋hermeneutische Methode. ⟋ Artikel »Zugänge«

Moral bezeichnet das schriftlich fixierte und mündlich tradierte Regelsystem einer Gesellschaft, das Übereinkünfte in Normen formuliert. ⟋ Artikel »Zugänge«

Moralität ⟋Sittlichkeit

Moralsysteme werden im 17.Jhd. formale Verfahrensvorschriften für die Lösung von Fällen genannt, in denen das ⟋Gewissen im Zweifel über das sittlich Richtige ist, weil die geltende ⟋Norm die spezifische ⟋Situation nicht völlig erfaßt. Fünf M. können unterschieden werden: Sie lassen Handlungen zu, wenn mit Sicherheit feststeht, daß sie gegen keine Norm verstoßen (Tutiorismus; Rigorismus), wenn mehr Gründe für ihre Erlaubtheit sprechen (Probabiliorismus) bzw. die Gründe gleichgewichtig sind (Äquiprobabilismus) oder wenn ernsthafte Gründe (Probabilismus) bzw. nur unbedeutende Gründe für ihre Erlaubtheit sprechen (Laxismus). Problematisch an den M.n ist nicht nur ihre starke rechtliche Färbung. Auch verengen sie die ⁊Ethik auf eine Grenzbestimmung des erlaubten oder verbotenen ⁊Handelns. Positiv machen die M. darauf aufmerksam, daß sich sittliches Handeln sehr oft im unsicheren Raum vollzieht und jeder Mensch seine auch unsicheren Handlungsentscheidungen zu verantworten hat.

Moraltheologie charakterisiert die ethische Reflexion als Disziplin der Theologie. Dieser Begriff wird heute synonym gebraucht mit ⁊Theologischer Ethik.

Motiv / Motivation (lat. motivus: Bewegung auslösend) M. heißen die unterschiedlichsten Beweggründe für das ⁊Verhalten von Menschen. Sie umfassen einfache Triebe bzw. Bedürfnisse (wie Hunger, Durst, Schlaf, Sexualität) wie auch komplexe psychische Strukturen (wie Leistungsmotiv, Fürsorgemotiv). Handlungsmotive kennzeichnen somit eine bestimmte personale Disposition und verweisen auf die dynamische Komponente zielgerichteter Handlungen. Damit ermöglichen sie die Einordnung einer ⁊Handlung in den biographischen Gesamthorizont des Handlungsträgers und lassen erkennen, wieso im Zusammenspiel von ⁊Situation, ⁊Person und Handlung individuelle Unterschiede zu Tage treten. M.ation heißt dagegen das Zusammenwirken der Gesamtheit von M.en, die zu einer Handlung anregen. Im weitesten Sinn wird mit dem Modell der M.ation erklärt, warum und wie Verhalten in spezifischen Situationen an bestimmten ⁊Zielen orientiert ist und auf die Zielerreichung hin gesteuert wird.

Nachfolge meint ein Grundverhalten, das einem Vorbild folgt (Vorbild-Nachfolge-Schema). Seit dem Urchristentum wird die Entscheidung zur Person Jesu und die Bereitschaft, seine Botschaft in kreativer und phantasievoller Art und Weise in das eigene Leben zu übersetzen, mit dem Begriff der N. belegt. Hieraus ergeben sich Impulse für das ⁊Handeln, die sich in der Suche nach der größeren ⁊Gerechtigkeit und der Humanität überhaupt realisieren.

Nächstenliebe heißt die vorurteilsfreie, unmittelbare Zuwendung zum anderen. Das Prinzip der N. gehört zum Grundbestand der christlichen Ethik. Traditionell wurde es häufig mit Selbstverleugnung und Selbstaufgabe zusammengedacht. Dabei ist übersehen worden, daß biblisch (vgl. Mt 22,39) Nächsten-, Selbst- und Gottesliebe untrennbar zusammengehören.

Narrative Ethik (lat. narratio: Erzählung) Die N.E. versucht zu einem ⁊Handeln zu motivieren, das sie aus Erzählungen erschließt, die aufgrund ihres paradigmatischen Charakters überzeugen und zur Nachahmung auffordern. Sie stützt sich auf die im Prozeß des Zuhörens deutlich werdende Rationalität, die sich aus dem Vorbildcharakter der erzählten Handlungen ergibt. Eine narrativ ausgerichtete ⁊Theologische Ethik erschließt z.b. die Bedeutung und Relevanz der erzählten Jesus-Geschichte wie der Erzählungen Jesu, die als paradigmatisch für menschliches Handeln gedeutet werden. Die N.E. zielt insgesamt durch ihren Verweis auf Modelle gelingenden Handelns auf ⤻Haltungen, nicht auf ⤻Normen.

Natur des Menschen umfaßt seine biologisch-genetischen Grundvoraussetzungen (conditio humana) und die als naturales Vermögen beschriebene Vernunft (Vernunftnatur). ⤻ Artikel »Vernunft – Natur – Erfahrung«

Natürliches Sittengesetz / Naturgesetz Die Theorie des n.S.es (lat. lex naturalis) geht von der Natur des Menschen als unveränderliche ⤻Norm des sittlichen Handelns aus und betrachtet das n.S. als zur Ausstattung des Menschen gehörig. In der ⤻Theologischen Ethik bezeichnet das n.S. den Aspekt des ewigen ⤻Gesetzes Gottes (lat. lex aeterna), an dem der Mensch kraft seiner ⤻Vernunft teilhat (Thomas v. Aquin). Damit steht das n.S. oder auch das N. für die Ausrichtung des Menschen auf das durch die Vernunft erkennbare sittlich Richtige. Gott stattet die Menschen mit der Vernunft aus, durch die dieses Richtige erkennen können. Konkrete Handlungsinhalte können nicht aus einem Gesetz Gottes abgeleitet werden, sondern sind mittels der praktischen Vernunft zu erschließen.

Norm (lat. norma: Winkelmaß, Regel) heißen Regelsysteme und Regelformen menschlicher Welt- und Lebensgestaltung, die einen generellen Verbindlichkeitsanspruch erheben, der befolgt werden soll, aber zugleich der Anerkennung bedarf. ⤻ Artikel »Normen«

Normative Ethik versucht ⤻Handlungen zu begründen und zu ermöglichen, indem sie in einem rationalen ⤻Diskurs vernünftige Handlungsvorgaben erarbeitet. Zur Begründung dieser stützt sie sich auf ⤻Prinzipien (bspw. ⤻Freiheit). N.E. sind in diesem Zusammenhang alle ⤻teleologischen und ⤻deontologischen Typen der Ethik, nicht aber die ⤻Metaethik oder deskriptive Ethiken.

Normative Kraft des Faktischen bedeutet, daß bestimmte empirische Fakten, Wertvorstellungen oder Verhaltensweisen aufgrund ihrer Geltung zugleich ihre Gültigkeit suggerieren und so nur eine mögliche Handlung zulassen wollen.

Ökologische Ethik ⤻Umweltethik

Paränese (gr. parenesis: Ermahnung) ist der ermunternde, ermahnende Teil einer Predigt oder einer ethischen Mahnrede. Sie erinnert (er-) mahnend an moralisch geltende Vorstellungen. Die Bedeutung der P. liegt in ihrer Unmittelbarkeit. Dabei steht sie aber in der Gefahr, zu überreden, ideologisch zu sein und sich von Sachargumenten zu lösen.

Person (lat. persona: Antlitz, Maske, Charakter, Image) bezeichnet nach der Definition des mittelalterlichen Theologen Boëthius die »unteilbare Substanz vernunftbegabter Wesen«. Das Verständnis vom Menschen als P., die frei von ↗Determination über sich selbst verfügt und handelt, setzt sich allerdings erst mit der neuzeitlichen Aufklärung durch. Im dialogischen Personalismus (M. Buber, F. Ebner, F. Rosenzweig) gibt sich zudem ein relationaler Begriff von P. zu erkennen, der sich in der tätigen zwischenmenschlichen Beziehung von Du und Ich realisiert. Darüber hinaus wird in der heutigen Diskussion um die P. einerseits die Trennung von moralischem P.en-Begriff und biologischem Begriff vom Menschen unternommen (J. Fletcher, P. Singer), andererseits stärker auf die P. als ganzheitliches Wesen aus Leib und Geist abgehoben (P. Lersch, J. Splett).

Personalistische Ethik gründet auf einem Verständnis von ↗Person, welches das sittliche Individuum als Grundzelle im sozialen Vernetzungszusammenhang sieht. Der P.E. zufolge steht der einzelne, in seiner Eigenart besondere und unersetzliche Mensch voll verantwortlich im Beziehungsfeld von Selbst, Außenerwartung (↗Sitte, ↗Norm, ↗Recht) und Welterschließung (Mobilität, Sprache, Genuß).

Pflicht heißt ein ↗Anspruch, der in bestimmten ↗Situationen und Zusammenhängen festgelegte ↗Handlungen verlangt. Diese sittliche Forderung kann sowohl von außen (Erwartungen, Wertvorstellungen von Gruppen und Gesellschaften) als auch von innen an Handelnde herangetragen werden. In ethischer Hinsicht nötigt die P. zu einer Handlung mit Blick auf ein unbedingtes moralisches ↗Gesetz, ohne aber die ↗Freiheit der ↗Person zu leugnen. Vielmehr ergibt sich die Verbindlichkeit einer P. aus ihrer Einsehbarkeit und Vernünftigkeit.

Präskription / präskriptive Methode (lat. präscribere: vorschreiben) Mit der p.M. sucht die Ethik nach verbindlichen Maßstäben für das ↗Handeln. Unter Berücksichtigung der Beurteilungskriterien und vor dem Horizont von Wertvorstellungen sowie einer bestimmten Sicht auf den Menschen und seine Welt kommt sie deshalb in spezifischen Fällen zu bestimmten Urteilen. ↗ Artikel »Zugänge«

Praxis Der Begriff der P. wird zum einen alltagssprachlich verwendet und meint sowohl spezifische Berufsausübungen als auch die durch mehrjährige Ausübung erworbene Erfahrung (z.B. Berufspraxis). Zum anderen ist P. auch ein philosophisch gedeuteter Begriff und meint bei Aristoteles eine ↗Handlung, die um ihrer selbst willen vollzogen wird, während Poiesis Handlungen bezeichnet, die um eines ↗Zweckes willen geschehen, im Sinne des Herstellens. P. ist somit menschliche Tätigkeit, die ihre Wertigkeit nicht vom zu erreichenden ↗Ziel her definiert, sondern aus sich selbst heraus. I. Kant bezeichnet als praktisch alles, was ein ↗Sollen ausdrückt. Die ↗Maximen des Handelns des einzelnen unterliegen der praktischen Vernunft, weil sie definieren, was sein soll, während die theoretische Vernunft zur Kenntnis nimmt, was da ist. In diesem Sinne wird P. im ethischen ↗Diskurs verwandt. K. Marx schließlich rückt die P. in das Zentrum seiner Philosophie. Er definiert

P. als materielle Produktion, die die Grundlage der gesellschaftlichen Verhältnisse darstellt. An P. muß sich jede Theorie messen lassen, verändernd wirksam wird Theorie erst durch revolutionäre P. Damit wird deutlich, daß menschliche Tätigkeiten nicht nur eine Bedeutung für den Handlungsträger haben, sondern auch dessen gesellschaftlich-kulturelles Umfeld mitbestimmen.

Praktische Philosophie Aristoteles unterscheidet die theoretischen Disziplinen der Philosophie (Physik, Metaphysik, Mathematik) von den praktischen (↗Ethik, Ökonomie, Politik). Diese beziehen sich auf das ↗Handeln der Menschen und haben die Glückseligkeit (↗Eudämonismus) im Blick. Im weiteren Verlauf der Philosophiegeschichte verengt sich der Begriff der praktischen Philosophie auf die Moralphilosophie. Erst in jüngerer Zeit etabliert sich wieder ein Begriff von P.P. im Sinne einer umfassenden Reflexion auf das Leben und Handeln von Menschen.

Prinzip heißen letzte praktische Grundsätze wie die ↗Goldene Regel, die prima principia, der ↗kategorische Imperativ und letzte Bezugsgrößen der ethischen Reflexion wie ↗Liebe, ↗Freiheit oder ↗Menschenwürde. ↗Artikel »Normen«

Proprium (lat. das Eigene) bezeichnet das einem Gegenstand Eigentümliche, ohne das er nicht beschrieben werden kann. So ist bspw. das P. der meisten religiös verorteten Ethiken der Glaube an Gott. Die Frage nach dem P. der christlichen Ethik, nach inhaltlichen Normen, die nur aus dem Glauben heraus verstehbar sind, hat die Diskussion in der Theologischen Ethik in den letzten Jahrzehnten bestimmt. Die Bibelexegese konnte deutlich machen, daß es sich bei den Normen und Handlungsvorgaben der Bibel nicht um spezifisch christliche, sondern um allgemein menschliche Normen handelt, die aus dem jeweiligen zeitlichen Kontext des Verfassens der Texte stammen. Das P. der christlichen Ethik wird deshalb nicht durch materiale Normen, sondern durch den Glauben an Jesus Christus und die praktische Realisierung seiner Botschaft bestimmt. Weiterhin gehört in den Bereich der Frage nach dem P. die Art und Weise, wie die Theologische Ethik am ethischen Gespräch mit Nichtglaubenden teilnimmt, d.h. wie sie ihr P. anderen verstehbar machen kann.

Quellen der Sittlichkeit einer Handlung Die Bestimmung der ↗Sittlichkeit einer Handlung speist sich aus unterschiedlichen Quellen und Kontexten. Die ↗Moraltheologie (Thomas von Aquin) zieht hierfür drei Q.d.S. heran: das Objekt (der Gegenstand der ↗Handlung), die Umstände (die ↗Situation) und der ↗Zweck (die ↗Intention des Handelnden). Die modernen ↗Humanwissenschaften machen darauf aufmerksam, daß die sittliche Handlung durch eine Vielzahl weiterer Faktoren zu bestimmen ist (Biologie, Psychologie, Soziologie des Handelns).

Recht ist im ›objektiven‹ Sinn ein Instrument zur Regelung gesellschaftlicher Ordnung. Dafür greift es auf ungeschriebene und geschriebene ↗Gesetze zurück. ↗ Artikel »Normen«

Richtig Die Wertung, etwas sei r. bezieht sich wie die Wertung, etwas sei falsch, auf die objektiven (Mittel, Folgen) und subjektiven Seiten (Angemessenheit) einer ↗Handlung. R. ist dann eine Handlung, die in Übereinstimmung mit allen für sie wichtigen Regeln und Grundsätzen steht, der ↗Situation gerecht wird und der inneren Richtigkeit des Handelnden entspricht.

Schöpfung umschließt im theologischen Sinn zwei Phänomene: zum einen den Schöpfungsakt als solchen, wie er in den Schöpfungserzählungen in Gen 1-2 tradiert wird und zum anderen die geschaffene Wirklichkeit zu der die Menschen, die Tier- und Pflanzenwelt, sowie die Erde und den ganzen Kosmos gehören. Gott wird als Schöpfer in zweierlei Hinsicht verstanden, als Erzeuger und als Garant der Schöpfung. Innerhalb der Schöpfung selbst hat der Mensch das Mandat zu ihrer Bewahrung aufgetragen bekommen (Hege- und Pflegeauftrag [Gen 1,28; 2,15]).

Schuld heißt die im Entscheiden, Handeln und Unterlassen auftretende, personal bedeutsame Diskrepanz zwischen Ansprüchen und ihrer Einlösung. ↗ Artikel »Schuld«

Sexualität / Sexualethik (lat. sexus: Geschlecht) Menschliche S. umfaßt das gesamte Geschlechtsleben in seinen sozialen, kulturellen und psychologischen Zusammenhängen. Die S. als gewaltfreie und verantwortungsbewußte Intimität mit sich und anderen spielt eine unentbehrliche Rolle bei der Entwicklung personaler Identität. Die Aufgabe der S.E. besteht darin, einen sittlich verantworteten Umgang mit S. im Bezug auf sich selbst und andere einzufordern und Möglichkeiten zu bieten, diesen auch zu entwickeln.

Sinn Mit den Urteilen sinnvoll und sinnlos wird eine ↗Handlung daraufhin überprüft, ob sie einen bestimmten ↗Zweck erreichen hilft. Diese Urteile bewerten zudem, ob eine sprachliche Äußerung auch über ihre grammatische Richtigkeit hinaus Bedeutung hat. Ethisch relevant ist vor allem die Frage nach dem S. des Lebens. Diese Frage impliziert die Forderung, daß das Leben des einzelnen nicht nur S. habe, sondern daß der einzelne sein Leben auch sinnvoll gestalte. Darin ist er zugleich aufgefordert, zwischen angebotenen S.orientierungen frei zu entscheiden (↗Autonomie, ↗Entscheidungsfreiheit) und sich von Fremdbestimmungen zu emanzipieren (↗Emanzipation, ↗Heteronomie).

Sitte heißen überindividuelle ↗Ansprüche, die das Alltagsleben der Menschen ordnen (Brauch, Konvention, Etikette, Mode). ↗ Artikel »Gesellschaftliche Handlungsorientierungen«

Sittengesetz ↗ Naturgesetz / Natürliches Sittengesetz

Sittlichkeit heißt die individuelle Einstellung und ↗Verantwortung, die sich einem unbedingten Sinnanspruch unter den Kriterien von gut und böse verpflichtet weiß. ↗ Artikel »Zugänge«

Situation / Situationsethik (lat. situs: Stellung, Lage) In ethischem Kontext meint S. nicht nur die ↗empirische Gesamtheit aller sozialen und Umweltbedingungen, sondern mehr noch die je besondere, einmalige Befindlichkeit des Menschen. Die im Umfeld des Existentialismus an Gewicht gewinnende S.E. betont die sittliche Relevanz individueller ↗Verantwortung und subjektiver ↗Gewissensentscheidung in der jeweiligen S. in bewußter Abgrenzung zu ethischen Konzepten, die auf der Grundlage von ↗Prinzipien, ↗Pflichten oder ↗Werten allgemeingültige und unveränderbare Wesensaussagen über das ↗Gute tätigen. Vertreter sind u.a. K. Jaspers, E. Grisebach, J. Fletcher.

Sollen gehört etymologisch zum Begriff der ↗Schuld. Mit dem S. wird so nicht von ungefähr eine Verpflichtung (↗Pflicht) ausgedrückt im Sinne von ›etwas schuldig sein‹. Die ↗Ethik drückt mit S. einen sittlichen ↗Anspruch aus, der auf die ethische Grundfrage »Was soll ich tun?« antwortet. Wie dieses S. begründet wird, ist je nach Art und Weise der ethischen Reflexion (Ethiktyp) unterschiedlich.

Sozialethik wendet sich im Gegensatz zur ↗Individualethik den ethischen Bedingungen und Problemen des Lebens in seinen überindividuellen Verflechtungen zu (Politik, Wirtschaft, Kultur) und bedenkt damit konkrete ethische Probleme der Grundordnungen sozialer Gebilde (Institutionenethik). ↗ Artikel »Annäherungen«

Spezielle Ethik ↗ Angewandte Ethik

Spiritualität (lat. spiritus: Geist) bedeutet eine vom jeweiligen Glauben oder Weltanschauung getragene Lebenseinstellung. Obwohl der Begriff aus dem christlichen Kontext stammt, wird er heute auf eine Vielzahl von Religionen und Lebens- und Glaubenspraktiken angewandt.

Streben / Strebensethik (ahd. streben: beflissen kämpfen, sich bewegen) Das menschliche S. kann als geistig bewußtes und freiwilliges Tätigsein, das sich an einem sittlich-praktischen ↗Ziel ausrichtet, charakterisiert werden. Maßgebend sind die persönliche Initiative, Interessiertheit und ↗Verantwortung. Der S.E. geht es um die diskursive Bestimmung von S.zielen innerhalb des jeweiligen geschichtlich-kulturellen Horizonts, wobei in der Moderne das Hauptaugenmerk auf die ethische Rechtfertigung einer gleichzeitigen Ausrichtung des Subjekts auf mehrere Handlungsordnungen gerichtet ist. Eine S.E. legten Aristoteles, Spinoza, J.G. Fichte sowie neuerdings H. Krämer vor.

Sünde beschreibt die theologisch interpretierte ↗Schuld, die sich immer als Störung der Beziehung zu Gott äußert. ↗Artikel »Schuld«

Teleologie / Teleologische Ethik (gr. telos: ↗Ziel, Ende, ↗Zweck) mit T. wird die Ausrichtung eines Seienden auf ein Ziel hin gefaßt. Typen T.E. hingegen begründen normative ↗Ansprüche mit Blick auf die Folgen bestimmter ↗Handlungen unter Berücksichtigung eines höchsten ↗Zieles. Als T.E. gelten die ↗eudämonistische Ethik des Aristoteles und der ↗Utilitarismus.

Theologie (gr. theos: Gott) meint die denkerische Verantwortung der Rede von Gott. Sie ist ↗Wissenschaft, indem sie ihre eigene, dem untersuchten Gegenstand angemessene, Methodik ausbildet und Antworten gibt, die intersubjektiv vermittelbar sind. Sie ist als solche Glaubenswissenschaft, weil ihr Gegenstand der ↗Glaube an Gott ist, den sie in seinen Ausformungen und Folgen in dem Wissen reflektiert, daß sie ihn nicht vollständig beschreiben kann. T. ist kirchliche Glaubenswissenschaft, weil sie in ihrer wissenschaftlichen Reflexion immer rückgebunden bleibt an den Konsens der Gläubigen und den Lebensvollzug der Kirche.

Theologische Ethik ist die wissenschaftliche Reflexion auf das moralisch-sittliche Urteilen und ↗Handeln des Menschen im Horizont des christlichen ↗Glaubens. ↗Artikel »Annäherungen«, »Glaube«, »Handeln«

Theonomie (gr. theos: Gott; nomos: Gesetz) wird gängigerweise als Spezifikation der ↗Heteronomie verstanden, da sie zur Begründung von ↗Normen eine göttliche Autorität heranzieht. ↗Theologische Ethik deutet T. hingegen als das Gebundensein an Gott im Sinne eines Horizonts, in dem sich sittliche ↗Autonomie vollzieht. ↗ Artikel »Freiheit«

Tradition (lat. traditio: Übergabe, übertragen, Überlieferung) umfaßt in ethischer Perspektive den gesamten Bereich des ↗Verhaltens (↗Sitte) und der gesellschaftlichen Vorgaben (Religion, ↗Moral, ↗Norm, ↗Kultur), die über Generationen hinweg weitergegeben werden. T.en sichern die Identität einer bestimmten Gruppe sowie die Kontinuität des individuellen, sittlichen Lebens, stehen aber andererseits in einem lebendigen Prozeß der Kritik und Auswahl. Wo T.en sich verselbständigen, droht ein T.alismus, der nicht mehr auf die ↗Vernunft der Inhalte, sondern nur noch auf die Macht der ↗Gewohnheit oder ↗Norm setzt.

Transzendenz (lat. transcendere: überschreiten) bezeichnet all die Phänomene, die durch Sinneswahrnehmung des Menschen nicht erfahren werden können. Philosophisch steht T. für die der Erfahrung vorausliegende Bedingung ihrer Möglichkeit, theologisch beschreibt T. die radikale Andersheit Gottes im Vergleich zum Menschen.

Tugend / Tugendethik (ahd. tugund: körperliche Kraft, Tauglichkeit) Die T. ist eine unter den jeweiligen zeitspezifischen und sozialen Akzentuierungen (z.B. ritterliche, bürgerliche, familiäre T.) zustande kommende Übereinkunft über das sittlich ↗richtige ↗Handeln. T.haftes Leben basiert auf einer frei und bewußt gewählten Willensrichtung, die stets neu ergriffen und gegen lasterhafte Anfechtungen durchgehalten wird. In der griechischen Antike bildeten die vier Kardinalt. Weisheit, Tapferkeit, Besonnenheit und ↗Gerechtigkeit zusammen den Inbegriff von T. Unter christlichem Einfluß wird der T.begriff um die theologischen T.en ↗Glaube, ↗Liebe und ↗Hoffnung erweitert. Die T.E. versucht den je aktuellen Bestand an T.vorstellungen zu formulieren und zu systematisieren. Vertreter sind Platon, Aristoteles, Thomas v.A., M. Scheler, N. Hartmann, J. Pieper und A. MacIntyre.

Umweltethik behandelt die Wechselbeziehungen zwischen Lebewesen und deren Umwelt, im besonderen zwischen Mensch und Natur unter ethischer Perspektive. Sie diskutiert insbesondere die Frage der Eigenrechte der Natur.

Universalisierbarkeit ist ein ↗Kriterium zur Feststellung der Reichweite einer sittlichen Einsicht, ↗Norm oder Überzeugung. Ihr Gegenteil ist der Partikularismus. Um als allgemeinverbindlich anerkannt zu werden, müssen Normen universalisierbar sein.

Utilitarismus (lat. utilitas: Brauchbarkeit, Nützlichkeit) Als Variante der ↗teleologischen Ethik zählt der U. zu den ↗normativen Ethiken. Unter dem ↗Prinzip der maximalen Nützlichkeit bzw. des minimalen Leidens für möglichst viele Betroffene (»größtes Glück der größten Zahl«) entwirft der U. ein differenziertes Verfahren zur Normenbegründung. Dieses orientiert sich allein an den zu erwartenden Folgen. Der im angelsächsischen Raum entstandene U. (D. Hume, J. Bentham, J.S. Mill, H. Sidgwick, J. Rawls) gab wichtige Impulse sowohl für die ethische Diskussion als auch für die Entstehung des modernen Wohlfahrtsstaates. Als Schwachstellen des U. gelten die mangelhafte Grundlegung des Nützlichkeitsprinzips und die unzureichende Berücksichtigung der Gerechtigkeitsproblematik (bis Rawls).

Verantwortung enthält die Momente von ›Wort‹ und ›Antwort‹, die Aspekte von ↗Anspruch und Gegenanspruch sowie die Rechtfertigung des ↗Handelns in bestimmten ↗Situationen. V. entfaltet sich so in den sich ergänzenden Modellen der Evidenz- und der GerichtsV. ↗ Artikel »Verantwortung«

Verantwortungsethik stellt die Selbst- und Fremdbeanspruchung des Menschen als sittliches Subjekt in den Mittelpunkt ethischer Reflexion. Der von M. Weber auf politischer Ebene eingeführte Begriff der V. sollte in Abgrenzung zur ↗Gesinnungsethik die Unabdingbarkeit einer realistischen Folgenabschätzung d.h. eines umsichtigen Umgangs mit Macht zeigen. Die Konzepte von Vertretern einer neueren V. (H. Jonas, E. Lévinas) stehen in der Tradition von Dialog- und Existenzphilosophie.

Verhalten benennt im Gegensatz zum ↗Handeln ein reflexhaftes, unterbewußtes Tun, das mehr oder weniger automatisch abläuft und damit von keiner zusätzlichen ↗Motivation oder Willensanstrengung gesteuert ist. ↗ Artikel »Handeln«

Vernunft ist eine Grundfähigkeit des Menschen, mit deren Hilfe er die wahrgenommenen Gegebenheiten seiner Welt ordnet und bewertet. ↗ Artikel »Vernunft – Natur- Erfahrung«

Wert / Wertethik W. benennt eine konkrete, gesellschaftlich geteilte Auffassung von Erstrebenswertem (Gelingendes Leben, Bewahrung der Umwelt, Wohlstand für alle). Die Aufgabe der W.E. besteht in der Analyse des Zustandekommens und Wandels der W.e, sowie in der Entschlüsselung von Werthaltungen, nicht aber in der Ableitung von ↗Normen aus W.en. Die W.E. untersucht empirisch den Grad der anerkannten Geltung von W.en, hat jedoch hinsichtlich der Verwirklichung keine autoritative, sanktionierende oder repressive ↗Kompetenz. Die idealistische Auffassung der Materialen W.E. (M. Scheler, N. Hartmann), daß Werte ein übergeschichtlich-objektives Reich bilden, das durch Wertfühlung zugänglich sei, gilt allerdings heute als überholt.

Wille (ahd. willio: Wollen, Wahl) Der menschliche W. ist ein durch äußere (z.B. historische, soziale) wie innere (z.B. charakterliche, psychologische) Umstände geprägtes und motiviertes bewußtes ↗Streben bzw. ↗Handeln, dessen weitgehende Indeterminiertheit (↗Willensfreiheit) eine wesentliche Konstante des Menschlichen darstellt. Ohne den an die Stelle von Instinkt- und Triebgebundenheit getretenen W.en sind ↗Menschenwürde und ↗Verantwortung nicht denkbar.

Willensfreiheit Der Begriff der ↗Freiheit steht für die Möglichkeit, ↗Handlungen aus sich selbst zu vollziehen, unabhängig von äußeren Einflüssen. Diese Synthese von positiver und negativer Freiheit nennt Kant die W. ↗ Artikel »Freiheit«

Wirtschaftsethik (ahd. wirtscaft: Haushaltung, Bewirtung) Mit dem Begriff der Wirtschaft wird das Gesamt der Einrichtungen und Unternehmungen (Produktion, Handel, Konsum) zur bestmöglichen Deckung des menschlichen Bedarfs an knappen Sachgütern und Dienstleistungen bezeichnet. Verstand man noch in der griechischen Antike unter Ökonomie allein die Kunst der richtigen Hausverwaltung bei gleichzeitiger Abwertung aller Bereicherungsabsichten (vgl. Xenophon, Aristoteles), so änderte sich dies mit dem Aufkommen des stationären Stadtmarktes. Die platonische Bestimmung von W. als Mittel zur Förderung von ↗Glück und Freundschaft wich den Eigengesetzlichkeiten von Rechnungsführung und Vermögenskalkulation. Das Nebeneinander von Ökonomie- und Kommerzprinzipien wurde jedoch erst mit der Entstehung der neuzeitlichen Staaten gänzlich aufgehoben. Die in den 1960er Jahren in den USA entstandene W. hat in erster Linie die normative Ausdifferenzierung der institutionellen Rahmenbedingungen auf Unternehmens-, Volkswirtschafts- wie Weltwirtschaftsebene zum Gegenstand, innerhalb derer individuelle Wirtschaftstätigkeit verantwortbar wird.

Wissenschaft / Wissenschaftsethik Mit dem Begriff der W. wird ein im Zuge der Neuzeit etabliertes System der Weltdeutung und -erklärung bezeichnet, das die alte Deutung der Welt als festgefügte Ordnung ablöst und im Zusammenhang steht mit der ↗Autonomie und der ↗Emanzipation des Menschen. W. baut auf Postulaten wie Intersubjektivität, Vorurteilsfreiheit, Offenheit für Kritik und neutrale Distanz auf, ermöglicht so einen Diskurs über die Ergebnisse wissenschaftlichen ↗Handelns und bezeichnet ein System, dessen Sätze sich zum einen aus intersubjektiv nachvollziehbaren ↗Erfahrungen ableiten, und sich zum anderen logisch verknüpfen lassen. Ethisch relevant ist die W. insofern, als die ↗Ethik eine Einzelw. ist und den oben genannten Postulaten entsprechen muß. Zum anderen markiert die gesellschaftliche Einbettung der W., daß diese nicht nur wissenschaftsimmanenten ↗Normen unterliegt, sondern auch gesellschaftlich determiniert wird, indem die Gesellschaft Erwartungen an die W. formuliert oder Urteile über ihre Ergebnisse fällt. Diese sowohl immanente als auch von außen kommende ↗Determination der W. ist der Untersuchungsgegenstand der W.E. Die W.E. untersucht damit den ↗Sinn und die ↗Verantwortung der W.

Ziel / Zweck Der Begriff Ziel wird in vielen Bereichen verwendet, vom Sport bis zur Philosophie. In allen diesen Feldern beschreibt eine Zielformulierung einen Zustand, der zukünftig erreicht werden soll. Auf diese Zielformulierung ordnet der Mensch in einem wissentlich-willentlichen ↗Akt seine ↗Handlungen hin. Auch der Zweck ist eine bewußte Formulierung und als solche ein ↗Kriterium zur Beurteilung der Mittel, mit denen ein Ziel erreicht werden soll.

Zeitzeichen. Wege der historischen Vergewisserung

Wer sich mit der Geschichte und der Entwicklung der Theologischen Ethik beschäftigt, wird einige überraschende Feststellungen machen. Zwar gab es im Christentum von Beginn an eine Fülle an spirituellen Handreichungen zur Lebensführung, an eindeutigen Weisungen in konkreten moralischen Fragen sowie an lehramtlichen Vorgaben, aber über eintausend Jahre hinweg keine den antiken philosophischen Ethikentwürfen vergleichbaren Konzeptionen. Erst im 13. Jahrhundert war es Thomas von Aquin (1224-1274), der das erste systematische Konzept einer Theologischen Ethik vorlegte. Und erst Anfang des 17. Jahrhunderts konzipierte Johannes Azor (1656-1603) ein Handbuch der Moraltheologie, in dem wesentliche, bis heute noch leitende Themen des theologisch-ethischen Diskurses gebündelt wurden.

Die theologische Reflexion auf ethische Fragen wird ideengeschichtlich in drei Formen faßbar: systematisch, kasuistisch und spirituell (Hirscher, Korff). Zwar spielen diese Sichtweisen ineinander, dennoch trat je nach geschichtlicher, theologischer und kirchlicher Situation immer wieder ein anderer Aspekt in den Vordergrund.

Die systematische Richtung stellt sich der Aufgabe, eine rationale Ethik unter dem Anspruch des christlichen Glaubens vorzulegen. Hierfür wird ein Begriffsinstrumentarium entwickelt, das eine Auseinandersetzung mit den geschichtlichen Modellen philosophischer wie theologischer Ethik ermöglicht. Sie wird von dem Anliegen geleitet, ihre Einsichten für Glaubende und Nicht-Glaubende rational, plausibel, diskursfähig und argumentativ auszuweisen.

Die kasuistische Richtung knüpft vorrangig an den jesuanischen Ruf zur Umkehr an und bemüht sich von da her um die richtige Feststellung und Auslegung der Gebote Gottes, an denen sich die Umkehr des einzelnen orientieren soll. Dieses Bemühen schlägt sich im Zusammenhang mit der sakramentalen Bußpraxis in normativ ausgerichteten und am Einzelfall (lat. kasus) interessierten Beichtbüchern und Moralsystemen nieder. Moral bekommt hier Gesetzescharakter deren Nichtbeachtung mit entsprechenden Sanktionen oder Bußen belegt wird. Nicht zu unrecht spricht man deshalb auch in diesem Zusammenhang von der rechtlich-kasuistischen Methode, die vor allem an konkreten Handlungsnormierungen interessiert ist.

Die spirituelle Ausrichtung der Moraltheologie knüpft demgegenüber vor allem an den jesuanischen Ruf zur Nachfolge an und richtet daher ihr besonderes Augenmerk auf eine authentische christlich-ethische Lebensgestaltung. Ihren Grundimpuls verdankt sie vor allem der Lebenseinstellung des Mönchtums, weswegen sie auch als asketische oder mystische Richtung bezeichnet wird.

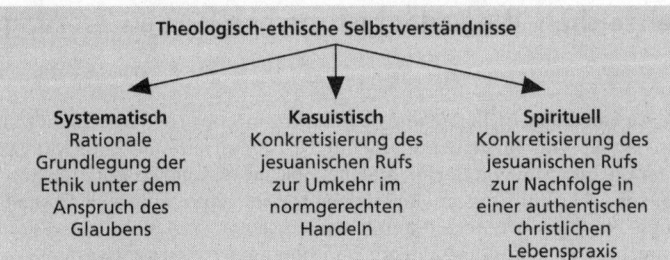

Diese drei Formen theologisch-ethischer Reflexion machen deutlich: Die Theologische Ethik ist keine statische, immer gleichbleibende Größe; sie ist Ethik im Prozeß und Ethik im Plural. Insgesamt geht es ihr darum, das Humane, das dem Menschen Angemessene im Angesicht der jeweiligen Situation immer wieder aus der Perspektive des Christlichen heraus zu entfalten.

Im folgenden soll anhand zentraler ideengeschichtlicher Stationen die Entwicklung der Theologischen Ethik skizziert werden und die wesentlichen Umbrüche in der Geschichte dieser Disziplin aufgezeigt werden.

1. Vorgaben: Der offenbarungsgeschichtliche Ausgangspunkt der Theologischen Ethik

Der alttestamentliche Bezugsrahmen

Im Alten Testament finden sich eine Vielfalt unterschiedlichster ethischer Weisungen, die in Schöpfungstheologie und Heilsgeschichte (Soteriologie) wurzeln, und eine Vielzahl von gemeinsamen Momenten aufweisen: der Bezug auf die Befreiung Israels durch Gott aus Ägypten, die Korrespondenz von Glauben und Handeln, die Ausrichtung auf Gott, der Zusammenhang von Geboten und Heilsverkündigung. Die Rechtstexte vor allem des Pentateuchs werden zudem im Laufe der Geschichte einer Ethisierung des Rechts (prophetische Literatur) und einer Theologisierung des Ethischen (Weisheitsliteratur) unterzogen.

Die Botschaft der Evangelien

Die ethischen Aussagen der Evangelien können als radikalisierte Versionen der alttestamentlichen Weisungen gedeutet werden. Sie sind geprägt durch die Orientierung am Handeln Jesu und seiner Botschaft von der Gottesherrschaft. Diese bezieht sich auf einen menschenfreundlichen Gott, der das Heil aller Menschen will, und ist verbunden mit der Aufforderung zur Umkehr, zur Nachfolge und zum Glauben.

Urchristliche Paränese (Ermahnung, Ermutigung)

In den neutestamentlichen Briefen überwiegt die Katechetik des konkreten Verhaltens aus der Entscheidung zur Person Jesu. Zentral sind hier die Wiederholung der Rufe zur Umkehr und Nachfolge sowie die Orientierung am Gebot der Gottes-, Selbst- und Nächstenliebe. Daneben werden unter Bezug auf das hellenistische Umfeld in systematischer Absicht Tugend- und Lasterkataloge aufgestellt (Gal 5,22f; Kol 3,12f; 1Tim 6,11; 2Tim 2,22; 1Petr 3,8; 2Petr 2,5f), sowie Berufs- und Standespflichtlehren (1Tit 1,7f; 1Tim 3,2-6.8.11; Tit 2,2; 3ff) entwickelt. Hinzu kommt die kasuistische Lösung von Einzelfällen (Röm 14,22f, 1Kor 7, 1Kor 8, Röm 13).

2. Selbstfindung: Ansätze zu einer ethischen Systematik im Dialog mit der Antike

Griechische und lateinische Patristik

Bestimmend ist neben der Fortführung der Paränese eine erste Ordnung der Sittenregeln und das Bemühen um eine christlich geprägte Tugendethik. Einen zentralen Einfluß übt hier die Stoa aus (aus den vier Affekten Lust, Leid, Begierde und Furcht werden die sieben Laster Hochmut, Geiz, Unkeuschheit, Neid, Unmäßigkeit, Zorn und Trägheit), sowie der Neuplatonismus (Clemens von Alexandrien [um 140-221] führt die platonischen Kardinaltugenden ein) und das römische Rechtsdenken. Im Anschluß an Cicero führt Laktanz (um 250-325) den Begriff des Naturrechts in die christliche Ethik ein und baut ihn als Grundlage ihrer rationalen Begründung aus. Erstmals trennt Ambrosius von Mailand (um 339-397) in seinem Handbuch für Kleriker die Morallehre von der Glaubenslehre und legt eine erste frühe Form der Kasuistik vor. Wichtig werden zudem die theologisch-anthropologisch orientierten Morallehren etwa des Basilius von Caeserea (um 330-379), die von einem jedem Menschen innewohnenden Gesetz ausgehen.

Augustinus (354-430)

Augustinus bestimmt Gott als Ziel und Grund des Handelns und begründet so die glaubensgeleitete Behandlung moralischer Fragestellungen. Zudem stellte er das Handlungsmotiv (Intention; bspw. Liebe) in den Vordergrund: Moral wird somit als etwas Aufgegebenes verstanden, nicht als etwas Vorgegebenes. Zentral ist daneben der Ordo-Gedanke (Ordnung der Liebe), der den systematischen Ausbau der Tugendlehre anbahnt. Bedeutsam sind schließlich die, der Auseinandersetzung mit dem Manichäismus entstammenden sexualethischen Überlegungen Augustinus gewesen, die in ihrem lustfeindlichen Charakter die Moraltheologie bis in die Gegenwart hinein bestimmten.

3. Weiterführung: Ausbau einer Tugendlehre

Iroschottische Mönche (um 700-800)

Aus der Bußpraxis der Mönche Kleinasiens (4. Jahrhundert) erwachsen Bußbücher (libri paenitentiales), die bestimmten Sünden aus allen Lebensbereichen eine entsprechende Buße zur Seite stellen. Charakteristisch steht hier ein gesetzesmäßiger (legalistischer) Sündenbegriff im Vordergrund. Über iro-schottische Mönche gelangen diese Bußbücher nach Mitteleuropa und führen zu einer Verlagerung der Moral auf die Ebene des Bußsakraments.

Frühscholastik (11-13. Jhd.)
Peter Abaelard (1079-1142); Petrus Lombardus (1095-1160); Dekretum Gratiani (~1140); Wilhelm v. Auxerre (+1231/37)

In systematischer Hinsicht zeichnet sich die frühe Scholastik vor allem durch die lexikalische Ordnung des ethischen Materials nach praktischen Handlungsgesichtspunkten aus (Sentenzenliteratur). Zudem kommt es zu einer Systematisierung der Tugend- und Lasterlehre (Petrus Lombardus). Daneben wird der theologische Versuch unternommen, das Handeln des Menschen rational unter Einbeziehung der christlichen Heilsereignisse (Schöpfung, Menschwerdung, Auferstehung) zu verstehen. In diesen Zeitraum fällt die erste Erwähnung der Moraltheologie (Moralis theologia) als theologische Disziplin durch Alanus ab Insulis (um 1203).

Daneben gewinnt die Ausdifferenzierung der moralisch zu qualifizierenden Tatbestände und ihre Bewertung anhand von Strafen in einer strengen Gesetzesethik an Bedeutung. Das Dekretum Gratiani faßt diese Entwicklung zusammen. Paenitentialbücher (ab 13. Jhd.), kasuistisch angelegt aber stärker als die frühen Bußbücher auf den Menschen als moralisches Subjekt bezogen, verstärken diese Tendenz.

4. Systematisierung: Ausbau einer rational argumentierenden Ethik

Hochscholastik (13. Jhd.)
Albertus Magnus (1200-1280), Thomas v. Aquin (1224-1274), Bonaventura (1221-1274)

In Anknüpfung an Albertus Magnus, der das erste geschlossene Traktat der Moraltheologie vorlegte, entwickelt Thomas von Aquin die erste wissenschaftlich-systematische christliche Ethik. Ermöglicht wird diese Leistung durch die Neuentdeckung und Integration antiker Ethiken, besonders der aristotelischen. Anthropologisch-theologischer Ausgangspunkt der thomanischen Ethik ist die These, daß der erlöste Mensch als Geschöpf teil hat an der Ordnungsvernunft Gottes. Der Mensch kann, kraft seiner Vernunft, die Gott geschaffen hat, als moralisches Subjekt erkennen, was gut oder böse ist und er ist fähig, das Gute zu tun und das Böse zu lassen. Diese Fähigkeit setzt Thomas mit dem natürlichen Sittengesetz (lex naturalis) in eins. Damit vertritt er ein autonomes Verständnis des Sittlichen, das freilich in Gott begründet liegt. Mit Bonaventura wird Theologie hingegen insgesamt als Weisheitslehre aufgefaßt, die dazu führen soll, daß der Mensch gut wird.

5. Ausdifferenzierung: Suche nach einer objektiven Ethik im Spannungsfeld von Glaube und Vernunft

Nominalismus
Wilhelm v. Ockham (1300-1350); Gabriel Biel (~1410-1495)
Während Thomas von Aquin noch Glaube und Vernunft problemlos zusammendenkt, treten beide in der folgenden Zeit auseinander. Damit einher geht einerseits die Suche nach einer vernünftigen Begründung der Ethik bei der der einzelne verstärkt in den Blick gerät und andererseits die Vorstellung von der Freiheit Gottes, die nicht vernünftig begründet werden kann. Im Nominalismus wird deshalb nicht das Vernünftige als das Gute bestimmt, sondern das, was dem göttlichen Willen, seiner Intention entspricht. Allein das diesem Willen Gottes entspringende Gesetz (nomina) stellt den Rahmen für die Tätigkeit der Vernunft und bestimmt das Handeln.

Reformation
Martin Luther (1483-1546)
Eine der Reaktionen auf diese Entwicklung findet sich in der Ethik Martin Luthers. Nicht die vernünftige Suche nach und die Erfüllung ethischer Normen steht im Mittelpunkt, sondern der Glaube des einzelnen Menschen an das Evangelium, das ihn in seinem Dasein rechtfertigt. Luther baut also nicht mehr auf die Vernunft, sondern postuliert die radikale Abhängigkeit des Menschen von der rechtfertigenden Zuwendung Gottes. Diese Unterordnung des Ethischen unter den Glauben führt dazu, daß erst in der evangelischen Theologie der Gegenwart (D. Bonhoeffer, W. Pannenberg, T. Rendtorff, M. Honecker) ethische Reflexionen umfassenden Raum einnehmen können.

Spät- oder Barockscholastik

Antonin von Florenz (1389-1495); Konzil von Trient (1545-1563); Thomas de Vio (Cajetan) (1469-1534); Francisco de Vitoria (1483/93-1546); Francisco de Suárez (1548-1617); Gabriel Vázquez (1549-1604)

In einer ersten großen Thomas-Renaissance bemühen sich die katholischen Theologen des Barockzeitalters vor allem um eine inhaltliche Ausgestaltung des sittlichen Handelns durch ein inhaltlich gefülltes (materiales) Naturrecht. Zentral ist hier die Frage nach ewigen, unter allen Umständen gültigen sittlichen Normen. Diese Fragestellung wird durch fortschreitende naturwissenschaftliche Erkenntnisse, neue Welterfahrungen wie die kriegerische Eroberung Amerikas sowie juristische Probleme (Völkerrecht) wichtig. Die Hinwendung zum Recht führt darüber hinaus zu einer von Sanktion und Strafe gekennzeichneten Sündenmoral. In diese Zeit fällt auch der Aufbau der Moraltheologie als eigene Disziplin innerhalb des theologischen Fächerkanons.

Die Systematisierung der Moraltheologie hat auch Auswirkungen auf die kasuistischen Überlegungen. So weichen die starren Vorschriften der Bußbücher den Beichtsummen, denen knappe grundsätzliche Überlegungen (de principiis) mit Themen wie Voraussetzungen und Umstände der Handlung, Vernunft, Freiheit oder Gesetz vorangestellt werden (Antonin von Florenz). Diese Beichtsummen dienen als praktische Handreichungen für die Seelsorger, wobei diesen das konkrete Maß der Buße überlassen wird. Trotzdem ist eine legalistische Tendenz durch die Orientierung an Art, Zahl und Umstände der Sünden festzustellen – eine Entwicklung, an der das Konzil von Trient durch sein Beichtdekret entscheidend beteiligt ist. Dadurch wird auch die an Einzelfragen orientierte wissenschaftliche Disziplin der Kasuistik grundgelegt.

6. Kasuistische Zuspitzung: Entwicklung der Moralsysteme

Nachtridentinische Zeit

Bartholomé de Medina (1528-1580); Melchior Cano (1509-1560); Alfons Maria von Liguori (1696-1787)

Das Ringen um prinzipielle Lösung von Gewissenszweifeln in bezug auf eine Handlung wird immer bedeutsamer. Vorrangig wird hier das moraltheologische Traktat »De conscientia« (Vom Gewissen). Hier bieten verschiedene Moralsysteme im Fall von Zweifeln über den konkreten Anspruch einer Norm sehr weit gefaßte (Laxismus) oder auch enge (Rigorismus) Lösungen an. Grundsätzlich geht es um eine rational-argumentative Sicherheit in moralischen Fragen, die zugunsten einer mittleren Haltung, dem Probabiliorismus, gelöst wird. Die Moralsysteme suchen nach einer Entscheidungshilfe im konkreten Fall mittels eines universalen Auslegungsprinzips. Die Moraltheologie wird dabei auf eine Sündenmoral reduziert.

7. Annäherung und Abgrenzung: Auseinandersetzung mit der Ethik der Aufklärung

18. und 19. Jhd.

Sebastian Mutschelle (1749-1800); Johann M. Sailer (1751-1831); Johann Baptist Hirscher (1788-1865); Franz Xaver von Linsenmann (1835-1898)

Die Aufklärung und mit ihr die Pflichtenethik Immanuel Kants (1724-1804) stellen die Moraltheologen in radikalisierter Weise vor die Begründungsfrage, die nicht zuletzt auch als Frage nach dem ›Theologischen‹ der Theologischen Ethik gedeutet werden kann. Das führt zum Versuch, Kants Überlegungen in eine christliche Moral zu integrieren (Mutschelle). Daneben wird dadurch die Suche nach einem handlungsbestimmenden christlichen Gesamtprinzip initiiert. Zentral ist hier der Ansatz Hirschers, das »Reich Gottes« bzw. seine Verwirklichung in der Menschheit als Moralprinzip festzumachen. Und schließlich ist damit eine Rückbesinnung auf das biblische Ethos als Grundlage einer Theologischen Ethik verbunden (Sailer).

Restauration der Scholastik (Neuscholastik/Neuthomismus)

Als Gegenbewegung zur Aufklärung setzt eine zweite große Thomas-Renaissance ein, die vor allem durch ein Naturrechtsdenken geprägt ist. Das Naturrecht wird hier gegen Thomas als inhaltlich gefülltes Sittenrecht aufgefaßt, das konkrete Handlungen gebietet oder verbietet. Hier bildet sich eine rechtskasuistisch orientierte Moraltheologie aus, die bis heute in der lehramtlichen Moralverkündigung der katholischen Kirche nachwirkt.

20. Jhd. bis II. Vatikanisches Konzil

Fritz Tillmann (1874-1953); Theodor Steinbüchel (1888-1949); Theodor Müncker (1887-1960); Werner Schöllgen (1893-1985)

Im Gegensatz zu dieser Entwicklung brechen verschiedene Moraltheologen die neuscholastischen Engführungen auf und setzen unter Bezug auf die biblischen Vorgaben wiederum bei der autonomen Vernunft und der Freiheit des Menschen an. So entsteht dann die erste vom Nachfolgegedanken bestimmte philosophisch-theologisch fundierte christlicher Ethik (Tillmann). Zudem werden erstmals die

Erkenntnisse der Philosophie (Steinbüchel), der Psychologie (Müncker) und der Soziologie (Schöllgen) in ihrer ethisch-personalen Bedeutung aufgegriffen. Damit rücken die Fragen nach den funktionalen, strukturellen, naturalen und geschichtlichen Voraussetzungen menschlichen Personseins als Bedingung menschlichen Handelns in den Vordergrund – im Gegensatz zu einer vom Individuum losgelösten kasuistischen Verbotsmoral.

8. Öffnung: Die Theologische Ethik der Gegenwart

II. Vatikanisches Konzil (1962-1965)

Im Zuge der Öffnung der katholischen Kirche nach dem II. Vatikanischen Konzil bemüht sich die theologisch-ethische Grundlagendiskussion um einen Anschluß an die wissenschaftstheoretischen Vorgaben der Moderne. Die Begründungsproblematik rückt damit in den Mittelpunkt theologisch-ethischer Reflexion, was zu einer verschärften Kritik am einseitigen Naturrechtsdenken führt. Eine heilsgeschichtlich-biblische Neuorientierung der theologischen Ethik setzt ein, die die persönliche Herausforderung zur Nachfolge Christi betont.

Gegenwärtige Theologische Ethik

Die gegenwärtige Theologische Ethik setzt diese Überlegungen fort und wendet sich einer Vielzahl verschiedener Grundprobleme zu. Heftig umstritten war dabei vor allem die Frage nach dem Proprium christlicher Ethik in der Debatte um das Verhältnis von Autonomie und Theonomie, von Autonomer Moral (A. Auer, F. Böckle) und Glaubensethik (B. Stöckle). Bedeutung erlangte darüber hinaus auch die Frage nach der Handlungsrelevanz von Erfahrung (K. Demmer, J. Gründel, D. Mieth). Schließlich gewinnen mit Hilfe der empirischen Wissenschaften sowohl der Blick auf die sozialen Vermittlungsstrukturen des sittlichen Anspruchs (W. Korff) als auch auf die psychologisch-identitätstheoretischen Funktions- und Bedingungszusammenhänge menschlichen Handelns (G.W. Hunold) an Bedeutung. Wichtig werden zudem analytische, metaethische Instrumentarien zur Begründung sittlicher Urteile (B. Schüller). Die Tradition der Auseinandersetzung mit den konkreten sittlichen Problembereichen des alltäglichen Lebens wird trotz der Bedeutung der wissenschaftstheoretischen Fragestellungen fortgeführt und gewinnt auf Zukunft hin an Bedeutung.

Zur vertiefenden Weiterführung siehe:

Derbolav, Josef: Abriß europäischer Ethik. Die Frage nach dem Guten und ihr Gestaltwandel, Würzburg 1983.

Dittrich, Ottmar: Geschichte der Ethik. Systeme der Moral vom Altertum bis zur Gegenwart, 4 Bände, Leipzig 1924-1932.

Häring, Josef: Das Gesetz Christi. Moraltheologie, Freiburg i. Br. [5]1959.

Hirscher, Johann Baptist: Die christliche Moral als Lehre von der Verwirklichung des göttlichen Reiches in der Menschheit, Band 1, Tübingen [5]1851, 36-41.

Howald, Ernst/ Dempf, Alois/ Litt, Theodor: Geschichte der Ethik vom Altertum bis zum Beginn des 20. Jahrhunderts, München 1931.

Jodl, Friedrich: Geschichte der Ethik als philosophischer Wissenschaft, 2 Bände, Stuttgart 1882-1889.

Kleber, Karl-Heinz: Einführung in die Geschichte der Moraltheologie, Passau 1985.

Korff, Wilhelm: Art. Ethik II. Geschichte, in: Lexikon für Theologie und Kirche, Band 3, Freiburg u.a. [3]1995, 911-923.

Luthardt, Christoph E.: Geschichte der christlichen Ethik, 2 Bände, Leipzig 1888-1893.

Pfürtner, Stefan H./ Lührmann, Dieter/ Ritter, Adolf Martin: Ethik in der europäischen Geschichte, 2 Bände, Stuttgart 1988.

Pieper, Annemarie (Hg.): Geschichte der neueren Ethik, 2 Bände, Tübingen - Basel 1992.

Rohls, Jan: Geschichte der Ethik, Tübingen 1991.

Theiner, Johann: Die Entwicklung der Moraltheologie zur eigenständigen Disziplin, Regensburg 1970.

Literatur. Wege der Weiterarbeit

Aiken, Henry D.: Reason and Conduct. New Bearings in Moral Philosophy, New York 1962.

Anzenbacher, Arno: Die Kompetenz der Kirche in gesellschaftlichen Fragen, in: Heimbach-Steins, Marianne u.a. (Hg.): Brennpunkt Sozialethik, Freiburg i.Br. u.a. 1995, 279-293.

Anzenbacher, Arno: Einführung in die Philosophie, Freiburg i.Br. u.a. [5]1995.

Anzenbacher, Arno: Was ist Ethik? Eine fundamentalethische Skizze, Düsseldorf 1987.

Apel, Karl-Otto: Das Apriori der Kommunikationsgemeinschaft und die Grundlegung der Ethik. Zum Problem einer rationalen Begründung der Ethik im Zeitalter der Wissenschaft, in: ders.: Transformation der rationalen Philosophie II, Frankfurt a.M. 1973, 359-435.

Aristoteles: Metaphysik. In der neubearb. Übers. von Hermann Bonitz, 2 Bände (Philosophische Bibliothek 307 und 308), Hamburg 1978. (im Text MP).

–: Nikomachische Ethik. Auf der Grundlage der Übersetzung von Eugen Rolfes hg. von Günther Bien (Philosophische Bibliothek 5), Hamburg [4]1985.

–: Politik, übers. u. mit erkl. Anm. vers. v. Eugen Rolfes, Hamburg 1958.

Auer, Alfons: Autonome Moral und christlicher Glaube. Mit einem Nachtrag zur Rezeption der Autonomievorstellung in der katholisch-theologischen Ethik, Düsseldorf [2]1984.

–: Das Christentum vor dem Dilemma: Freiheit zur Autonomie oder Freiheit zum Gehorsam, in: Concilium 13 (1977), 643-647.

–: Nach dem Erscheinen der Enzyklika »Humanae Vitae«, in: Theologische Quartalschrift 149 (1969), 75-85.

Bachmann, Siegfried: Institution, in: Wörterbuch des Christentums, hg. von Volker Drehsen, Gütersloh 1988, 517-518.

Bandura, Albert: Sozial-kognitive Lerntheorie, Stuttgart 1979.

Baruzzi, Arno: Was ist praktische Philosophie?, München 1976.

Bauer, Eva: Zur Entstehung soziologischer Theorie: Anfänge soziologischen Denkens, in: Morel, Julius u.a.: Soziologische Theorie. Abriß der Ansätze ihrer Hauptvertreter, München-Wien 41995.

Baum, Hermann: Das Licht des Gewissens. Zu Denkstrukturen Bonaventuras, Frankfurt a.M. u.a. 1990.

Baumann, Urs / Kuschel, Karl-Josef: Wie kann denn ein Mensch schuldig werden? Literarische und theologische Perspektiven von Schuld, München 1990.

Bayertz, Kurt: Praktische Philosophie als angewandte Ethik, in: ders. (Hg.): Praktische Philosophie. Grundorientierungen angewandter Ethik, Reinbek 1991, 7-47.

–: Drei Typen ethischer Argumentation, in: Sass, Hans-Martin (Hg.): Genomanalyse und Gentherapie. Ethische Herausforderungen in der Humanmedizin, Berlin u.a. 1991, 291-316.

Bellebaum, Alfred: Soziologische Grundbegriffe. Eine Einführung für soziale Berufe, Stuttgart u.a. [12]1994.

Blühdorn, Jürgen-Gerhard: Gewissen I. Philosophisch, in: Theologische Realenzyklopädie 13, Berlin-New York 1984, 192-213.

Böckle, Franz: Die Kirche und ihr Lehramt, In: Handbuch der christlichen Ethik 1, hrsg. v. Anselm Hertz u.a. Freiburg i.Br. u.a. 1993, 269-281.

–: Die kulturgeschichtliche Bedingtheit theologisch-ethischer Normen, in: Trümpy, Hans (Hg.): Kontinuität und Diskontinuität in den Geisteswissenschaften, Darmstadt 1973, 115-132.

–: Fundamentalmoral, München [6]1994.

–: Kirchliche Autorität und Gewissen. Zu einer innerkirchlichen Auseinandersetzung, in: Demmer, Klaus / Ducke, Karl-Heinz (Hg.): Moraltheologie im Dienst der Kirche, Leipzig 1992, 136-146.

Boesch, Ernst E.: Kultur und Handlung. Einführung in die Kulturpsychologie, Bern 1980.

–: Psychopathologie des Alltags. Zur Ökopsychologie des Handelns und seiner Störungen, Bern u.a. 1976.

Brockhaus – Enzyklopädie Bd. 20, Mannheim [19]1993.

Bron, Bernhard: Schuld, in: Evangelisches Kirchenlexikon 10, Göttingen [3]1986, 114-118.

Bucher, Anton A.: Die Moraltheorie von Lawrence Kohlberg als Paradigma für Moraltheologie und religiös-sittliche Erziehung, in: Eid, Volker u.a. (Hg.), Moralische Kompetenz. Chancen der Moralpädagogik in einer pluralen Lebenswelt, Mainz 1995, 37-75.

Buse, Gunhild: Macht – Moral – Weiblichkeit. Eine feministisch-theologische Auseinandersetzung mit Carol Gilligan und Frigga Haug, Mainz 1993.

Conzelmann, Hans: Grundriß der Theologie des Neuen Testaments, bearbeitet von A. Lindemann, Tübingen [5]1992.

Denzinger, Heinrich / Hünermann, Peter (Hg.): Kompendium der Glaubensbekenntnisse und kirchlichen Lehrentscheidungen, Freiburg i.Br. u.a. [37]1991. (im Text DH)

Durkheim, Émile: Über soziale Arbeitsteilung: Studie über die Organisation höherer Gesellschaften, Frankfurt 1988.

–: Regeln der soziologischen Methode, Neuwied-Berlin [4]1976, 107.

Dürr, Hans-Peter: Wissenschaft und Wirklichkeit. Über die Beziehung zwischen dem Weltbild der Physik und der eigentlichen Wirklichkeit, in: ders. (Hg.): Geist und Natur, Bern u.a. 1991, 28-46.

Eckstein, Hans-Joachim: Der Begriff Syneidesis bei Paulus, Tübingen 1983.

Edelstein, Wolfgang u.a. (Hg.): Moral und Person, Frankfurt a. M. 1993.

Egenter, Richard: Verantwortung, in: Lexikon für Theologie und Kirche 10, Freiburg u.a. [2]1965, 669-670.

–: Erfahrung ist Leben. Über die Rolle der Erfahrung für das sittliche und religiöse Leben des Christen, München 1974.

Eibl-Eibesfeldt, Irenäus: Liebe und Haß. Zur Naturgeschichte elementarer Verhaltensweisen, München 1970.

Elsässer, Antonellus: Sünde und Schuld – Umkehr und Versöhnung, in: Gründel, Johannes (Hg.): Leben aus christlicher Verantwortung. Ein Grundkurs der Moral 1, Düsseldorf 1991, 162-185.

Ėrenburg, Il'ja: Die ungewöhnlichen Abenteuer des Chulio Churenito und seiner Jünger, München 1967.

Erikson, Erik H.: Identität und Lebenszyklus, [4]1977.

Fabry, Heinz-Josef: Leb, Lebab, In: Theologisches Wörterbuch des Alten Testaments IV, Stuttgart 1982, 413-451.

Flückiger, Felix: Geschichte des Naturrechts 1. Altertum und Frühmittelalter, Zürich 1954.

Forschner, Maximilian: Norm, in: Lexikon der Ethik, hg. v. Otfried Höffe, München [3]1986, 182-183.

Fraling, Bernhard: Hypertrophie lehramtlicher Autorität in Dingen der Moral? Zur Frage der Zuständigkeit des Lehramtes aus moraltheologischer Sicht, in: Hünermann, Peter (Hg.): Lehramt und Sexualmoral, Düsseldorf 1990, 95-129.

Freud, Sigmund: Das Unbehagen in der Kultur (1930), in: Gesammelte Werke 14, Frankfurt a.M. 1948, 419-506.

–: Vorlesungen zur Einführung in die Psychoanalyse und Neue Folge der Vorlesungen zur Einführung in die Psychoanalyse, Studienausgabe Bd. 1, hg. von A. Mitscherlich u.a., Frankfurt 1969, 447-608.

Fromm, Erich: Psychoanalyse und Ethik, in: ders.: Gesamtausgabe II, Stuttgart 1980, 91-109.

Gamm, Gerhard: Die Vertiefung des Selbst oder das Ende der Dialektik, in: Barkhaus, Annette u.a. (Hg.): Identität, Leiblichkeit, Normativität. Neue Horizonte anthropologischen Denkens, Frankfurt a.M. 1996, 341-356.

Gehlen, Arnold: Der Mensch. Seine Natur und seine Stellung in der Welt, Wiesbaden [12]1978.

Gilligan, Carol: Moralische Orientierung und moralische Entwicklung, in: Nunner-Winkler, Gertrud (Hg.): Weibliche Moral. Die Kontroverse um eine geschlechtsspezifische Ethik, Frankfurt a. M.-New York 1991, 79-100.

Göbel, Wolfgang: Der Wille zu Gott und das Handeln in der Welt: Martin Luther – Johannes v. Kreuz – Immanuel Kant, Freiburg (CH) 1993.

–: Okzidentale Zeit. Die Subjektgeltung des Menschen im Praktischen nach der Entfaltungslogik unserer Geschichte, Freiburg i.Br.-Freiburg (CH) 1996.

Gogarten, Friedrich: Jesus Christus – Wende der Welt, Tübingen ²1967.

–: Der Mensch zwischen Gott und Welt, Stuttgart ⁴1967.

–: Politische Ethik: Versuch einer Grundlegung, Jena 1932.

Görg, Manfred: Der un-heile Gott. Die Bibel im Bann der Gewalt, Düsseldorf 1995.

Graumann, Carl-Friedrich: Die Dynamik von Interessen, Wertungen und Einstellungen, in: Thomae, H.E. (Hg.): Allgemeine Psychologie II. Motivation, Göttingen 1965, 272-305.

Grimm, Jakob / Grimm, Wilhelm: Deutsches Wörterbuch 12.1, Leipzig 1956.

Gründel, Johannes: Die Erfahrung als konstitutives Element der Begründung sittlicher Normen, in: Sauer, Joseph (Hg.): Normen im Konflikt, Freiburg 1977, 55-82.

–: Normen im Wandel. Eine Orientierungshilfe für das christliche Leben heute, München ²1984.

–: Schuld und Versöhnung, Mainz ²1989.

–: Das Verständnis von Sünde und Schuld in geschichtlicher Entwicklung, in: Handbuch der christlichen Ethik 3, hrsg. von Anselm Hertz u.a., Freiburg i.Br. u.a. 1993, 130-159.

Habermas, Jürgen: Moralbewußtsein und kommunikatives Handeln, Frankfurt a.M. 1981.

–: Theorie des kommunikativen Handelns, Frankfurt a.M. 1995.

Hadot, Pierre: Philosophie als Lebensform. Geistige Übungen in der Antike, Berlin 21991.

Hammer, Claus: Xenografting. Its Future Role in Clinical Organ Transplantation, in: Land, Walter / Dossetor, John B. (Hg.): Organ Replacement Therapy. Ethics, Justice, Commerce, Berlin u.a. 1991, 512- 518.

Hartinger, Walter: Brauch, Brauchtum I. Kulturanthropologisch, in: Lexikon für Theologie und Kirche 2, Freiburg u.a. ³1994, 656.

–: Religion und Brauch, Darmstadt 1992.

Hausmanninger, Thomas: Brauch, Brauchtum III. Ethisch und rechtlich, in: Lexikon für Theologie und Kirche 2, Freiburg u.a. ³1994, 658.

Haußer, Karl: Identitätsentwicklung, New York 1983.

Hegel, Georg Wilhelm Friedrich: Grundlinien der Philosophie des Rechts (Sämtliche Werke 7), Stuttgart 1928.

–: Über die wissenschaftlichen Behandlungsarten des Naturrechts, seine Stelle in der praktischen Philosophie und sein Verhältnis zu den positiven Rechtswissenschaften (Gesammelte Werke 4), Hamburg 1968, 415-464.

Heidbrink, Ludger: Das Dilemma der Verantwortung, in: Merkur 50 (1996) 982-989.

Heidegger, Martin: Sein und Zeit, Tübingen [15]1979.

Hertz, Anselm: Glaube und Gewissen, in: Handbuch der christlichen Ethik 3, hrsg. v. dems. u.a. Freiburg i.Br. u.a. 1993, 43-66.

Heubült, Willem: Die Gewissenslehre Kants in ihrer Endform von 1797, Bonn 1980.

Hick, John: Religiöse Erfahrung, in: Schmidt-Leukel, Perry (Hg.): Berechtigte Hoffnung. Über die Möglichkeit, vernünftig und zugleich Christ zu sein, Paderborn 1995, 85-99.

Hillmann, Karl-Heinz: Wörterbuch der Soziologie. Begründet von Günter Hartfiel, Stuttgart [4]1994.

Hilpert, Konrad: Gewissen II. Theologisch-ethisch, in: Lexikon für Theologie und Kirche 3, Freiburg u.a. [3]1995, 621-626.

Hirschi, Hans: Autonome Moral und christliche Anthropologie, in: Lesch, Walter / Bondolfi, Alberto (Hg.): Theologische Ethik im Diskurs. Eine Einführung, Tübingen-Basel 1995, 97-119.

Höffe, Otfried: Ethik, in: ders. u.a. (Hg.): Lexikon der Ethik, München [3]1986, 54.

–: Moral und Recht: philosophische Perspektive, in: Recht und Sittlichkeit, hg. v. Johannes Gründel, Freiburg (CH) 1982, 19-47.

–: Recht, in: ders. u.a. (Hg.): Lexikon der Ethik, München [3]1986, 202-205.

–: Sittliches Handeln. Ein ethischer Problemaufriß, in: Lenk, Hans (Hg.), Handlungstheorien interdisziplinär II,2, München 1979, 617-641.

Hoffman, Martin: Eine Theorie der Moralentwicklung im Jugendalter, in: Montada, Leo (Hg.): Brennpunkte der Entwicklungspsychologie, Stuttgart 1979, 252-266.

Holderegger, Adrian: Selbstbestimmung und Handeln aus dem Glauben. Eine Problemskizze aus moraltheologischer Sicht, in Battegay, Raymond / Rauchfleisch, Udo (Hg.): Menschliche Autonomie, Göttingen 1990, 65-78.

Hubig, Christoph: Institution III. Ethik institutionellen Handelns, in: Staatslexikon 3, Freiburg i.Br. u.a. [3]1987, 105-109.

Hübsch, Stefan: Philosophie und Gewissen. Beiträge zur Rehabilitierung des philosophischen Gewissensbegriffs, Göttingen 1995.

Hünermann, Peter: Die Kompetenz des Lehramtes in Fragen der Sitte. Systematisch-theologische Reflexionen, in: ders. (Hg.): Lehramt und Sexualmoral, Düsseldorf 1990, 130-156.

–: Die Sozialgestalt von Kirche. Gedanken zu einem dogmatischen und zugleich interdisziplinären Arbeitsfeld, in: Heimbach-Steins, Marianne u.a. (Hg.): Brennpunkt Sozialethik. Theorien, Aufgaben, Methoden, Freiburg i.Br. u.a. 1995, 243-259.

Hunold, Gerfried W.: Der Autoritätsanspruch von Normen, seine Wirkgesetzlichkeiten und Geltungsgründe, in: Handbuch der christlichen Ethik 1, hrsg. v. Anselm Hertz u.a., Freiburg i.Br. u.a. 1993, 126-134.

–: Ethik im Bannkreis der Sozialontologie. Eine theologisch-moralanthro-pologische Kritik des Personalismus, Bern-Frankfurt a.M. 1974. (Ethik I)

–: Ethik in einer sich verändernden Welt, in: Theologische Quartalschrift 166 (1986) 1-7. (Ethik II)

–: Zur Freiheit fähig werden, in: Diözesanleitung des Kath. Männerbundes der Diözese Rottenburg-Stuttgart (Hg.): Zur Freiheit fähig werden, Ostfildern 1987, 5-19.

–: Identitätstheorie: Die sittliche Struktur des Individuellen im Sozialen, in: Handbuch der christlichen Ethik 1, hrsg. v. Anselm Hertz u.a., Freiburg i.Br. u.a. 1993, 177-195.

–: Moraltheologie im Umbruch. Feststellungen zu den geschichtlichen Verwerfungen einer theologischen Disziplin, in: Römelt, Josef / Hidber, Bruno (Hg.): In Christus zum Leben befreit. Festschrift für Bernhard Häring, Freiburg u.a. 1992, 54-65.

–: Sondierungen zu einer gemeinsamen Verantwortung für Wissenschaft, Politik, Kirche und Gesellschaft, in: ders. / Beckmann, Dorothee (Hg.): Grenzbegehungen. Interdisziplinarität als Wissenschaftsethos, Frankfurt a.M. u.a. 1995, 47-60.

Hütter, Reinhard: Evangelische Ethik als kirchliches Zeugnis. Interpretationen zu Schlüsselfragen theologischer Ethik in der Gegenwart, Neukirchen-Vluyn 1993.

Jeremias, Joachim: Die Gleichnisse Jesu, Göttingen 1984.

Johannes Paul II.: Enzyklika Evangelium vitae, hg. vom Sekretariat der Dt. Bischofskonferenz (Verlautbarungen des Apostolischen Stuhls 120), Bonn 1995.

Jonas, Hans: Das Prinzip Verantwortung. Versuch einer Ethik für das technologische Zeitalter, Frankfurt a.M. 71988.

Kaminski, Gerhard: Überlegungen zur Funktion von Handlungstheorien in der Psychologie, in: Lenk, Hans (Hg.): Handlungstheorien interdisziplinär III, 1, München 1981, 93-121.

–: Probleme einer ökopsychologischen Handlungstheorie, in: Montada, Leo u.a. (Hg.): Kognition und Handeln, Stuttgart 1983, 35-53.

Kamphausen, Georg: Hüter des Gewissens? Zum Einfluß sozialwissenschaftlichen Denkens in Theologie und Kirche, Berlin 1986.

Kant, Immanuel: Grundlegung zur Metaphysik der Sitten (Gesammelte Schriften 4), hg. von der königlich preußischen Akademie der Wissenschaften, Berlin 1911. (im Text GMS)

–: Kritik der praktischen Vernunft (Gesammelte Schriften 5), hg. von der königlich preußischen Akademie der Wissenschaften, Berlin 1913. (im Text KpV)

–: Kritik der reinen Vernunft (Gesammelte Schriften 3), hg. von der königlich preußischen Akademie der Wissenschaften, Berlin 1911. (im Text KrV)

–: Metaphysik der Sitten (Gesammelte Schriften 6), hg. von der königlich preußischen Akademie der Wissenschaften, Berlin 1914. (im Text MdS)

–: Metaphysische Anfangsgründe der Tugendlehre. Metaphysik der Sitten zweiter Teil (Philosophische Bibliothek 430), Hamburg 1990.

Kaufmann, Arthur: Recht und Sittlichkeit, Tübingen 1964.

Kaufmann, Franz Xaver: Die Zukunft der Familie im vereinten Deutschland, München 1995

– u.a.: Kirche, in: Christlicher Glaube in moderner Gesellschaft 29, hrsg. von Franz Böckle u.a., Freiburg i.Br. u.a. 1982, 67-188.

Kehl, Medard: Die Kirche. Eine katholische Ekklesiologie, Würzburg 1992.

Koch, Kurt: Selbstverständnis und Praxis des kirchlichen Lehramts, in: Stimmen der Zeit 211 (1993) 395-402.

Kohlberg, Lawrence/ Turiel, Elliot: Moralische Entwicklung und Moralerziehung, in: Portele, Gerhard (Hg.): Sozialisation und Moral: Neue Ansätze zur moralischen Entwicklung und Erziehung, Weinheim 1978, 13-80.

Kohlberg, Lawrence: Essays on Moral Development I. The Philosophy of Moral Development. Moral Stages and the Idea of Justice, San Francisco 1981.

–: Essays on Moral Development II. The Psychology of Moral Development. The Nature and Validity of Moral Stages, New York 1984.

Korff, Wilhelm: Ethik. C. Theologisch. III. systematisch, in: Lexikon für Theologie und Kirche 3, Freiburg i.Br. u.a. [3]1994, 923-929.

–: Die naturale und geschichtliche Unbeliebigkeit menschlicher Normativität, in: Handbuch der christlichen Ethik Band 1, hrsg. v. Anselm Hertz u.a., Freiburg i.Br. u.a. 1993, 147-164.

–: Institutionentheorie: Die sittliche Struktur gesellschaftlicher Lebensformen, in: Handbuch der christlichen Ethik 1, hrsg. v. Anselm Hertz u.a., Freiburg i.Br. u.a. 1993, 168-176.

–: Norm und Sittlichkeit. Untersuchungen zur Logik der normativen Vernunft, Freiburg [2]1985.

–: Normen als Gestaltungsträger menschlichen Daseins, in: Handbuch der christlichen Ethik 1, hrsg. v. Anselm Hertz, Freiburg i.Br. u.a. 1993, 117-125.

–: Wege empirischer Argumentation, in: Handbuch der christlichen Ethik 1, hrsg. v. Anselm Hertz, Freiburg i.Br. u.a. 1993, 83-107.

–: Wie kann der Mensch glücken? Perspektiven der Ethik, München 1985.

Kramer, Hans: Problemstand der moraltheologischen Diskussion um Schuld und Sünde, in: Kaufmann, Gisbert (Hg.): Schulderfahrung und Schuldbewältigung, Paderborn 1982, 35-72.

Krämer, Hans: Integrative Ethik, Frankfurt a.M. 1992.

Krüger, Friedhelm: Gewissen III. Mittelalter und Reformationszeit, in: Theologische Realenzyklopädie 13, Berlin-New York 1984, 219-225.

Lesch, Walter: Methoden der Ethik, in: Rotter, Hans / Virt, Günter (Hg.): Neues Lexikon der christlichen Moral, Innsbruck-Wien 1990, 493-501.

–: Transformation theologischer Ethik. Zur theologischen Rezeption der Diskurstheorie der Moral, in: ders. / Bondolfi, Alberto (Hg.): Theologische Ethik im Diskurs. Eine Einführung, Tübingen-Basel 1995, 1-23.

Lévinas, Emmanuel: Humanismus des anderen Menschen, Hamburg 1989.

Lévi-Strauss, Claude: Natur und Kultur, in: Mühlmann, Wilhelm Emil / Müller, Ernst W. (Hg.): Kulturanthropologie, Köln-Berlin 1966, 80-107.

Lipp, Wolfgang: Institution I. Sozialphilosophisch, in: Staatslexikon 3, Freiburg i.Br. u.a. [3]1987, 99-102.

Lob-Hüdepohl, Andreas: Glauben und moralisches Handeln. Zu einigen theologalen Eckpunkten einer kommunikativen Ethik, in: Lesch, Walter / Bondolfi, Alberto (Hg.): Theologische Ethik im Diskurs. Eine Einführung, Tübingen 1995, 120-143.

Loichinger, Alexander: Glaube und Vernunft, in: Schmidt-Leukel, Perry (Hg.): Berechtigte Hoffnung. Über die Möglichkeit vernünftig und zugleich ein Christ zu sein, Paderborn 1995, 15-48.

Lorenz, Konrad: Das sogenannte Böse. Zur Naturgeschichte der Aggression, Wien 1963.

Luckmann, Thomas: Persönliche Identität, soziale Rolle und Rollendistanz, in: Maquard, Odo / Stierle, K. (Hg.): Identität, München 1979, 293-313.

Luhmann, Niklas: Institutionalisierung – Funktion und Mechanismus im sozialen System der Gesellschaft, in: Schelsky, Helmut (Hg.): Zur Theorie der Institution, Düsseldorf 1970, 27-43.

–: Moderne Systemtheorien als Form gesamtgesellschaftlicher Analyse, in: Jürgen Habermas / Niklas Luhmann (Hg.): Theorie der Gesellschaft oder Sozialtechnologie – Was leistet die Systemforschung?, Frankfurt a.M. 1971, 7-24.

–: Sinn als Grundbegriff der Soziologie, in: Habermas, Jürgen / Luhmann, Niklas (Hg.): Theorie der Gesellschaft oder Sozialtechnologie – Was leistet die Systemforschung, Frankfurt 1971, 25-100.

Martens, Ekkehard: Sind wir für Fremde verantwortlich?, in: ders.: Zwischen Gut und Böse. Elementare Fragen angewandter Philosophie, Stuttgart 1997, 200-215.

–: Warum die Ethik auf den Hund gekommen ist – oder: Welche Ethik brauchen wir heute?, in: Hartmann, Hans A. / Heydenreich, Konrad (Hg.): Ethik und Moral in der Kritik (edition ethik kontrovers 4), Frankfurt a.M. 1996, 8-12.

Marxsen, Willi: »Christliche« und christliche Ethik im Neuen Testament, Gütersloh 1989.

Maturana, Humberto / Varela, Francisco: Der Baum der Erkenntnis. Die biologischen Wurzeln des menschlichen Erkennens, Bern-München-Wien 1987.

Maurer, Alfons V.: Das humanwissenschaftliche Gespräch zum Verständnis sittlicher Kompetenz. Themen-Tendenzen-Einsichten, in: Eid, Volker u.a. (Hg.): Moralische Kompetenz. Chancen der Moralpädagogik in einer pluralen Lebenswelt, Mainz 1995, 11-36.

–: Homo Agens. Handlungstheoretische Untersuchungen zum theologisch-ethischen Verständnis des Sittlichen, Frankfurt a.M. u.a. 1994.

Mechels, Eberhard: Kirche als Institution, in: ders. / Weinrich, Michael (Hg.): Die Kirche im Wort. Arbeitsbuch zur Ekklesiologie, Neukirchen-Vluyn 1992, 151-168.

Merks, Karl-Wilhelm, Autonomie, in: Wils, Jean-Pierre / Mieth, Dietmar (Hg.): Grundbegriffe der christlichen Ethik, Paderborn 1993, 255-281.

Miebach, Bernhard: Soziologische Handlungstheorie. Eine Einführung, Opladen 1991.

Mieth, Dietmar: Autonome Moral im christlichen Kontext, in: Orientierung 40 (1976) 31-34.

–: Begründungsversuche von Ethik, in: Demmer, Klaus / Ducke, Karl-Heinz (Hg.): Moraltheologie im Dienst der Kirche. Festschrift für Wilhelm Ernst, Leipzig 1992, 37-51.

–: Die Bedeutung der menschlichen Lebenserfahrung. Plädoyer für eine Theorie des ethischen Modells, in: Concilium 12 (1976), 623-633.

–: Norm, in: Wils, Jean Pierre / Mieth, Dietmar (Hg.): Grundbegriffe der christlichen Ethik, Paderborn 1992.

–: Recht und Sittlichkeit in theologisch-ethischer Sicht, in: Gründel, Johannes (Hg.): Recht und Sittlichkeit, Freiburg (CH) 1982, 125-139.

–: Schöpfung und Leben: Welchen Leitbildern folgen wir?, In: Gentechnologie 13, München 1987, 327-332.

Molinski, Waldemar: Recht, Gerechtigkeit und Sittlichkeit, in: Gareis, Balthasar / Wiesnet, Eugen (Hg.): Hat Strafe Sinn? Freiburg i.Br. u.a. 1974,152-174.

Morin, Edgar: Das Rätsel des Humanen, München 1974.

Moser, H.: Volksbräuche im geschichtlichen Wandel, München 1985.

Münch, Richard: Die Struktur der Moderne, Frankfurt a.M. 1984.

Nietzsche, Friedrich: Sämtliche Werke. Götzendämmerung u.a. mit einem Nachwort von Walter Gebhard, Stuttgart 1990.

–: Menschliches, Allzumenschliches (Werke in sechs Bänden, hg. v. K. Schlechta, Bd. II), München 1980.

–: Jenseits von Gut und Böse / Zur Genealogie der Moral (Werke VI/2), Berlin 1968.

Nunner-Winkler, Gertrud (Hg.): Weibliche Moral. Die Kontroverse um eine geschlechtsspezifische Ethik, Frankfurt a.M.-New York 1991.

Nunner-Winkler, Gertrud / Edelstein, Wolfgang: Einleitung, in: Edelstein, Wolfgang u.a. (Hg.): Moral und Person, Frankfurt a.M. 1993, 7-10.

Orwell, George: 1984, Middlesex 1987 (Erstausgabe 1949).

Pannenberg, Wolfhart: Anthropologie in theologischer Perspektive, Göttingen 1983.

Parsons, Talcott, The Structure of Social Action, New York 1937.

–/ Shils, Edward A.: Values, Motives, and Systems of Action, in: dies. (ed.), Toward a General Theory of Action, Cambridge, Mass. [6]1967, 45-275.

Pesch, Otto-Hermann: Anmerkung 17 zu Sth I-II 94,1, in: Die Deutsche Thomas-Ausgabe 13, STh I-II 90-105, Heidelberg u.a. 1977, 489-492.

Piaget, Jean: Das moralische Urteil beim Kinde, Stuttgart 1986.

Picht, Georg: Wahrheit, Vernunft, Verantwortung. Philosophische Studien, Stuttgart 1969.

Pieper, Annemarie: Einführung in die Ethik, Tübingen [2]1991.

–: Freiheit als philosophisches Problem, in: Battegay, Raymond / Rauchfleisch, Udo (Hg.), Menschliche Autonomie, Göttingen 1990, 52-64.

Plack, Arno: Die Gesellschaft und das Böse, München [10]1971.

Plessner, Helmuth: Die Stufen des Organischen und der Mensch. Einleitung in die philosophische Anthropologie (GS IV), Frankfurt a.M. 1981.

Pufendorf, Samuel: Über die Pflicht des Menschen und des Bürgers nach dem Gesetz der Natur, übers. von K. Luig, Frankfurt a.M. 1994.

Reiner, Hans: Gewissen, in: Historisches Wörterbuch der Philosophie 3, Darmstadt 1974, 574.

Rendtorff, Trutz: Vom ethischen Sinn der Verantwortung, in: Handbuch der christlichen Ethik 3, hrsg. v. Anselm Hertz u.a., Freiburg i.Br. 1993, 117-129.

Rensch, Bernhard: Probleme genereller Determiniertheit allen Geschehens, Berlin 1988.

Riedel, Manfred: Handlungstheorie als ethische Grunddisziplin. Analytische und hermeneutische Aspekte der gegenwärtigen Problemlage, in: Lenk, Hans (Hg.): Handlungstheorien interdisziplinär II,1, München 1978, 139-159.

– (Hg.): Rehabilitierung der praktischen Philosophie. 2 Bände, Freiburg i.Br.-München 1972/1974.

Rief, Josef: Absolute Werte – unveränderliche Normen, in: Gründel, Johannes (Hg.): Leben aus christlicher Verantwortung. Ein Grundkurs der Moral 1, Düsseldorf 1991, 135-161.

Ritschl, Dietrich: Menschenwürde als Fluchtpunkt ethischer Entscheidungen in der Reproduktionsmedizin und Gentechnologie, in: Das Leben achten. Maßstäbe für Gentechnik und Fortpflanzungsmedizin, Gütersloh 1988, 96-117.

Ritter, Joachim: Zur Grundlegung der praktischen Philosophie bei Aristoteles, in: Archiv für Rechts- und Sozialphilosophie 46 (1960) 179-199.

Rokeach, Milton: The Nature of Human Values, New York 1973.

Römelt, Josef: Theologie der Verantwortung, Innsbruck 1991.

–: Vom Sinn moralischer Verantwortung. Zu den Grundlagen christlicher Ethik in komplexer Gesellschaft, Regensburg 1996.

Ropohl, Günter: Das Risiko im Prinzip Verantwortung, in: Ethik und Sozialwissenschaften 5 (1994) 109-120.

Sass, Hans-Martin: Methoden der Güterabwägung in der Postmoderne, in: Baumgartner, Hans Michael / Becker, Werner (Hrsg.): Grenzen der Ethik, München u.a. 1994, 57-76.

Saup, Berthold: Zur Freiheit berufen. Zur Dimension des Ethischen im Marchtaler Plan, Frankfurt a.M. u.a. 1994.

Savater, Fernando: Tu, was du willst. Ethik für die Erwachsenen von morgen, Frankfurt a.M. 1993.

Scheler, Max: Die Stellung des Menschen im Kosmos, Bern-München [8]1975.

Schillebeeckx, Edward: Von der theologischen Tragweite lehramtlicher Verlautbarungen über gesellschaftspolitische Fragen, in: Concilium 4 (1968) 411-421.

Schmidt-Leukel, Perry (Hg.): Berechtigte Hoffnung. Über die Möglichkeit vernünftig und zugleich Christ zu sein, Paderborn 1995.

Schockenhoff, Eberhard: Das umstrittene Gewissen. Eine theologische Grundlegung, Mainz 1990.

Schöllgen, Werner: Die gleitende Arbeitswoche. Kultursoziologische Erwägungen zum Sinn des Sonntags, in: ders., Konkrete Ethik, Düsseldorf 1961, 250-256.

–: Konkrete Ethik, Düsseldorf 1961.

Schrödter, Hermann: Erfahrung und Transzendenz, Altenberge 1988.

Schüler, Alfred: Verantwortung. Vom Sein und Ethos der Person, Krailling vor München 1948.

Schüller, Bruno: Die Bedeutung der Erfahrung für die Rechtfertigung sittlicher Verhaltensregeln, in: Demmer, Klaus / Schüller, Bruno (Hg.), Christlich glauben und handeln. Fragen einer fundamentalen Moraltheologie in der Diskussion, Düsseldorf 1977, 261-286.

–: Die Begründung sittlicher Urteile. Typen ethischer Argumentation in der Moraltheologie, Düsseldorf [2]1980.

Schulz, Walter: Grundprobleme der Ethik, Stuttgart [2]1993.

–: Philosophie in der veränderten Welt, Pfullingen 1972.

Schuster, Josef: Die Kompetenz des Lehramtes in Fragen der Moral. Historischer Überblick und systematische Überlegungen, in: Auer, Alfons (Hg.): Die Autorität der Kirche in Fragen der Moral, Zürich 1984, 69-89.

Schwardtländer, J.: Art. Verantwortung, in: Handbuch philosophischer Grundbegriffe, München 1974, 1577-1588.

Schwartz, Werner: Analytische Ethik und christliche Theologie. Zur metaethischen Klärung der Grundlagen christlicher Ethik, 1984.

Schwienhorst-Schönberger, Ludger: Art. Ethik C. Theologisch. I. Biblisch 1. Im Alten Testament, in: Lexikon für Theologie und Kirche 3, Freiburg i.Br. u.a. [3]1995, 908-909.

Seckler, Max: Der Begriff der Offenbarung, in: Kern, Walter u. a. (Hg.): Handbuch der Fundamentaltheologie 2, Freiburg i.Br. 1985, 60-83.

Sievernich, M.: Schuld und Sünde in der Theologie der Gegenwart, Frankfurt a.M. [2]1983.

Simmel, Georg: Zur Psychologie der Mode, in: Schriften zur Soziologie. Eine Auswahl, hg. und eingeleitet von Heinz-Jürgen Dahme und Otthein Rammstedt, Frankfurt a.M. [4]1992.

–: Philosophie der Mode, in: ders.: Gesamtausgabe 10, hg. von Otthein Rammstedt, Frankfurt a.M. 1995, 7-37.

Skinner, Burrhus F.: Wissenschaft und menschliches Verhalten, München 1973.

Söding, Thomas: Art. Ethik C. Theologisch. I. Biblisch 2. Im Neuen Testament, in: Lexikon für Theologie und Kirche 3, Freiburg i.Br. u.a. [3]1995, 909-911.

Steigleder, Klaus: Probleme angewandter Ethik, in: Concilium 25 (1989) 242-247.

Stroebe, Wolfgang: Grundlagen der Sozialpsychologie I, Stuttgart 1980.

Tenbruck, Friedrich H.: Zur Anthroplogie des Handelns, in: Lenk, Hans (Hg.): Handlungstheorien interdisziplinär II,1, München 1978, 89-138.

The concise Oxford dictionary of Sociology, ed. by Gordon Marshall, Oxford-New York 1994.

Thomas von Aquin: Summa theologiae. Die Deutsche Thomas-Ausgabe, Heidelberg u.a. 1977 ff. (im Text S.Th).

Tödt, Heinz Eduard: Versuch einer ethischen Theorie sittlicher Urteilsfindung, in: ders.: Perspektiven theologischer Ethik, München 1988, 21-48.

Werbick, Jürgen: Soteriologie, Düsseldorf 1990.

Werner, Andrea / Butollo, Willi H.L.: Skinner und das operante Konditionieren, in: Pawlow und die Folgen. Von der klassischen Konditionierung bis zur Verhaltenstherapie (Die Psychologie des 20. Jahrhunderts, Band IV.), hg. v. Hans Zeier, Zürich 1977, 189-249.

Werner, Micha H.: Dimensionen der Verantwortung. Ein Werkstattbericht zur Zukunftsethik von Hans Jonas, in: Böhler, Dietrich (Hg.): Ethik für die Zukunft. Im Diskurs mit Hans Jonas, München 1994, 303-338.

Wiebering, Joachim: Handeln aus dem Glauben. Grundriß der Theologischen Ethik, Berlin 1981, 155-184.

Wils, Jean-Pierre: Die große Erschöpfung. Kulturethische Probleme vor der Jahrtausendwende, Paderborn 1994.

Wimmer, Reiner: Die veränderte Wissens- und Handlungssituation in den Wissenschaften vom Leben und die Frage nach der ethischen Verantwortung, in: Steigleder, Klaus / Mieth, Dietmar (Hg.): Ethik in den Wissenschaften. Ariadnefaden im technischen Labyrinth?, Tübingen 1990, 230-241.

Winger, Wolfram: Etikette, in: Lexikon für Theologie und Kirche 3, Freiburg i.Br. u.a. [3]1995, 940.

Witte, Erich: Einstellung, in: Handbuch psychologischer Grundbegriffe, hg. v. Th. Herrmann u.a., München 1977, 103-115.

Wolbert, Werner: Die »in sich schlechten Handlungen« und der Konsequentialismus, in: Mieth, Dietmar (Hg.): Moraltheologie im Abseits? Antwort auf die Enzyklika »Veritatis splendor«, Freiburg i.Br. u.a. 1994, 88-109.

Zippelius, Reinhold: Rechtsphilosophie. Ein Studienbuch, München [3]1994.

Philosophie

Gerfried W. Hunold (Hrsg.)
in Verbindung mit Peter Braun, Elmar Kos und Bernd Seidl

Medien – Wahrnehmung – Ethik
Eine annotierte Bibliographie

2000, ISBN 3-7720-2183-2

Können wir unseren Augen noch trauen? Die Wahrneh-
mungsindustrie audiovisueller Medien hinterläßt ihre eigenen
Fragen. In der Flut der Bilder scheint dem Menschen inzwi-
schen die "Kunst des Sehens" abhanden gekommen zu sein. Als
Voyeur erlebt er die vermeintliche Durchschaubarkeit seiner
Welt in der Faszination fremder Zugabe zum Selbsterlebten.
Aber genügt beliebiges Wissen und künstliche Allpräsenz dem
Menschen zur Bewältigung seines Alltags? Wo findet er Stand,
Lebenswichtiges von Unwichtigem zu unterscheiden? Diese
Fragen berühren nicht nur eine "Ethik der Wahrnehmung",
sondern auch die Funktion der Medien selbst. Was nehmen sie
wahr, um wahrgenommen zu werden? Wie beantwortet die
Medienwissenschaft diese Frage?
Die annotierte Bibliographie erhebt den Problemstand in der
Medienliteratur der letzten 20 Jahre. Einführende Überblicke
zum Wahrnehmungsbegriff sowie zu den unterschiedlichen
Wahrnehmungstheorien geben dem Buch seinen Werkstatt-
charakter. Als Arbeitsbuch will es Lesehilfe sein, Standpunkte
vermitteln in der Unübersichtlichkeit der Meinungen, zum
Nachdenken anregen für ein vernünftiges Handeln in und mit
den Medien.

A. Francke Verlag · Tübingen und Basel
Postfach 2560 · D-72015 Tübingen · Fax (07071) 75288

Philosophie

Annemarie Pieper
Einführung in die Ethik

UTB 1637, 4., überarb. u. akt. Aufl. 2000, 335 Seiten,
DM 34,80/ÖS 254,–/SFr 32,50
UTB-ISBN 3-8252-1637-3

Ethische Fragen haben in vielen Lebensbereichen besondere Aktualität gewonnen. Annemarie Pieper stellt die
verschiedenen Disziplinen der Ethik, ihre Bezüge zu anderen Wissenschaften sowie die Grundfragen und argumen-
tativen Grundformen der Ethik vor, erläutert und kom-
mentiert sie.

"Annemarie Piepers neuaufgelegte *Einführung in die Ethik*
umfaßt das gesamte Spektrum der gegenwärtigen Moralphilosophie (...). Piepers *Einführung in die Ethik* ist außer-
ordentlich klar und verständlich, umfassend und aktuell.
Nach meiner Einschätzung handelt es sich um die derzeit
beste einführende Darstellung der Moralphilosophie."
Archiv für Rechts- und Sozialphilosophie

"Eine verläßliche und in weiten Teilen leicht faßliche Einführung in die Ethik (...), ein auch wegen seiner häufigen
Fallbeispiele anregender Band." *Bücher-*
welt

UTB
FÜR WISSEN
SCHAFT

Francke